普通高等教育"十一五"国家级规划教材

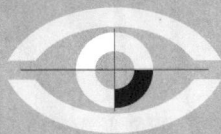

College Journalism &
Communication Series

高等院校新闻传播学系列教材

MEDIA MANAGEMENT

媒介管理（第三版）

支庭荣 著

U0744920

暨南大学出版社
JINAN UNIVERSITY PRESS

中国·广州

图书在版编目（CIP）数据

媒介管理/支庭荣著. —3 版. —广州：暨南大学出版社，2009.9（2024.1 重印）
（高等院校新闻传播学系列教材）
ISBN 978 - 7 - 81135 - 189 - 7

Ⅰ. 媒…　Ⅱ. 支…　Ⅲ. 传播媒介—管理—高等学校—教材　Ⅳ. G206.2

中国版本图书馆 CIP 数据核字（2009）第 016425 号

媒介管理（第三版）
MEIJIE GUANLI（DI-SAN BAN）
著　者：支庭荣

出 版 人：阳　翼
责任编辑：史学英
责任校对：张学颖　黄　球
责任印制：周一丹　郑玉婷

出版发行：暨南大学出版社（511443）
电　　话：总编室（8620）37332601
　　　　　营销部（8620）37332680　37332681　37332682　37332683
传　　真：（8620）37332660（办公室）　37332684（营销部）
网　　址：http://www.jnupress.com
排　　版：暨南大学出版社照排中心
印　　刷：佛山市浩文彩色印刷有限公司
开　　本：787mm×960mm　1/16
印　　张：22.875
字　　数：438 千
版　　次：2000 年 9 月第 1 版　2009 年 9 月第 3 版
印　　次：2024 年 1 月第 17 次
印　　数：43301—44100 册
定　　价：48.00 元

（暨大版图书如有印装质量问题，请与出版社总编室联系调换）

高等院校新闻传播学系列教材

编 委 会

序

胡 军

作为媒介的管理者，以下问题一定会经常萦绕在你的脑际：在未来的十年中，你将遇到什么机遇和挑战？你是否有一个五至十年的市场战略计划使你能够走在受众需求的前头？你是否对市场调查和研究的方法有深入的了解？你是否愿意在多种媒介的选择中推销你的品牌？你是愿意增加受众和广告的市场份额，还是更愿意削减开支？你的品牌是以什么形象出现在客户面前——一个新闻把关人？国家或社区价值的代言人？还是一个服务提供商……或许另有一个更为根本性的问题：你所服务的媒介的公信力和影响力正逐步增强，还是随风而逝？

的确，在今天人们的社会经济管理活动中，很少有像投资媒介这样具有高回报率的经营活动，也很少有像管理媒介这样具有高度挑战性的工作。美国《福布斯》杂志评选出的全球最有影响力的富豪中，意大利菲宁维斯特集团的贝卢斯科尼和国际传媒巨子默多克都进入前 10 名，由此可见一斑。

一

当代中国的大众传播媒介经过三十多年改革开放的洗礼，已实现了一场历史性的变革。1983 年，全国报纸广告经营额仅为 0.7 亿元，2008 年已达到343 亿元，增速惊人。广告已成为报纸等各类媒体的经济支柱，企业家经营已被提升到与政治家办报（台）同等重要的地位。

今天，在北京、上海、广州、深圳等经济文化较为发达的地区，媒介经营管理方式大都发生了惊人的变化，媒介经济实力大幅增长，媒介业一度成为暴利行业，一些媒介单位一跃而成为地方财政的纳税大户。即使在经济文化欠发达地区，媒介因财政"断奶"而纷纷走向市场，同其他企业一样，必须赢利才能生存，才能满足其所有者或代理者的财务期望（就目前来说，这一期望是在财政"断奶"之后，实现国有资产的保值增值）。

在西方，商业媒介遭遇的挑战一般都落到了首席行政执行官、总经理和部门经理的肩上。这种情况在我国也越来越普遍。对各级管理者来说，媒介管理是一门值得认真探究的学问。

本书作者支庭荣同志近年来一直致力于新闻事业经营管理方面的研究，他的《媒介管理》一书对全球化背景下我国媒介经营管理的基本经验、基本理念和基本规律是一个较好的总结。

二

有一点必须首先明确，媒介业是一个特殊的产业，媒介产品是特殊的商品。因为报纸或者电视节目虽然可以像乐百氏饮料和李宁运动服一样作为商品去推销，却不可能那么纯粹和彻底。

过去，在大学新闻院系的教科书里，关于报纸是要花五分钱买，因而要考虑满足读者需要的说法，曾被当作离经叛道的言论，报业集团曾被当作资本主义社会大财阀垄断报业的象征。但是今天，我们已经恢复对新闻规律的科学认识，只不过不能矫枉过正，不能提倡新闻媒介的完全商业化而已。

事实上，大众媒介承担着多方面的功能，它们是信息的媒介、广告的媒介、娱乐的媒介，同时又是服务的媒介。在我国，新闻媒介既是产业的媒介，更是意识形态的媒介。它们是社会公器，类似于政府、学校等，属于公共领域内的一员。它们必须承担起宣传教育的功能，服务于社会大众的普遍利益和兴趣。因此，如何在公共利益与自身利益、社会效益与经济效益之间维持前者优先、两者恰当的平衡，是媒介管理者面临的一个头等重要的任务。

譬如报纸的精英化与平民化。从采编人员本身的爱好来说，是倾向于精英化的。但从市场的角度来看，又只能是平民化的。这是一个两难困境，谁处理不好，谁就可能被无情地淘汰出局。

三

在媒介发展的三角结构——媒介、市场（制度）和技术中，市场营销是媒介的生命线，制度创新是媒介发展的支撑点。

本书的第一个特点是把市场意识贯穿于媒介管理过程的始终。

目前，媒介管理的最大挑战来自于竞争激烈的市场环境。大至全国范围，小至特定社区，都有报纸、杂志、广播、电视、电影、因特网等多种媒介，为了发行量、视听率和广告份额彼此展开激烈的竞争。而在全球范围内，网络营销正在使传统的市场营销的四个元素（产品、价格、地点和促销）迅速改变。媒介不能再坐等读者拿起报纸、观众打开电视，"办好报纸电台，用户自然会来"的现象已成为历史，媒介业的外部决策由市场引导的时代已经到来。因此，媒介的经营不再可能只靠一两个版面、一两篇报道打动受众，必须靠整体的风格特色、实力规模、策略竞争、资源整合乃至簇群发展才能立足。经营管理已成为业界关注的中心话题。

值得注意的是，市场营销不只是广告，不只是发行量和视听率，也不只是搞促销。市场营销是一个社会和管理的过程。在这个过程中，组织与个人通过与他人一同创造或交换产品与价值以获得他们的所需，因而市场营销的核心是体察用户的需求。换句话说，给受众想要的，在他们想要的时候给他们，以他们想要的形式出现，并且在他们生活的地方打动他们。

制度创新是我国媒介管理水平不断提高的根本保证。改革开放以来，经济体制改革与媒介经营改革的互动，有力地推动了媒介产业发展的进程。

本书的第二个特点是把社会主义市场经济定格为媒介管理的制度环境。

在计划经济时代，传统经济模式尽管曾在特定的历史条件下产生过有限的积极作用，但是它在当代国际经济竞争中的力不从心，使计划作为国家资源配置的主要方式不得不让位于市场。从1978年开始，人民日报等新闻单位逐步开始了"事业单位，企业化管理"式的运作，从而揭开了媒介经营改革的序幕。此后，媒介的内容、数量结构、经营方式、行业管理体制等都发生了巨大的变革。

1992年，中共十四大明确提出，我国经济体制改革的目标是建立社会主义市场经济体制。这意味着我国的媒介不但要促进社会主义市场经济的发展，而且其自身也要由行政化转向市场化，成为市场经济的一分子。

2007年，中共十七大提出提高文化软实力的要求，再次为媒介的体制创新开启了大门。媒介开始迅速向规模化、集约化方向发展，并逐步进入集团化竞争的新格局。

总体来看，我国的新闻事业在紧扣时代的主题，服从、服务于党和国家的中心任务的同时，遵循自身的发展规律，向市场要效益，用先进的科学技术装备自己，重建繁荣，实现了空前的辉煌。但是，媒介的企业化管理也面临许多挑战，有待于媒介、政府和社会各方面的共同努力。

现代媒介作为企业，或者即便是实行企业化管理的单位，它们的发展都要遵循企业成长的一般规律。企业作为一个有机体，都有一个诞生、成长、壮大，然后衰退的过程。

本书的第三个特点是以媒介个体的成长作为全书的基本线索。

企业的成长一般有两种方式，即内部成长方式和外部成长方式。企业内部成长方式也叫内涵式成长，或者叫密集型成长，主要是依靠企业自己的技术、资金力量，并结合外部的资源，在企业内部进行发展。在企业发展到一定规模后，往往采用内涵式成长的方式来实现低投入、高产出，较快地提高经济效益。这种方式是我国媒介成长的主要方式。

企业外部成长方式也叫外延式成长，是通过多种战略手段和联合、并购、参股、租赁等多种经营形式实现企业的成长。外部成长方式多见于企业创建阶段和跳跃式发展阶段。另外，在企业的产品发展方向上，如果想要发展的产品与原来的产品在工艺上毫无关联或者关系不大，即多样化发展，也多走外延式成长道路。我国一些媒介"买壳上市"、"剥离上市"就是很好的例子。

现在，人类正从工业经济时代步入知识经济时代，经济规模的边界正迅速扩大，其显著的标志之一就是"大媒体"，即融合媒介、娱乐、文化、IT 等产业的巨型媒体出现。尽管如此，传统媒介的个性在大媒体的整合中不但未消失，反而得到了强化。

本书的第四个特点是从媒介的个性出发探讨媒介管理的共性规律。

例如，报纸是印刷媒介，它所涵盖的信息面较广，且能深入报道，但是它有时效性较低的缺点，日报到了下午就成了旧闻。电视则属于电子媒介，它传递信息的速度较快，特别是今天现场直播技术的运用，让观众能清楚地看到实时新闻事件的发生，但是电视较之于报纸而言，它的深度又要差一些。又如，倘若说报纸是 20 世纪五六十年代一辈人的媒介，那么电视属于 70 年代这一辈人，而互联网则属于所谓的 80 后和 90 后的年轻人。

因此，媒介的个性是媒介管理者的立足点。只有把握媒介的个性，才能做到独特，才能做到差异化营销。

媒介管理既是新闻学与传播学门类中的一门应用学科，也是管理学的一门学科。管理学与传播学是媒介管理者的主要知识框架。

本书的第五个特点是结合了管理学与传播学的知识进行交叉研究。

管理学是一门系统地研究管理活动的基本规律和一般方法的科学。管理活动虽然千差万别，但在实施管理、开展市场营销活动时需要遵循的基本原理及原则是一样的。一个成功的媒介管理者既需要具备深厚的传播背景，又需要接受专门的管理训练，才能在这个"每天和太阳一道升起"的行业里不断地创造辉煌。

当然，我国目前的媒介管理也面临许多新情况、新问题，需要新思路、新动作。例如，全球化给媒介产业和媒介管理带来的机遇和挑战、互联网和手机对传统媒介管理模式的冲击、媒介集团的可持续竞争战略等，均需要作者今后在实践的基础上进行更深入的理性思考。而对媒介管理知识的研习，则是一个鲜活的、持续的、螺旋式的过程，永无止境。

（作序者系暨南大学校长、教授、博士生导师、产业经济学国家重点学科带头人）

目　录

第一章
媒介管理的基本概念

内容提要

　　本章介绍媒介管理的学科背景，媒介与媒介产品的属性，媒介管理与经营的职能划分，现代媒介的生态环境，现代媒介管理的科学性要求等基本概念与基本问题。本章是全书的导论部分。

人们常常认为，管理是大型企业机构所必需的，是比较现代的实践。然而大约在 6 000 年前，人们就已经组织起来承担大型的项目。埃及人建造金字塔、希伯来人的"出埃及"、罗马人修筑道路和高架渠、中国人筑万里长城，如果没有许多管理技术的运用，完成这些工程中的任何一项都是令人难以置信的。

从整体来看，管理是古今中外一切组织的根本，管理的好坏关系着一个组织的兴衰。对企业而言，它是经营成效的重要指标；对政府机构而言，它是影响行政绩效的关键所在。

当时代的巨轮碾过工业革命之后，各类型的组织逐渐形成、成熟，而且其重要性日益显著，媒介也不例外。举例来说，当代巨型媒介机构如新闻集团、维亚康姆、迪斯尼、贝塔斯曼等，虽然它们业务领域不尽相同，但是它们都有共同的需要——"有效的管理"。如果把媒介看作生命体，则无论是小苗，还是大树，都需要管理者的精心指引。

第一节　管理概述

对于组织来说，管理的影响无处不在，处身其中的每一个人都面临着管理和被管理的情况。其中最为关键的一点是改进组织的管理方式，这关系到组织和组织成员的切身利益。

一、管理的定义

如果你去问一群人"管理意味着什么"，几乎每个人都会给出不同的定义。考虑到管理者责任的多样性和复杂性，这是毫不奇怪的。关于管理的概念，至今尚未达成共识。

从字面上解释，"管"是管辖，"理"是处理。具体地说，"管"是对人、事、物等资源和过程的约束，"理"是处理并使得有条理，亦即主其事者为"管"，治其事者为"理"。综合起来，凡处理事物及协调他人的活动，使其有序运转，以快速有效地达到预期的目标的过程，即可称之为管理。

多年来，西方许多管理学者从不同的研究角度，对管理的概念下了许多不同的定义。随着管理研究范围的不断扩大，人们对管理概念的认识就更加多种多样。

有的侧重组织目标的实现。科学管理的创始人美国的弗雷德里克·温斯洛·泰罗认为，管理就是"确切地知道你要别人干什么，并提醒他们用最好最经济的方法去干"。

有的强调管理的职能。管理过程学派的创始人法国的亨利·法约尔认为，管理就是计划、组织、指挥、协调和控制。也有人归纳为计划、组织、领导、控制。美国管理学家西蒙认为，"管理就是决策"。

有的注重人力、物力、信息、资本等资源的取得和协调。美国管理学者普林格（H. Pringles）等人认为，"管理是结合人力、财务、信息和物质资源以达到生产社会某一部分所需要的产品或服务，实现组织的首要目标的过程"。

有的重视以人为本。当代管理过程学派的代表美国管理学家孔茨等人的定义是，"管理就是设计一种良好环境，使人在群体里高效率地完成既定目标"。如此等等，不一而足。

从特征上分析，管理可以归纳如下：①管理是组织中必不可少的活动，组织是管理的载体。管理适用于各种组织形态和组织中的各阶层。②管理具有明显的目的性。所有的企业管理的目标都是：创造利润、盈余。③身为管理者，应肩负计划、组织、任用、领导和控制的管理职能；应利用有限资源，协调人员行动，达成组织目标。④在管理过程中，只有以人为本，把调动人的积极性放在首位，才能协调好其他要素，实现高水平、高效率、高效益的管理。⑤管理本身是一种不断变革、不断创新的社会活动。管理的变革在一定条件下可以转化为新的生产力。

管理是一门科学，也是一门艺术。在科学层面上，有所谓管理七要素，即7M（men, money, method, machine, material, market, morale），亦即人员、资金、方法、机器、原料、市场及士气。凡与此七要素相关的课题，均属科学管理的范围。在较难习得的艺术层面上，包括"决策智慧"、"应变能力"、"人性因素"三个部分。管理艺术是创造性的追求。

二、经营、营运与运作

在英文中，"管理"与"经营"均可用 management 一词，含义接近，但是也有细微的差别。与"管理"相对应的英文词汇有：management, administration, administer, regulate；与"经营"相对应的则有：manage, run, business, operation, engage in, management。

一般而言，经营是指企业为了自身的生存、发展和实现自己的战略目标所进行的决策，以及为实现这种决策而从各方面所做的努力。换句话说，经营是一种行动，通过人们有意义的行为来完成经济方面的工作，以谋求一定的利益。

一个企业经营能力的高低以及经营效果的好坏，主要取决于对市场需求及其变化能否正确认识，企业内部优势是否得到充分发挥，以及企业内部条件与市场协调发展的程序如何。换句话说，就是看企业适应市场能力的优劣。企业要在不断变化的环境中生存下来，并逐步发展，这不仅要善于管理，而且要善于经营。

经营活动主要包括以下几个方面的内容：①预测，包括进行市场调查，对市场需求和供给的现状和变化、技术的进步、资源的变化、竞争的发展、经营方式和经营战略的变化等作出科学的预测。②决策，即在预测的基础上，对企业的发展方向、目标以及达到目标的重大举措等作出正确的决策。③规划，包括产品方向、产品品种和数量、市场目标、企业规模、基本建设、技术改造、新技术的采用、增加赢利、提高员工收入、员工的招收和培训等计划，以及实现这些计划的步骤的具体化。④运作，即为实现企业的发展目标而开展的与市场活动有关的各种工作，如资金的筹集、生产资料的采购、产品的销售、市场的开拓、新产品的研制、生产组织形式和管理机构的改革、发展同其他企业的协作关系等。

在企业经营活动中，还经常使用"营运"、"运营"等术语，它们基本上是"经营"的同义词，但是多侧重于企业的实物或资金的转移或流动方面，如"营运资本"、"营运负债"、"营运资金周转率"、"营运租赁"、"运营资产"、"运营资本变动表"等。

三、管理与经营的关系

对于管理与经营的关系，不同学者的论述中有不同的侧重点，多数学者以"管理"一词来涵盖"经营"一词，当然也有人认为 management 准确的意思是一种"经营术"，而"管理"只不过是其中的一部分职能罢了。考虑到我国经济体制变革前后的实际情况，本书基本上把它们作为相通的概念来看待。

事实上，管理与经营密不可分、相互交叉、互相包容，见图 1-1。管理是为了实现经营的目的，它们同属于企业管理者的职能范围。细究起来，它们的主要区别是：

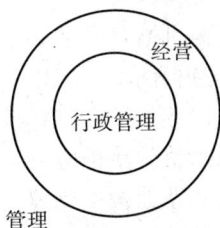

图 1 - 1　企业管理与经营的关系

第一，管理是由共同劳动所引起的一种"组织"、"协调"的职能，经营则是由商品生产的发展而引起的一种"适应"的职能。凡是有共同劳动的地方，如行政部门和文教卫等一切事业机构，都需要管理。而只有以赢利为目的的经济组织才有经营活动。在商品生产欠发达、产品不太丰富的时候，市场上的商品供不应求，企业生产的产品都能销售出去，企业只要搞好管理就行了，而不需要"经营"。随着商品生产的发展，商品日益增多，买方市场占据主导地位，销售变得困难起来，在这种情况下，企业只搞好管理不行了，还必须搞好经营。

第二，一般说来，管理解决的是企业的战术性问题，即在既定的目标和人、财、物等资源条件下，合理安排和组织生产，合理配置和使用各种生产要素，以提高产品质量，降低成本。经营还需要解决企业战略方面的一些问题，如企业的发展方向，企业生产什么产品，生产多少，如何销售等。

第三，管理所要解决的主要是企业内部的一些问题，如企业内部上下工序之间、部门之间的相互关系，制度建设与生产要素的合理配置等，这时的管理主要是行政管理。而经营所要解决的主要是企业外部的一些问题以及协调企业内部活动与外部活动，以实现企业目标。

四、管理与决策

决策，通俗地说就是作决定的意思。它是指在充满风险或不确定性的环境条件下，决策者为了实现特定目标，从若干个可行方案中选择一个满意的方案，对资源进行分配，并组织实施的过程。

决策是管理的重心。很多管理者作决策就像人呼吸一样自然，从不去留意它的过程。然而决策在管理活动中，就如生命中的呼吸一样，扮演着极为重要的角色。管理的各个层面都会牵涉如时间和金钱的分配、个人或组织目标的实现、风险的规避等问题，这些都需要决策。

决策可分为两类：程序化决策及非程序化决策。程序化决策指经常重复发生，能按规定的程序、处理方法和标准进行的决策。如决定员工每个月的薪水，可以用电脑进行计算，是程序化的。非程序化决策指没有常规可循的决策。1981 年，CBS 在须保持收视率继续领先的巨大压力下，决定以丹·拉瑟接替著名新闻播报员克朗凯特时，就没有任何规则可循，因而是非程序化的。如果一个决策能程序化且执行起来更有效，就应该尽快程序化，以节约管理者的时间。

决策过程可分为六个步骤：①界定问题，即找出问题在哪里。这需要收集与分析相关信息。②制定目标。目标要具体，如某电视台打算在半年之内把《晚间新闻》的收视率提高 3 个百分点，这就是一个具体的目标。目标太模糊则无法作出有效的决策。③制订可行方案。这一阶段应尽可能找出所有的可行方案。④选择一个最好的方案。⑤执行方案。⑥控制方案的执行，以使最后结果能达到预定目标。在决策过程中，收集及正确地分析信息是决定决策质量的两个主要因素。

决策的方法主要有损益平衡点分析法、决策树法等。前者指的是对各个可行方案所产生的利益与所需的花费进行比较的分析方法。后者指的是将决策的每一步可能出现的结果都详细列出来，形成一个树状的图表，从而便于择定的分析方法。

第二节　媒介管理概述

一、什么是媒介

简单地说，媒介就是传递大规模信息的载体，是报纸、杂志、广播、电视、动画（电影）、网络的总称（有时也可包括通讯社），一般又称为大众传播媒介。新闻媒介主要是指报纸、新闻性杂志、广播、电视、新闻网站。媒介组织则是指经营媒介的机构，如报社、电台、电视台、出版社、杂志社、电影制片厂、互联网内容和服务提供商等。当然这些定义基本上是从消费者的角度作出的。在本书中，如未出现"大众媒介"、"传统媒介"、"新媒介"、"印刷媒介"、"电子媒介"、"媒介产业"等字样，则一般从生产者的角度，以媒介或媒体来指代前述的媒介组织（如报社），以媒介产品来指代前述的媒介（如报纸），以媒介组织来指称媒介的一种管理职能（见第二章）。

1. 媒介的分类

大众传播媒介的发展是从书籍、报纸的发展开始的，然后杂志、动画、广播与电视等媒介相继出现。从媒介性质的角度，可将媒介分为"电子媒介"与"印刷媒介"。

但是，传统的电子媒介、印刷媒介的分类方式已无法适应科技进步所带来的变迁。例如，电子图书、电子报纸、电脑网络以及各种数据库等新媒介，均使人们不得不重新思考媒介的分类问题。今天媒介的从业人员，应该有"多媒体"的观念。由于科技的影响，传统的媒介与新媒介之间的界限愈来愈模糊，跨媒介之间的合作、融合也越来越多。

传统媒介传播信息有各种各样的方法。新媒介则是通过发达的电子通信技术来表现信息的媒介，有的是通过软件复写在屏幕上来表现信息，有的是通过硬件复写在纸上表现信息，有的则是让声音形态再现来表现信息。图 1 - 2 是关于传统媒介和新媒介的归类。但传统的媒介和新媒介之间并没有严格的界限，如有线电视的硬件系统和以前是一样的，只是从传达信息的软件方面又开发出新的信息服务项目的角度出发，现在习惯上将其归入新媒介。

此外，前述大众媒介的分类并未涵盖传播媒介的全部内容。事实上，在社会经济生活中，仍有许多行业在整合、运用媒介，例如广告业、公共关系业等，这些行业虽然没有直接从事大众媒介的经营，但它们的工作内容与媒介息息相关。

电子媒介的出现和广泛使用改变了人与人、人与世界的关系。通信卫星、广播、电视以及后来的互联网等传播媒介以光速传递信息，使世界各地人们之间的时空距离骤然缩短，整个地球重新"部落化"，仿佛变成一个村落。加拿大传播学家马歇尔·麦克卢汉称之为"地球村"。

互联网的出现是计算机技术、信息技术与通信技术融合的产物，也是传播技术的又一大进步。20 世纪 60 年代末，当拉里·罗伯兹受命为美国国防部组建阿帕网（Arpanet）时，没有谁能够想到这种用于军方通信的电脑网络会逐步向商业应用拓展，继而又向社会各个领域渗透；但是，阿帕网今天已演变成国际互联网（因特网），扮演着信息传递者的角色。90 年代初问世的万维网——World Wide Web（WWW），以其超文本标志语言为特点的网页，给人们带来了全新的观念和服务，并逐步变成了因特网的主要功能。它可以上网到天——直连通信卫星，下网至地——连接光纤光缆、电视系统和电话线。每天汇集世界各个角落的电子文字、图像、动画、声响，举凡可称为资讯的政、经、文、史、数、像形成的传播符号在网络上川流不息；坐在联网的电脑面前，稍动纤指，各种信息便会奔涌于用户的眼前。

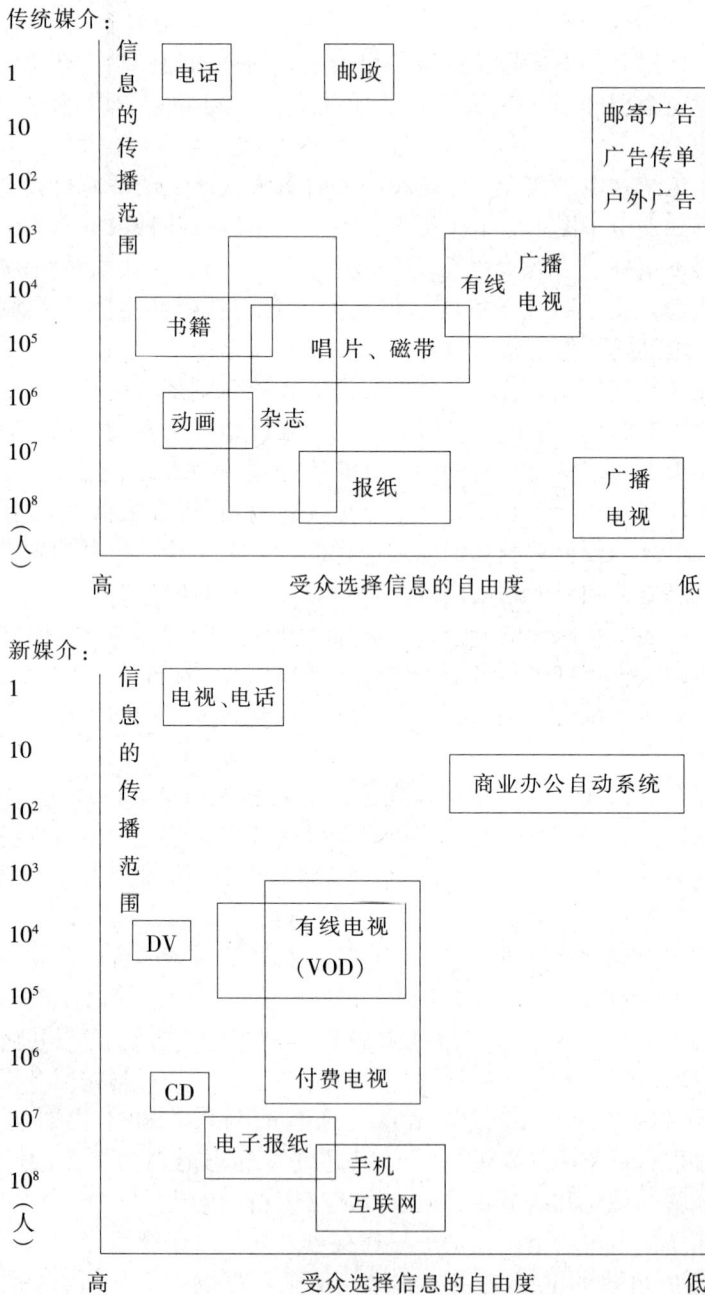

传统媒介：

信息的传播范围

1	电话 邮政	
10		邮寄广告 广告传单 户外广告
10²		
10³		广播 有线 电视
10⁴	书籍	
10⁵	唱片、磁带	
10⁶	动画 杂志	广播 电视
10⁷	报纸	
10⁸ （人）		

高　　　　　　受众选择信息的自由度　　　　　　低

新媒介：

信息的传播范围

1	电视、电话	
10		商业办公自动系统
10²		
10³		
10⁴	DV 有线电视 （VOD）	
10⁵		
10⁶	付费电视	
10⁷	CD	
10⁸ （人）	电子报纸 手机 互联网	

高　　　　　　受众选择信息的自由度　　　　　　低

图 1-2　传统媒介和新媒介的归类

各类媒介从诞生到拥有 5 000 万用户，广播用了 38 年，电视用了 13 年，有线电视用了 10 年，因特网只用了 5 年。因特网的发展速度极为迅猛。截至 2008 年，美国 93% 的家庭具备上网条件，我国的网络覆盖率也达到了 16%，互联网日渐成为主流媒介之一。

在世界范围内，大众媒介深受社会政治经济体制的影响。世界各国的传播制度差距甚大，同一国的印刷媒介和电子媒介也会有所不同。它们之间最显著的差异在于：社会权力（政治权力和经济权力）集中还是分散。图 1 - 3 是根据这一尺度所作的粗略划分。

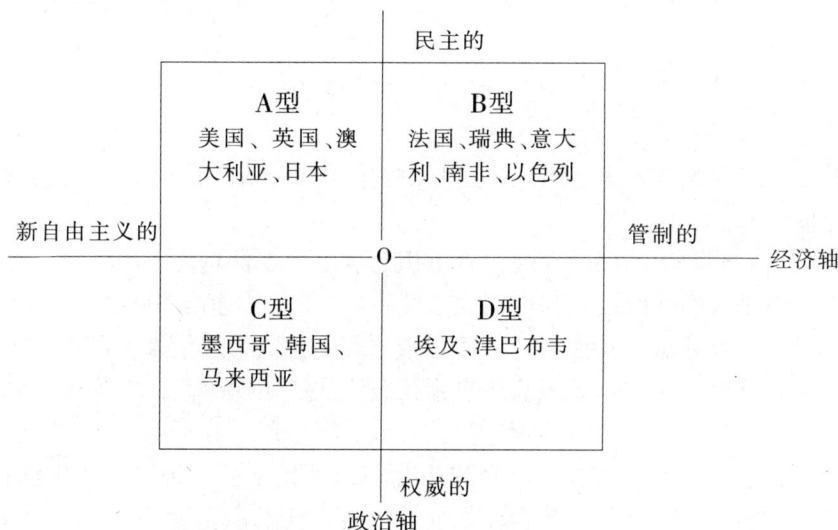

图 1 - 3　大众媒介体制的比较

此外，还有许多国家处于转型中，采用的是混合体制，其中包括中国、俄罗斯以及东欧、南美和中东诸国。

2. 媒介的特性

从历史来看，大众传播媒介作为一种社会系统，具有与其他社会系统相区别的，更富有媒介系统个性的，而且较为稳定的一些特征。具体地说，媒介具有"信息组织 + 利益组织 + 管制对象"三重属性[1]，见图 1 - 4。

---

① 黄升民，丁俊杰. 媒介经营与产业化研究. 北京广播学院出版社，1997. 13 ~ 19

信息组织(本我,区别于其他
的行业或产业门类)

管制对象(超我,从属于政
府对秩序和权力的追求)

利益组织(自我,社会化运转对信
息流动的庞大需求与市场条件下
体制化运作的结合)

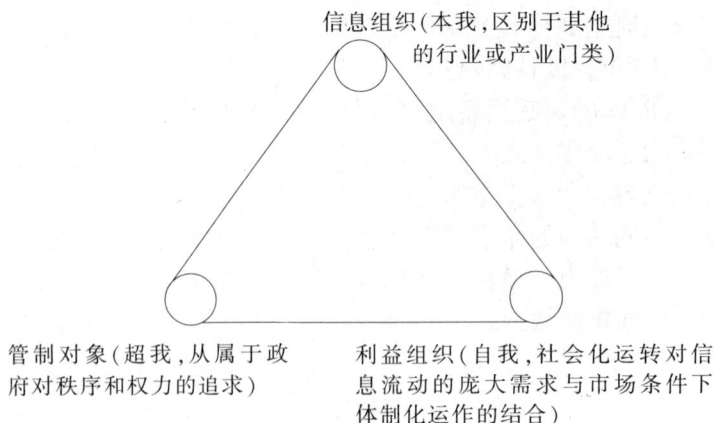

图1-4　媒介的三重属性

首先,媒介是一种信息组织。这是由它的收集、加工并传播信息的基本功能决定的。

大众媒介从产生的那一天起,就承担起满足人类信息需求的使命。在现代社会中,更是人们获取信息与享用娱乐的主要来源。广播、电视、电影、个人电脑、光盘、影碟机以及报纸、书籍、杂志等,已成为现代人不可或缺的传播工具。但是从个人层次到组织层次再到社会层次,层次越高,功能可以划分得越细。

从媒介管理者的角度看,媒介的功能有四种类型:①告知,如生活指南;②娱乐,如漫画、连载;③教育,如公益广告;④劝服,如软广告。1998年,BBC把自己的目标定为:做世界上最有创造性及最值得信赖的广播服务商,以信息、教育以及娱乐服务让所有英国的受众满意,并且以市场本身无法提供的方式来丰富他们的生活。

大众媒介所具有的各种功能都取决于媒介传播信息的本质。如果媒介不负载任何信息,则其所有的其他功能都缺乏实现条件。

其次,媒介是一种利益组织。这是由媒介作为社会系统的组成部分必须依赖一定的物质条件并且由此产生更大的获利动力这一基本的生存规则决定的。

由于特定社会环境的影响,媒介的利益组织特性在早期受到政府或政党较多的管制,表现得并不明显,但是从19世纪30年代起人类进入大众传播时代之后,该特性则表现得非常突出。1833年,美国的本杰明·戴创办"一分钱报"《太阳报》,凭借广告收入获得经营成功,由此形成了媒介的体制化的运作方式:通过扩大发行和吸引广告投入来赢利。20世纪20年代以后,广播电视也通过广告经营获得了发展上的良性循环。"利益组织"成为大众媒介的一个根本属性。

再次，媒介是一种管制对象。由于媒介通过将大批复制的内容传播给数量众多的受众，对受众具有无与伦比的影响力，因而成为统治者和各种利益集团利用和管制的对象。无论在哪一种社会制度之下，大众媒介既是利用对象又是管制对象的属性一直存在。

在媒介的三重属性中，信息组织属性是最本质、最不可变的属性。利益组织属性和管制对象属性因媒介生存空间的不同而体现出可人为操作的特性。在利益和管制两端，如果利益属性得到充分承认，管制形态比较宽松，则媒介可商业化并成为完全的产业，如一些西方发达国家的大众媒介产业；如果管制严格而利益属性淡化，则媒介被称为"新闻事业"、"意识形态媒介"或"公营媒介"；如果利益和管制在某种条件下达到适当的平衡，则可形成信息、利益、管制三种属性都有鲜明体现的产业化媒介，这是当前我国媒介发展的主流方向。

我们常说的媒介二重性是指意识形态属性和产业属性。这是对前述三重属性的一种解读。由于媒介的形态变化受"利益"和"管制"的互动所主导，所以媒介的发展大致有两个方向：一是商业媒介由于管制的增强而逐渐趋近于意识形态媒介，二是意识形态媒介由于管制的宽松和内在利益的驱动逐渐向商业媒介转化。从世界范围来看，媒介正沿后一种趋势发展。

改革开放以来，我国媒介在产业化的道路上已取得很大的突破。从基本思路上看，人们的认识过程大体上是从微观渐趋宏观。最早是从编辑部门对新闻报道方式的改革开始。20世纪90年代中期，尤其是1997年前后，我国市场环境由卖方市场转向买方市场，传媒作为第三产业的属性迅速凸显。它必须遵循经济规律，向管理要效益，这样，以管理为取向的改革思路逐渐清晰起来。宏观性的体制改革也正式被提上议事日程。

从观念层次来看，我国新闻界对媒介是利益组织这一问题基本上达成了共识：

（1）媒介产品是商品。对于新闻商品性的认识，目前还不尽一致。但是对媒介商品属性、产业属性的认识，已达成一致。在市场经济下，媒介产品进入流通，它就是商品，就要考虑成本、利润、流通规律，要吸收常规商品运作方式，如市场调查、售后服务等。

（2）媒业业是产业。我国媒介已由过去国家花钱养的一个行业变成向国家上缴利税的朝阳产业。国家对媒介的要求不只是政治宣传方面的社会效益，还要求其有足够的经济效益。媒介业已成为国家经济繁荣的一部分，至少是一种"准产业"。

（3）媒介是企业。更具体地说，报社是企业①，或者说电台、电视台是企业。以报社为例，过去在计划经济体制下，报社有两个特点：一是作为机关报，是机关的延伸，思维和运作方式都是按"事业单位"的模式进行；二是将报社纳入计划拨款与计划销售，简单地说就是"公款办报，公款订报"。进入转型期，实行市场经济体制后，报社身份必须变成有独立生存能力和竞争能力的市场主体。根据我国关于文化体制改革的思路，公益性新闻出版单位实行企事分开，经营性新闻出版单位都要转企改制。对媒介企业性质认识的新突破，并不影响媒介的政治导向和社会效果。这好比计算机的硬件部分和软件部分，它们各司其职，硬件不能代替软件，但改进硬件则能加强软件的运作。

3. 媒介产品的特性

在经济生活中，市场上提供的产品（product）就生产形式而言可分为物品（goods）与服务（service）。不过，在纯物品（如日用品）与纯服务（如咨询）之间还存在一些混合形式，即附带服务的物品（如家电，厂商也提供一些售后服务）以及附带物品的服务（如空中旅行，承运商提供少量食品、饮料）。对媒介产品来说，受众要获得信息这种无形的服务，需要购买或接触报纸、收音机、电视机这些有形的物品，因此可以认为，媒介产品是一种附带有形物品的服务形式。②

物品（和服务）就消费形态而言可以分为私人物品、公共物品和混合物品。私人物品的消费具有排他性和竞争性，一个人购买某一物品之后，可能减少他人使用该物品。公共物品的消费没有排他性和竞争性，例如国防。混合物品是介于私人物品和公共物品之间的物品，例如城市的街道，在它变得拥挤不堪之前，类似公共物品；过分拥挤时，又类似私人物品。公共物品和混合物品由于消费者可以不用付费购买而"搭便车"，所以私营企业多不愿意提供，这一供给任务一般由政府来完成。

对于各种媒介产品消费形态，有人提出如下看法：

（1）书籍、杂志、唱片、磁带等属于私人物品。它们是文化产业中最成熟的商品形式，其制造和流通符合一般商品生产的基本模式。

（2）电影属于准私人物品。因为看电影是集体而不是公共的行为，同时又具有排他性。

（3）广播、电视、互联网属于准公共物品。这类产品在科技与经济意义

---

① 梁衡. 中国报业五十年. 新闻传播，1999（6）

② 唐绪军. 报业经济与报业经营. 新华出版社，1999. 36～39

上是公共物品，但在文化意义上更接近私人物品，因为阅听人多在私人场所进行消费。

（4）报纸也属于准公共物品。报纸在技术层面上是私人物品，但其内容是属于公共物品的公开信息。报纸常常被称为"社会公器"，就是这个道理。

以上的划分有助于探讨不同媒介产品的生产和流通过程及其在管理上的区别。从中还可以看出，由于大部分媒介都具有公共物品的性质，是特殊物品（merit goods），因而世界各国的政府无不对媒介业采取一些特殊的政策。在我国，媒介多是由国家直接或间接投资的，这些媒介的资产都属于国有资产。

二、什么是媒介管理

1. 媒介管理的定义

在现代社会，媒介如同一般的企业厂商，要生产产品（信息）和分销产品（信息）。因而将媒介实体视为厂商的话，它也需要"管理"和"经营"，才能顺利发展。简单地说，运用媒介的人力、财力、物力等资源，以期有效地实现媒介所设定的目标，即是媒介管理。

媒介管理是通过一系列的活动，经由管理者和其他媒介从业人员来操作完成的。具体地讲，媒介管理是一个媒介企业的管理者，研究并从事如何利用良好的计划、健全的组织、适当的人员配置、正确的指挥方法、严密合理的控制程序及有效的内部协调，使整个媒介企业的资源在运用中发挥出最大的效能，从而有效地完成媒介组织的任务。简单地说，媒介管理是充分利用最少的资源投入获得最大的社会效益和经济效益的活动过程。

广义的媒介管理包含媒介经营。在狭义上，媒介管理和媒介经营也可以作适当的区分，前者主要指媒介的内部管理。

2. 媒介管理与新闻事业管理

新闻事业是新闻机构（媒介）及其各项业务的总称，既包括新闻业务，也包括经营业务。在历史上，新闻事业是资本主义商品经济的产物。西方报纸、广播、电视的出现、成长、兴盛大都遵循市场规律，除了少数政党、团体所属媒介之外，绝大部分主流的私营和公营媒介都重视经营活动，它们的经营管理都具有企业化的特点。

长期以来，我国的新闻事业仅局限于新闻业务，新闻机构是财政拨款，没有生产收入，也不进行独立经济核算的非企业单位。这一时期的新闻事业管理基本上是宏观上的行政管理和宣传管理，没有微观上的经营管理。改革开放以来，我国的媒介逐步走上了"事业单位、企业化管理"的道路，开始出现了真正意义上的媒介个体的经营管理。这也是本书所着重介绍的媒介管理。

3. 媒介管理的中心目标——赢利

现代经济学和管理学将企业看作是一种人格化的组织。企业可以理解为不同个人和群体之间一组复杂的显性契约和隐性契约交汇所构成的法律实体。在这种法律实体中，交汇的契约既有经营者与所有者之间的契约、经营者与雇员之间的契约，也有企业作为债权人与债务人之间的契约、企业作为供应商（或消费者）与消费者（或供应商）之间的契约、企业作为法人与政府之间的契约等。因而企业是其利益相关者之间综合性社会契约的汇集点。这些被称作"利益相关者"的个人、群体或组织不仅会影响企业目标的实现，而且会受到企业目标实现过程中所采取的各类行动的影响。

媒介的部分利益相关者及其主要关注点见表1-1。

表1-1　媒介的部分利益相关者及利益关注点

利益相关者	利益关注点
政府	调控舆论，规范市场秩序
股东	更高的投资回报率
管理层	赢利，提高社会影响力
行政人员、采编人员、销售人员	良好的报酬和有挑战性的工作
上游供应商	高价提供服务
产品分销商	出售更多媒介产品
广告代理商	更低的广告成本，更高的广告效益
受众	获得更多及时有用的资讯和娱乐

应该说，媒介讳言利润的时代已经过去了。除了少数承担意识形态使命或实施公共体制的媒介外，大部分市场型媒介都必须追求利润，以利润率为评判管理绩效和管理水平高低的重要标准。一言以蔽之，媒介管理的中心目标就是赢利。

尽管赢利是媒介管理的"底线"，而且往往处于优先地位，但赢利不应该成为媒介存在的唯一理由。媒介作为社会的守望者，应该自觉承担起崇高的使命，以使自己的基业百年长青。所以，如果用一句话来概括媒介管理的目标，那就是"始于公益，止于赢利"。

4. 媒介管理的层次结构

人们常常认为管理仅集中于一个组织的高层。事实上，指挥他人工作以达到目标的任何人都是一个管理者。在许多公司，包括媒介企业在内，管理者可分为三个层次：

（1）基层。这一层的管理者密切监督普通员工的日常工作，并对上一层管理人员负责。如一个广播电台的地方销售经理向销售总经理汇报工作，一个电视台的生产经理直接受节目经理管辖，等等。

（2）中层。负责执行增进公司总体目标的特别活动的管理者属于这一层次。媒介机构中的节目、新闻、工程和经营部门的负责人都是中层管理人员。

（3）高层。它是指协调整个公司的活动、指挥整个公司运转的管理者。首席行政执行官（CEO）、总裁、总经理位于管理层的顶端。高层管理者至少应关注 20% 的重大问题。

5. 媒介管理的职能与职责

管理的职能除了包括计划、组织、指挥、协调、控制之外，还可包括人事、预算、报告以及领导、命令、监督、合作、授权、变革、评估等工作内容。有人以一个英文字头的组合 POSDCORB 来说明其中的主要职能，P 代表计划（planning），O 代表组织（organizing），S 代表人事（staffing），D 代表指挥（directing），CO 代表协调（coordinating），R 代表报告（reporting），B 代表预算（budgeting）。这些职能也适用于媒介管理。

媒介管理者应具备三个基本要素，第一是管理者的角色，第二是管理职能与作为，第三是管理技巧。

就日常工作来说，媒介管理者应特别关心以下几个方面的问题：①最大化现金流；②敏锐地对市场竞争作出反应；③积极引进新技术，赢得并保持竞争优势。

第三节　现代媒介的生存环境

媒介的成长和管理水平的提高主要由两个因素推动，即市场推动和技术推动。市场这只"看不见的手"无处不在，无时不显。市场竞争的残酷无情迫使企业如履薄冰，居安思危，主动地去改进管理，加强经营，以赢得和保持优势。科技进步则既可为企业成长增添利器，又会令跟不上时代潮流的落伍者被淘汰出局。

20 世纪 70 年代以来，在信息化和全球化浪潮的影响下，媒介的生存环境具有如下六个特点①，见图 1-5。

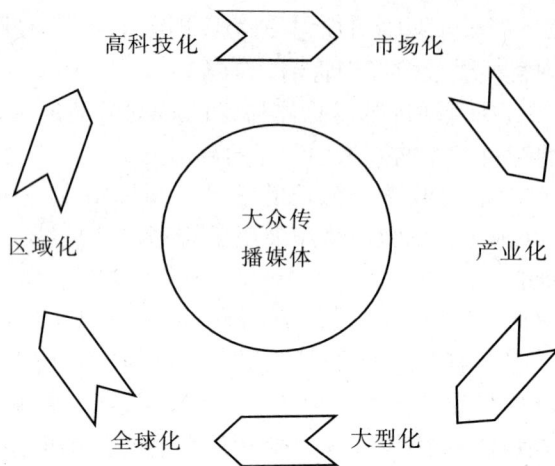

图 1-5　现代媒介的生存环境

1. 市场化

从世界范围来说，市场化浪潮可以从两方面得到印证：

（1）非营利性媒介机构的企业化。美国管理学家彼得·德鲁克曾说过，在 1873 年以前的 100 年内，自由放任是主要的政治信条，1873 年则是自由放任时代的终结，垄断资本主义的发展和世界性的经济、政治、军事危机加强了政府干预经济的强度；然而自"二战"以来，政府的干预和政府的运转在东西方均告失败，1973 年，标志着政府是"进步"事业的时代结束了。也就是说，随着西方世界遭受"石油冲击"，国家干预造成滞胀局面，以及福利国家制度的流弊杂陈，市场在与政府的博弈中再次占据了上风，新自由主义思潮从美、英等国泛滥到了世界各地。

进入 20 世纪 80 年代以来，许多西欧国家要求广播、电视从行政机构的束缚中解脱出来的呼声日益高涨。法、德、意等国已基本改变了国家垄断和公共广播独家经营的局面，公私并存的双重所有制在各国得到了迅速发展。非商业性的国有和公有电台电视台如 BBC 等也在按照商业台的模式调整。这种现象被英国的丹尼斯·麦奎尔等学者归结为世界性的"断裂"现象。同时，社会

---

①　胡正荣.当代电视生存环境及其走向.现代传播，1999（4）

主义阵营中也出现了苏联解体、东欧剧变、中国逐步实行社会主义市场经济改革。市场化大趋势成为不可阻挡的世界潮流。

（2）媒介企业的产权制度由家族化转向公共化。公共化不可避免地使报纸按照现代企业的更严格、更科学的财政管理手段来运作，尽管报纸要长期生存下去必须提供读者具有新闻价值的东西，但是公共性公司为了股票市场的价格安全，常常以赢利能力为导向而局限于短期的目标，这就不能不对报纸编辑部门的权限产生影响。

2. 产业化

随着科学技术的飞速发展和世界经济走向一体化，世界范围内的产业结构正在发生巨大的演变。20世纪60年代以来，世界各国国民经济的重心迅速向第三产业转移，报纸、广播、电视和电影业借助高新技术的发展和现代信息社会的强大推动力，越发显露其特有的社会功能和经济功能，正发展成为一个重要的产业。

产业化即按产业规律去运作，进行资源的重组和有效利用。在我国，媒介产业化重点在于资源的合理配置、壮大产业规模和产业结构的优化方面。在西方，产业化的重点在于进一步提高资源的利用效率，这意味着媒介商业化程度的加深。例如美国，1996年《电信法》代表了该电子信息传播产业的基本思想——放松管制（deregulation），即政府减少对电信、广播、电视等信息产业的控制，放开竞争与经营，让市场成为调节产业生存与发展的主要动力。

3. 大型化

2003年，法国维旺迪环球位列全球财富500强第42位，营业收入达549.7亿美元，是全球第一大媒介企业。位列第80位的美国AOL时代华纳，营业收入也高达416.7亿美元。

大媒体是一种全新的传播概念和传播方式，它向人们提供包括通信、影视、音乐、商业、教育等覆盖面极广的全方位资讯和娱乐。"大媒体潮"的兴起带来了媒介主导业务的改变。它们的共同特点是，新闻不再是主业。AOL时代华纳公司已完成了由新闻为主导向以娱乐传播业为主导的转变，它的上一任总裁杰拉尔德·利文（Gerald Levin）上台后，就致力于改革其受到冷落的子公司时代公司的那个"卢斯永恒的遗产"，把《时代》周刊的资深总编辑逐出了董事会，从而宣告了"教会"与"国家"平起平坐的时代在大媒体企业的终结。

"教会"与"国家"制度，是一个通俗的说法，它的含义是媒介的编辑部门像教会，经营部门像国家，要坚持政教分离，以保护编辑部门的独立性。这一说法最早出自《时代》周刊的创办人亨利·卢斯。卢斯于1923年创办了这份周刊，他一贯坚持在时代出版公司内让总编辑与董事长、总裁平起平坐，并在董事会里有一席之地。《时代》的成功推动了"教会"与"国家"制度在西方扩散开来，现代大多数主流媒介的组织结构即证实了这一点。但是美国的一些媒介企业，如奈特·里德、甘奈特、论坛报公司等，从 20 世纪 80 年代中期起，逐步开始了从业务范围到管理制度的改革，其影响日益扩大。

从管理的角度讲，"大就是好"的理念也有误区。维旺迪环球和 AOL 时代华纳都经历了盛极而衰的过程，成为反面的例子。

4. 全球化

第二次世界大战结束后，世界范围内的经济市场、技术与信息沟通形式都越来越具有全球性的特征。西方发达国家凭借其强大的经济实力和高技术手段所支撑的大众传播媒介和大批量生产的文化工业产品，形成了空前的文化强势。尤其是美国媒介集团的日益全球化扩张，渐渐加深了世界信息流动的不平衡格局。我国的媒业业应当充分估计和清醒地认识到全球化过程带来的正负两方面影响，并借鉴西方媒业业在市场运作和全球覆盖等方面的成功经验，以参与全球竞争。

5. 区域化

目前，社会上的传播媒介非常多元化，各种不同的媒介及其不同的构成部分大多朝着"分众化"、"小众化"、"窄播化"方向发展。因此，媒介管理者必须把握住所经营媒介的市场定位，详细研究其所定位的"目标阅听人"。明了阅听人的心理认知、人口构成、生活形态以及对媒介的使用，这将有助于媒介管理者在节目方向、编辑方针、营销、推广等方面的决策。

6. 高科技化

切不可忽视新信息传播技术带来的影响。新传播科技的不断进步给传播界带来了改变，使得节目或栏目的制作过程更加周密和复杂，对技术层面的要求也随之增加。在过去，新闻可以是由印刷商自行出版的新闻书或新闻信，或者是由一人包办的家庭广播电台。但如今连小城镇的报社和广播电台也都使用现代的制作技术，并雇用受过训练的新闻记者和制作人员。无论市场规模大小，媒介的经营管理都走上了正轨。尤其是受众的分散化和"碎片化"对于"窄播"和互动式传播的呼唤，博客、播客等个人化传播方式的兴起，使得媒介要掌握主导权，必须积极回应，包括对内部组织结构作出相应的调整。

第四节 现代媒介管理的基本要求

关于管理的原则，历史上有许多管理学者都提出过自己的见解。例如法约尔提出的 14 项原则：劳动分工、权利与责任、纪律、统一指挥、统一领导、个人利益服从集体利益、人员的报酬、集中化、等级系列、秩序、公平、人员的稳定、首创精神、团结精神。这些原则对我国的媒介管理有极其重要的参考价值。我们在这里要特别强调以下几个方面：

第一，追求企业利润与追求公共利益兼顾。企业利润也是人们常说的经济效益，是指生产性活动的投入与产出的关系。经济效益通常用价值形式的所费与所值相比较，讲求经济效益就是力争以最小的投入量来获得最大的产出量，使企业利润最大化。现代的媒介作为企业，媒介产品作为商品，不讲经济效益，既不符合社会主义市场经济的要求，也不利于媒介产业的发展。

所谓公共利益就是媒介给社会公众带来的正面的、积极的效果，起到良好的、健康的舆论引导作用。媒介的管理者必须了解媒介的社会责任。媒介的内容必须适合社会大众的需要，而不应该造成负面的影响。目前，世界各国对媒介内容的规范尺度不一，通常对电子媒介所采取的尺度较严（因其传播面广），对印刷媒介所采取的尺度相对宽松。除了政府的政策外，媒介本身的行业自律也很重要。

第二，由经验型管理转向科学型管理。人类经济活动最早的组织形式是所有权制，即业主制，随着市场规模的不断扩大和竞争的日趋激烈，后来又出现了合伙制，再后来是公司制，即现代企业制度。同样，媒介业的发展也逐步实现了由家族式、作坊式、经验型经营管理向现代企业制度的转变，或者说由"文人办报式"向"商人办报式"的转变。

实施科学型管理，简单地说就是按新闻规律办报/台/站，按市场规律抓经营。我国大陆的媒介作为新闻机构，它有别于党政机关和一般企事业单位，其管理制度、管理机制就必须符合新闻工作的客观规律。比如，党政机关实行八小时工作制，媒介就不能照搬。因为报社有截稿的时间，广播电视也有时段的限制，对于通讯社来说则新闻随时都可能发生，须不受时间、稿量的限制，滚动发稿，若实行党政机关的作息制度肯定是不可行的。

对于不同媒介的产品特性要有深刻的了解。以电视节目而言，在无线电视上的播出除了重播之外，通常仅有一次机会，因此为了延续电视节目的生命周期，采用后续的录像带、VCD、DVD 发行也是理想的策略之一。此外，媒介管理者尚需认识电视节目的不同类型（如单本剧、连续剧、新闻、综艺等），以便运用不同的策略来增加产品的附加值。媒介管理者必须透彻地认识媒介产品，方能为媒介确定最适宜的外在形式。此外，媒介管理者也必须洞悉阅听人与广告客户的喜好、需求，并随时将相关的新观念、新创意、新技术融入媒介产品中。

第三，不断进行管理创新。西方媒介的经营历史可以视为一部管理创新的历史。媒介经营管理可以有成功，可以有失败，但不能没有创新，当然创新之路充满变数。国外媒介不断创新的精神，值得我国的媒介学习和借鉴。

案例
《洛杉矶时报》的管理创新

1997 年，马克·威利斯（Mark H. Willes）出任时报—镜报公司首席执行官兼《洛杉矶时报》发行人以后，该报发生了令人吃惊的改变。在整个报社，编辑与来自营销、研发和广告部门的代表坐在一起商讨开发新的版面及其内容，以确立赢得收益和读者市场，并寻找能取得发行量、广告额和利润全面攀升的新途径。

威利斯如此强调报纸的经营，与他的非新闻背景不无关系。他毕业于哥伦比亚大学商学院，在加盟时报—镜报之前，曾任美国通用食品公司（General Mills）的副董事长和明尼阿普利斯联邦储备银行总裁。时报—镜报集团任用威利斯，这说明该集团欲用业外人士的商业经验来重振江河日下的媒介产品。

威利斯的办报理念简单地说有两条：一是所有的新闻都是本地的；二是增强市场渗透和发行量要靠营销和社论。为了推动变革，该报在常规的直线制组织结构之外，增设富有弹性且适应性极强的工作小组，由各职能部门参加，直接对 CEO 负责，以挑战变化越来越快的外部环境和受众市场。这场变革更深远的意义还在于它证明了一个世界性的新趋势：编辑权归经营者。

《洛杉矶时报》的组织变革和营销创新的特点：

1. 让编辑成为项目成员

树立这一观念的主要目的是让版面编辑和经理尽早将决定的方案付诸实施。这样做的好处有：

（1）更准确地找到读者定位。譬如，制作一个高尔夫球专版，让编辑和经理同时知道读者是高尔夫球爱好者，而非一般读者。

（2）更容易为一项活动重新拼版。譬如，将编辑部发表过的稿件重新包装，在曲棍球新赛季开赛前一天向读者推出。

（3）更有效地出版新闻简报，发展忠实读者。

2. 建立跨部门的项目责任制，用更少的成本发展更多的客户

具体地说，每个项目都必须做策划方案，其中包括广告、发行等内容。每个项目不一定都有赢利计划，但都要制定有衡量依据的目标。

3. 分解式的推销手段

例如体育、商务、节目预告等栏目都有特定的读者群。美国国际报业市场协会主席厄尔·威尔金森认为，分解推销手段是市场营销的精华所在，即制作一个新栏目，把它推销出去，用这种渠道告诉读者，这是系列产品的一部分，建议他们使用该系列的其他产品。

《洛杉矶时报》这些新观念的最初试验田之一是"商务"专刊，它生产一些专门化的、被管理层称作"垂直产品"的内容，瞄准极狭窄的"小众化"读者：周一的专题是"锋刃"，介绍新科技；周二是"加州华尔街"，集中于个人投资策略；周三是"小型商贸"和"个人财经"；周四是"广告与营销"，在"公司城"的常设标题下，还提供电影和音乐业的报道，此外，每周四的专版除了股市图表，至少有一半的版面内容是这些主题。1997 年，《洛杉矶时报》的财经类版面广告收入增长了 40%，其中 10% 要归功于"商务"专刊。

威利斯在《洛杉矶时报》不断地进步革新和试验。他说："我们所要做的是我们要说有许多创意，让我们打开那些创意，让我们检查它们，让我们测试它们，喏，迟早我们会找到有用的办法。"《洛杉矶时报》的一些编辑也表示，在威利斯上任之前，主导性的观念是呆板的、消极的；威利斯来了之后的"重新启动"使报纸更朝气蓬勃，"那种感觉真好"[①]。

不过，威利斯的策略以失败而告终。2000 年，论坛报公司以 80 亿美元收购了《洛杉矶时报》。钱德勒家族占据了新董事会中 2/5 的席位，威利斯不得不离职，为职业经理人在传媒界的失败增添了一个新的实例，也令新闻界与经营部门之间的关系更加扑朔迷离。但是，威利斯的策略与创新确实给《洛杉矶时报》增添了许多活力与色彩，只是因为当时的报纸处于整体衰退的大环境中，故未获成功。威利斯的最终离去让人们凭添了许多遗憾与感慨。

---

① *Presstime*，June 1996；*CJR*，July/August 1997；*CJR*，January/February 1998.

可见，管理创新并不是目的，甚至未必是解决问题的有效手段，而是问题的一部分。但是，问题的涌现并不能成为失去变革勇气的理由；相反，唯有创新才有生命力，才有媒介和媒介产业的不断成长。

讨论与操作

1. 如何构造媒介管理的目标函数？如何理解赢利这个中心目标？

2. 生产报纸与生产矿泉水的区别在哪里？在媒介经营领域，应遵循的是企业法则、政治法则还是军事法则？它们之间有什么差异？

3. 什么是理想的媒介管理环境？一个急剧变革的行业环境对媒介来说是利还是弊？全球化给媒介管理带来了什么挑战？

4. 如何成为一名卓越的媒介管理者？请在学习过程中不断总结。

5. 请设计一套评估指标体系，列举并两两比较不同类型、不同区域、不同规模的媒介的经营管理水平。

6. 请做一个提案，向非新闻传播专业的人士推介媒介管理这一职业。

第二章
媒介组织

内容提要

本章从组织理论与企业理论两个角度来讨论媒介组织问题。编辑部门与经营部门平行运营的机制设计是媒介组织长期演化的结果。媒介组织的部门化和科层化是管理者洞察组织自身的主要线索。

现代人要了解媒介的经营管理，必须首先了解媒介的组织架构和组织过程；此外，还要了解媒介作为企业组织的产权特征。对于组织，可以从不同角度去解释和理解。从实体角度看，组织是名词（organization），是指为实现某一共同目标而由若干个人组合成的一个系统。工厂、媒介、学校、医院、政府机构等都是组织。在管理过程中，组织也可以是动词（organize），是管理的一项基本职能，是指为达到某一目标而协调人群活动的一切工作的总称。两者具有不同的含义。

组织最普遍也极为重要的特性有三个：资源、工作和目标。

媒介组织受四个因素的影响：环境、战略、技术、人力资源。例如，媒介组织深受技术革新的影响。媒介组织形式也影响到媒介产品的内容，尤其在广告和新闻—评论部门方面，这些部门在相当程度上决定着版面、时间和财力、人力资源使用的优先次序。

第一节　组织理论的内容

为了理解现实中的组织工作，需要熟悉组织理论的演进。它的开端要追溯到 20 世纪初期，那时报业已经获得长足进步，而广播业刚刚奠基。这就像媒介在进化一样，对管理和组织的系统分析也在发展。组织理论的演进反映了社会宏观环境的变迁在组织过程中留下的深刻印记。不同组织理论的主要特征已经被组合为不同的学派。

一、古典学派

古典学派包括两种不同但互相联系的管理视角：科学管理理论和行政组织理论。

1. 科学管理理论

科学管理理论主要关心工人劳动生产率的提高。它有四条原则：系统分析每一项工作，找到最有效能和最有效率的方法；使用科学手段挑选适合特定工作的工人；适当的工人教育、培训和深造；在管理者和工人之间几乎平等地分配责任，决策权归管理者。

科学管理理论的主要倡导者是美国的泰罗，一位机械工程师。他对传统的经验法提出质疑，1911 年开始提倡科学管理，被称为"科学管理之父"。

泰罗相信经济刺激是最好的激励手段，如果高工资伴随着高产出，工人必会进行协作，于是管理就被断定是作为对高工资的回报的高产出。他的发明还有差别计件工资制、职能工资制等。由于把人看成了机器，他受到了不少批评。但是泰罗的贡献仍是巨大的。有人把当时发达国家工人大众的生活质量被提高到历史上从来没有过的水平归功于他。他所创始的工作分析、挑选雇员的方法、相关培训规范等直到今天还在被运用。

2. 行政组织理论

德国社会学家马克斯·韦伯在管理理论方面的主要成就是提出了理想的行政组织体系理论。他认为，所谓理想的行政组织体系，即科层制（bureaucracy），是指通过职务或职位而不是通过个人或世袭地位来管理，它应当成为现代社会最有效和最合理的组织形式。

不幸的是，现代社会把科层制一词与无能、低效联系起来。尽管如此，韦伯的思想对许多需要理性的组织系统来有效运转的大公司来说则被证明是有用的，它们为他在管理思想史中找到了一席之地，并送他一个"组织理论之父"的尊称。

古典学派的代表人物主要关心如何使工人和组织更有效率。他们的观点也隐含了关于人性的几个假设，比如认为工人是"经济人"，只为金钱所动，在工作中需要一个对工作职责的详尽描述，需要严密的监督，等等。这些假设经不起后起学派的推敲。

古典学派主张的组织架构是一系列精心设计的命令渠道和有效的分工。法国工程师法约尔发展出适用于各种组织的一些原则：①统一指挥原则；②控制跨度原则；③分工原则；④部门规划原则。这些原则在今天不再被视为放之四海而皆准，比如记者常需要对部门主任、责任编辑等数位上司负责。但它们仍然是管理组织时必须考虑的重要结构性因素。在今天的组织管理原则中，专业化原则代替了前述的分工原则和部门化原则，此外还有责权对等原则、精简与效率原则、集权与分权相结合的原则等。

二、行为学派

否定古典假设的潮流开始于 20 世纪三四十年代的人际关系运动。那时正是广播业的黄金时代。

对人际关系运动贡献最显著的是埃尔顿·梅奥，一位哈佛大学的心理学家。1927 至 1932 年，梅奥和弗里茨·罗特利斯伯格率领一组哈佛研究人员在伊利诺伊州西方电气公司的霍桑工厂展开了关于工作小组的社会态度和相互关系对业绩影响的著名研究，称为"霍桑实验"。

梅奥及其同事发现，改变试验小组照明度、改善休息时间、缩短工作日和变换有鼓励性的工资制度，似乎都不能解释引起生产率变化的原因。比如，对试验小组的照明，无论是增强还是减弱，生产率都会有所提高。于是梅奥和他的研究人员继续研究，得出结论，生产率的提高与一些社会因素密切相关，如士气、劳动人员间满意的相互关系以及有效的管理等。上述试验小组中出现的现象，基本上是由于受人"注意了"引起的，这被通称为"霍桑效应"。

霍桑实验的引人注目之处是把人看作"社会人"。因而经营企业不只是管理机器和生产方式，还必须对管理的社会方面和行为方面有更多和更深的理解。

人际关系运动发展成了行为学派。在 20 世纪五六十年代电视走向大众化时期它占据了主导地位。这一学派的主要成就在于对个人的需要及其在激励过程中的作用作了更深刻的观察。其中重要观点有：

（1）亚伯拉罕·马斯洛的"需要层次论"。他认为人有五个层次的需要：生存需要、安全需要、爱的需要、归属需要、自我实现的需要；只有满足了低级需要之后，才会追求高级需要的满足；一种需要得到满足之后，也就失去了激励的效果。少有经验数据能支持马斯洛的理论，但它使人们认识到激励不同的人要运用不同的技巧。

（2）弗雷德里克·赫茨伯格的"双因素论"。这种理论与马斯洛的需要层次论是密切联系的，认为本组织的政策和管理、监督系统、工作条件、人际关系、薪金、地位、职业安定以及个人生活所需等是与工作环境和条件相关的，称为保健因素（H 因素）；成就、赏识、艰巨的工作和工作中的成长、晋升、责任感等是与工作内容紧密相关的，称为激励因素（M 因素）。保健因素不能直接起到激励人的作用，但可防止人们产生不满；保健因素改善后，人们的不满会消除，但不会产生积极的效果；只有激励因素才能产生使员工满意的积极效果。

（3）道格拉斯·麦格雷戈的"X 理论"和"Y 理论"。他说，在以传统假设为基础的"X 理论"中，管理者把雇员看作是不喜欢工作、缺乏热情、需要指挥的人，并且可能依赖于把强迫、控制甚至威胁作为鞭策手段；他提出了一个对人性具有完全不同看法的"Y 理论"，认为员工有能力寻求和接受责任，不需要控制和惩罚的威胁，能够在深化组织的目标方面进行自我指挥。

（4）威廉·大内的"A 理论"和"Z 理论"。他认为美国公司组织是 A

型，日本公司是 Z 型；美国虽然在有效地管理人方面向日本学习，但它受到了批评，因为它忽视了不同国家之间的文化差异。

在把注意力集中到员工在组织中扮演的关键角色，并认识和努力满足他们需要的重要性方面，行为学派对管理产生了长期的影响。它使人们更为关注工作环境、员工在岗培训及管理者的技巧。这一学派的贡献集中在非正式的管理方式方面。他们的基本观点是，工作是由员工完成的，因此需强调合作、参与、满意度及人际沟通技巧。

三、情境理论

情境理论又称偶然性理论或权变理论，最早是由英国的汤姆·伯恩斯、斯托克和美国的保罗·劳伦斯等人于 20 世纪 60 年代提出的。这一理论认为组织管理要考虑三个重要因素：管理者、下属以及情境。不同的情境需要不同的管理行为。组织要根据所处的环境和内部条件的发展变化而随机应变，没有什么一成不变、普遍适用的"最好的"管理理论和方法。它要求具体情况具体分析。

较早的情境理论研究集中在领导方面，近来则集中于组织结构和决策方面，因为现在的管理要比早期的理论家所设想的复杂得多。在这种复杂的情况下，要提出一个对所有的管理者都适用的风格是不可能的。一个管理者在某种情况下对一群员工是合适的，但在另一种情况下管理一个不同的集体可能完全不合适。

现代的媒介管理者需要依据许多内部和外部情境因素来构建组织架构并对相关方面进行领导和控制。内部因素包括管理者的职能、组织大小、现有的资源与技术以及组织目标、组织的专业化、上下级的行为等。外部因素包括广告商、政府、市场竞争情况、所处的区域以及所服务的公众等。

四、新的组织理论

管理学家彼得·德鲁克、斯坦利·戴维斯、理查德·诺兰等人都对丹尼尔·贝尔所设想的后工业时代的组织形式提出了一些新的独到的见解。德鲁克断言，当代已"跨入了一个组织/管理和策略变革的新纪元"。1993 年，美国《商业周刊》在一篇封面报道中把虚拟企业定义为一种新的组织形式，它运用技术手段把人员、资产、创意甚至企业动态地联系在一起，从而迅速形成竞争优势。

1996 年，查尔斯·M. 萨维奇在《第五代管理》一书中，给出了管理的五个发展阶段的说明，见表 2 - 1。萨维奇把计算机技术的发展与管理的发展作了类比。他认为，计算机技术到目前为止也经历了五代：电子真空管、晶体管、集成电路、大规模集成电路、并行网络单元计算机。第五代计算机的关键是并行处理技术，它突破了前四个发展阶段中计算机的所有信息都要通过单一的中央处理器的"冯·诺依曼瓶颈"。在计算机信息技术革命浪潮冲击下，第五代管理组织也突破了"斯密/泰勒/法约尔瓶颈"，以动态团队协作为特征，使得不同职能部门之间并行工作成为可能。

表 2 - 1　管理组织类型的五个发展阶段

	第一代	第二代	第三代	第四代	第五代
历史时代	工业时代早期	工业时代晚期		信息时代早期	知识经济时代早期
财富来源	劳动力	资本			知识
管理组织类型	所有权制	直线职能制	矩阵组织	计算机化	知识联网、虚拟企业、战略联盟
企业组织类型	业主制、合伙制	公司制、股份制			
组织理论		科学管理、行政组织、行为学派	情境理论	流程再造	学习型组织

事实上，当代的经济全球化和市场信息化浪潮正在对企业的组织结构产生深刻的影响，发达国家的企业内部组织结构面临或正在重组，金字塔型的企业逐步让位于网络型企业。通过建立虚拟企业、动态团队合作和知识联网来共同创造财富。这些新观点符合媒介的网络型组织中出现的许多情况。

20 世纪 90 年代以来，西方管理学界还提出了流程再造、学习型组织、核心竞争力等新的管理思想，极大地冲击和重塑着企业的组织实践。

与崇尚科层制的传统组织理论相比，新的组织理论强调组织的行为模式，其具有以下一些特点：

（1）扁平化。减少管理环节，增加对一线部门的授权。

（2）互相联系。强调团队的协作而非个人努力。组织内部的信息流动既有上下级的，也有平行的，可以充分共享。组织与供应商、顾客和其他外部因素间建立密切的联系。

（3）敏捷反应。为满足顾客和雇员的需求，企业的生产和销售组织形式灵活多变。

（4）雇用形式多样化。越来越多的企业和机构雇用合同工和兼职员工。

第二节　媒介的技术特性与组织形式

现代企业，尤其是大型企业，即韦伯所说的科层组织，它的第一个含义是，它经历了"单一组织—单一职能组织—现代大企业的各种复杂结构形式"这样一个发展过程；第二个含义是，如前所述，现代企业内部的众多经理人员已不再直接接受市场这只"看不见的手"的选择，他们的兴衰荣辱在很大程度上由企业内部的评价和奖惩制度决定，因而具有"官员"的部门属性和特征。

现代企业内部包括多层等级关系。这些层级关系的两种基本形式是垂直式和水平式。它们的主要区别是垂直式包含很多管理层级，而水平式结构中层级较少。垂直结构中任一部门主管只管理很少的员工，水平式公司中许多员工要向某一个主管汇报工作。自 20 世纪 80 年代以来，大多数企业包括媒介公司采用水平式结构。水平关系在媒介中变得越来越重要，因为部门之间的协作越来越多，单一部门的独立性已不再像以前那样强，职权在向下流动，水平式结构中正式和非正式关系的互动正在带来新的利益。

为了便于说明，不妨把现代企业的层级简化为两层：高层—中层管理和中层—下层管理。大企业的高层—中层组织结构模式主要有功能型垂直结构、事业部型分权结构等，见本书第十二章。

至于中层机构对下层的管理，按照权变理论的看法，存在着四种基本的组织形式，每一种形式适应于一种不同的环境和技术条件，具体包括机械—科层制、有机—专业化、传统—手工和机械—有机混合模式，其中传统—手工模式不适合于现代企业，见表 2 - 2。

对于媒介企业来说，最适合的中层对下层模式是机械—有机混合，这种形式强调的是兼顾效率与创新、产量与质量、生产率与面向多种顾客。实现这种兼顾的主要方法是把组织的一部分按机械—科层制方式进行管理，而把另一部分按有机—专业化方式来组织。比如，把生产部门按机械—科层制加以组织与管理，而把新闻或节目部门按有机—专业化模式来对待；或者把总部机构按机械—科层制来组织，而把派出去的团队按有机—专业化模式管理，让其在不同社区根据当地情况灵活调整工作程序及目标。

表2-2　现代企业中层机构对下层管理的三种模式

组织模式	技术与环境变量	结构特征与过程	工业企业类别	媒介职能部门	媒介财务部门
机械—科层制	简单常规技术 大规模需求 标准化服务 资本集约	高度集权 信息垂直流动 低度专业化	汽车装配	生产部门	司库
有机—专业化	复杂技术 小规模需求 非标准化服务 风险资本	高度分权 信息横向流动 团队交流 权威基于专业知识	卫星制造	新闻部门 节目部门 销售部门 工作小组	新项目论证、管理会计师
机械—有机混合	复杂技术 中等或大量需求 多种产品 资本集约	集权与分权并存 横向与纵向信息流动 委员会管理	电脑生产	行政支持部门	注册会计师税务论证

第三节　媒介的内部治理结构

组织理论与实践讨论的是媒介组织内部的行政职能层面。本节主要讨论作为一个社会单元的媒介的企业层面，亦即企业组织得以联结的经济因素及其规律性特征。媒介的企业组织形式越复杂，对于现代组织理论与设计手段的要求就越高。

一、企业形式及产权结构

企业组织形式多种多样，各自适合于相应的产业或产品的生产经营活动。为了有效地协调经济活动，有必要选择最适合的企业组织形式。不同的企业组织形式或企业制度有不同的产权结构、不同的责权关系、不同的法律地位，因此也就有不同的运行机制和不同的企业行为特点。迄今为止，实行市场制度的西方国家中有三种基本的企业组织类型，即业主制（独资）企业、合伙制企业和公司制企业。

在业主制企业中，所有者和经营者（同时也可能是劳动者）是同一的，所有权与经营权也是合一的。这类企业是承担无限责任的非法人企业，目标一般来说是利润的增加和资产的增值，其内部容易协调，但经营规模较小，无力筹集大量资本，也难以促进分工与协作。合伙制企业与业主制企业同属传统企业，其基本特征是相似的。

公司，特别是股份有限公司，企业的所有权和控制权相分离，是承担有限责任的法人企业。现代公司制企业的"两权"是高度分离的。图 2 - 1 是典型的公司产权结构，它具有如下特征：股东享有企业的所有权，是剩余收入索取者，拥有"每股一票"的投票权；股东投票选出董事会，再由后者选择经理；经理的收入一般由合同薪水加奖金、利润分成和股票期权组成（因而经理既是合同收入索取者，又是剩余收入索取者），拥有对企业日常运行的决策权。此外，债权人拿的是合同收入（利息），一般没有投票权，但当企业破产时，可取得对企业的控制权；普通员工拿薪水，一般也没有投票权。

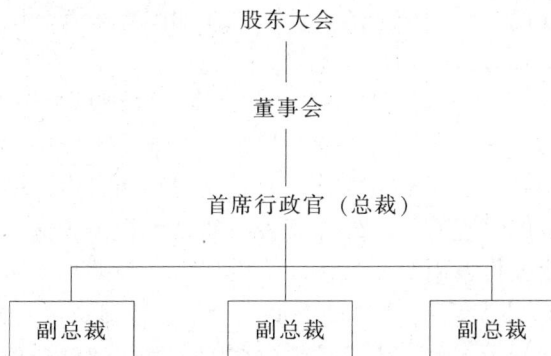

股东大会

董事会

首席行政官（总裁）

| 副总裁 | 副总裁 | 副总裁 |

图 2 - 1　典型的公司法人治理结构

在股份公司中，董事会作为决策机构，每年开几次会，一般不管日常工作。战后出现了一个新趋势，即董事会中的部分董事也管日常工作。这一趋势起源于英国，当时有十多家全国性报纸采取了这一大致相同的管理体制。这种体制通常是董事长兼发行人，几十名董事中有四人是有头衔的，分别称为市场董事、生产董事、广告董事和财务董事。另设总经理、市场经理、生产经理和广告经理各一名。市场、生产、广告董事与相应经理的关系是业务指导关系。财务董事和公司秘书间也是业务指导关系。

二、西方媒介企业的法人治理结构

媒介企业的组织类型及其发展与一般工商企业相似，但也有一定的特殊性。这主要体现在企业的行为目标方面。它不仅要受到追求利润最大化的动机的驱策，而且在增进社会公共利益方面要受到社会责任和政府管制的约束。

媒介的所有制和管理体制是可以统一也可以分离的。在世界媒介发展史上，所有制与管理体制的关系经历了两个阶段。

第一阶段，从公元前59年（古罗马《每日纪闻》创办）到19世纪末期。在这一阶段，就报纸而言，出现了官报、党报、商报等不同类型的报纸，但它们都有一个共同的特点，就是所有权和经营权的高度一致，官报由政府部门经营，党报由党的下属组织经营，商报由私人经营。

第二阶段，从20世纪初期至今。在这一阶段，以现代企业制度逐渐成熟为标志，所有权和经营权实现了分离。随着商品经济和市场经济的发展，西方的近现代报业和其他行业一样，经历了企业规模由小到大、管理权由集中到分散的过程。许多资本雄厚的报团或媒介集团都实行了现代企业制度，出现了不同所有权和不同管理体制相结合的多种形式，如国有国营、国有商营、公有公营、公有商营、私有商营等。

到19世纪末，泰晤士报率先建立经理制度。经理总管报社经济方面事务，下设经理部。在总编辑制实行后，老板从繁重的编辑工作中解脱出来，集中精力管经济，但经济事务也越来越繁忙，而且随着新闻自由范围扩大，新闻从业人员滥用自由的事件时有发生，外界控告不断，老板忙于应付。于是，实行权力再划分，社长或发行人由老板自任，下设权力相当的总编辑和经理。这种体制后来被称为"三驾马车"，该体制的形成是报业体制的又一大改革。

总编辑和经理都是代行原来由老板行使的部分权力。在传统企业阶段，这两个职务中哪个权力更大、地位更高，各国的情况不一。传统上，英国和欧美国家总编辑的地位要高于经理，日本、印度等亚洲国家经理的地位要高于总编辑。如日本很多报社的编辑局长就是总编辑，排名在经理之后。

19 世纪，股份制在美国兴起后，报业也由独资向招股集资的方向演变，较大的报社都采取股份有限公司形式。1870 年，记者查尔斯·道和爱德华·琼斯在纽约开办道—琼斯股份有限公司，经营出版业，后又开办了股票交易所。1889 年，该公司出资创办《华尔街日报》，该报以公司经理和高级职员为对象，是美国第一家办得相当成功的专业报纸。道—琼斯公司具有新闻出版财团和股票交易财团双重身份，虽不是美国第一家报业股份公司，但由于经营得法，其他报社纷纷仿效。到 19 世纪末，几乎美国所有大报都采取股份有限公司形式。

股份公司实行三级管理体制。股东大会是公司最高权力机关。但实际上持股份额少的股东除了参加每年一次的股东大会和领取股息外，没有多大实际的影响力，也不可能被选入董事会。股东大会选出的董事会是决策机关。董事长通常由持股最多的家族的人出任，大多数董事也是由持股较多的人担任。董事会任命社长、总编辑和经理，也有的董事会只任命社长，再由社长任命总编辑和经理，这一层的人士负责决策的执行。至于社长，可以是持股最多的家族的成员，也可以不是。这样，实行股份公司制而又不由持股最多的家族成员出任社长一职的报社中，经营权就从所有权中分离出来了。

媒介所有权和经营权分离的程度因国家、报社而异。例如，第二次世界大战后，考克斯家族是道—琼斯公司的第一大股东，但该家族成员既未任过董事长，也未任过《华尔街日报》的发行人，只在董事会中有两名董事。《华盛顿邮报》正好相反，最大的股东家族一直在行使经营权。1933 年，银行家尤金·迈耶以 82.5 万美元入主《华盛顿邮报》后，他本人和他的女婿菲尔·格雷厄姆先后主持该报工作。1963 年，格雷厄姆死后，其妻凯瑟琳·格雷厄姆出任华盛顿邮报公司总裁，其子唐纳德·格雷厄姆任报社发行人。1991 年，凯瑟琳·格雷厄姆从 CEO 的位置上退休，2001 年去世。她曾被《财富》评为美国历史上十位杰出的 CEO 之一。

这里以 2000 年美国 10 家最大的报业公司为例来说明媒介的组织类型，见表 2－3。

表 2－3　2000 年美国报业 10 强的组织类型

公司	类型 1 2 3 4	发行量	拥有日报数
1. 甘奈特公司	*	7 287 914	99

（续上表）

公司	类型 1 2 3 4	发行量	拥有日报数
2. 奈特—里德公司	*	3 867 512	34
3. Advance 出版公司	*	2 903 225	27
4. 道—琼斯公司	*	2 356 615	20
5. 论坛报公司	*	3 650 429	11
6. 纽约时报公司	*	2 402 797	17
7. Media News Group	*	1 772 554	46
8. 赫斯特公司	*	1 670 970	12
9. 爱—斯克里普斯公司	*	1 521 356	22
10. McClatchy 报业公司	*	1 347 779	11

表 2－3 中类型划分的含义分别如下：

类型 1（public）：公众控制的，董事会中无家族成员，共 2 家，占 20%。

类型 2（private）：私人所有的，家族绝对地控制公司，共 3 家，占 30%。

类型 3（board）：公众控制有选举权股的大部分，但董事会中有家族成员，仅 1 家，占 10%。

类型 4（traded）：股票公开发售，但实际控制在家族手中，共 4 家，占 40%。

美国的日报过去曾是独立的家族企业（业主制，由于媒介的特殊性，其业主不仅在金钱方面，而且在多方面，如社会声望、政治地位等，都能得到报偿），但是在日报数从 1909 年的 2 600 家跌至 1995 年的 1 532 家的过程中，只有 315 家独立的家族报纸幸存。大多数报纸都为报团所控制，并日渐公众化（股票上市），因而不可避免地受到商业世界的财经标准的约束。

三、我国媒介的内部治理结构

1978 年实行改革开放以来，我国的媒介业从传统的计划经济体制起步，不断探索新的领导和管理体制，迄今已形成多种体制形式并存的状态。一些高度市场化的媒介，如商业性门户网站，完全采用现代企业制度。大多数传统媒介仍然在"事业单位，企业化管理"的制度框架下向前运行。

1. 我国报业管理体制的发展演变

回顾新中国媒介发展的历史，大体上经历了三大阶段，并相应形成了几种有代表性的管理体制，如图 2 - 2 所示。

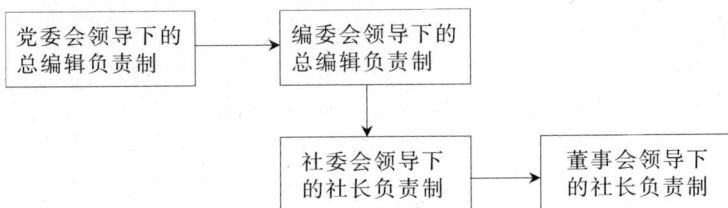

图 2 - 2　中国报业管理体制的发展

第一阶段是新中国成立之后，我国新闻事业体系迅速发展壮大的阶段。这一时期有的实行党委会领导下的总编辑负责制，有的实行编委会领导下的总编辑负责制。在计划经济时期，报社被纳入事业单位范畴，报社的级别和社内人员的工资待遇都和行政机关保持一致。在管理体制上，一般实行的是编委会集体领导下的总编辑负责制。当时由于媒介的主要功能是宣传，所以总编辑只对上级宣传主管部门负责。

在媒介逐步进入市场之后，从编辑部门、经营管理部门到政工部门，许多事情都要找总编辑拍板。总编辑具体事务多，会议多，应酬也多，经常忙得团团转，很难集中精力办好报纸，对经营管理也难以具体顾及。这种体制的弊端逐渐显露。

第二阶段是拨乱反正之后，我国新闻事业的复苏及产业媒介、行业媒介的大发展阶段。这一时期开始出现社委会领导下的总编辑负责制，这首先是在广东形成的以社长领导下的总编辑、总经理负责制为代表的体制。

第三阶段是 20 世纪 90 年代中期报业集团出现之后的阶段，目前，媒介正积极探索社会主义媒介集团的新体制及相关的运行机制。一些报社在实行社委会领导下的编委会和董事会负责制，也有一些报社和报业集团积极探索建立现代企业制度。例如，南方报业传媒集团以社委会、董事会为集团的决策中心，下设编辑委员会和经济工作委员会，编辑委员会负责办好南方日报系列报刊，经济工作委员会则负责全集团的经营活动。

案例
羊城晚报社实行社长领导下的总编辑、总经理负责制

　　1994 年 2 月，中共广东省委作出决定：羊城晚报社试行领导体制改革，实行社长领导下的总编辑、总经理负责制。实践证明，这种新的领导体制适应社会主义市场经济条件下报业发展的客观要求，能够更好地使领导班子对报社各方面的工作统一部署，分工负责，互相配合，形成合力，把报社各项事业运营得更加朝气蓬勃，充满生机和活力。由于这种体制实行以后效果显著，广东省委决定在全省推广，随后其影响扩大到全国。

　　社长领导下的总编辑、总经理负责制的好处有：

　　第一，有利于社长集中精力统筹全局。

　　社长总揽全局，主要是组织社委议大事，抓宣传导向，把握经营方向。总编辑分管编辑部门，总经理分管经营管理部门，责任分明，各司其职。这样，报社的主要领导力量坐在一驾"马车"上往一个方向奔跑，而不是几驾"马车"各跑各的道，你拉我拖，力量互相抵消。这样还能使第一把手减少一些具体事务和不必要的应酬，集中时间和精力抓好报社的大事，如总体发展规划、组织人事配备、内部管理的建章立制、事业和产业的革新和拓展等。

　　第二，有利于采编和经营两个轮子一齐转。

　　办好报纸的重要标志是不断提高社会效益和经济效益。在确保社会效益的前提下，争取好的经济效益，力求两个效益的统一。为此，要处理好办报和经营的关系，这就要求总编辑和总经理"两个轮子"一齐转，各自带领自己部门的员工认真负责，努力工作，协同作战。

　　在新的领导体制下，总编辑可以不管钱，不管物，一心扑在指挥采编工作上。制订报道计划，组织记者进行重大采访报道，报纸版面安排都由总编辑负责。社长作为第一把手，也要时时关心报纸，主持报纸改革。

　　第三，有利于媒介经济的发展。

　　搞好经营，有了雄厚的经济实力就有能力改善办报的物质条件，从而形成产业的良性循环。不过报社的经营活动必须以报纸为依托，再扩大到广告、印刷等相关领域，才能更好地发挥自身的优势，提高经济效益。

　　要搞好经营，尤其要发挥总经理的作用。新的领导体制突出的一点就是提高了分管经营管理工作的总经理的地位。以羊城晚报社为例，过去专职分管经营管理的编委级别较低，办一件事情常常要左请示右请示，这样既容易错过时机，也会挫伤经营管理主管的积极性。领导体制改革后，总经理在社委中位列第三，责任和权力大大加强，做起事来得心应手，使经营活动得以正常开展。

当然在经营活动中，重大决策由社委会讨论，总经理组织实施。

2. 我国电视的领导和管理体制及其局限性

我国共有四级电视台：国家电视台——中央电视台；各省、直辖市所属电视台；市级所属电视台；县级所属电视台以及企业自办电视站。省级以下都实行地方党政部门和广播电影电视系统双重领导。

1982年，中央电视台实行了台长分工负责的集体领导制度，提出了建立以宣传为中心，宣传、技术、行政三位一体的管理体制目标。并建立了编委会负责制度，统一领导组织电视宣传工作。此后，台领导班子逐步实现了年轻化、知识化、专业化，为中央电视台的蓬勃发展提供了组织保证。

随着我国经济体制改革进入攻坚阶段，现行电视管理体制束缚产业发展的弊端依然存在，具体表现在：

第一，政事不分，以政代事，削弱了电视与经济和社会生活的紧密联系。长期实行三位一体、由局直接管台的体制，已日益暴露出主体不清、信息不灵、因循守旧、补偿脱节、效率低下等弊病，不利于媒体自主运作，又导致内部管理的松弛，适应不了市场竞争的形势。

第二，"条"、"块"分割，以"块"为主，抑制了电视系统优势与整体功能的开发。电视极具系统性、整体性，是最讲究通过上下协同实现整体功能优化的现代传播体系，在管理体制上却被行政区分割成一个又一个的"条"、"块"。这必然导致"条条"脱节，"块块"失调，有"系"无"统"，出现人们所不愿看到的"散"、"滥"等失控或紊乱现象。

第三，机构内部实行行政机关式管理，难以适应社会主义市场经济条件下媒介企业化经营的要求。

第四，自设藩篱，封闭运行，难以通过市场方式开发利用社会资源。

从20世纪90年代末期起，我国的电视体制改革开始加速，但上述弊端依然程度不等地普遍存在。电视系统的体制改革首先离不开局、台关系的调适，但更为紧迫的是抓住有利时机，塑造市场主体，分期分批推行公司制改革，实行以资产为纽带的改组联合，走企业化、集团化的道路。

第四节 媒介的组织结构设计

媒介的组织结构设计指的是媒介从整体经营战略的角度，依据自身的人力资源状况，协调组织内部的生产与销售的部门划分，并统一安排资金和分配利润的一种管理过程。

在媒介中，组织过程包括合理分工和组织单元部门化。组织单元是就媒介的单一职能组织形态而言的，它同样适用于现代媒介企业内部的部门划分。

当然，由于组织结构受环境因素的影响，包括员工的数量、市场的大小以及高层领导的偏好。因此，即便"典型"的组织也会因报/台/站而异。

1. 报纸的组织单元

在美国，传统的报社组织是相对简单的，特别是 20 世纪七八十年代电脑和其他新技术广泛运用于报业之前，一个报业公司主要执行三项职能：经营、生产和新闻—意见报道。报纸的五个传统部门除了执行以上三个职能的部门外，还包括促进部门和行政部门。

报业生产自动化对报业"再组织"的影响尤其突出。桌面出版系统使出版前的工序大大简化，电脑—电话—调制解调器和网卡的连线及传真机的使用使报纸的运作过程重新整合，使运作成本大大降低，财务软件和广告设计软件使相应部门的工作效率大大提高，新技术甚至对有组织的劳工产生了冲击。20世纪 90 年代中期，美国报纸的组织结构与 20 世纪五六十年代相比已有很大的不同。

（1）广告部门。报纸收入的 40% ~ 80% 来自广告，广告部门是公司经济成功的关键因素。它常常分为分类、零售和全国性广告部门，其他重要的领域还包括广告美术、创意、客户服务和文案等。

（2）发行部门。这一部门负责报纸的销售和发送，它与消费者有直接而经常的联系。发行部门常分为邮发、城市发行、地区发行及单份销售部。

（3）促进部门。这一部门向公众推广报纸的品牌、杰出记者及其产品。促进方式包括广告、慈善、公共节目、公共关系、社区服务、教育、组织参观报社等。

（4）新闻—评论部门。新闻—评论部门专注于新闻采集与评论两大领域。

新闻部门负责传统的报道和编辑业务，如国际新闻、全国新闻、都市/城市新闻、体育、特稿（时尚、艺术、娱乐）、财经、周日杂志、食品以及报纸的索引、图片、资料、漫画等。评论部门虽然较小，却反映了报纸的意见功能，如社论、专栏、读者来信、特别新闻分析和解释等。

（5）生产部门。生产部门经常按功能来划分，如排版、制版等部或中心。生产支持系统如电子和机器车间也是附属部门之一。

（6）行政部门。其职责包括会计、总账、出纳、工资、福利、预算、融资、采购、纸张控制、成本控制等。

（7）人力资源部门。这一部门传统上叫做人事部门。新的名称反映了许多报纸的哲学，其中之一就是把人作为促进公司成功的重要资源来使用。它的职责包括人事和员工记录、损失防范、安全与健康、福利、培训、一般补偿、劳工关系、公司外沟通等。

（8）信息系统管理部门。其为新兴的部门之一，为报纸内部的许多其他部门服务，负责报纸数据处理与维护和操作生产的电脑及其他系统，它也常包含一个系统工程部门。

（9）物业管理部门。物业部门负责报社的建筑、地面、设备等的维护、清洁、料理。许多报社实行24小时连续值勤。

（10）研究部门。这是报业中一个相对较新的部门。越来越多的管理决策以这一规模较小部门的第一手或第二手研究为依据。其研究包括市场调查、新闻内容分析、读者研究等。

作家迟子建对于报纸的组织结构曾说过一段精彩的话：如果把一份畅销的报纸比喻为一个人的各种器官的话，那么，新闻部是这个人的心脏，财经部是肝脏，文体部是肺叶，机动记者部是肾脏。副刊部呢，它充其量不过是胆囊或脾脏，说它重要也很重要，可以过滤人体的杂质、促进血液循环和再生；说它不重要也不重要，切除胆囊和脾脏，人照旧能过日子。而万一把人的心肝肺掏去了，魂儿也就跟着没了。[①]

图2-3是美国典型的报纸部门结构。一般在发行人之中设CEO或总经理，监督广告、发行、生产及其他经营活动，控制并负责报告财务状况，对赢利或亏损负责。

---

① 迟子建. 第三地晚餐. 当代, 2006（2）

发行人
总裁

经营副总裁　　社论版主编　　总编辑　　生产副总裁　　行政副总裁

├─广告　　　　　　　　├─执行总编辑　　　　　　　　├─排字
├─发行　　　　　　　　　　　　　　　　　　　　　　├─拼版
└─促销　　　　　　　　　　　　　　　　　　　　　　└─印刷

电讯　体育　社会　食品　娱乐
主编　主编　主编　主编　主编

城市新
闻主编

版面文　记者　摄影　改写
字编辑

校读

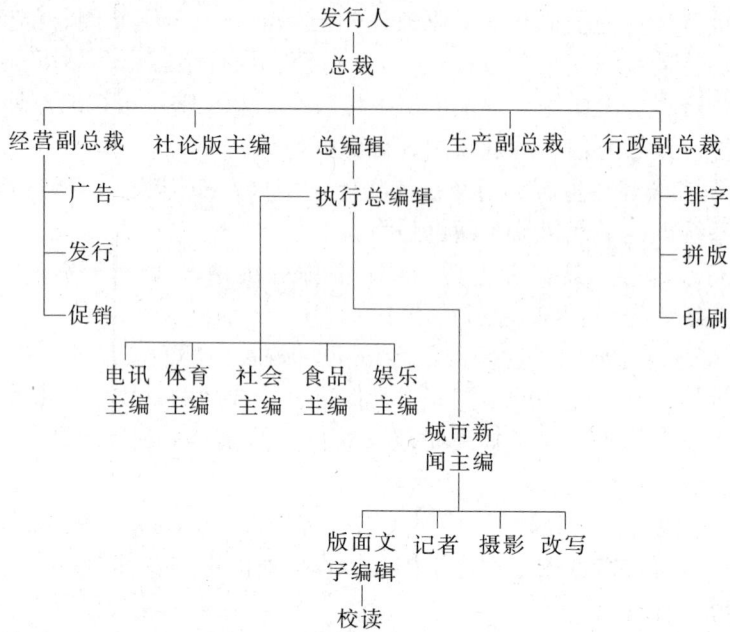

图 2-3　美国典型的报纸部门结构

2. 电视的组织单元

在美国，典型的电视台由五个部分组成，见图 2-4。

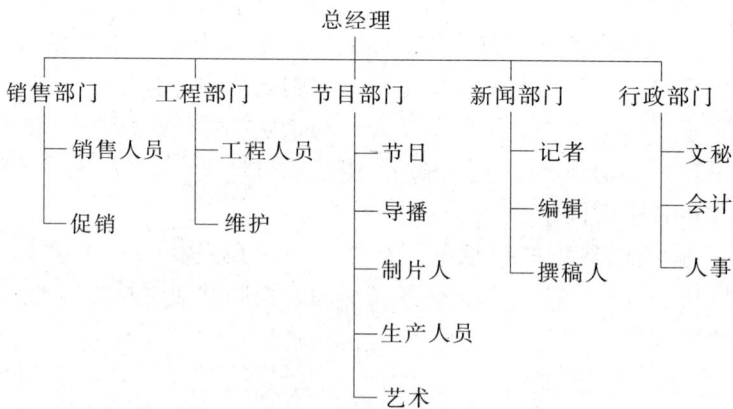

总经理

销售部门　　工程部门　　节目部门　　新闻部门　　行政部门

├─销售人员　├─工程人员　├─节目　　├─记者　　├─文秘
├─促销　　　└─维护　　　├─导播　　├─编辑　　├─会计
　　　　　　　　　　　　　├─制片人　└─撰稿人　└─人事
　　　　　　　　　　　　　├─生产人员
　　　　　　　　　　　　　└─艺术

图 2-4　美国典型的电视台的部门结构

（1）销售部门（广告部门）（Sales Department）。把时间出售给广告主是商业性电视台的主要收入来源，这由销售部门负责，由一个销售经理领导。在国外，许多大的电视台还细分出全国性和地区性/地方性销售部门。

（2）工程部门（Engineering Department）。这个部门由一个总工程师或技术经理领导。它挑选、运转和维护演播室、控制室和传输设备。美国电子媒介的工程人员还按照联邦通讯委员会的要求负责技术监听。

（3）节目部门（Program Department）。在一个节目经理或总监的指挥下与制作人员的协助下，节目部门策划、选择、安排节目的生产。

（4）新闻部门（News Department）。在许多电视台，媒介的信息功能和娱乐功能分开，由一个编辑部负责人或新闻指导进行监督。这个部门负责常规的新闻、体育特稿、文件和公共事务节目。

（5）行政部门（Business Department or Administration Department）。行政部门执行多种多样的、对作为商业机构的媒介来说是必需的任务。它们包括文秘、账务、发薪以及人事。

3. 网站的组织单元

新闻类网络媒介的组织单元受传统媒介的影响较大。它主要分为四大职能部门，见图 2-5。

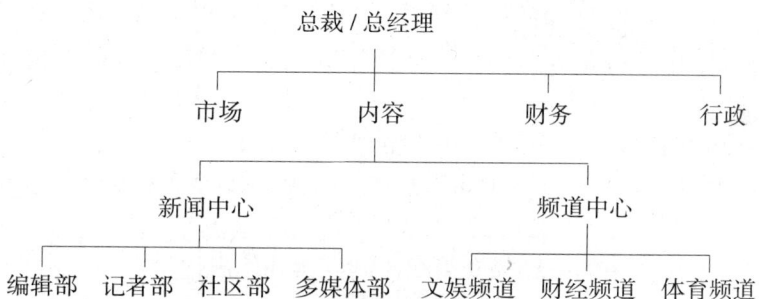

图 2-5 网络媒介的部门结构

（1）市场部门。负责促销、广告开发、与通信运营商的合作等工作。

（2）内容部门。一般下设新闻中心和频道中心。新闻中心负责新闻采编和原创内容的发布、BBS 和 CHAT 社区及舆情信息的采集编排、音视频和人机界面等工作。频道中心负责文娱、房产、旅游、汽车、体育等多个集新闻和服务于一体的频道。

（3）财务部门。负责财务会计和管理工作。

（4）行政部门。负责办公室、人力资源等工作。

媒介的组织结构不仅因媒介与媒介的市场规模而异，而且不同国家的媒介组织结构差异很大。报纸、杂志、出版社、广播、电视、有线电视、录音公司、电影公司和网络公司各有特色，本地媒介、地方性媒介、全国性媒介和跨国媒介的组织结构也有很大区别，限于篇幅，未能一一介绍，有兴趣的读者可以搜集相关信息进行更深入的探讨。

此外，与西方国家相比，目前我国的媒介虽然历经都市报等市场型媒介的"颠覆"，但组织结构仍然保留着较多的行政化和科层化的烙印，在法人治理结构和组织单元设计两方面都迫切需要进行深层次和弹性化的变革。

讨论与操作

1. 媒介行业是否存在独特的组织形式、管理模式及管理文化？

2. 商业模式与公共模式的媒介的内部治理结构或领导管理体制有何不同？公共模式下的媒介管理体制是否为"X 无效率"的写照？请以 BBC 与 CNN 为例。

3. 如何从媒介组织的角度评价我国历史上的"同仁办报"？

4. 请选择一家您身边的媒介机构，访问它的高层管理人员与资深员工，探讨它经历过什么样的组织形式演变，它目前的组织结构是否合理，如何改进？

5. 请分别画出人民日报社、中央电视台、新浪网的组织结构图。

6. 我国的民营媒介企业与国有媒介机构在体制与效率上有何差异？请举例说明。

7. 请考察现实中的一则媒介组织改制方案并作出评价。

第三章
媒介领导

内容提要

　　本章讨论媒介的领导者、管理者及职业经理人的角色、自我修炼以及主要领导方式。对行业与专业特性的深刻体会是媒介经理人成功的关键因素之一。媒介经理人的性别意识、道德意识与管理层激励也是很有意义的管理课题。

领导是经营管理的活动之一，其主要目的是实现组织目标。在组织的各种要素和资源中，人是最重要、最活跃的要素和资源，直接或间接地影响组织的成效。因此，调动人的积极性，发挥人的创造力，处理好人与人之间的关系，成为管理的核心问题，也是领导工作所要完成的任务。

简单地说，领导是率领、引导和影响人们在一定的条件下实现某种目标的行动过程。任何领导活动都是借助于他人来表现的，领导工作的绩效是通过被领导者活动的绩效而表现出来的。领导工作的实质就是领导者通过自己的行动影响一个群体并尽其所能地实现目标。

人们往往把管理和领导看作一回事。虽然领导工作也是管理者的根本职能，但是管理工作要比领导工作广泛得多。正如本书其他章节所讲到的，管理工作包括谨慎地拟订计划，建立组织机构以帮助人们实现计划，并且给组织配备最有能力的人员，以及通过控制来衡量并纠正人们的活动，等等。当然，如果管理者不知道怎样去领导别人，不懂得在经营活动中去调动人的因素以达到预期的结果，则这些管理职能都将收效甚微。这是媒介管理者必须透彻了解的。

第一节　管理者与领导者

一个中等以上规模的企业的管理层大都具备两种不同素质的人才。一种是领导者，他们有决断的魄力；另一种是管理者，他们的组织、沟通和专业能力非同一般。企业的人才组合往往与它的生命周期、游戏规则和行业特性有关。现代企业制度的主流追求领导能力与管理能力的合二为一，CEO 岗位是这一追求的集中体现。

一、管理者与领导者的区别

一般意义上的媒介管理者也可以称为媒介经理人，指的是媒介组织中专业化、职业化的经理阶层，它是组织中包括占据着上至总裁/总经理，中至各部门主管，下至行政、经营部门的业务骨干等特定职位以及其他承担责任的部分高水准专业人员在内的所有成员。媒介管理者队伍是媒介产品的生产和交换的全部经营活动的主要承担者。

在今天的组织中，从职位与责任的角度而言，并非所有管理者都有担当领导者的机会和责任，但是担任领导者的机会日益增多。举例来说，传播行业中的许多相关工作是以团队（team）工作为主，有些甚至是以任务编组为主，例如电视节目制作是由制作人召集组成团队来推动，报社版面的编辑亦有相同的做法。因此，参与团队的每一分子，要相互配合，才能完成既定任务。此时，团队中的每一分子都应自觉成为"领导者"，运用自己的专业技能，负责完成分内的工作，并能与他人协调。

事实上，管理者不一定是好的领导者。此外，还可从四个方面对管理者与领导者作出比较：①创造议题方面；②统御技巧方面；③执行能力方面；④业绩成效方面。

就创造议题方面而言，管理者以达成既定目标为主，是一位任务监督者；领导者却以建构远程目标为主要方向，是一位先驱者。就统御技巧而言，管理者的工作着重于授权、执行计划、指导并监督员工；领导者的工作却是与员工站在一起，以沟通、合作、团队合作等策略达成所建构的目标。在执行能力方面，管理者着重于控制与监督，并解决问题，其任务内容可以清楚地列出来；而领导者以动员与鼓舞的能力来克服困难，帮助同事解决困难。最后，在结果方面，管理者要求成果与目标是一致的；而领导者强调变革。两者的区别请参考表 3 – 1。

表 3 – 1　管理者与领导者的比较

	管理者	领导者
议题创造	1. 拟订计划与预算 2. 建立工作日程表与细部计划，以达成预定目标 3. 分配资源使工作顺利进行	1. 建构方向 2. 发展未来目标的策略 3. 求新求变
领导统御	1. 组织动员 2. 管理部属，向员工授权，以完成计划 3. 提供步骤、方法与细节程序帮助组织成员运作达成既定目标并进行监督	1. 与组织内成员协同 2. 重视沟通与方向整合，使团队明了所确定的目标

（续上表）

	管理者	领导者
执行	1. 控制与解决问题 2. 调整偏差、修正计划	1. 鼓舞士气、激励同仁 2. 克服变化过程中所遭遇的阻挠
结果	1. 产生可预期的结果或程序 2. 与预期目标一致 3. 准时、精确、合乎预算	1. 产生变革 2. 使变革带来有益的增长

二、有效的管理者

　　管理者与领导者在行为和绩效上的区别，并不意味着领导者必须具有异于常人的禀赋。当提及领导时，许多人的脑海中马上浮现的想法是：那是高层主管的事情，跟我没关系，我只是一个小人物而已。事实上，这样的观念并不正确。正确的看法应该是人人皆可成为领导。人们通常所谓的"领导者"多数是指特定的职位与角色，如总经理、副总经理等。实际上，每个人都应认清领导必须从自我做起。当然，我们在这里假定工作中管理者的目的就是成为领导者。

　　传统观点认为，管理者是指在一个组织中主要从事指挥别人工作的人员；管理者与非管理者的区别在于前者有下属，而后者没有；管理者即领导者。相应的，有许多人一直把领导者的个人品质特征作为描述和预测其领导成效的因素，有的甚至认为，领导者的品质与生俱来，领导者是天生的"伟人"，不具有领导才能的人就不能成为有效的领导者。

　　管理学家彼得·德鲁克对管理者的定义提出了新的观点。他在1974年出版的《管理：任务、责任和实践》一书中指出，在确定一个组织中谁是负有管理责任的人时，最首要的标志不是谁有权命令别人，管理人员的责任在于其贡献、职能，而不是权力，这就是管理人员的明确标志。比如，大企业的财务主管可能有下属，但他的主要职责并非领导多少下属，而是做好公司的财务管理工作，因此无可否认的是他属于公司高层管理班子中的一位成员。因此，管理者不仅是拥有正式的主管职位而能进行指挥的人，也可以是通过决策等管理工作对组织作贡献的人。

　　有效的管理可以通过后天的努力实现。德鲁克在《有效的管理者》（1985）一书中认为："一般而言，管理者都具有很好的智力、很好的想象力和很好的知识水准。但是，一个人行为的有效性与他的智力、想象力没有太大的关联。有才能的人往往最无成效。因为他们没有领略到才能本身并不就是成就。他们不知道，一个人的才能唯有透过有条理、有系统的工作，才能有成效。"他的结论是："有成效的管理者，他们之间的差别就像医生、教员和音乐家一样各有不同的类型。至于缺乏成效的管理者，也同样有各种类型。因此，有成效的管理者与无成效的管理者之间，在类型方面、性格方面以及才智方面，是很难区别开来的。""有效性是一种后天的习惯，是一种实务的综合。既然是一种习惯，便是可以学会的，而且必须靠学习才能获得。"

三、媒介管理者的目标

所谓目标是指行为的宗旨。如本书第一章所说，媒介都有一定的组织目标，有的是为了增进社会或群体的福利，有的是为了赚钱，有的兼而有之。但无论其具体目的如何，组织目标都可以制约媒介的财务来源状况。

从世界范围来看，共有四种性质的媒介模式：官方的、商业的、利益团体的和非正式的。官方模式指的是由政府经营，政府通过规范、管制或制定法令对媒介内容作出控制。商业模式的内容反映了广告主以及媒介所有者的观点，主要目的是为他们赚取利润，典型的运作方式是"资本雇佣运动"。利益团体模式的内容反映了特定利益团体的目标，如公营媒介或"同仁办报"式的媒介。非正式模式的内容产品主要反映了媒介赞助者的目的。

就商业模式而言，媒介管理者的目标也可能与组织目标不同，或管理层内部各不相同，甚至前后不一致。企业理论认为，决定企业行为的不仅有企业规模、所有权形态、市场结构诸因素，企业高层主管的行为取向、企业的动机和目标都对其有重要的影响。传统的企业理论假定利润最大化是企业追求的首要目标，甚至是唯一的目标。这种理论的要点或假定有以下三条：

（1）目的单一。无论是大企业还是小企业，其所有者和雇员追求的目标只有一个，即最大利润，不存在其他任何个人的"私心杂念"。

（2）理性。如同消费者追求效用最大化一样，企业所有者愿冒风险将钱投资于办企业，理所当然是为了获取最大利润。

（3）边际决策。企业的价格或产量决策的基本规则是边际成本等于边际收益原则（即 $MC = MR$）。

据此，媒介运作的最终责任依赖于作出投资并享受所有者权益的个人或组织。像所有的投资者一样，媒介所有者希望能够从媒介的运作中获利，希望他们投资的经济价值逐步递增。作为管理者，就要寻求满足所有者期望的途径并且权衡所有行动的经济后果。

不过，人们对这种利润最大化理论一直存在争议。这里我们且不说媒介的特殊性，从企业理论看，有的人认为利润最大化目标或功利目标是有害的，会导致企业短命。从管理角度看，有的人认为典型的企业中目标并不是单一的，多数大公司的所有权与控制权分离，管理人员在企业决策中起重大作用，他们所追求的目标与股东不一定一致。这就是所谓的"委托—代理"问题。

在我国，有人通俗地把媒介管理者的目标归纳为"三老满意"，即老干部满意、老百姓满意、老板满意。也有一说是"两头满意"，指上头领导满意和下头群众满意。这些说法都反映了媒介管理目标函数的复杂性。

第二节　领导与领导工作

从管理职能来说，领导指的是指导和影响组织或群体成员的思想和行为，使其为实现组织目标而作出努力和贡献的过程或艺术。这句话包括四个方面的含义：权力在领导者和其他成员中的分配是不平等的；领导者能对被领导者产生各种影响；领导的目的就是影响被领导者去为实现组织目标作出努力和贡献；领导者一定要与所领导的群体或组织的其他人员发生联系。

一、构成领导的要素

领导者的领导艺术是至少由四个主要部分组成的综合才能。

（1）有效并以负责的态度运用权力的能力。

（2）了解人们在不同时间和不同情境下有不同的激励因素的能力。

（3）鼓舞人们的能力。

（4）以某种活动方式来形成一种有利的气氛，以激励并引起人们响应激励的能力。

构成领导的第一个要素是权力。权力主要来自两个方面：一是来自职位的权力，这种组织权力属于法定权力，随职务的变动而变动。在职就有权，不在职就无权。法定权力的基本内容包括对组织成员的奖惩权，分别构成奖励权力和强制权力。人们往往出于压力和习惯不得不服从这种权力。二是来自个人人格的权力。这种权力不是由于领导者在组织中的位置，而是由于其自身的某些特殊条件才具有的。如专家权力或个人影响力，这种权力是非正式的，但它不随职位的消失而消失，而且对人的影响是发自内心的，更为长远。

构成领导的第二个要素是对人的基本理解。在实际工作中，懂得激励理论、各种激励因素和激励机制的性质，这是一回事；针对不同的人和情境运用不同激励的能力却是另一回事。一名经理或其他领导者如果懂得激励理论的现实运用和理解激励的要素，那么他就能更多地理解人的需要的性质和强度，也就更能界定和设计满足这类需要的方法并加以管理，以实现预期的目标。

构成领导的第三个要素是一种难能可贵的鼓舞能力，即激发和鼓舞追随者全力以赴地工作的能力。激励因素的作用似乎主要围绕着下属及其需要，而鼓舞力量则来自群体的领导者。鼓舞需要领导者具备独特的魅力，以激起追随者的忠诚、献身精神和热情。但领导者不应着重自己的表现，若是过分着重，就成了个人"作秀"。唯有团队一起表现，才有更大的力量。

构成领导的第四个要素同领导者的作风和领导者所营造的组织气氛有关。主管人员的首要任务即是设计和保持一个实现业绩的工作环境。事实上，主管人员越是了解什么最能激励其下属，以及这些激励因素如何发挥作用，并把这些认识体现在管理活动中，那么他就越有可能成为有效的领导者。

二、领导工作的方式和环节

领导者的行为大体可以从相辅相成的两个方面来看，即是任务导向型还是关系导向型，是交易型领导还是转换型领导，是关心组织目标还是关心人，或者说是更多地运用法定权力还是更多地运用个人权力，在这方面有多种研究成果。①

领导行为既与领导者的个性品质有关，又受特定情境和组织目标的影响。美国密执安大学的研究人员伦西斯·利克特以数百个组织机构为对象，对领导者的领导类型和作风作了长达 30 年之久的研究，提出了四种管理方式：

管理方式一被称为"压榨和权威式"。采用这种方式的主管人员非常专制，对下属很少信任，偶尔用奖赏去激励人们；一般采用上情下达的方式，决策权多局限于上层。

管理方式二被称为"开明和权威式"。采用这种方式的主管人员对下属抱

---

① 　加雷思·琼斯，珍妮弗·乔治，查尔斯·希尔. 当代管理学. 人民邮电出版社，2003. 302～311

有一种屈尊求教式的信任和信心，主要用奖赏，也兼用恐吓等手段来激励或鞭策下属；允许一定程度的下情上达，也下放一定的决策权，但对政策性的控制绝不放松。

管理方式三被称为"协商式"。采用这种方式的主管人员对下属有相当大但并非十足的信心和信赖，能给下属以关怀和支持；在激励方面主要用奖赏，偶尔也实行惩罚；思想沟通是上下双向的；一般性的政策和总的决策由上层作出，允许下层决策处理具体问题，对其他问题则采取协商的态度。

管理方式四被称为"集体性参与式"。采用这种方式的主管人员对下属在一切事务上都抱有充分的信心和信赖，他们总是征求下属的看法并设法采纳，例如在确定目标和评价所取得的进展方面，让员工参与其事，并给予物质奖励；他们使上下级之间和同级之间信息畅通，鼓励各级组织作出决策，或者以群体中一员的身份与其下属一起进行工作。

可以看出，管理方式一和 X 理论的假定很相似，管理方式四与 Y 理论的假定很相似。利克特发现，那些利用管理方式四去从事经营活动的主管人员，大都是最有成就的领导者。此外，他还发现以方式四进行管理的部门和公司在制定目标和实现目标方面是最有效率的，一般来说也是最富有成果的。他把上述这些主要归因于职工参与的程度及其在实践中坚持贯彻的程度。

按照菲德勒的权变理论，关系导向型的领导者在中度有利的环境下最有成效，任务导向型的领导者在最有利和最不利的环境下最有成效。

在通常情境下，有成就的领导者也应当是有魅力的领导者，或称转换型领导者，其影响或指挥职能主要集中在激发员工热情而高效地工作方面。领导即是动员，以全员参与的总动员为目标。具体地说，它包括四大环节。见表3-2。

表 3-2　领导工作的方式、情境与环节

领导风格	管理方式	领导行为	有效的情境	环节
任务导向型	压榨和权威式	命令性	最有利的	奖励强制
	开明和权威式	指导性	最不利的	
关系导向型	协商式	支持性	中度有利的	鼓励 沟通 关怀 个人影响
	集体参与式	参与性		
转换型	发展性关怀式	成就导向型		

1. 鼓励

领导者应引导下属与组织的目标或愿景一致，从不同的角度看待他们个人、团体或组织的问题。在过去，下属并不知道一些问题，或者把问题看作不是他们要关心的"管理问题"，或者把问题看作是不可解决的。领导者须引导下属把问题看作是挑战，并授权使下属承担解决问题的责任。

2. 沟通

沟通是让员工知道组织的目标和远景规划及用来鼓励员工全力、高效工作的手段。领导者必须与员工沟通以了解他们需要和想知道的信息。信息的直线流动或同一组织层次上个人之间的沟通，对于协调不同部门及整个组织的活动是很重要的。许多媒介为了确保这样的流动而采取的一种措施是建立一个管理小组，当然它常常包括总裁/总经理和各部门负责人。

3. 关怀

领导者和管理者要对员工体现真正的关心，许多员工被挑选进来是因为他们拥有特定职责所需的背景和技能，但是他们也必须定期或不定期地接受使用新设备或申请新职位的训练。

4. 个人影响

对员工的鼓励要求领导者和其他管理、监督者懂得尊重、忠诚和协作。有助于形成这种气候的因素有：管理能力，公正地对待员工，愿意倾听员工心声并对员工的所见所感作出诚实、正直的回应。实际上，个人影响包括所有那些有助于员工感知他们在媒介的努力和成就中的重要性，以及他们作为企业的一分子的价值的行为和态度。

三、领导者的素质

在领导者的素质方面，"天才论"、"伟人论"的观点虽不足以置信，但卓有成效的领导者确实需具备一定的素质。领导者的素质不是天生的，而是在实践中逐步形成和积累起来的，可通过教育进行培养。此外，选择领导者需要有明确的标准，对领导者的使用和培训也需要有具体的方向和内容。

德鲁克认为，一个有效的领导者，必须具备以下五个主要习惯：

第一，要善于处理和利用自己的时间，把认清楚自己的时间花在什么地方作为起点。

第二，注重贡献，确定自己的努力方向。

第三，善于发现和用人之长，包括他们自己的长处、上级的长处和下级的长处。

第四，能分清工作的主次，集中精力于少数主要的领域。

第五，能作有效的决策，他们知道一项有效的决策必是在"议论纷纷"

的基础上形成的判断，而不是在"众口一词"的基础上作出的决定。

我国对领导者的素质进行了一系列的研究。概括起来，领导者的素质包括四大方面，即政治素质、知识素质、能力素质和身体素质；对领导者的考核也有四个方面：德、能、勤、绩。领导者要有胆、有识、有权、有责、有效等。

第三节　媒介的管理者与领导者

对于媒介来说，管理者的范围比较宽泛，涉及部门主管以上的所有层级。领导者则集中一些，通常指的是有最高决策权的管理层，如董事长、社长、台长、CEO 等。这种区分与职位权力有关。

一、媒介管理者的角色

媒介的管理者通常必须扮演各种不同的角色，面对不同的对象，例如面对同僚、员工、上级以及消费者，都应充当不同的角色。根据管理学家亨利·明茨伯格的定义，管理者有十种，可概括为三类角色：

（1）人际关系型角色。作为组织的象征，管理者分别扮演三种角色。

首脑：承担法律上或礼仪上的义务。

领导者：营造工作气氛、指导和激励员工。

联络者：在部门之间、个人之间及组织外的团体与组织之间起联系、调节作用，这一角色通常由总经理承担。

（2）信息型角色。管理者作为组织的"神经中枢"，要寻求和接收大量内部和外部的口头或书面信息。管理者在其中扮演三种角色。

监督者：这些信息让管理者了解组织及其环境之间正在发生什么。收到一份最新销售报告或者员工对执行一项新计划提出抗议，监督者就要相应作出反应。

传布者：向组织成员发布外部信息，或者把来自一个部门的内部信息向另一部门发布。

发言人：为了组织的利益而充当发言人，例如总经理为新报社大楼计划而召开的新闻发布会。

（3）决策型角色。这些角色须承担在组织策略制定过程中的责任。其中管理者扮演四种角色。

主导者：控制变化的倡议者或设计者。

干扰排除者：处理管理者难以完全控制的条件和变化。例如解决节目经理和销售经理在安排一项特别节目妥当性方面的争论。

资源分配者：决定资金和人力分配。

谈判者：在谈判活动中代表组织。与节目供应商签订一份合约就需总经理或节目经理担任这一角色。

二、媒介管理所需的知识、能力与技巧

管理者要有效地履行他们的功能及角色，需要很多方面的知识、能力与技巧。根据管理层次的不同，有三类基本的知识、能力与技巧是不同管理者需要不同程度地具备。对媒介的总经理来说，则全都很重要。

1. 专业技术方面

这是指知识、分析能力，一些特别活动中使用工具和技术的能力等。对管理者而言，那种活动就是管理。尽管它不要求具有完成所有任务的能力，但是它要求有足够的知识来提出中肯的问题并进行评估。因而，在专业技术方面管理者应当了解和具备的如下：

（1）媒介所有者的目标。

（2）管理知识以及对管理的计划、组织、指挥和控制的职能。

（3）商业技巧，特别是营销、预算、成本控制、公共关系等。

（4）市场知识，包括阅听人的兴趣和需要，以及区域零售和服务设施的商业潜力。

（5）相互竞争的媒介、信息源及其收入的数目。

（6）媒介及相关领域，包括广告代理、媒介代理公司、节目和新闻服务机构。

（7）媒介及其部门的人事活动。

（8）传播的法律、法规条例及其他有用的法律、法规条例。

（9）协约，特别是有关并购、网络依附、媒介代理、节目、人才、劳工联盟等事务。

2. 人际关系方面

这是指与人一道工作并建立起协作关系的能力。管理者应当有能力通过激励、增加工作满意度、鼓励忠诚和互相尊重等手段影响员工的行为，以实现媒

介目标。对员工与众不同的技巧和雄心予以赏识也是媒介团队有效协作的基础。

3. 现代管理理念方面

这是指把企业看作一个整体以及看到一个部分与其他部分相互依存的能力。

要使一个媒介成功地协作，管理者必须娴熟地把专业技术能力、人际沟通能力、决策能力与现代管理理念融为一体，必须清楚地认识到节目与促销、销售与节目、生产与工程等不同环节之间的相互依存。同等重要的是具有理解媒介同其他媒介，社会或社区与流行的经济、政治和社会因素之间关系的能力。所有这些都有助于媒介的指挥决策和目标、政策架构的形成。

成功的总裁/总经理还应该加强个性品质的自我修炼，包括：

（1）自信。面临困难和障碍的时候，坚持不懈并影响他人。

（2）智慧。在可替代的行动内容中作出选择。

（3）勇气。用以执行已选择的方案。

（4）诚实和正直。这主要体现在处理员工和组织外的个人方面。

最后，还有对所有者、员工和广告客户的责任感。

在日常的行政事务管理之外，今天的媒介领导者尤需注意"危机与冲突处理"的方式方法，以免仓促间处理不当而导致企业的倾覆。

所谓"危机"，是一种状态，紧急的或突发的，具有冲突性的状况，通常面临的时候，需要立即而且迅速地决定并加以解决。危机的种类包括：①潜伏性的（内在的），即逐渐酝酿出现的，例如因为价值观的对立、目标不一致而隐藏的或内在的冲突性，它会因其他诱因而呈现。员工对某些事物的不满，如管教方式、不同的观点等，通常都是潜伏性的。②突发性的（外在的），是不可预料而发生的状态，其呈现方式是直接地影响，例如原料价格因天灾上涨而对组织产生直接的影响与连锁式的反应。

三、媒介专业性与媒介领导

媒介许多员工受过高等教育，他们忠于自己的专业责任，常常一直工作到截稿时间，有的甚至全天候地扑在工作上。1991年海湾战争期间，CNN的记者彼得·阿耐特（Peter Arnett）冒着生命危险留在巴格达，向全世界报道战争实况。凤凰卫视女记者闾丘露薇三进阿富汗、两赴伊拉克，被誉为"战地玫瑰"。无论这种现象背后是否包含其他个人原因，它都能反映出记者对新闻事业的忠诚和专业精神。

不过媒介从业人员的这种专业性特点也使他们具有较强的自主意识，对任何事都持怀疑的态度，容易导致个人主义式的决策。一些媒介管理者说，记者是最难管理的。例如在报社中虽然还有发行、广告、生产、财务及其他部门，但是在记者的眼里，似乎除了新闻部门以外，其他部门就像不存在似的。

美国媒介批评家本·巴格迪坎认为，新闻部门和其他部门之间的紧张关系，是媒介机构中必有的现象。他说，报社所做的每件事，除了新闻，让别的组织来做会更好。因此在西方，报社及广播电视中的那些优良企业，常常依赖于领导者对新闻部门独特的支持。

事实上，与一些企业不同，把科层制运用到媒介新闻部门中应该特别谨慎。在一个高度科层化的公司里，一旦决策作出之后，要求下属绝对服从。但是假如要求报社的记者完全听命于领导的决定，总是由领导来决定什么是新闻及什么才是重要新闻的话，那么读者会对这些新闻的可信度逐渐产生怀疑，甚至最终会失去读者。作为媒介领导者，在面对组织目标和新闻专业性时，在面对上级和下属时，要考虑采取弹性的行为模式与沟通方式。

四、性别差异与媒介领导

在媒介行业，几乎一直是以男性为中心的，尤其是管理层。

从西方媒介发展的历史来看，在"二战"之前，除了个别女记者较为出色，如普利策曾以内莉·布莱72天环游地球为纽约《世界报》的一大卖点外，女性鲜有在新闻界抛头露面。直到第二次世界大战爆发，男人纷纷去前线打仗，女人不得不大幅度地参与社会事务，新闻界的女性从业人数迅速增加，社会地位也随之上升。凯瑟琳·格雷厄姆以其巨大的勇气成为其中的一个杰出代表。著名脱口秀节目主持人、哈泼娱乐集团（Harpo Entertainment Group）董事长奥普拉·温弗瑞也是媒介领域"美国梦"的一个典范。在海外华人世界，出现过香港星岛报系胡仙和美国旧金山方李邦琴等风云一时的人物。在国内，也有像南方报业传媒集团的江艺平、《财经》杂志的胡舒立等杰出的媒介领导者。

有研究表明，作为领导者，女性和男性一样有成效。然而现实中媒介业的女性管理者尽管呈上升趋势，但数量仍然相对较少，见表3-3。①

---

① *Editor & Publisher*, November 3, 2003.

表 3-3　美国发行量 8.5 万份以上报纸中管理层的人数

	2000 年		2002 年		2003 年	
	男性	女性	男性	女性	男性	女性
CEO/总裁/发行人	126	11	118	19	112	25
高级副总裁（含新闻副总裁）	104	34	101	26	107	30
总编辑	78	48	·66	43	65	43

第四节　担任媒介领导者的条件

对于媒介领导者而言，媒介的生产制作、市场经营、人员管理等都必须有完善的筹划。媒介管理主要在于计划、组织、领导及控制，四者成环状排列，使管理成为连续不断的循环过程。媒介管理者或领导者的角色是非常重要的，概而言之，他们必须对媒介组织目前的策略，未来的短期、中期、长期计划有清楚且具前瞻性的规划，还要组织、领导人员去执行这些策略及计划，此外，更需对许多变量加以处理及控制。不过职业经理人是否适合担当媒介领导者，是个见仁见智的问题。

媒介领导者需具备哪些条件呢？一般说来，媒介管理者或领导者需有下列才能：领导能力（leadership）、高度智慧（intelligence）、专业知识（knowledge）、判断能力（judgement）、正直人格（personal integrity）、责任感（sense of responsibility）、工作认知（attitude toward work）及引人注意的手腕（showmanship）等。在这些才能中，领导能力被认为是有效管理的基础，其他的才能都是领导能力的反映。近年来，发达国家媒介经营者了解这些能力对管理的重要，同时也深受人力资源管理的影响，纷纷以较有计划、较具体的方式对人员实施在职训练，来培养这种基本的管理能力。此外，一个媒介高层管理者要能作出良好判断和正确处理问题，除了协调内部各单位和分析内部资讯外，还要对整个传播事业、服务社区，甚至当前的政治、经济、社会趋势进行分析，凡影响媒介经营与发展的观念、理论、知识、技能都应具备。试举几例来说明媒介领导者的素质与个性。

刘长乐："神秘的大佛"——企业经营判断能力；

查良镛：有强烈爱国心的"《明报》掌门人"——责任感；

亨利·卢斯：包括《时代》、《生活》在内的一个庞大出版帝国的创建者——商业敏感和社会责任感；

鲁珀特·默多克："贪食无厌的媒体机器"——追求成功的欲望；

特德·特纳："狂暴船长"——坚持到底的决心；

艾伦·纽哈斯：赋予甘奈特集团以生命和方向——执著和勇于纠错的能力；

比尔·盖茨："超级怪胎"——专业知识；

杨致远："雅虎酋长"——宽厚仁慈；

埃里克·施密特："不作恶"——对商业的理解。

一般来说，媒介人的学历和工作经历并不是能否担任领导者的决定性因素。在传媒界不乏从新闻行业脱颖而出的领导者，也有不少是来自其他行业的职业经理人。无论是何种出身，担任领导工作必然要求对专业的把握能力和杰出的管理才能的有机结合。

在我国媒介市场化、产业化和国际化的过程中，对领导者的素质和能力提出了越来越高的要求。在 20 世纪 90 年代，我国媒介经历了三部曲：从 90 年代初期的名记者时代，到 90 年代中期的名编辑时代，再发展到 90 年代末期的经营者时代。发展的趋势是媒介已不能再凭借一两个版面，一两篇报道推销自己，而是要靠整体风格特色和实力规模来立足。从领导的角度看，仅仅在内容领域颇有建树是不够的，领导者必须对媒介的生存和发展具备更高的驾驭能力。

也可以这么说，作为媒介领导者，要有"政治家办报/台/站，企业家经营"的意识和能力。政治家办报/台/站不等于"文人办报/台/站"，企业家经营也不等于"推销员经营"。这两个倾向都应避免。"文人"指的是媒介中滞后于市场经济、缺乏商品意识、不合时宜、不重视广告销售的人。他们也可能会出手不凡，标新立异，火爆一时，但很难走得长远，难以获得经济效益。"推销员经营"则是一种纯商业化的运作，一个典型的例子是报社请来报摊主确定报纸的头版头条，这样做可以被认为是注重市场反馈，按市场动态来经营，但不是按新闻规律来梳理和判断市场信息，也难获得消费者的认同。

所以国内有人提出，媒介领导者的基本条件是：受过正规的高等教育，在市场化的媒体中有五年以上的采编经验，又具体做过广告发行工作。[①] 这些媒介领导者既是政治家，也是企业家（商人），同时又是专家。此外还应加上一

---

① 黄霁. 进军报刊业　跻身富人榜. 港澳经济，1999（10）

条：守法经营。

《南方周末》的创办人左方曾有一句名言：报人的最高境界是从容不迫。其寓意已经超出了专业领域和系统思考能力之外，进入了管理哲学的层面。这是另一个话题了。

第五节　媒介领导者的职业伦理

伦理学是事关对错、善恶的学问。西方思想史上的亚里士多德、康德、密尔、罗尔斯等人都曾提出过关于伦理思考的理论和原则。

在媒介的应用中，媒介领导者的职业伦理涉及两个方面，一是商业伦理，二是新闻伦理。

商业伦理指在商业决策中解决道德难题的基本原则。企业对社会承担一定的责任是现代社会的内在要求。商业伦理的提出不是因为功利的考量，而是因为它是对的。由于媒介的运作不能等同于纯粹的商业行为，媒介领导者对商业伦理的坚守更具有社会价值。

从媒介的角度看，商业伦理的要求主要是：

（1）公平竞争。其中包括不虚报发行量、收视率、收听率、网站流量等商业数据。

（2）杜绝寻租行为。避免利用所掌握的公共资源，收取垄断租金，或实现权钱交易。

（3）摒弃恶俗广告。不刊播虚假广告，广告内容不违反社会公德。

（4）内容积极健康。版面或节目内容注意对暴力和色情的过滤，保护未成年人。

从领导者的角度看，商业伦理的要求主要是：

（1）尊重他人，具有同情心，善于倾听下属的意见，能够包容不同的声音。

（2）公平正义，在奖励、惩罚和分配上做到公正无私。

（3）诚实正直，以坦荡的胸怀审时度势，合理决策。

（4）关怀他人，维护并培育良性的工作气氛和人际关系。

我国新闻界办报人才不计其数，但是其中能够胜任经营管理、能作决策的优秀人才少之又少，而其中德才兼备的人更为难得。广州日报报业集团前董事长黎元江曾说："我们现在缺什么呢？不缺政策，不缺资金，不缺主意，就是缺人才。人才到位很多主意都可以实现，人才不到位再好的主意都没用。"① 可惜黎元江有才无德，因经济违规被开除党籍与公职，其蜕变轨迹是转型期我国少数媒介管理者道德失范的一个缩影。

新闻伦理主要关乎在新闻报道和内容提供方面的专业操守，包括坚持新闻的真实性，在表达自由与公民隐私权之间的平衡，在表达自由与公正审判之间的平衡等。新闻伦理不仅对新闻工作者，对媒介领导者也有规范作用。

讨论与操作

1. 权力对于领导者意味着什么？根据您的观察，媒介领导者如何行使他（她）的权力？他（她）是否拥有无须负责任的权力（power without responsibility）？

2. 对媒介来说，MBA 出身的管理者，其优势体现在哪些方面？劣势又体现在哪些方面？

3. 媒介管理者有哪些管理技巧？请在学习过程中不断总结。媒介管理者应接受哪些训练？也请在学习过程中不断总结。

4. "智商决定入行，情商决定提升"，您同意这样的观点吗？戴尔·卡耐基、吉田秀雄给您带来什么样的启示？

5. 成功与失败之间是什么样的关系？作为媒介领导者，成功的习惯与面对挫折的态度或承受挫折的能力，两者哪一个更重要？请举例说明。

6. 谁是您心目中卓越的媒介领导者？请详细描述他（她）的个性品质、领导方式、管理理念与管理风格。他（她）拥有什么样的独特的资源和能力？他（她）的知识背景和专业经历对管理工作有什么样的影响？他（她）是如何实施管理的？

7. 对媒介职业经理人来说，专业能力、系统思考能力与战略思考能力何者更重要？为什么？

8. 结合实际谈谈职业伦理对于媒介领导工作的意义。

---

① 黎元江. 我是红旗下成长起来的. 新闻战线，1999（10）

第四章
媒介市场分析

内容提要

本章介绍"二元产品市场"这一媒介运作的主要秘密以及市场分析的要素与方法。媒介在空间地理市场上的分布与聚集十分重要。消费者需求是媒介市场的根本,也是媒介产业的根本。政府的有形之手对媒介市场的培育举足轻重。

所谓市场，并非仅指人们交换服务或产品的场所。在经济学中，企业（enterprise）是为一定目的而从事某种经济活动的、独立的经营单位。一家企业并不一定只有一家工厂或一家商店，而可以是同一资本支配下的各种经济活动单位的集合。产业（industry）是指生产同一种或同一类商品或劳务的生产者的集群。市场（market）则由所有该商品或劳务的潜在供给者和需求者组成，在市场营销学中，市场主要是指一群顾客或者是潜在的顾客，他们既有尚未满足的需求，又有购买力来支付这些需求。营销（marketing，一译行销）则是企业用自己的产品来满足这群顾客的需求，并且为长期维持和扩大他们对本企业产品的需求而开展一系列经营活动。

市场分析对媒介管理者来说是必要的，它是对媒介产品作出性质与价格变化决策的依据，但它同时也是复杂的，有风险的。它由媒介自身开始，并包含了消费者、竞争者、政府规范和一般经济状况，其复杂性会因其中各种因素造成的市场变化而增加。但是通过获得适于决策的信息及合理的市场分析可降低风险。

第一节　媒介市场的概念与模式

一个完整的市场体系既包括最终产品市场，也包括要素市场，即生产资料市场、资金市场、劳动力市场、技术市场、地产市场和信息市场等，还包括对作为市场行为主体的企业的资产进行交易的资产市场，即股票交易市场、股权转让市场、产权交易市场、资产经营市场等。这里主要涉及媒介的产品市场。

一、媒介的二元产品市场

与其他产业相比，媒介产业运作的市场空间是相当独特的，因为它是一个典型的"二元产品市场"（dual product market）。二元市场是著名媒介经济学者罗伯特·皮卡特（Robert G. Picard）于1989年在《媒介经济学》一书中提出的概念，指媒介只创造一种产品，却活跃于两个性质迥异的市场，见图

4－1。媒介这种独特的运作方式也被称为"双重出售"①，或"二次出售"。

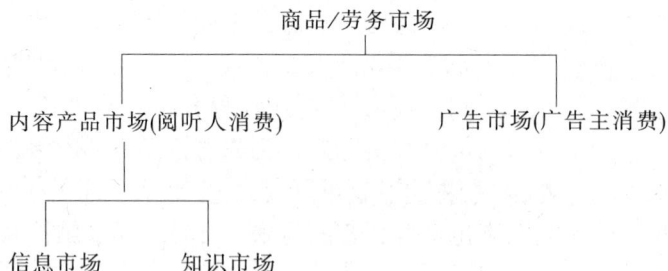

商品/劳务市场

内容产品市场(阅听人消费)　　　　广告市场(广告主消费)

信息市场　　知识市场

图 4－1　媒介的二元产品市场

媒介运作的第一个市场是物品（goods）市场，也就是通常所说的内容产品市场。这一市场还可细分为两种类型：①信息市场。它是指受众寻求的非广告性信息（包括娱乐信息）的市场。为了获得信息，受众必须付费或是使广告主注意到他们。②知识市场。它是指个人或社会团体所寻求的观念和相关信息的市场。这些观念和相关信息有助于这些团体追求一定的社会目标，例如报纸的社论。知识市场与约翰·弥尔顿（John Milton）首先提出并由约翰·密尔（John S. Mill）加以引申的"意见市场"（marketplace of ideas）概念是一致的。

媒介的内容产品经过包装之后，以印刷的报纸、杂志或书籍，以广播的电台或卫星电视，以窄播的有线电视、电影、光盘等形式，最终交到消费者手中。媒介将内容销售给消费者，用意在于让他们注意到产品的存在，借以换取他们的时间或金钱。并不是所有的媒介都需要由消费者付费，但消费者毫无例外，均需付出他们的时间这种珍贵的资源。

对新闻媒介来说，信息市场与下面将要提到的广告市场可以提供经济收入以维持生存和发展，而知识市场可赋予新闻媒介在社会中的特殊地位和责任。许多国家为媒介在知识市场上的运作提供充分的法律保障。

媒介运作的第二个市场是广告市场。从表面来看，媒介是将其版面或时间出售给广告购买商，但更精确的解释是，媒介把受众近用权（access to audiences）卖给了广告客户。所以媒介是一种"注意力经济"的产物，具体表现为首先将内容传送给消费者，从而引起消费者群体及广告客户和广告代理公司的注意，最终从广告市场上获得回报。

媒介从广告市场获得的收益各不相同。据标准普尔 1996 年数据，美国报

① 屠忠俊．报业经营管理．新华出版社，1992. 11～14

纸一年发行收入为 98 亿美元，广告收入为 344 亿美元。有线与付费电视一年来自订户的收入为 250 亿美元，广告收入为 40 亿美元。

此外，并不是所有的媒介均参与了广告这个第二市场。有些媒介的收入完全依靠产品内容的销售，还有一些媒介接受各种各样的资助来运作。这取决于媒介的性质。

报纸在两个市场同时运作的结果，会产生所谓"发行量的螺旋"现象。因为市场中的广告客户常倾向于在发行量大的报纸上做广告，这样将降低每千人成本（cost per mill，CPM）。希望获得广告信息的读者，也会倾向于阅读拥有更多广告空间的报纸。当报纸拥有更多的发行量，可能会吸引更多的广告，而当报纸吸引更多的广告时，它也可能吸引更多的读者，呈螺旋式上升。因此市场中发行量居于领先地位的报纸，经常会有不成比例的广告量。销售量占有市场总销量 40% 的报纸，通常会占有 65% 到 75% 的广告量。由于报纸可能有 70% 甚至更多的利润来自广告，如此循环的结果将可能使发行量落后的报纸退出市场。这种现象也被人们称为报纸经济效益聚焦化。

有人对媒介的二元市场模型进行扩充，如四川省社会科学院张立伟研究员提出了报业亦即媒业业的"四个市场"。具体为受众市场、广告市场、资源与服务（二级产品或产品深度开发）市场、资本市场。见图 4 - 2。

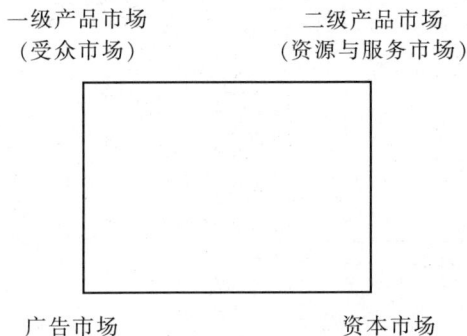

一级产品市场　　　　　　　二级产品市场
（受众市场）　　　　　　　（资源与服务市场）

广告市场　　　　　　　　　资本市场

图 4 - 2　媒介的四个市场

二、媒介的赢利模式

在整个媒介产业链中，大部分传统的主流媒介以受众市场与广告市场为主要依托。也有的偏重受众市场，如部分靠发行赢利的报刊。在产业的上下游，还有大量的机构专注于资源与服务市场，如通讯社、影视制作公司、广告公司、视听率调查公司等。也有一些风险投资机构介入媒介市场。

在媒介产业中，经典的赢利模式采取交叉补贴的办法，用广告市场的收益来弥补内容产品市场的亏损，从而获得整体的赢利。在报纸、期刊、无线电广播、电视、网站中，这一模式普遍存在。

举例来说，一份都市报，平均版数如果为 120 版，即达 15 个印张，每日印刷成本为 0.2 元/张，亦即 3 元/份，以发行量 150 万份计，每日印刷成本为 450 万元，每年印刷总成本将高达 16.4 亿元。报纸定价若为 1 元/份，如果广告经营不善，必然亏损。

报纸的赢利模式可用图 4-3 表示。在图中，外部环境因素如 GDP、物价、就业情况，可以用来预测广告量和发行量，通过这些数字又可以折算出各种可变成本。因而该图也可用于预算和计划。

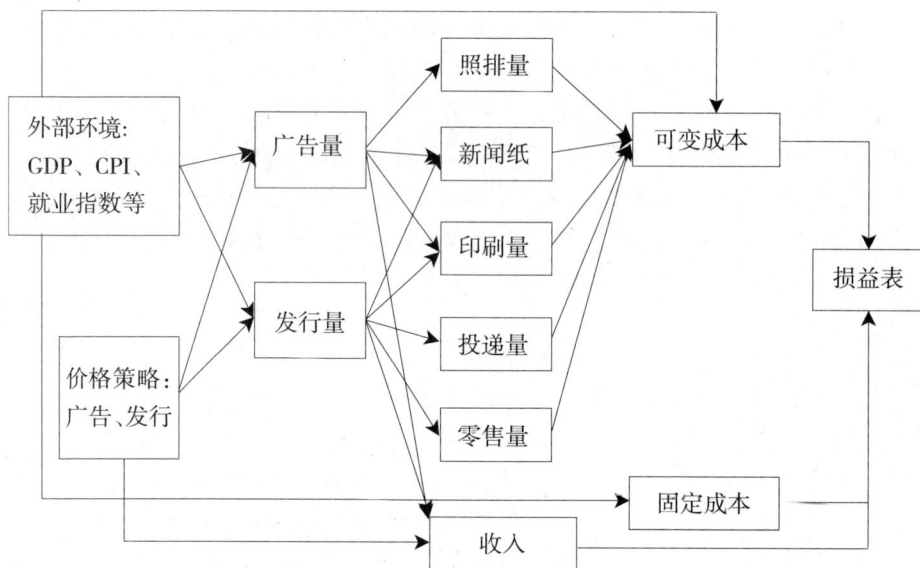

图 4-3 报纸的成本、收入结构与赢利模式

资料来源：袁舟. 媒体 MBA 精要. 深圳报业集团出版社，2005.149

相比之下，网络媒介的赢利模式稍微复杂一些。除了信息内容收费、网络广告外，手机短信收费、服务功能收费也可以提供可观的收入。

第二节 消费者选择与媒介的市场回应

在市场经济中，如果没有消费，那么生产就毫无意义。从这个意义上说，市场经济是"消费经济"。消费是出发点，又是归宿。这一点与计划经济不同，计划经济力图控制人们的消费，把扩大再生产放在第一位。大众媒介力求培养的是社会消费者，他们消费文化、政治和商品，这一点与教育或者与单纯的宣传有很大的不同。由于市场经济对信息有很强的依赖性，需要大众媒介来维持和扩大消费，所以，不难理解大众传媒的发达为什么与人类社会度过温饱期迈向"小康社会"有关。

一、消费者需求

有需求就有市场，有多大的需求就有多大的市场。消费者的需求既可以是现成的、已开发的，也可以是潜在的、待开发的。在某种意义上，潜在的、未满足的消费者需求是更有价值的市场。

对消费者的需求如果进行简单地分类，则一类是信息，另一类是娱乐。

进入文明社会以来，人类对信息的基本需求始终未变，但是对信息的数量与质量、速度与深度、广度与关切度、真实性与故事性，以及对信息多种多样的呈现及解释方式的需求，则不断随着时代的进步和技术的革新而变化。这给媒介管理者与经营者提供了广阔的空间。俗话说，没有疲软的市场，只有疲软的经营。媒介经营的一大关键是是否恰当地把握住了来自受众的具体需求，是否击中了社会绷得最紧的那根弦。

据美国报刊学会（American Press Institute）对美国新闻类企业 1 000 多位管理者的一项调查显示，对"你认为现在哪一个领域的新闻资源应当优先重视"这个问题，回答是"都市或城市新闻"、"体育"、"政治与政府"、"特稿"、"商业"的比例分别为 89%、84%、54%、50%、38%，[①] 可见受众的普遍兴趣存在于人的基本欲望中。商业或财经领域同样存在市场需求，但它的

---

① *Editor & Publisher*, February 24, 2003.

容量或市场壁垒可能与每日每时发生的综合性新闻不同。

消费者的娱乐需求也可以由大众媒介予以满足。报纸上的娱乐新闻、卡通、故事连载，广播中的流行音乐，影视剧及电视娱乐节目，网络游戏、动画与社区都具有娱乐功能。在这一点上，媒介产业与娱乐产业相互交叉并具有相融合的趋势。娱乐需求是人正常精神需求的一部分，媒介可以因此充当社会的减压阀和平衡器。大众媒介的娱乐化反映了消费时代的来临和社会需求的多元化。

我国电视界有人提出过"三解"理论，认为 20 世纪 90 年代以来，老百姓对媒介的需求经历了由解闷到解气再到解惑的三大阶段。90 年代初期，人们对媒介的主流需求是解闷（如晚会热、综艺热、周末热）；90 年代中期，百姓对媒介的主流需求是解气（如新闻热、焦点热、曝光热）；90 年代末期到 21 世纪初，百姓对媒介的主流需求是解惑。这种解惑是在信息泛滥的前提下，媒介对纷繁杂乱的信息向受众进行一番梳理整合，但最终还是由受众自己判断、思考。"三解"说是对我国媒介消费者需求的一种深刻洞察。[1]

尤为重要的是，消费者需求既可以被压制，也可以被释放；既可以发现它和追逐它，也可以主动地把它创造出来。例如，收费报刊必须发现和满足读者的需求才能生存；免费报刊（如法国《地铁报》）却必须主动地创造需求，因特网是最近的创造需求的例子。此外，培养年青一代的读者是创造未来的需求。

二、价格、效用与需求弹性

人是媒介的最终消费者，又是媒介的"供养者"，它决定了媒介的规模与形态。影响媒介消费者购买产品的因素同样也影响着媒介管理者的决策。

在经济学中，商品或劳务的价值是根据消费者消费商品的满意程度，亦即效用来定义的。消费者在市场中进行各种选择，目的在于追求商品效用的最大化。对消费者来说，增加相同商品或劳务的消费量是否能够增加其愉悦程度，这可以用边际效用来计算。边际效用指的是增加一个额外单位的消费以后带来的总体效用的改变量。

媒介消费过程中有一个普遍的现象，即边际效用递减。就短期而言，边际效用确有可能增加，但就长期来说，每一个新的产品与服务增加之后，边际效用必是递减的。例如杂志读者尽管有上千种期刊可供挑选，仍然只愿选读其中

---

① 张锦力. 解密中国电视. 中国城市出版社，1999. 136

若干本。再如有线电视，面对数十个乃至上百个频道，观众只要能接收其中的十几个，恐怕也就心满意足了。

特定产品与劳务的消费者需求取决于它们对消费者的效用，以及这些产品与劳务的价格。一般来说，现实需求指的是在某一价格下，消费者愿意购买的产品或服务的数量。对许多产品而言，价格与需求是成反比的。随着价格变化而变化的需求量称为需求弹性。如果是弹性需求，则价格变化会导致较大需求量的浮动。如果需求没有弹性，则价格改变之后，需求量的变化微不足道。

举个例子，对报纸的需求，通常是没有弹性的，即报纸价格变动，对其销售量的影响并不太大。研究发现，虽然报纸售价攀升之后，发行量会减少，但减少的数量微不足道。如果经济景气的话，即使订阅价及零售价上扬，发行量仍然可能增加。在 1982—1991 年间，英国几家高级报纸的发行量上升了14%，但它们的发行收入增长了135%，这主要是因为报纸不停地涨价。与此形成鲜明对照的是，消费者对电影的需求是有弹性的。

在某一时刻，影响需求的因素除了自身价格之外，还有替代产品及其价格。替代商品的价格变化引起的某一商品需求量的变化，称为该商品需求的交叉弹性。这个概念对于考察媒介的市场竞争是很有帮助的。在一般情况下，如果可替代的产品较多，则需求的交叉弹性会增加。反之亦然，需求愈具弹性，则可替代性愈强。例如无线电视与有线电视之间，存在着需求的交叉弹性，双方都会有观众流失的现象。

在广告厂商对受众的需求方面，曾有研究显示，个别广告客户对电视广告时间的需求具有高度弹性，但就整体广告厂商来说，弹性不大。还有学者指出，报纸、广播、电视之间不存在全国性广告需求的交叉弹性。但是由于资料的匮乏，相关的研究成果比较少。

三、消费者选择

从长期来看，影响媒介需求的因素还有很多，包括消费者收入水平的变化、品味及偏好的改变、对未来的预期以及人口组成的变化等。

消费者对于媒介的总体需求相对来说较为稳定。例如，在电视机普及的过程中，确实一度诱使消费者将非媒介资源的使用转移到电视机的购买上。但购买不久之后，媒介及非媒介资源的使用支出又恢复了先前的形态。罗伯特·皮卡特在《媒介经济学》（1989）中提出了"相对常数的原则"（Principle of Relative Constancy），即公众用于媒介方面的支出，其长期走势与整体经济表现保持大致稳定而对应的关系，大约占据所有消费者支出的3%。以1995年为例，这一年平均每个美国家庭用于娱乐开支的比例是 5.5%，其中用于报纸和杂志的开支是 63%，这样，每个家庭用于报纸杂志的实际开支不足 3.5%。

媒介消费者的兴趣也会发生变化。比如今天的美国报纸读者注意的焦点似乎比过去更少地方性。全国性报纸像《今日美国》、《华尔街日报》、《纽约时报》的发行量在增长，而区域性报纸在微弱增长，地方性报纸的发行量则停滞不前。

对于那些消费者并不直接付费的媒介产品，需求仍然存在。不同的只是这些需求问题的焦点，变成了探索受众对于种种不同媒介产品与节目的偏好如何，这些媒介产品与节目又对受众有什么效用。事实上，消费者对于某类传播内容的需求可以视为测量广播与电视节目效用的方法之一。

在对媒介具体的消费者选择方面，以报纸为例，读报对许多读者来说实际上是一种仪式。在浏览报纸的内容并作选择要读什么或者仅仅是在几秒钟内的一瞥，都存在一定的模式。一份报纸并不意味着要全部读，这里存在某种"必读性"；一些人花上半个小时把报纸从头读到尾，这叫"可读性"；还有一些人只要去找一两条对自己重要的信息，不超过一分钟就会把报纸丢掉，这叫"选读性"。

消费者是报纸的最终编辑，总是选择他们感兴趣或能打动他们的东西。由于现代报纸的组织方式，许多读者有其特定的个人议程，从某一版跳到另一版。比如投资者会迅速地转向股市行情栏，然后再挑出那些涉及公司新产品或者有关兼并事宜的新闻。而体育爱好者在浏览了刚刚举行的赛事的成绩纪录前通常不会容忍任何东西。报纸是一个复杂的"集纳式"机制，不仅因为它的如此之多的信息被采集以及传送的速度，而且由于每个顾客都能找到该产品的特殊用途。

在人口因素方面，以我国报业为例，它对报业的影响表现在两个方面。一是持续发展的余地较大，报纸绝对数仍有可能较快增长。1999 年，我国每千人拥有日报 56 份（发达国家的同比数字为 226 份），2005 年达到 76.8 份，这个数字尚未达到发展中国家的平均水平，与联合国教科文组织为发展中国家提出的最低限度目标每千人 100 份日报相比，还有不小的差距。二是在空间分布上的不平衡。各类报纸高度集中于城镇地区，尤其是东南沿海的大中城市。以至于出现成都、西安等内地报业人才的"孔雀东南飞"现象以及"传媒川军"现象。

就人口因素自身或受众的角度而言，任何传播活动的规划与设计都必须考虑受众的接触效果、收视趋势、收视行为等因素。对受众的研究历来是媒介管理者所必须精熟的知识与技巧。比如，人们在社会生活中必然要与媒介发生一定的联系。但是人们为什么要接触某一种媒介？为什么要订某一份报？施拉姆曾提出这样一个媒介选择公式：

$$选择率 = \frac{预期报偿}{付出代价} \times 100\%$$

所谓预期报偿，主要是一种社会经验的体现，它可以用顾客满意度进行测量。而付出代价则包括了时间、金钱和精力（获得的方便程度）。通过对受众做接触情况和接触意愿的调查，媒介管理者可以获得许多有价值的信息。

选择率公式说明消费者具有理性的一面，会进行成本与收益分析。这就要求媒介人员从消费者的角度思考，即进行换位思考。

第三节　市场结构与媒介的市场行为

报/台/站相互之间为分割广告市场而进行竞争，推导起来，也就是对受众的竞争。这种竞争扣除经济增长的因素，往往是零和博弈。一个报/台/站赢得的受众来自其他媒介；失去的受众亦被其他媒介夺走。很少有重大的管理行动不对竞争者产生影响。同样，管理者的许多行动也受其竞争媒介的行动的影响。

一、媒介市场结构的类型与影响因素

一般说来，市场可分为四种状态：完全竞争、垄断竞争、寡头垄断和完全垄断。决定一个市场结构类型的因素是多方面的，包括市场中生产者的数量、他们产品的差异和各自的市场渗透能力以及新竞争者进入该市场的障碍程度。

就媒介市场而言，它具有独特的垄断与产业集中性质，为其他行业所不及。由于媒介理应以服务公共利益为存在的宗旨，所以政府也常常对媒介产业的结构从法规上加以管制。而一些相关的促进和保障媒介履行公共利益的法律法规的实施，也必然导致媒介市场进出障碍大小的变化，从而对媒介的市场结构产生影响。媒介市场的容量十分有限，一般说来，在千万人口的大城市中，赢利的社会新闻类日报不会超过三家。

以美国的媒介市场为例，没有任何一种媒介能符合完全竞争的状态，见图

4-4。由于政府的管制，有线电视几乎是完全垄断的。报纸的情况介于寡头垄断与完全垄断之间，因为在特定区域营运的报纸，其数目相当有限。在1900年至1976年间，美国日报互相竞争的城市占出版日报的城市的比例，从61.1%下降到58.6%，这就是很好的说明。无线广播和电视仍然是CBS、NBC、ABC、FOX等几大寡头的天下。电视节目制作与编排市场随着有限电视频道和影视节目供应公司的大肆扩张，近年来更为接近完全竞争的一端。杂志界也是竞争相当激烈的一种媒介，但显然还处于垄断竞争的市场结构。

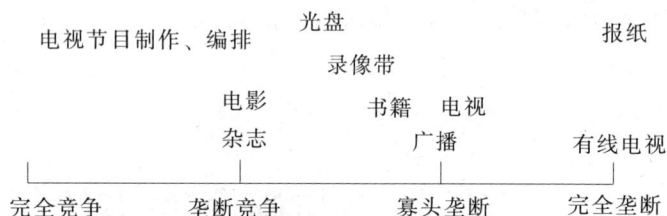

图4-4 美国各类媒介的市场结构

市场结构、企业行为同经济绩效三者是相互作用的整体。通过市场的竞争程度（或垄断程度）可以对市场结构直接进行考察，当然也可从行为或绩效方面间接进行考察。本节以下的内容主要是以报业为例，直接量度市场结构，其中产品差异程度、进入障碍、规模经济性等也揭示了决定报业市场结构的有关因素及其作用方式。

1. 市场集中度

有关市场集中度（concentration）最简单易行、最常用的计算指标是行业集中率，它是指规模最大的前几家企业的有关数值X（销售额、增加值、员工人数、资产额等）占整个市场或行业的份额。行业集中率综合反映了企业数目及其规模分布这两个决定市场结构的重要方面，仅靠企业数目则不能反映它们在市场中的相对地位。当某一行业排名前4位的公司控制了50%的市场，或前8位的公司控制了70%以上的市场时，经济学上一般称为"少数厂商共同影响市场状态"；集中程度再高，就是寡头市场或独家垄断。

另一个值得关注的现象是"产权的集中"，它与市场集中相关联，指的是单一产业由单一公司控制的数量。在美国20世纪初，仅有的10多个小报团占全国日报发行量的2.8%；"二战"后，美国大小报团有95个，发行量占全国日报总发行量的27%；到1986年，报团增至156个，拥有日报1 186家，占全美日报数的71%和日报总发行量的77%。这反映了美国报业垄断程度越来越加深的趋势。

在我国，全国性和省级综合性大报在 20 世纪 50 年代至 70 年代，占全国各地各级报纸发行量的 73.7%。而 1992—1995 年间的市场份额下降到 50% 以下，并持续走低。经过 90 年代中后期的都市报热、财经报热，报业市场仍未饱和。我国当前报业市场的集中度不足，既有体制上和市场发育程度上的原因，又有各种非市场因素如地方和行业保护主义的干扰。从报业经营角度看，这不利于形成集约经营而获取规模效益，实现办报资源投入的最大化产出；从政治上看，市场分散也不利于政府的舆论引导。

2. *产品差异化*

产品差异即同一类产品中存在的不完全替代性，它是用来分析垄断竞争、寡头垄断、完全垄断等市场结构的重要概念。只有在竞争不完全的情况下，才会存在差异化行为。产品差异越大，则可替代性越低，企业可借此优势保持或增加市场占有率，从而提高集中度水平。后起的企业也可通过创造新的产品差异获得优势，扩大市场份额。反之，企业就会失去竞争优势。

产品差异一般可分成两大类：一类是真实或客观的产品差异，另一类是人为或主观的产品差异。实施差异化策略的关键是分析购买者行为。广告是制造人为或主观差异的主要手段，尤其对在购买之前难以检验其质量、性能的后验品有较大影响。对于各种营利性企业来说，有一个最优广告量决策问题，即既为购买者提供足够的商品信息，又能避免不必要的资源浪费。垄断企业和寡头垄断条件下的企业的最优广告策略就有很大区别。

报纸常常要为特别的报道或娱乐内容，甚至为塑造自身的公众形象做广告，以推动市场竞争力的形成、保持和扩大，但同样重要的是体现真实、客观的产品差异。具体说来，可分为四个方面：

（1）产品性质细分。十一届三中全会以来，我国新闻改革的一大成果是，报纸在结构上实现了变过去单一的党委机关报为以党委机关报为主体的，时政、经济、教育、生活类报纸并存的多层次结构。截至 1993 年底，全国九大类报纸的结构比例如表 4 – 1 所示。[①]

---

① 梁衡. 新闻原理的思考. 人民出版社, 1996. 160

表4-1 1993年我国九大类报纸的数量结构

	综合报	机关报	群体报	行业报	企业报	晚报	文摘报	生活报	军队报	合计
数量(种)	14	595	149	793	108	71	26	183	13	1952
所占百分比（%）	0.7	30.6	7.6	40.6	5.5	3.6	1.3	9.4	0.7	100

经过市场的优胜劣汰和全国报刊结构调整，我国报业产品类型发生了一系列变化，见表4-2与4-3。

表4-2 2000—2001年我国七大类报纸的市场占有率与同比增长率

媒体类别	2000 年		2001 年		
	广告刊登额（亿元）	市场占有率（%）	广告刊登额（亿元）	市场占有率（%）	同比增长率（%）
综合都市类	177.95	60.66	205.92	66.18	15.72
党政机关类	52.72	17.97	46.25	14.87	-12.27
经济类	27.72	9.45	28.88	9.28	4.21
行业类	21.01	7.16	18.99	6.10	-9.64
时政类	2.57	0.88	2.72	0.88	6.15
体育类	1.39	0.47	1.22	0.39	-12.03
其他类	9.99	3.41	7.15	2.30	-28.42
总计	293.35	100.00	311.13	100.00	6.07

资料来源：慧聪报刊资讯网。

表4-3 2005年不同类型报纸的平均每期阅读率（%）

都市类	党政机关类	广播电视类	生活服务类	体育类	财经管理类	计算机／互联网类	英语类
61.2	13.4	6.5	4.7	3.6	1.6	1.6	0.4

据新闻出版总署的统计，2007年全国共出版报纸1 938种，平均期印数20 545.37万份，总印数437.99亿份，总印张1 700.76亿印张，定价总金额306.53亿元，折合用纸量391.17万吨。其中，全国性和省级报纸有1 037种，地市级报纸有882种，县级报纸有19种；综合性报纸有809种，专业性报纸有1 129种。

（2）市场细分。社会大众对媒介的需求是多元而异质的，需求本身的异质性构成了市场细分的客观基础。所谓报纸市场细分，就是按照读者需求的一定特性，把大市场分割为若干小市场，以确定自己的一个或几个目标市场。在不同的细分市场之间，读者需求差别比较明显，而在每一个细分市场内部，需求差别比较细微。准确的市场细分和恰当的功能定位有利于制定最优市场战略。在美国，自 20 世纪 70 年代末 80 年代初开始，报纸兴起为广告主而分割读者与市场的潮流，从 90 年代中期起，"专版化"（zoning）成为许多都市日报的特征。

（3）内容与风格的差异化。报业竞争归根结底是报纸品质的竞争。报纸品质又取决于它的主要原材料——稿件，为了获取甚至垄断好稿，许多报纸迭出奇招，从高价收买新闻线索到巨资买断独家新闻，从开通各种电话热线到争相出台名人专栏，催发出一条条精彩的独家新闻。品质（也包括版式、编排印刷等形式方面的因素）独特性的长期稳定就形成了风格。领报业市场之风骚的报纸均有其独特风格和鲜明个性。具体说来，它们可包括：编辑定位方面——政党报纸或商业报纸；性质方面——准确性的差异、涉及面的深度、报道风格、特稿的数量、广告的百分比等；外观方面——标准报或小报，标题、图片、纸张、印刷的差异等。

（4）时效与便利服务的差异化。报纸服务于读者，不仅体现在生产环节决定用何种信息，而且要在流通环节考虑如何更快、更好地送达读者。因此，发行服务的独特性也是创造产品差异的重要组成部分。报纸是不便库存的"易朽品"，谁赢得了时间，谁就赢得了主动。1993 年春节，北京出现报荒，大部分报贩停业过节去了，邮局每天只营业三四个小时，不要说平时畅销的报纸看不到，连周报——广播电视报也难买到。各家报纸始料未及，莫不痛惜赢得读者的良机白白丧失，更深感稳定畅通的发行渠道对于参与市场竞争的重要。许多报纸开始尝试自办发行，以更灵活、更多样化的手段方便读者订阅。零售网密了、火了，推动着自费订阅市场的发展。邮局也感到了压力，因而抖擞起精神，改善服务，扩大销售。

3. 规模经济性

规模经济是决定市场结构的重要因素之一。它所涉及的主要问题是应否允许和鼓励较大的企业规模或什么是最低经济规模。确定最低经济规模的基本方法之一是适者生存检验法，其思路是，在激烈的竞争中能够生存，并且其市场份额不断上升的企业或工厂的规模就是最优的；反之，市场份额不断下降的企业或工厂的规模不是过大就是过小。一般来说，随着固定成本的增加，规模经济效益会越来越显著。其他条件不变时，这就意味着市场集中。

从产业组织学的角度看，高集中度的市场能有高利润率，是企业高效率的表现，否则必然会引起大量新企业进入，从而使利润率的集中度下降。如果政府因此限制企业发展甚至分割企业，并不可取。在规模经济要求企业垄断的情况下，政府管制一般不会有好的效果。在某种意义上，政府对行业的管制使一些企业形成人为垄断，同样会导致低效率。

4. 进入与退出障碍

进入与退出障碍（壁垒）主要是指新办企业进入市场和原有企业退出市场的难度。媒介市场的进入障碍既有经济因素，也有非经济因素。从经济因素方面分析，可分为结构性进入障碍，即绝对成本优势障碍（来自原有报纸，令新办媒介在信源网络、市场占领、人才资源、技术设备等生产成本方面处于劣势）、规模经济性障碍（新办媒介只有占到市场的很大份额之后才有规模优势）、必要资本量障碍、产品差异化障碍（广告推销成本）和行为性进入障碍（原有媒介的阻止进入行为和驱除对手行为）。非经济因素方面主要是法律（政策）性进入障碍。概括起来讲，主要的障碍是高固定成本、政府管制和现有媒介的市场力量。

成熟的市场往往使新报纸难以诞生。其主要障碍有三个：①巨大的投资成本。媒介运作有其自身的规律，高潮期和低潮期较为明显，需要大量的资金投入才能生存，新加入者很难筹集到如此巨额的资本。②读者的阅读习惯是新报纸较难逾越的"心理壁垒"。由于读报是读者生活方式的一部分，改变阅读习惯一般要 5 至 10 年。③最关键的障碍是报业运作的各环节已形成纵向一体化格局，从新闻纸生产到消息来源和发行渠道，都被控制在主要报业集团手中，大集团的封杀使新办报纸要么无法出笼，要么没几天就关门大吉。

我国目前报业市场的发育尚不充分，结构性进入障碍并不高，政策性进入障碍起着主要作用。比如必要资本量障碍，国务院颁布的从 1997 年 2 月起施行的《出版管理条例》中规定，设立出版单位，应当"有 30 万元以上的注册资本"，这对申办者难以构成什么障碍，而且许多社会资本早就在跃跃欲试。尽管社会资本或明或暗地进入了媒介，我国的政策门槛一直是比较高的。

退出障碍也包括经济因素和法律或政策因素两方面。境外报纸较少有向其他行业转移的情况，但因经营不佳而被迫破产是常有的事，这表明退出障碍较低。我国报刊长期以来退出障碍较高，报纸再怎么经营不善也"死"不了，徒然增加市场的混乱。经过 1999 年和 2003 年两度清理整顿报刊市场秩序，这种情况逐步得到改善。2009 年，辽宁、河北等地的试行报刊退出市场。

从经济收益的角度看，一个市场最好的情况是进入障碍较高而退出障碍较低。这样，新加入者的进入会受到阻拦，不成功的竞争者将退出该行业，竞争会相对缓和，使得市场利润率较高而风险率较低。最坏的情况是进入障碍低而退出障碍高，这样既容易引起恶性竞争，行业获利能力也将保持在很低的水平上。

二、不同性质媒介之间的竞争

不同性质的媒介之间是否存在竞争呢？这要取决于多方面的因素，例如这些不同的媒介，其产品是否收费、是否承载广告、所服务的市场范围大小等。考察这些因素，通常要涉及一个经济学概念，即可替代性（substitutable），它指的是不同物品在多大程度上可以互相代替。可替代性越高，不同性质媒介之间的竞争也就越激烈；反之亦然。

对于这种不同媒介之间的可替代性问题，从国内外的一些研究可以得出以下结论：

从宽泛的角度来看，所有的媒介均在内容产品这个市场之中，就信息（包括娱乐信息）展开竞争。但是不同的媒介产品各自照顾了消费者不同的需要，受众也就分别以截然不同的方式加以使用，因此，这些媒介相互替代的可能性自然较低。比如，广播、电视虽然传递新闻信息，要与报纸展开竞争，但它们毕竟只负载有限的新闻，也仅在特定时段才有新闻节目。不过，提供类似信息形式的媒介，例如无线电视和有线电视，其竞争程度最为激烈。

作为信息来源，若为娱乐之用，那么不同媒介之间的可替代性高了许多。但是比较具有创造性和新鲜感的娱乐节目，相对来说可替代性较低。

广告市场与内容产品市场相比，可替代性更高一些。但总的来说，可替代性还是相当有限的。因为不同的媒介所提供的受众类型极其不同。不同媒介的受众在媒介使用的类型、地理居住区域、人口统计学上的变量乃至心理偏好等许多方面，均有差别。而这些因素对于广告客户的媒体选择方式大有影响。当然，对于广告客户和广告代理商来说，他们也可能会找到足够的可替代的媒介，但是一般情况下，他们会考虑不同媒介之间的差异，然后寻求某种媒介组合来满足他们的广告需求。

在相同的地理区域之内，不同媒介之间也存在一些竞争，但竞争程度一般不高。因为各个媒介对于受众的满足程度高低有别，而受众也常常倾向于使用不同的媒介来获得满足，这就是所谓的"媒介共栖"现象。[①] 所以不同的媒介在一定程度上可以共存。1975 年，美国联邦通讯委员会（FCC）在一项裁定

---

① 黄升民，丁俊杰. 国际化背景下的中国媒介产业化透视. 企业管理出版社，1999. 131～141

中说，只有地方电视台与报纸这两种媒介，才是地方性广告唯一有效的竞争者，而其他的周报、期刊等媒介，在广告市场上的可替代性很低。

由于新媒介科技的应用和推广，不同媒介之间对于受众的"眼球"或注意力的争夺较为明显，比如电影、电视与录像带之间。尽管新媒介不一定会取代旧媒介，例如收音机流行之后，对于报纸的影响并不太大。但是，新媒介进入市场以后，以广告作为收入基础的媒介，终究不能免于相互竞争。因为新的媒介加入广告市场之后，并不是广告费总额增加（广告费总额占国民生产总值的比例在一些国家相当稳定。例如在英国，1960 年，这一比例是 1.43%；1981 年是 1.34%。1981 年美国的这一比例是 1.38%。我国广告市场的发展潜力较大一些，1997 年，广告经营额为 460 多亿元，占 GDP 的 0.6% 左右；2002 年，广告经营额为 903 亿元，占 GDP 的 0.9%；2004 年这一比例达到 0.92%，2007 年为 0.70%），而只是在各媒介之间形成新的分配格局。另外，信息科技的日新月异，使得不同媒介的传统界限逐渐被打破（例如分类广告除了在报纸上刊登外，也可在有线电视播放或发送到因特网上），类型各异的媒介形式出现了融合的趋势，媒介的可替代性问题正面临新的考验。

作为实务上的工具，媒介管理者以自己的产品为参照系，可将其他媒介产品区分为可完全替代、良好替代、充分替代、不良替代品等。例如两家位于相同城市的日报，在信息市场与广告市场是完全替代品。而位于邻近城市某家发行范围广的日报，对本地日报社而言，在信息市场中是良好的替代品，但在广告市场中可能是充分替代品，在当地知识市场中则可能是不良替代品。

三、相同性质媒介之间的竞争

考察相同性质的媒介之间的所谓同质化竞争问题，必须引入一个新的变量，即市场区域。各种媒介都要在特定的地理区域内运作，如报纸的出版地点、发行范围必然构成一定的市场空间，同时，媒介也要通过它提供产品内容与广告服务，紧密地与这些区域相结合，使自己的效益最大化。

在媒介市场区域的划分方面，美国较为常见的有三种：全国性的（national）、区域性的（regional）和地方性的（local）。对于地方性市场，有的媒介指的是大都会区（还可分为都会城、郊区城、外围城、未纳入大都会的郊区），有的媒介指的是零售交易区（the retail trading zone，因为零售交易与分类广告及报纸发行密切相关），也有的媒介限定为主要市场区（primary market area），一般是媒介的优势影响区。优势影响区进一步扩大，就可以变为地区性市场。

　　在我国，有些媒介运作于全国性市场，如《人民日报》、中央电视台等，它们具有规模优势，但适应性稍微差一些。而媒介市场上数量庞大的中小型规模的媒介，从省级报/台/站到地市级报/台/站，则显示了层次分明的区域化特征。改革开放以来，我国报业市场上全国性大报衰落，依托某一中心城市的城市报纸利用其接近性、针对性、适应性比较强的特点迅速崛起，这就是很好的例子。

　　某类媒介中相同性质的各个媒介单位如果在相同或重叠的区域运作，它们一般是处于竞争状态的。这些媒介单位之间的可替代性，要大于不同性质媒介之间的可替代性。但是，这些媒介通过产品的差异化和市场的细分，仍然可以造成相互之间的差别。这时，整个市场常常呈现"雨伞式竞争"态势。以广州及其邻近地区为例，这一区域的日报市场大致如图4-5所示。不过雨伞式竞争只适于内容产品市场的竞争，不适于广告市场的竞争。

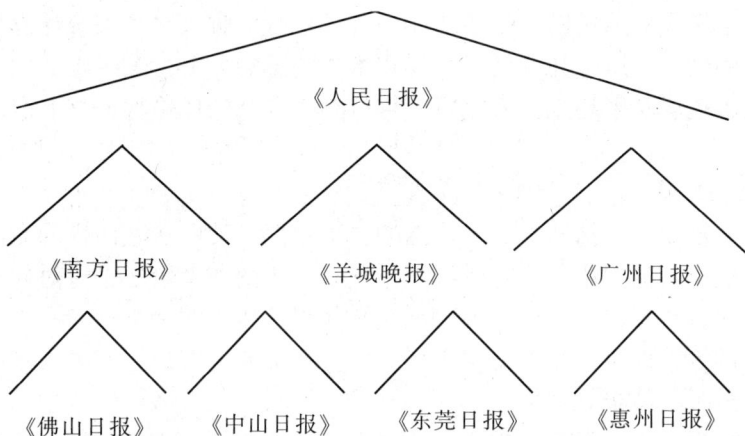

图4-5　广州及其邻近地区的日报市场

　　有许多因素制约媒介市场的地理边界，这些因素基本上可以归入成本与收益两类。假如在某一地理区域花费的成本比得到的收益要高，大部分的媒介将不愿意在此区域经营。不过这种考虑也会因媒介而异。例如，虽然报纸的主要流通范围是在能吸引广告客户的区域，但是一些大报可能会发行到离其主要广告商较远的地方，因为他们认为向广大的地理区域提供新闻是自己在知识市场上的责任。在美国，一些报团撤离高成本区域时，往往会因未尽到为公共利益服务的责任而受到公众的责难。

第四节 外部环境与媒介经济运作的政府介入

媒介发展的环境因素不仅是指人口和组织所共同存在的一定空间，还包括媒介发展所依赖的自然资源条件和社会经济发展条件的总和，如对自然资源的开发利用、社会的变迁、国民收入的提高、科技的发展、政治制度的改变及法律规范的建立等环境变量，都会影响到受众及媒介组织。

1. 人口环境

媒介市场人口的规模、年龄构成、文化程度、收入水平等统计学特征，对媒介产业的结构、质量和发展方向具有重要的影响。通过某一媒介的受众平均年龄与覆盖地居民平均年龄的比较，可以判断媒介的风格特征是前卫的、主流的，还是保守的。

2. 经济环境

政府的经济，包括地方的或全国的，决定民众消费在做广告的商品上的金钱数量和他们的消费偏好。当经济不景气时，工商业者较之平时对他们的广告开支更加注意并有可能削减，因而会给媒介带来压力。

就经济因素而言，影响特定市场的经济环境有两方面：要素市场的可供量及价格、宏观经济景气程度。

媒介在生产中需要人力资源、原料和资金的投入。高质量的要素投入才能有高质量的产出。假如聘用素质不高的记者、管理人员，其生产出来的产品将不会有足够好的品质来吸引受众。当然高质量的要素供给与价格是成正比的。当劳动力（参与生产过程的所有劳动力）的价格上升，则可用人力的数目与品质也会上升，反之亦然。因此媒介组织付出的薪资太低的话，会导致优秀的记者另谋出路。从长期来看，还有其他一些因素影响要素市场的供给，例如某些边远的区域对人们产生不了吸引力，媒介要么增加其工资支出，要么接受低品质的劳动力。地理位置对原料的支出成本和资金、投资的可得性和成本也有影响。

20 世纪 90 年代以来，全球性的纸价飞涨使许多报纸产生巨大的压力即是一个例子。其根本原因在于作为造纸原料的木材是一种有限资源，甚至正成为一种稀有资源。

宏观经济景气与否，通常可反映在失业率、通货膨胀率、借贷成本等方面。媒介如同其他企业一样，在经济繁荣时期会有较好的表现，在萧条时期会出现利润与品质的下降。[①]

在经济不景气时期，管理上可用削减开支、降低利润水平或是两者并用作为对策。但是不宜过多削减新闻部门的成本，因为受众对信息有着持续的需求。媒介若能在不景气时期提供有用的信息，将可能获得更大的市场占有率，从而为组织提供长期成长的契机。

3. 社会文化环境

既然报/台/站对社会或社区的利益负有责任，那么社会因素在节目决策中就很重要。媒介必须对当地的人口、就业、收入、消费习惯的规模和构成的趋势进行分析、解释并作出反应。

为获得广告收入，媒介必须吸引受众。因而，公众也是节目决策方面的主导因素。组织化的公众也叫做公民或压力集团，其试图在一个宽广的范围内影响决策，其中包括要求雇佣机会的增加、暴力和性内容的删除、儿童节目的推广等。

行业组织在很大程度上也有助于建立整个行业的标准。

媒介的环境因素无疑还包括地缘文化和社会心理上的差异。中央和外地报纸难以立足上海市场就十分典型。上海有 1 300 万常住人口、300 万流动人口，市场容量不可谓不大，加上上海的特殊地位，以致抢滩上海成为一种实力的象征。北京的《首都经济信息报》、《经济消息报》、《中华工商时报》，广东的《羊城晚报》、《广州日报》、《华商时报》，江西的《经济晚报》、《信息日报》，江苏的《服务导报》、《扬子晚报》，湖北的《长江开发报》等纷纷在沪设立记者站，《中华读书报》、《扬子晚报》、《服务导报》还先后进行过免费赠阅，但无一成功。

4. 政治和法律环境

政府为什么要对媒介经营加以管制呢？经济学理论认为，市场机制对经济的调节是十分重要的，但市场并不是万能的。在解决某些经济问题上，市场并不尽如人意，有时甚至完全失灵，这样一来就需要政府来纠正市场的缺陷。比如报业容易形成自然垄断，也可能产生不合法的联合，政府即可以进行干预。在美国，反托拉斯法也适用于报业，但是依据 1970 年的新闻保护法（News Preservation Act），仍然给予报纸一些特别的豁免权，允许同一城市的两家报

---

① Hugh J. Martin. Measuring Newspaper Profits: Developing A Standard of Comparison. *Journalism & Mass Communication*. Autumn 1998.

社合并其经营部门，这种结合被称为联合运作协议（Joint Operation Agreements，JOA）。另外，政府在广播电视业中扮演着关键性的角色，能够经过执照许可程序将厂商排除在市场之外。

美国联邦管制机构享有很大的行政、立法和司法权。对电子媒介影响最大的是联邦通讯委员会。这个委员会按照 1934 年传播法和 1996 年电信法进行管理。对媒介来说，它最令人畏惧的权力是重新颁发或撤销台/站的执照。其他影响电子媒介的管制机构还有联邦贸易委员会，该委员会对不正当贸易、错误或虚假广告进行政策限制。

具体地说，政府介入市场运作的手段共有四种：

（1）制定法规。其中包括制定各行业的标准，对公共资源如电波频率的控制，实行特许制度及核发执照，阻止反竞争行为等。如美国法律禁止交叉拥有某些媒介，包括禁止同一资本在同一城市同时拥有报纸和电视台，禁止电影制片商拥有放映场所，这些都属于结构性规范。

（2）优惠待遇。比如免除特定法规的适用，邮政方面的费率优待等。

（3）补贴政策。比如政府用公费购买媒介产品，提供基金，奖励相关研究以求改善新闻节目的质量等。在西欧和加拿大，政府都提供补助给本国的电影业，以抵御美国大片的冲击。

（4）赋税手段。赋税是政府经费的来源，但有时它也可以用作一种惩罚措施，以避免某种结果的产生。例如美国的报业，由于较高的遗产税、所得税及并购报纸能得到的税务优惠，有人认为这是造成独立报纸日益减少的原因。

第五节　媒介市场分析的具体步骤

媒介管理者在两种情况下都需要进行市场分析。一是实施特定计划时，例如开发新产品或成立新的媒介实体，这种类型的市场分析是战略计划的一部分。二是审视报/台/站自己在市场中的位置，包括环境扫描、竞争者情报、标杆法等内容，这需要定期的市场分析。这里着重讨论定期的市场分析。

第一个步骤，了解市场结构。其中包括下列几个问题：

（1）本媒介的地理市场是什么？这个问题虽然简单，但很重要。因为地理市场影响着其他问题的答案。

（2）本媒介商品的性质是什么？比如报道范围，侧重硬新闻、软新闻还是观点，主题领域，视听手段等。单就知识市场而言，还可分为以下几个问题：产品内容有多少与公众关心的议题或事件有关？对于有争议的议题，媒介内容的平衡度如何？报道议题与事件的深度与广度如何？在组织目标中是否包括了知识市场的服务，等等。

（3）谁是本媒介的竞争者？

（4）竞争者的商品比起本媒介的商品如何？在多大程度上两者是替代品？谁是我们的潜在替代品？

（5）对新厂商而言，要进入我们市场的困难度如何？可以参照我们市场或类似市场中过去数年里新加入者的成功率。

（6）引起这些困难的是科技、政策还是其他因素？

（7）在不久的将来，我们市场的结构是否会有所改变？

第二个步骤，明确组织目标。其中包括以下几个问题：

（1）组织特定的短期与长期财务目标是什么？财务目标包括利润目标与收入目标。这两个目标确定后，支出计划就可随之确定下来。

（2）组织特定的短期与长期品质目标是什么？品质目标与财务目标是相关的，因为品质与支出有关，品质经过市场交换也与收入有关。

（3）目标能够在多大程度上实现？或者说预期本媒介的市场表现如何？

（4）如果无法实现目标，是不是因为目标不适合市场？

（5）在不久的将来，是否应考虑调整组织的目标？

第三个步骤，分析市场需求。其中包括以下几个问题：

（1）最近，对本媒介的产品需求是增加、减少，还是维持不变？需求的改变是容易衡量的。对报刊而言，可分析它们的销路和市场渗透率。对广播电视来说，可分析它们的视听率和市场占有程度。

（2）假如需求改变了，是哪些因素引起的？可考虑自身价格、替代品或互补品价格、消费者收入、消费者偏好或产品品质的改变等因素。

（3）是否有迹象显示，在不久的将来，需求会有所改变？这需要对未来的趋势加以预测。这些预测也可能成为长期计划的基础。

第四个步骤，评价经济环境。其中包括以下几个问题：

（1）未来市场中的失业率是上升还是下降？这个问题关系到消费者对信息的需求。因为失业率上升，一方面人们可能比较缺钱，对某些媒介产品的需求会下降，但是另一方面，看电视的时间可能增加。

（2）未来市场中的商业活动是增加还是减少？这将关系到广告市场的需求。

（3）未来利率将有何变化？从长期运作的角度看，这将关系到媒介在扩张过程中的借贷能力。

对于媒介市场结构、市场需求和经济环境的机会与威胁，以及组织的优势与劣势的分析（SWOT），一个极有价值的工具是美国管理学家迈克尔·波特提出的五种竞争力量模型。任何一家报/台/站只有在了解了行业内的竞争对手数量、行业进入难易程度、供应商的力量、受众的力量和替代品的威胁之后，才能对它所面对的媒介市场有深刻的把握。

讨论与操作

1. 人们常说的媒介市场指的是什么？媒介的要素市场与产品市场有何不同？如何打造媒介产业的价值链？据此，如何理解媒介市场化？

2. 试列出某一特定媒介受众的人口统计学特征和精神心理特征，并比较该人群与主流媒介所设定的主流人群之间的不同。比较结果说明了什么？

3. 试用波特的五种竞争力量模型分析某一特定的媒介市场，并比较其中市场表现最优秀的媒介与业绩最差的媒介，它们各有何优势，各有何不足？

4. 您所在的城市或社区是否有未被发现的市场空白点？它能支撑起一个新办的媒介吗？请设计一份小型调查问卷（可小范围实施）来检验您的假设，并制作一份提案（或调查报告）。

5. 专业媒介的市场有多大？请举出房地产业、旅游业或美容业的实例加以说明。

6. 会展业是否构成了一种媒介形态？为什么？

7. 就儿童媒介市场或女性媒介市场请撰写一份深度调研报告。

8. "信息服务提供商"与"大众媒介"哪一个定位更适合互联网企业？为什么？

9. 手机短信息如何影响着网络媒介业与传统媒介业？请预测未来20年媒介网上经营的走势。

第五章
媒介策划

内容提要

　　本章讨论媒介的战略策划与战役策划、长期策划与中短期策划、产品策划与营销策划。媒介策划表现为一连串决策的组合，对策划工作的管理讲究首位性、动态性与创造性。媒介策划与战略管理、日常运营管理紧密相连。

媒介策划（media planning）是指报/台/站的目标以及实现这些目标的步骤或策略的制定。策划即是战略和战术经营方向上的决策，它是媒介经营管理最重要且最基本的功能。

对管理者来说，要作出有效的决策，必须有计划才行。计划是指打算以某种步骤或策略完成某件事情的方案。而策划是发展计划的过程。任何媒介组织有预先策划，都可能以此协调及统一组织内部对于企业未来的看法，使各部门及个人在从事活动时，有一个共同的认识基础，从而保持整体的一致性。同时，在策划过程中，管理者也可以通过收集的资料检验原有的设想是否符合实际状况，进而改进或调整计划本身，使原有策划目标能够继续推进，使组织在将来获得最大的成效。

本章主要讨论整体的、中长期的和日常的三种策划工作，也涉及媒介创设时期的策划。

第一节　策划与媒介策划

在策划人看来，策划就是通过头脑风暴法，把一些人们很少或者几乎不可能联系、组合在一起的事物，创造性地联系、组合起来，使之成为一个新的事物的过程。从决策的角度看，策划是一种程序，是针对未来要发生的事情作出当前的决策。换言之，策划是找出事情的因果关系，权衡未来所采取的措施，作为目前决策的依据。策划要决定做什么、何时做、谁来做。

一、媒介策划的重要性

对媒介经营管理而言，策划极为重要，其主要原因如下：

1. 有助于设定目标的完成

所有媒介经营计划都是为了实现目标而作出的，因此，在进行策划时，自然会针对目标全力以赴，一切以顺利达到目标来考虑。如此一来，各部门的计划也容易协调一致。得当的策划可以让管理者兼顾媒介事业短期利益及长期发展之间的平衡，并且可以适时地为达到目标而调整或发展新的执行计划。

一方面，通过策划过程，媒介的许多目标可以明晰化。这些目标常常包括：

（1）经济方面。与媒介的财务地位有关的目标集中在收入、支出、利润等方面。

（2）服务方面。迎合受众并安排与他们的兴趣和需要有关的版面或节目；媒介在社会或社区中扮演的角色。

（3）人力资源方面。媒介雇用或使用人员的要求和目标。

目标设置的一个主要目的是让部门和个人的活动与媒介的目标保持一致，所以管理者应该选择可以实现的目标。媒介的目标一经形成，也就能够制定出不同部门和这些部门中个人的目标。个人目标必须有助于部门目标的实现，而且必须与其他部门的目标能够相容。所有目标都必须是可达到的、可测量的、针对截稿时间的以及可控制的。

另一方面，目标取得一致后，步骤和战略就可以相应地制定出来。长远目标提供了未来的方向，中短期目标则需要具体步骤的配合。

在许多报/台/站，其政策或工作手册常常包括实现目标的若干步骤。各报/台/站工作手册的内容虽然有很大的不同，但是它们常常包括以下一些相同的方面：

（1）经营哲学。媒介在社会或社区中扮演的角色，以及它们对公众、广告商和员工所负的责任。

（2）工作描述。其中包括每个职位的义务，它们与其他职位相联系的渠道，命令下达的链条。

（3）作业要领。其中包括媒介怎样运转，每个部门的角色和责任，它们与其他部门的关系。

（4）纪律规范。管理诸如作息时间、着装、用餐、加班和病假等事务的纪律。

2. 有助于有效而经济地运营

媒介策划之所以能降低成本，是因为其计划过程中特别注重企业营运效率与协调一致的缘故。媒介计划是以合作指挥的努力来取代未经协调的个别作业，均衡工作流程以及进行深思熟虑的分析决策。这样，媒介组织内部对于未来的看法也得以统一，各部门、各单位在分别从事活动时，就有了共同的认识和基础，至少可以保持整体的一致性。就如同媒介组织一样，一个节目从策划到播出是由相当多的环节相扣而成，其间协调作业的好坏将决定节目播出的质量高低。因此在进行计划作业时，必须顾及各层面的和谐性，以进行切实有效而经济的企业运营。

3. 有助于作业控制

策划的另一重要性在于便利对运营的控制。唯有事先计划，才有事后的评估及检讨；唯有计划才能提供主管查核部属绩效的标准及执行的参考标准。企业的控制活动也应如同计划作业一样，把眼光投向未来。同样，一个节目的制作若非事先计划，那么节目制作与播出的效果可能是一团糟。同时，今天的表现也是为了给明天提供参考，以期愈来愈好，计划亦可实现对未来的有效控制。

4. 有助于降低风险

社会环境的变迁有时是瞬息万变、难以掌握的，因此，媒介经营者必须时时关注环境的变化，并且降低风险发生的可能性。例如全球性的纸价上涨、经济衰退、地区性的军事冲突等现象均可能造成媒介经营的困境。然而这些因素不是管理者所能控制的，因此，这可以显现出媒介组织如何应对环境的不确定性及其变化是何等的重要。不仅要做策划，而且要时时针对环境变迁作出相应的修正，唯有如此才能做到追踪及控制。虽然策划不可能预料或控制未来的事件，但是由于以下一些理由，它仍有很多益处。

（1）能迫使管理者思考未来、为未来作准备。

（2）能提供一个决策的框架。

（3）能提供一个解决问题的先后次序。

（4）能鼓励团队努力工作。

（5）能提供一个有利于个人职业发展和提高工作满意度的小气候。

二、策划的特征

策划是所有企业在制订营运方案时需要优先考虑的方面，因为唯有通过策划之后才能顺利地建构组织、协调人事、执行控制。策划的特征可以概括为以下几点：

（1）目的性。所有的策划作业都是为了成功地达到某种目标。当然，在策划开始之前，这种目标可能还不十分具体，策划就是起始于这种不具体的目标。在策划的最初阶段，制定具体而明确的目标是其首要任务，其后的所有工作都是围绕目标进行的。

（2）首位性或基本性。策划在管理职能中处于首要地位。这种首位性的一个原因是，在有些情况下，策划是唯一需要完成的管理工作，即策划的最终结果导致一种结论：没有必要再采取进一步的行动。另一个原因是，管理过程当中的其他管理职能都是为了支持、保证目标的实现。因此这些职能只有在通过策划确定了目标之后才能进行。参见图 5 - 1。

（3）普遍性。任何管理者或多或少地有进行某些策划的权利和责任。如电台的工程、节目、业务、人力资源等部门皆需进行策划。高层管理者不可能也没必要对组织内的一切活动作出确切的说明，这是有效的管理者所必须遵循的一条原则。高层管理者一般只负责制订结构性的、战略性的计划，而那些具体的计划由下级完成。

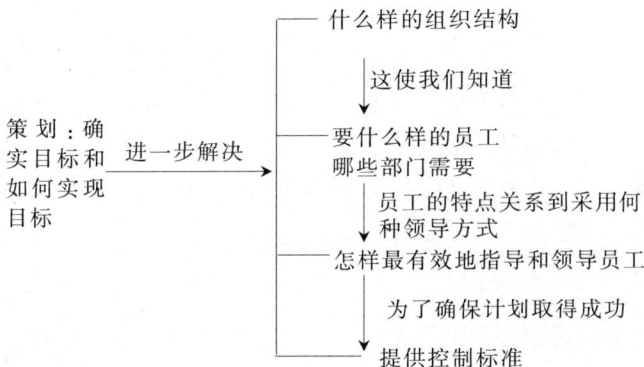

```
策划：确        什么样的组织结构
实目标和   进一步解决         这使我们知道
如何实现  ────────────→  要什么样的员工
目标               哪些部门需要
                   员工的特点关系到采用何
                   种领导方式
             怎样最有效地指导和领导员工
                   为了确保计划取得成功
             提供控制标准
```

图 5 - 1　策划职能领先于其他管理职能示意图

（4）效率性。策划工作不仅要确保实现目标，而且要从众多方案中选择最优的资源配置方案，以合理利用资源和提高效率，以最小的成本获得最大的产出。

（5）弹性。策划工作总是针对需要解决的新问题和可能发生的新变化而作出的，管理者已作出的策划必须随着实际情况的变化而调整，才不致失去其效率与经济性。企业组织所面临的不确定性愈高，愈需保持策划的弹性。

三、策划的类型

策划有多种分类方法，可以从企业的职能、策划的内容、计划的时距、计划的幅度等不同角度进行分类。按照策划的表现形式，可将策划分为七个层次，见图 5 - 2。从各级管理者分别承担的职责来看，又可归并为长期战略策划、中期策划和短期经营策划三种主要类型。

（1）长期战略策划。长期战略策划是一个组织全面实现目标而对主攻方向以及资源进行配置的总纲。它是一段长时间的计划，可以是 1 至 10 年，但通常要花较长的时间来制订这些计划。

（2）中期策划。中期策划涵盖的时间幅度较小，通常为 6 个月至 2 年的时间。其作用在于弥补全盘性的战略策划与公司的某些功能性策略计划的不足。中期策划非常重视查核公司目标的实现程度与策略的健全，必须提出审慎的可供选择的方案以及检验特殊资源的分配是否与既定策略相一致。

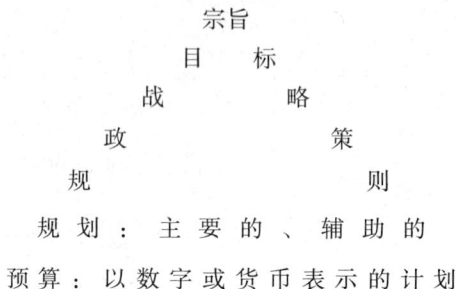

宗旨
目　　标
战　　　　略
政　　　　策
规　　　　　　则
规 划 ： 主 要 的 、 辅 助 的
预 算 ： 以 数 字 或 货 币 表 示 的 计 划

图 5－2　策划等级层次图

（3）短期经营策划。短期策划包含数个星期至 1 年的时间，且一般是一些作业性计划。例如在电视台中，节目制作人可谓节目计划的执行者，他担当了节目播出的指导及协调的职责。通过节目的展现、观众的回应及效果的呈现等，作为计划修正的依据。

对管理者来说，策划的技巧主要包括在团体决策上的处理能力、在早期策划阶段不批评他人的能力、善于处理意见分歧的能力、创意性思考能力、对各种不同种类的信息的分析技巧等。

至于不同阶层与职责的人员，一般要负责不同层次的计划。策划的负责人应当担负实施及控制的责任。实际执行计划者则要对策划负责人不断提供反馈信息。至于节目部经理或要闻版主管，这类中层管理者，通常必须参与战略性或政策性的计划。由于其本身的职位是部门主管，因此，战术性与作业性的计划也要参与，这样才能把握和掌控全方位的进度。

决定员工在策划中的角色是相当重要的。一方面，如果所有的策划都是自上而下作出的，由于高层管理者对每日的经营操作不如基层管理者和员工那么熟悉，可能会产生不合实际的情形。另一方面，在媒介行业中，员工个人的自我管理和自律很重要，也很普遍，如果在策划中忽视员工的参与，将可能降低媒介工作者的向心力。当然，基层管理者和员工对于整个组织的了解也不如高层管理者，所以在策划中应尽可能结合多方面的智慧。

四、策划的要素

策划的三种类型有共同的要素，即目标、准备工作、策划的工具和计划。

所有策划的目的都是要完成某件或某些事，这件或这些事就是目标。精确的目标是优秀策划的本质。

每个策划作出前必须进行准备工作，例如相关信息的收集与分析，较好的准备工作能够使实现目标的机会增大。如果报纸发行人对读者看或不看本报没有一个清楚的了解，那么其扩大发行量的策划是难以成功的。

策划工作效率的高低和质量的优劣在很大程度上取决于所采用的工具。以往人们常用定额换算和经验平衡等方法来进行策划，但是这些方法已经不能满足需要面对更加复杂和动荡的外部环境的现代组织的运作要求。现代策划方法由于采用了现代数学工具，并以计算机技术作为基础，可以确定各种复杂的经济关系，能够在各种方案中选择最优方案，还能够进行因果分析和科学的预测。现代策划的技术和方法主要有运筹学方法、投入产出方法、计量经济学方法等。

最后，计划应该尽量明确并且缜密无遗。

第二节　媒介的长期策划

长期策划通常着眼于一个很长的周期，涵盖了这段时期内组织的全部业务活动，所强调的是能激励组织成员的挑战性目标，需要通过分目标、分战略来逐步实现。长期策划常常具有战略性的地位和意义。

媒介管理可以说是一种整体性的社会子系统，包含了媒介内部的人事政策、产品内容、财务状况、设备器材及研究发展等。它与媒介以外的社会环境，如受众需求、社会趋势、市场走势、法规政策、新传播科技之发展等关系密切。因此，媒介的长期战略所涉及的层面非常广泛，见图5-3。媒体管理者对环境的考察、机会的捕捉、决策制定与执行以及控制要负全面的责任。

长期策划可以是组织层面的策划，也可以是产品层面的或市场层面的策划。从媒介的成长轨迹来看，战略可以关乎"有与无"——产品开创，也可以关乎"生与死"——企业生存、"上与下"——企业发展、"大与小"——市场位置、"强与弱"——企业规模等不同问题。

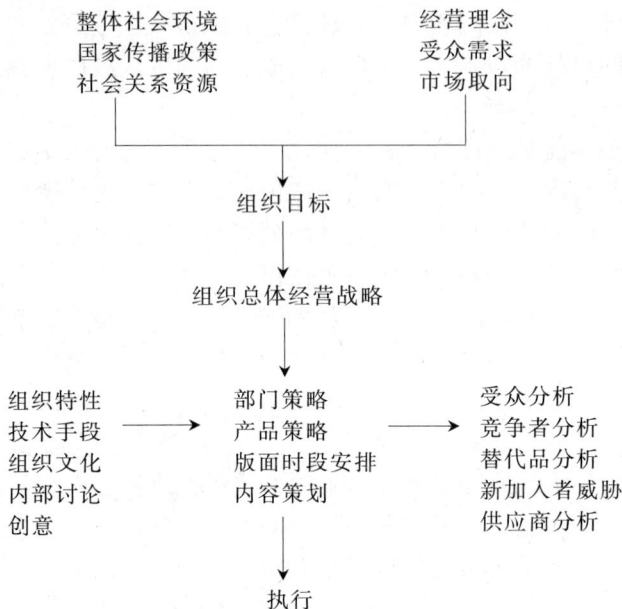

```
整体社会环境              经营理念
国家传播政策              受众需求
社会关系资源              市场取向
         │                  │
         └────────┬─────────┘
                  │
                  ▼
               组织目标
                  │
                  ▼
            组织总体经营战略
                  │
                  ▼
组织特性        部门策略         受众分析
技术手段   ──▶  产品策略   ──▶  竞争者分析
组织文化        版面时段安排      替代品分析
内部讨论        内容策划         新加入者威胁
创意                            供应商分析
                  │
                  ▼
                执行
```

图 5-3 媒介的决策流程

具体的策划内容，常用"5W1H"来概括：

（1）做什么（what）。明确所要进行的活动内容及其要求。

（2）为什么（why）做。明确计划工作的原因和目的，并论证其可行性。

（3）何时（when）做。计划各项工作的开始和完成时间，以便进行有效的控制和对能力及资源进行平衡。

（4）何地（where）做。计划实施地点或场所，了解实施的环境条件和限制，以便合理安排计划实施的空间。

（5）谁（who）去做。规定由哪些部门和人员实施计划。

（6）怎样（how）做。制定实现计划的措施以及相应的政策和规则，对资源进行合理分配和集中使用，对各种派生计划进行综合平衡等。

媒介的策划过程包括审视媒介环境与过去的表现，评估市场机会及可利用的资源，确定优先顺序及进行经济、服务、人力资源等方面的目标具体化，制订可供选择的方案、战略、战术、作业等方面的计划的编撰和实施，同时还包括监督其实施及作必要的调整。

下面以上海《解放日报》创办《申江服务导报》为例，说明媒介策划实施的程序。《申江服务导报》于 1997 年 11 月 7 日试刊，1998 年 1 月 1 日创刊，逢周三出版，91.7% 的发行靠零售，定价 1 元，给零售商 20% 的批发折扣。1998 年 5 月 27 日第 22 期的发行量经上海市公证处公证，达 200 244 份。至 2008 年，发行量保持在 35 万份左右，成为全国生活服务类媒介中最为红火的报纸之一。

1. 评估市场机会

估量机会是在实际的策划工作开始之前就着手进行的，是对将来可能出现的机会的估计，是对组织自身的长处、短处以及组织未来发展的机会成本的分析，还包括对执行计划时的外部环境的预测。1997 年初，解放日报社高层决定抽调人手，以市场化运作方式筹备创办新报纸。当时报名还未定，但是瞄准的就是读者对"有效、实用的服务"的需求。发现需求并满足需求，是新产品开发的一条普遍原则。

2. 确定组织目标

策划工作的第一步是为组织及其下属机构确定目标，包括对目标的内容和顺序的确定及进行恰当的时间安排。《解放日报》当时在任的总编辑秦绍德对筹备小组交代的任务是：不只是要办出一张新的报纸，还要考虑怎样筹建一家新的报社，策划时要通盘考虑编务、发行、广告、组织结构和用人机制，作为一块试验田，各个方面都要试。这一定调与以往的只顾埋头编报、不问市场需求，只盯着生产环节、不注重销售环节不同，是市场意识的具体体现。

3. 制订备选方案

策划工作的第二步是探讨和制订可行方案。管理界有个说法，"若做某一事只有一种方法，则此方法在很大程度上是错误的方法"。在管理实践中，管理者发掘方案的能力和正确抉择的能力同样重要。发掘多种可行方案需要有民主气氛，群策群力，大胆创新。《申江服务导报》创办之初有两种选择，一是从小苗长成大树，二是一亮相就是"一棵树"。为此，筹备者四处取经，并搞了 20 多份"秘密"样报。

备选方案应从产品定位、体制、资金、人员、编辑思想、采访方案到广告发行等各环节进行整体策划，在总计划下运行分计划。总计划要靠派生计划来扶持。《申江服务导报》的派生计划之一是促销计划，内容有：在《解放日报》、《每周广播电视报》、上海电视台、东方电视台做广告；试刊期间进行抽奖、随报附送小礼品、让利给报贩等。

4. 评价选择方案

策划工作的第三步是权衡和选择，选择方案是做决策的关键。考虑到如果市场竞争并不激烈，那么一株小苗可能渐渐长成一棵大树，但是在竞争激烈的报业市场上，如果出场就是小苗（给人的第一印象不佳），就会抢不到阳光雨露（发行量、广告和稿源），就会枯萎，所以《申江服务导报》一开头就大投入，做广告，搞促销，并在20多份样报的基础上，隆重推出了第一期试刊号。

比较各种不同方案的方法有多种，较为正式的方法有成本—收益分析、决策树、效用理论等。从这些比较中，可列出效能与效率上的优先顺序，然后就可产生最佳方案。效能是指方案在完成计划目标方面的可行性，效率是指以最少资源的耗费来实现目标。大部分有效率的方案是能完成目标且花费最低的一种方案。

5. 编制预算与执行

策划的重要一步是把决策和计划转化为预算，通过数字来大体反映整个计划。预算实质上是资源的分配计划，它是进行综合平衡和衡量计划完成进度的重要工具。在《申江服务导报》的预算中，用于电视广告片的创意、拍摄即达数十万元。

6. 监督计划与调整

战略计划的时间跨度较长，在实施中常常包含中期及短期经营计划的推行。这一阶段成功与否取决于计划的质量，但是因无法预期及不可控制的问题发生，也会导致失败，所以要及时监督，评估计划的进度，从反馈中学习，并相应地调整计划。

《申江服务导报》创办至今，已无力再现当年独领风骚的辉煌和奇迹，唯有不断地自我调整，走时尚化路线，向主流化发展，才能保证战略目标的一步步达成。

案例
《今日美国》（*USA Today*）的产品创设策划

在1982年秋天，甘奈特公司——全美最大且发展最快的报业连锁股份有限公司发起于《今日美国》之前，报纸在美国是唯一非全国性的媒介，故美国是世界上少数没有什么全国性报纸的国家之一（《纽约时报》虽然也有发行全国的版面，但是可以认为它是迎合一些特定读者的特别报纸，而不是真正地瞄准最广泛的潜在读者的全国性报纸）。

《今日美国》创设的另一背景是，许多报纸觉得电视为它们描绘每天世界上惊人事件的细节的任务腾出了空间，并把它们的责任转到了"解释"这些事件上。也有报纸（包括后来的《今日美国》）的编辑们觉得他们的工作是

"预习新闻"——给读者提供一种对将要发生的事件及其原因的感知。无论是哪一种报纸，都必须使自己的产品适应电视成为大多数人获取娱乐和信息而主导媒介的世界。

甘奈特在20世纪60年代的研究显示了越来越多的美国人不想要一张完全的地方性报纸，主要是因为他们是从别的地方迁移到现在的新家，他们想获得曾经生活过的地方的体育、天气情况等方面的信息。

在图5-4中，P-I-C模式是指生产者（producer）、信息（information）与消费者（consumer）之间的关系。甘奈特首先作为传统报纸的生产者，通过研究发掘出传统报纸读者新的需要。消费者的行为导致这位生产者冒险开发了一种新的产品，即《今日美国》。

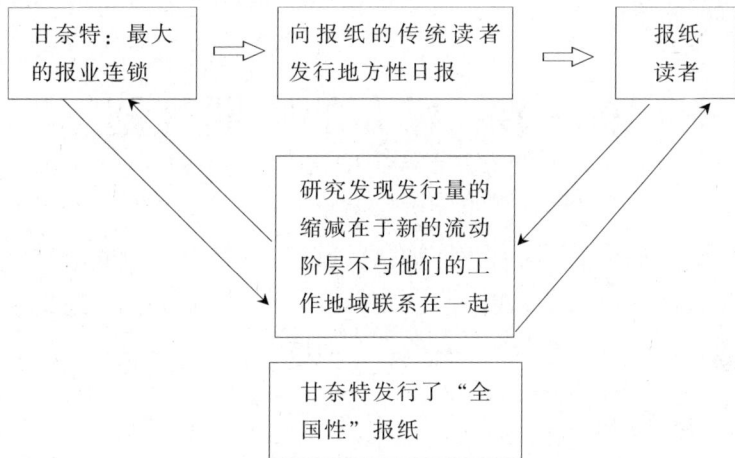

图5-4　《今日美国》策划过程的P-I-C模式

《今日美国》在华盛顿出版，发行全国，在国家的政治和社会领域中并没有发挥有力的舆论功能，它做得最好的是提供简短的高度概括的信息，从而能够被对全国性趋势有兴趣的忙碌读者快速接受。作为一个新闻工具，报纸更像"数据银行"，易于阅读的彩色图片使得统计数据和事实能够被快速阅读。尽管印刷成一份报纸，《今日美国》与计算机存取数据库相比还是有较多的共同之处。

最初，广告商们不太确定这份报纸是什么以及它怎样为读者服务，经了解后才对这种新媒介的态度由冷转热。而其他的报纸很快地仿效采用彩色图片和可快速阅读的图表，并开始刊登巨大的多颜色天气地图。在它问世后的第四年，其广告收入比上一年增长了40%。此时冒险似乎已得到回报，报纸不仅赢得了读者，也获得了广告商的青睐。虽然，报纸并没有持续不断地带来利润（《今日美国》创办人艾伦·因哈斯的继任者约翰·库利抱怨报纸印刷成本的上升和主要广告商降低投入这两大传统难题），但是《今日美国》奠定了甘奈特在全国性报纸出版上的地位。2003年，《今日美国》发行量为225万份，2007年发行量为229万份，已发展成美国第一大全国性报纸。

领导这一报纸从制图板上获得成功的艾伦·纽哈斯不满意仅仅发明了一种新的全国性媒介，他说他还看到了一个包括电视、广播、计算机数据库，以及能够传递甘奈特系统所采集信息的任何其他媒介的信息网络。可见纽豪斯在那时就意识到，报纸在21世纪将是复杂的信息系统的一部分。

第三节　媒介的中期策划

中期策划一般包括三种计划：营销计划、人力资源计划和财务计划。这三种计划除了彼此要协调一致外，也必须和战略计划协调一致。通过紧密的联系配合，这三种计划可涵盖媒介管理各方面的情况。

一、营销计划

自20世纪50年代营销概念产生以来，随着社会、经济、政治及文化等企业经营环境的变化，营销的概念也在不断地变动中：生产导向—销售导向—营销导向或消费者导向—社会营销导向—整合营销传播。

营销是将商品或劳务从生产者引导到消费者或使用者的过程中所从事的一切商业活动。营销与销售不同，它以消费者为中心，是用顾客至上的观念来取代"为销售而销售"的狭隘本位主义，并通过对消费者欲望与需求的满足，来创造企业未来的长期利润。

根据市场营销理论，营销计划必须处理有关产品、分销渠道、价格、促销（在英文中它们分别是product, place, price及promotion，由美国学者杰罗姆·麦卡锡于1960年提出）等营销组合的所谓4P问题，见表5-1。媒介在进行营销策划中的各种决策，包括产品政策、价格政策和回应竞争者的方式，都受到市场结构的深刻影响。

表 5 - 1　市场营销的策略组合

4P	product （产品）	price （价格）	place （渠道）	promotion （促销）
	6P 增加了 power（权力）和 public relations（公共关系）			
4C	customer （顾客）	cost （成本）	convenience （便利）	communication （沟通）
4R	relationship （关系）	retrenchment （节省）	reward （报酬）	relevancy （关联）
4V	variation （差异化）	versatility （功能化）	value （附加价值）	vibration （共鸣）

1. 产品

产品是提供给消费者的物品，并以此交换消费者的时间或金钱。产品是企业与市场联系的媒介，也是分销、促销和价格决策的基础。媒介要满足消费者的需要，必须提供具体的产品。

按照战略管理学家迈克尔·波特的看法，企业业务层次的产品和市场决策有三个基本思路：①总成本领先；②标新立异；③聚焦化。详见本书第十一章。

企业的产品决策可以细分为三方面内容：选准市场定位，正确进行产品组合决策和产品类型决策；根据产品特点和顾客需求、心理特点及竞争者营销特点，进行产品的包装、品牌决策和管理；为消费者提供附加利益和服务。就媒介而言，其产品方面的决策包括产品定位、产品品质（如报纸的耐久性、尺寸、色彩、内容质量）以及新的生产线引进等方面的内容。

媒介管理者在制订营销计划时必须注意两种产品决策：对旧产品是否改变及如何改变；对新产品是否增加及增加什么。因为在大部分企业组织中，产品决策是建立在产品生命周期的基础上的。产品生命周期的五个阶段是：

（1）导入期。产品刚进入市场的阶段，靠采用折扣价格销售。

（2）成长期。产品已成熟，消费者定位及分销渠道明确。如果已在市场上立足，则销售量会快速增长。

（3）接近成熟期。在产品市场上，开始与竞争者展开竞争，且销售量持续增长，但增长速度比成长期缓慢。

（4）成熟期。产品在市场上已找到自己的位置，竞争状况持续存在，销售量增长速度比早期阶段更趋缓慢。

（5）衰退期。这是最后一个阶段。消费者对此产品已失去兴趣，销售量也开始衰退。

值得注意的是，虽然产品生命周期也可运用于许多媒介产品，但在具体到特定的媒介企业或产品时，也会产生混淆不清的情况。例如，晚报在香港已经消失，但在我国大陆仍然有它的生命力。因此，产品生存下来的关键在于合理地运用战略策划和中期策划，进而持续改善媒介产品而延长其生命周期。

产品策划还可以具体化，比如节目策划、报道策划乃至改版策划等。这里不作详细讨论。

2. 价格

为产品定价是企业吸引顾客，对付竞争者，从而影响需求的主要手段，也是企业利润的直接来源。定价对许多媒介来说是个困难的过程。由于媒介兼跨信息和广告两个市场的性质，容易引起很高的不确定性。管理者会担心对某一市场的定价太高会减低另一市场的需求量。

对于现有产品的定价方式，可以分为四种：①需求取向的定价方式，完全以市场力量决定价格的高低；②报酬定位的定价方式，先确定期望的净利润，然后据此再定价格；③竞争取向的定价方式，参照其他竞争者所定价位决定价格；④行规定价方式，既不依据市场因素，也不参酌报酬因素，而是按照这个行业整体的定价标准。

媒介传统的做法常兼用以上各种方式。比如参考国家的法律与政策规定，根据自身的战略目标，衡量价格与需求之间的关系，考虑通货膨胀，斟酌竞争者的价格，加入销售等额外的开支，估计价格的冲击和设定利润目标等，然后管理者静心等待消费者与竞争者的反应。如果需求比预期低，则管理者可以尝试采用促销手段来塑造消费者的偏好，从而刺激需求至预期的水准。一般较少采用降低价格的方式，不过在竞争激烈的市场上，降价有时也不失为可行之策。

1993 年 9 月，传媒大王默多克在英国报业市场上发起了价格战。他把旗下《泰晤士报》的价格从 45 便士降到了 30 便士，而它的竞争对手保持不变（《每日电讯报》每份 48 便士）。《泰晤士报》和其竞争对手的销售变化情况见表 5-2。

对于《泰晤士报》来说，降价使得它从报纸销售中得到的直接收益下降了 435 000 便士，总成本也在上升，因为纸的用量增加了。但是该报发行量的增加，使该报成了对广告商更有吸引力的工具。另外，降价对竞争对手也是一个打击。降价使《每日电讯报》一年损失 4 000 万英镑的收入，其中销售缩减的 2 500 万英镑可以通过其当时仍在增加的广告收入来抵消。1994 年 6 月，《每日电讯报》跟着降价到每份 30 便士，第二天，《泰晤士报》又降到每份 20

便士。激烈的价格竞争使读者成了最终的受益者。

表 5 – 2　　《泰晤士报》及其竞争对手的销量变化情况

	1993 年 8 月	1994 年 5 月	2001 年 5 月
《泰晤士报》	355 000	518 000	667 000
《每日电讯报》	1 024 000	993 000	969 000
《独立报》	325 000	277 000	196 000
《卫报》	392 000	402 000	390 000

3. 渠道

对于大部分媒介产品而言，渠道或分销地点是相当重要的组成部分。比如报纸或新闻台的新闻商品，其目标市场具有较强的区域性，而内容则反映出其针对的目标。该区域的大小、地理特性、社会状态、文化特征和经济发展水平都影响着新产品的分销地点的设置。分销地点也影响着媒介产品运输的过程和花费。

分销决策主要包括以下内容：确定分销渠道的类型；确定中间商的数目；确定渠道成员彼此的权利和责任。

4. 促销

营销组合的最后一个项目是促销（销售推广）。促销实质上是企业与消费者之间的信息沟通。促销方式可分为四种：人员推销、广告推广、营业推广和公共关系推广。广告是针对潜在使用者的付费传播。公共关系是使用新媒介与人际传播以联络产品的潜在使用者。营业推广是提升产品和组织形象的各种努力，但不属于广告或公关，例如将产品陈列于零售商店的醒目位置，就是一种营业推广。促销决策主要包括确定促销预算和制定促销组合方式。

媒介在广告与公关上有其便利之处，因为媒介本身就是传播组织，自我促销是很平常的事。但是，自我促销不应成为新闻的一部分，它被认为是不道德的。且媒介自我促销的广告触及的是产品的现行使用者，通常不能创造出新的使用者。

一旦决定了营销组合，营销组合的详细计划应随之制订出来。这包括对各部门的详细指令，例如，杂志的提价会影响到销售、促销和广告部门，其中销售部门的成员将负责处理读者的各种抱怨和终止订阅的情况，广告部门将就销量的变化向广告商作出解释，促销部门必须想出提价后留住读者的方法。有时，像任何长久性的组织结构的变化应出现在战略性计划中一样，在营销计划中，也应包含组织结构暂时性改变的内容。

二、人力资源计划

人力资源计划关心人才需求的满足与发展，以便完成营销和财务计划。人力资源计划对大部分媒介来说是相当重要的，因为媒介是劳动力密集型组织，无论是产品内容，还是广告版面与时间的销售，都需要高素质人才，并需要各种各样的专业人员配合。所以缺乏人力资源计划将会妨碍营销与财务计划的实施。

人力资源策划的过程与战略策划及营销策划相似。其过程包括七个步骤：①根据营销计划确定人力资源的需求；②评估现有的人力资源；③根据前两个步骤，确定新的资源需求；④决定获得资源的方法——训练或聘用；⑤针对训练或聘用制订出计划；⑥实施计划；⑦监督并及时调整计划。

由于营销是一个连续的过程，因此人力资源策划在每一个计划中都有相似的步骤，这里所提到的七个步骤形成循环往复的过程，并和每一个营销和财务计划相关联。

三、财务计划

财务计划关系到资金如何筹措及如何使用的问题。在营销和人力资源计划中必然有财务方面的支出，而财务计划就是在说明如何支配使用资金。除此之外，财务计划的决策必须考虑如何使中期计划所得的利润运用于短期经营和战略计划。

资金的来源可以是媒介的各种产品的销售收入，也可以是资产的出售或者借贷。这些都要作出详细的计划。另外，计划中也要包含利润的处理方法。

和其他计划一样，财务计划也是一种决策的过程，其步骤与战略策划，或营销与人力资源策划相近。财务策划需要利用大量会计部门的资料，以便了解媒介的损益、财务预算、资金平衡等情况。

第四节 媒介的短期经营策划

正如中期计划是实现战略计划目标的途径一样，短期经营计划也是完成中期计划目标的方法。短期经营策划的类型有三种：预算、员工策划和目标管理。

预算是组织的年度计划，涉及如何运用资金及预期的资金来源，因此，它是财务计划中短期经营的基本要素。预算必须瞄准长期目标，反映出中期和战略计划的优先次序，否则就可能无法利用有限的资源完成组织的工作任务。

员工策划产生于对员工的评估过程。评估不只是涉及过去，也要包括员工的进步和发展。这样的计划应成为每个员工档案的一部分。该计划也应包括职业目标、员工的训练计划和个人目标。员工在未来想实现什么样的目标，管理者希望该员工对组织作出什么样的贡献，都影响着员工策划。由于媒介是劳动力密集型组织，所以管理者不应忽视员工的训练发展以增加人力资源。

目标管理（MBO）是预算与员工策划的衔接之处。目标管理是一种目标制定和评估员工在实现目标方面的进展情况的方法。它是 20 世纪 50 年代在美国出现的一种新的管理制度。1954 年，彼得·德鲁克在《管理实践》一书中对目标管理作了具体的介绍。目标管理是一种管理哲学，也是一种策划和考核的方法。目标管理通常是以年度为基础实施的，这也是它能够运用于短期经营策划的原因。

所谓目标是指期望的成果（即个人/部门/整个组织的努力方向）。传统的目标是由最高管理层确定的，然后分解成子目标落实到组织的各个层次上。这种目标设定法假定高层管理者最了解应设立什么样的目标，而低层管理者往往试图站在自己的立场上理解和定义目标，这容易导致目标丧失清晰性和一致性。目标管理的目标设定法是由下级与上司共同决定具体的绩效目标，并且定期检查实现目标的情况，根据完成情况进行奖励。因此 MBO 实施的关键是明确目标、参与决策、规定期限和绩效反馈。

媒介要在激烈的市场竞争中取胜，就必须像企业一样进行目标管理，它的主要作用是使媒介企业的生产经营活动有明确的发展方向。

从管理学层面来看，目标的制定及实现，需媒介各级主管及员工直接参与。在制定目标的同时，制订考核计划，以定期检查进度。如有偏差，可及时反省并找出问题的症结所在。各个部门一切经营活动行为的开始就是确定自己部门的目标，然后执行任务以达到目标，考核成绩也以达到目标的程度为依据。

成功地使用目标管理方法的关键主要在于以下几方面：

（1）员工能接受相关的标准和评估过程。

（2）所制定的标准与中期及战略计划有关。

（3）评估过程中的实际操作是合理的、一致的。

（4）其标准和员工个人的计划也能保持一致。

讨论与操作

1. 策划对于媒介管理有何意义？何时需要进行媒介策划？谁应承担策划工作？是否有必要设立专门的策划部门？

2. 如何保证媒介策划过程的科学性？策划对人的思维方式有何要求？

3. 在媒介产品设计中，最有冲击力的元素有哪些？请用排列组合来分析。此外，事件与人物、事实与意见、信息与娱乐、性与暴力、纪实与虚构、暴露与窥视等维度是如何影响产品设计的方向的？

4. 请选择某一家较弱势的媒介，收集它的基本数据并作一份改版策划书。

5. 试分析海南"旅游卫视"与贵州"西部黄金卫视"两则策划案例的成功与失误之处。

6. 在媒介策划中，如何运用"平移策略"？比如把电视媒介的经营手法平移到报纸经营中。

7. 请代表工作小组为模拟的消费维权杂志《曝光》作一份样刊。

第六章
媒介的产品营销

内容提要

〜〜〜〜〜〜〜〜〜〜〜〜〜〜〜〜〜〜〜〜〜〜〜〜〜〜〜〜〜〜〜〜

　　本章具体分析媒介产品营销的过程。这一过程特别重视营销渠道的重要意义。报纸杂志的发行、无线广播电视的发送与有线电视的网络建设都是争夺终端用户的直接手段。本章还专门讨论了媒介产品营销的市场秩序问题。

〜〜〜〜〜〜〜〜〜〜〜〜〜〜〜〜〜〜〜〜〜〜〜〜〜〜〜〜〜〜〜〜

计划经济的核心是如何计划，市场经济的核心是如何竞争。在计划经济中，企业关心的是如何完成上级布置的生产任务；在市场经济中，企业最关心的是市场营销。一家企业能否成功，取决于它是否适应顾客需求以及在市场上销售产品和服务的能力。

销售部门是媒介利润的主要"发生器"。它的销售能力在很大程度上取决于新闻或节目部门的节目能否吸引受众，特别是广告客户想触及的受众。好的节目能吸引受众，也同样能吸引广告客户。而销售的利润越大，报/台/站所能供给的节目内容也就越好。因而销售部门和节目（出版）部门在报/台/站的财务中占据很大的分量。

本章和下一章的媒介营销分别介绍"两个市场"的运作。本章提到的媒介产品营销主要服务于阅听人。

第一节　报纸的发行

媒介经营者的一个误区是重视广告甚于重视发行。在媒介业盛行"内容为王"、"渠道为王"的说法，这表明"内容"与"渠道"都很重要，"两个轮子"要一起转。就发行对于报纸的意义而言，"报业是附带广告业的发行业"的观点并不为过。

一、日报市场与星期日版

报纸有多种分类方法。我国报纸的分类中，党报与非党报是从内容角度来分类的，晨报、日报、午报、晚报是从出报时间的角度来分类的。对于媒介管理来说，最有价值的分类是从出刊的频率、市场规模、对象群体等角度来划分。

1. 日报

一份日报每周至少要出刊五次。以下是美国日报的细分：

（1）全国性日报。在美国，只有几家这类报纸。这些出版物的内容瞄准的不是某个城市、某个地区，而是全国，如《今日美国》、《纽约时报》和《华尔街日报》。这些报纸通过网络传版到各个分印点。

（2）大都市日报。发行量的下降严重影响了这些报纸。1960～1990 年，全美 50 个最大都市区域的人口增长超过三成，这些地区报纸的发行量却下降了 45%，不少大城市报纸关门大吉。现在发行量超过 25 万份的只有 35 家。这种现象的出现有几个原因，包括中心城市人口向郊区迁移，暂住人口增多，发行成本上升，越来越加剧的其他媒体尤其是电视的竞争。

（3）郊区日报。郊区的报纸消费占了全部报纸发行量的 40%。环绕着大都市的郊区日报，在 1987—1990 年间发行量增长了 1/3。这种增长的原因之一是郊区购物中心的增多，吸引了许多原来住在中心城市的商人，他们把郊区日报视为触及潜在顾客的有效途径。最有名的郊区报纸大概是纽约长岛的 *Newsday*。

（4）小城镇日报。1979—1990 年，在 10 万人以下城镇的报纸的发行量增长了 19%。近来，除了 25 000 人以下的城镇的报纸发行量仍有适度增长外，这类报纸的发行量有所下降。读者把这类报纸当作地方新闻的来源，包括邻里新闻和广告。

2. 日报的星期日版

在美国，60% 的报纸发行周日版（Sunday Edition）。《华尔街日报》每逢星期五发行周末版（Weekend Edition）。周日版大多数是可以单独订阅的，而且销量一般超过平日版的日报。例如，《纽约时报》周日版发行量超过平日版的 50%。2001 年，该报平日版发行量为 110 万份，周日版为 166 万份。

美国日报的周日版能带来报纸总收入的 40%～50%，达到每年总利润的一半。1997～2002 年，美国报纸周日版的单份价格一般在 1.220～1.361 美元之间。随着美国婴儿潮一代的成熟以及工作压力的增大、媒介种类的丰富等因素，周日版销量的下降速度要快于日报。据普林斯顿美国民意研究所的调查，18～24 岁一代人与 55 岁以上的人在阅读周日版方面，从 1990 年的 7% 扩大到了 2002 年的 21%。1998 年，美国 68.2% 的成人阅读周日版，2002 年这一比例下降到了 63.6%。

周日版与平日版日报在运作方面有许多不同。美国人一周平均读报天数是 4.8 天。就读者一周的阅读频次而言，周日版仍然最高，见表 6-1。就投递时间而言，平日版日报往往更早，见表 6-2。

表 6-1　美国读者对本地日报的阅读频次

星期	一	二	三	四	五	六	日
频次（%）	65	64	67	66	70	67	91

资料来源：*Editor & Publisher*, October 20, 2003.

表 6-2 美国报纸有保障的投递时间 （a. m.）

	5：00	5：30	6：00	6：30	7：00	7：30	8：00
平日版（%）	1.5	10.1	49.3	29.3	9.9	0	0
周日版（%）	0	0.7	5.2	11.8	48.3	16.7	17.2

资料来源：*Editor & Publisher*，August 11，2003.

3. 周报

20 世纪 70 年代以后美国的周报一直稳定在 7 500 家左右。同期周报的发行量上升了一倍。早期的周报多在小城镇和农村发行，现在已有 1/3 的周报渗透到了郊区。周报多为同时阅读都市报和郊区报的读者所购买，它常与这些报纸进行竞争，像三明治的夹层一样夹在中间。但周报也有它的优势，它与社区的关系更密切，版面更地域化，为地方商人提供更专门的服务。

从产品设计的角度看，日报和周报的运作有很大的区别。日报强调信息的时效性、信息量的密集性和信息覆盖的全面性，体现为一种"集纳模式"、"服务模式"。周报注重调查和深度，另外其选题的意义本身就比较重大，故周报颇具竞争力。

与其他媒体相比，报纸的一大优点是便于携带，可留作剪报或影印保存。报纸的另一个吸引力在于价格便宜。《今日美国》的创办人之一纽哈斯坚信，人是永远需要新闻的，而且要求新闻新鲜、可靠、完整、方便。只要报纸提供的新闻和信息能像其他媒体提供的一样好，价格有竞争力，那么报纸与其他媒体并存的局面将会长期维持下去。

二、报纸发行工作的重要性

对报人来说，应当铭记的格言：一份免费的发行名单不是读者阅读的保证，不应作为判断一个发行量受到控制的出版物的特征；一张免费的报纸能够获得发行量，但未必是真正赢得了读者。当然，发行在很大程度上是衡量报纸服务的标准之一。

事实上，有效发行是报纸成功的基础，是报纸所有收入来源的保障。如果报社是一座房子，发行就是它的地基，如图 6-1 所示。如果说一张报纸的"内容为王"是贯穿始终的，在它进入市场初期，"渠道为王"就更为关键。报纸的发行收入的确比广告收入要少，但发行是广告客户愿意出资的重要因素。没有发行就没有广告。

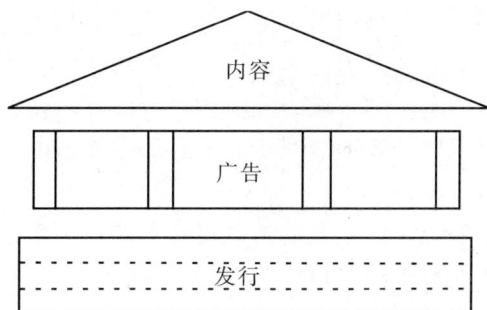

图 6-1 办报的"房子理论"及其"地基"——发行

例如，《纽约时报》平日版的发行量为 95~110 万份，星期日版发行量在 165 万份左右，每年带来的广告总收入为 10 亿美元左右。

报业经济的基本运作模式可以表示为廉价销售—扩大发行—吸引广告客户—从广告中获取可观收入—用于报纸的再生产（刺激发行量进一步上升）。这一模式包含了报纸赢利的全部秘密。相反情况是发行量下降—不能吸引广告商—办报资源枯竭—报纸质量恶化—发行量继续下降，直到报纸难以为继。

显而易见，发行人应极其重视报纸的订户。20 世纪 70 年代，在美国当一份报纸易手时，重新获得每个订户在无形资产方面的估值常常是 25 美元或 50 美元，有的甚至高达 150 美元。因此，发行部门运作的效率如何，在很大程度上决定着报纸的成败。

认识到了发行工作的重要性，就应该提倡"一流人才做发行"。也只有一流人才进入经营领域才能推动经营与采编的对接与互动。

三、报纸发行的准备工作

1. 发行的关键因素

只要有人住的地方，就存在报纸发行的机会，至少在目前这还是一条公理。人口的素质与兴趣对发行有很大的影响。1970 年美国的人口是 1870 年的 5 倍，而报纸的发行量增长了 25 倍。除了人口数目的变化外，识字率与教育的提高、人们兴趣的扩大对报纸的发行都具有重大的推动作用。

影响发行的第二个因素是城市化。一方面是农村人口向城市的流动。1910 年，美国的农村人口为 5 000 万，占全国总人口的 54.3%；1970 年，农村人口不到总人口的 30%。另一方面是中心城市的人口向郊区迁移。城市化增加了报纸的潜在受众并令报纸更为精细化。

影响发行的第三个因素是市场区域。报人总是要尽可能地将市场拓展到目前的发行区域之外。本社区以前的居住者现住在较远的地方，这就在更好地服务读者的同时也拓展了发行的区域。在美国，各订户家乡的报纸曾送到过世界大战前线与朝鲜、越南战场等地。对于那些在海外旅行的人，报纸也常发行到飞机和远洋轮船上。

所以对报纸发行来说，最重要的是确定自己的目标市场和实施准确的产品定位，以求实现和扩大有效的发行。

2. 发行的具体准备工作

成功的报纸发行需要条件。一是一张报纸（综合性报纸）要全面地报道本社区和世界新闻，配上读者喜欢的图片；二是对报纸所发行的社区有一个认识和了解；三是定价适当；四是要有组织得当、管理精良的发行部门。

任何销售人员都知道，好的产品是销售量大的前提。当然也存在一个报纸如何掌握迎合读者的度的问题。应该煽情到何种程度或保守到何种程度呢？用性感图片、骇人听闻的谋杀和自杀报道来增长街头零售可以吗？这种新闻处理手法对报纸发行区域内的家庭会带来什么反应呢？美国威斯康星日报联盟的一份调查显示，大部分报纸把重要的版面让给了各级政府的新闻，而好莱坞的新闻被零零碎碎地摆到了填充版面的位置上或内页里，自杀新闻很少占整版，离婚新闻也多被低调处理。

至于某一篇报道怎样去安排是不可能有定论的。只有一件事可以肯定：没有一张报纸的发行量会比所有者和发行人的目标高。当必须作出决断的时候，每个编辑都应根据与发行有关的政策，依自己的感觉和判断行事。

报纸的定价虽然要由最高层来决定，但首先要考虑读者的经济承受能力。一百多年来，尽管报纸价格的绝对值在上涨，但它的相对值反而下降了。

在1833年以前，美国每份报纸每年要向订户预收6～10美元，约占当时美国人均年收入的8%～10%。此后，一份"廉价报纸"的年订价约占人均年收入的3%～4%。以《纽约时报》为例，它于1851年创刊时，对开4版，每份1美分，年订价约占当时人均年收入的4%。而今它日出对开版100版左右，每份1美元，年订价300多美元（不含星期日版），仅占今天美国人均年收入的0.7%～0.8%。

我国目前大多数日报的定价也都在成本以下，如1996年的《新民晚报》平均每份的成本为0.90元，售价为0.50元；《解放日报》和《文汇报》每份报纸的成本为1.10～1.20元，售价为0.60元。它们的年定价约占我国城镇居民人均年收入的5%（1995年我国城镇居民人均生活费收入为3 893元）。

2008 年，迫于新闻纸价格的上涨压力，全国的都市报纸零售价格大多数提高到了 1 元左右。

报纸的定价要考虑成本、利润和其他竞争对手的情况。在法国，报纸通常参考一个专门从事报纸、电台、电视台的受众调查和研究的独立机构的数据及报纸发行数量，对报纸定价酌情调整。

在市场上，一些分属不同公司的两家以上报纸为了避免因竞争而导致相互损害，往往在订阅价格、零售价格和广告价格等方面，以协定的形式来分享市场。如美国的 JOA 模式，即同一市场内的两家报纸，如果其中一家处于严重的财政困难，可合并广告、发行等经营部门，统一运行，但编辑部必须独立，以使报业市场不出现绝对垄断。全美有 44 家报纸采用了 JOA 模式，占日报总发行量的 7.8%。

发行部门至少需要以下一些人员或相关部门配合：高级主管、销售经理、审计员、信用经理（管理欠账）、交通经理（管理交通运输事务）、律师、公共关系人员、广告和促销专家、社会服务工作者（了解青年心理）以及一个熟习各部门业务的多面手。

四、报纸发行的主要方式

从中外办报的经验看，发行工作的基本原则是多渠道、少环节，并以更好的服务赢得更多的读者。

1. 报纸的主流发行方式——自办发行

自办发行是指主要通过自己的发行部门和发行网络，有时也通过邮局来辅助完成全部发行工作。

（1）发行工作的职责。

发行部门的主要职责是售出报纸、投递报纸和收回报费。虽然这些功能是有区别的和各自独立的，但它们紧密地联系在一起。在许多报社，送报人全部承担了这三项职责，但也常有分工进行的，有经验的销售人员和收费员常常辅助投递员的工作。

①销售。报纸销售的三种方式是订阅、零售及邮寄。在美国，家庭订阅的比例高达 74%，这部分读者一般收入稳定，极具广告价值，而零售是不太稳定的销售，因此发行界有"无订不稳，无零不活"的说法。

报纸发行的方法之一是敲门发行。报纸的发行既以质量、内容、外在表现为后盾，也依赖于良好的组织。发行管理者常挑选在学校里有良好信用、品质优良、雄心勃勃的人做发行员，并以报酬、竞争等来激发他们对销售的兴趣。

对于社区内新来的住户，设法拿到他们的姓名和地址，然后带上样报上门去征订。在广州、成都等地，这种敲门发行被称为"洗楼"。

报纸发行的方法之二是街头销售。在美国，零售一般占23%左右，常因天气、假期等因素的影响而波动。零购读者群比较年轻，对广告商也有吸引力。在大城市，街头销售的规模相当可观。在美国的街头，设有许多自动售报机来辅助报贩的销售。《阿肯色公报》发行量的10%由售报机售出，大约4%由报摊售出。一般报纸是以批发价格卖给街头的报贩，卖不出的报纸可以返还，报贩每周付款一次。还可以由超市代销，或招聘发行员承担流动售报任务。

报纸发行的方法之三是直邮销售。直邮销售在征订环节至少要考虑四个因素：材料必须在文字上和形式上做得有趣；文案必须吸引读者的兴趣、欲望；创作者必须尽量忘记"我"和"我们"，从"你"的角度去写；信函中一般只包含一个卖点，经验表明超过两个是不适合的。

直邮销售的对象往往是没有分印点的外地读者。对这些读者的投递工作，一般通过邮局进行。

报纸发行的办法之四是分期付款销售。许多企业采用的分期付款计划被许多报纸，特别是邮发占很大比例的报纸所采用。它也叫"经济阅读计划"、"读过付款计划"或"便利阅读计划"。

一个典型的例子是美国威斯康星《论坛报》，它向一个辐射半径为75英里范围内，报童又服务不到的订户提供的方案：一年中每月支付2美元，或者在前7个月中每月支付2美元，最后再付1美元，共15美元，这样可得到全年的报纸。

②投递。人们过去常常到报社办公室或报摊买报，现在大多数报纸都投送到家里，既可通过送报人也可通过邮局。但问题不仅仅是把报纸送到订户手中，而是如何迅速地投递并广泛地为订户所满意。

报纸的投递服务覆盖两种类型的区域：近距离社区和边远区域。每种区域都有不同的问题及不同的解决方法。

近距离社区。在许多地方，日报及一些周报是由12岁以上的报童投递的。有时他们是按周薪受雇，但更多的是他们以批发价格买下报纸，在一个特别的区域内以定好的零售价格销售和投递。后一种被称为"小商人计划"，因为送报人是为他们自己工作的。在大城市，这些报童组成了一个庞大的投递队伍，按区域划分，每区配有一个监督。

在加拿大的渥太华，居民住得非常分散，《公民报》的发行经理为报童挑选了汽车仓库，以帮助他们快速投递。这是一种特别建造的投递卡车，也可作为会议室。卡车穿行在主要的街道上，报童可以直接从卡车上取得报纸，然后迅速开始投递工作。汽车仓库投递要占这份报纸家庭投递量的 1/5 和总发行量的 1/10。

　　边远区域。住在离中心城市 10 英里甚至 100 英里之遥的订户希望像城区订户一样及时收到报纸，他们要求当天的报纸当天能看到。《阿肯色公报》外地订阅的 90% 用卡车运输，4% 用公共汽车，6% 用火车。也有的报社用摩托车或其他交通工具进行投递。

　　③收费。维持一个有力的发行不仅依靠良好的销售记录，而且有赖于及时、规范的收费系统。收费是建立持久发行的关键因素之一。如果报纸是由许多独立的承包人销售和投递，就存在两种收费过程：投递人向客户收费，报社向投递人收费。许多报社要求投递人或独立承包人交纳相当于两周款额的现金保证金，这迫使投递人妥善完成收费工作并遵守报社的一切规则。

　　在城市和郊区，有些报社要求订户按周向投递人支付，每个月提前支付，或在报社办公室里提前 3、6、12 个月支付报费。投递人相应地按周、按月或提前收费，即便是办公室支付方式，投递人的酬劳一般在他们每周的薪金中得以兑现。

　　在农村地区，有两种主要的收费方式：函件通知和由走固定路线的收费人收取。开始时可试一下前一种方法，如果不行，则用后一种。第一次通知在截止日期前数周发出，如果到了截止日期订户没有反应，则寄出另一份通知，告知在某日之前还不支付的话将停投报纸，不久之后再发第三个通知，遗憾地表示要将订户从名单中除去。常常是第三个通知会有结果。许多报纸雇用收费人，收费人的佣金一般是新订户订阅费的 50% 及老订户的 20%～25%。

　　（2）发行网络的建设。

　　发行网络的建设以广州日报的连锁店经营为例来进行说明。

案例

广州日报的连锁店经营

　　广州日报连锁店（现为广州大洋文化连锁有限公司）是《广州日报》从 1991 年自办发行后，为适应提高报纸收订服务质量的要求而发展起来的。广州日报连锁店被称为"中国式的'报纸专卖店'"，即以销售和征订自己的报纸（包括系列报）为基本功能的连锁零售业形态。

　　连锁店创办于 1995 年，两年后发展到 100 多家，分为自营、特许、联营三种性质的分店，遍布广州和珠江三角洲地区，目前已达到邮局网点的水平，而服务质量和专业性则超过了后者。建立发行专卖店网络必然会加大报纸发行的成本，但这一成本作为提高服务质量的手段是必需的。它的基本功能是，在报纸自办发行未完全实现百分之百投递到户的情况下，它成为报纸发行的保障性渠道。它的具体功能包括三个方面：

①利用报纸专卖店作为加快早报发行的批发渠道。西方大报的专卖店都具有这一功能。20世纪二三十年代上海的《申报》、《新闻报》利用电影院等场所作为早报批发点的做法，可视作中国报纸专卖店发轫之举。

②利用报纸专卖店作为报纸收订的稳定网络。它有利于读者的订阅（包括整订与破订）、服务质量的反馈、读者的沟通与跟踪服务等。

③利用网络作为宣传品牌的基地和培育读者的基地。报纸作为商品在销售，品牌自然成为影响销售的关键因素之一，在竞争的背景下更是如此。专卖店的作用就是通过"门店"活生生的经营活动和品牌宣传，为报纸这一产品做广告。同时，还可以通过门店便民性质的商业服务，以及在报纸统一组织下的促销、公关活动，潜移默化地影响潜在的读者，特别是少年儿童读者。

广州日报连锁店在经营范围、服务功能、营业规模等方面都大大超过了一般报纸专卖店的水平，发展为一种更高层次的以"资讯业"为主的连锁商业，即可与国外社区的便利型文化商业网络接轨，又可开展立体的文化资讯上的社区服务，形成中国式的报纸专卖店的新模式。相关服务具体包括：

①文化商品的销售以《广州日报》及其系列报为基础，同时以时效性强的杂志与流行的资讯性强的图书、音像为主要内容。报纸有近20个品种，杂志170多个品种。三年内，仅自营店书报刊销售额即发展到150万元/月。

②从1996年起，新发展旅游票务业务。利用网络优势和信誉优势，仅用一年多时间，营业额即超过70万元/月。

③代理分类专栏广告。具体做法是各连锁店直接向各社区小广告客户提供全套的代理服务，手续在店内即可办妥，传真广告处还可直接上门为客户服务。同时分店每日向读者免费提供《广州日报》的分类广告和求职广场专栏广告的单页，使每个连锁店成为各社区的更完整意义上的信息资讯中心。①

（3）发行队伍管理。

经验表明，发行经理对送报人必须提供充足的培训、适当的监督、有足够驱动力的报酬和其他激励来维持他们的兴趣，才能管理好发行队伍。

聪明的发行经理仔细地在有志于送报的申请者中挑选，因为他希望能找到

---

① 王放. 中国式的"报纸专卖店"——广州日报连锁店. 新闻记者，1998（8）

合适的人并把其留下来工作。一个送报人送报的时间越长，他就越熟悉客户，越清楚如何去增加客户。送报人的频繁更换对报社来说是划不来的，而且让一个不合适的人来担任此工作也不好，他的工作热情和对职业的满意度会很低，势必影响报纸的发行。

在开始的时候，发行经理要让送报人明白以下情况：他是报纸形象的一部分；他担负的投递工作是重要的；他有订报、送报、收费三项主要职责。要带他们熟习报社，把他们的情况告知订户，给他们一个好的开端。

然后是适当的训练。比如，在一次投递人会议上，发行经理会向他们解释每天花上十分钟拜访潜在的客户可能带来收入增加、有益的经验、褒扬、乐趣、挑战等。每个称职的发行经理还要强调在销售、投递和收费过程中的具体规则，如对仪表、守时、报纸的了解，及时准确的记录，爱护报纸与收费迅速上交等。

监督者也必须经过挑选和培训才能上岗。监督者要能帮助送报人解决一些日常的疑难问题。监督者的主要职责之一是扩大他的辖区内的每条路线的订户数目。

送报人应拿到多少报酬才合适呢？最简单的答案或许是，足够保持他对工作的兴趣，又不能让他太满足而不再去发展新的订户。反过来说，淘汰不合格的员工也可以通过调整报酬或工作量来实现。

有些送报人拿固定的薪水，但是更多的人租投递线路或按合同工作，这要订立租约和合同，报社常要求他们交一笔保证金。报社为防止工伤事故而经常为他们投保，还给他们其他激励：旅行、奖金、竞赛、参加体育娱乐活动等。

当发行经理和监督者注意到每个投递人的需要和能力时，发行队伍的士气就可能得到提升。要注意别让送报人负荷过重，做力所不能及的事，并尽可能照顾他们的心理、智力特点，使之易于完成工作。

2. 报纸的专业发行方式——外包发行

外包发行是指报纸发行工作中的投递环节由社会性中介机构（如专门化的发行公司）来承担，相互关系以契约形式来调节的一种发行方式。

例一，按照法国的法律，全国性的报纸必须由发行公司发行（地区性报纸例外），固定订户则由邮局或私人专送。法国《世界报》发行量为 40 万份左右，其中订户占 31%，每份定价为 7.5 法郎，发行费占 45%。

例二，澳大利亚墨尔本的《太阳先驱报》是澳洲发行量最大的报纸，发行量达 57.5 万份。报社采用两级发行网络，由代理处零售或送到订户家里。70% 以上的报纸早上 7 点可投递到家。在维多利亚州，有 1 200 多家报刊代理处与该报签订了合同，为拥有所在地区的独家发行权，报纸一般给代理处

25%的回扣。有时代理处还会发展超市、百货店等下一级的代理商，给他们12.5%的回扣。报刊代理处都与报社电脑联网，提前一星期确定报纸数量，每周与报社结算一次。报纸卖不掉可退回，但不得超过7%，否则报社就要派员调查，如果代理处一年有4次违规，就要被取消代理资格。

《太阳先驱报》有一个庞大的读者数据库，每周六都要送一些样报到尚未订报的居民家中，隔几天就请市场调查公司打电话给他们，以优惠条件请他们订报，最后一般有10%的电话受访者会成为该报的新读者，而报社每年仅花在电话调查公司的资金就达到数十万元。

《太阳先驱报》的市场调查非常严谨。譬如，读者买该报的情况：上午7点到10点是高峰，20%是在上午10点到中午。读者读该报的情况：27%的零买者是在晚上6点以后看报，47%的订户在早上7点到9点看报，平均每天花40分钟，分两次看报。读者情况：43%是商人，41%有体面的汽车，37%在储蓄后投资超过百万，46%在前4周内买衣服超过2 000元。阅读顺序：30%的读者喜欢从前翻到后，13%习惯于从后翻到前，等等。

例三，日本全国性报纸的发行量均在百万份以上。例如《读卖新闻》日发1 010多万份，《朝日新闻》800多万份。日本报业收入中广告收入仅占40%左右，故报业的收入在一定程度上依赖于它独具特色的发行方式。日本采用的是独一无二的成套制、专卖制、送报到家的销售方式。所谓成套制，即以同一报社发行的同一报纸的早、晚刊为一套，成套地出售。这样，日刊实际上变成了半日刊。所谓专卖制，即报纸销售店和某一报社签订专卖合同，不出售别家报纸，成为这一家报纸的专卖店。日本是最早推行报纸专卖制的国家，其报纸专卖制兴起于20世纪50年代，是当时报纸间剧烈竞争的产物。《朝日新闻》97%的销量来自直接订户，它有6 000多家代销商、7 000名报童以及800多辆卡车组成车队用于发行。

3. 我国报纸发行市场和渠道的变化

在计划经济时期，我国报纸发行方式比较单一，就是公费订报。由于那时报纸数量少，报社不愁发行。随着改革的深化和社会主义市场经济的发展，报纸的发行走向成熟，出现了公费订报和自费订报两种方式。

最近几年，由于压缩行政经费及中央政府的整顿，各机关不再发文订报，然而报纸的数量增加了，价格也在上涨。这就使得仅存的公费订报市场日渐萎缩，竞争异常激烈。与此同时，自费订报市场发展很快，许多报纸，特别是晚报、都市报和生活类报纸，发行量不断增长。

我国报纸的传统发行渠道十分单一，报纸全部交邮局发行，即所谓邮发合一。长期以来，邮发网络在报纸发行工作中发挥了主渠道作用，但是这种邮发体制缺乏竞争。

随着报业的发展，单一的邮发渠道已无法满足报社的需要。这时两种新的发行方式应运而生，一是二渠道发行，二是自办发行。二渠道基本上都是民营的，以售卖期刊为主，也涉足报业市场。二渠道大部分只有人员队伍，也有少部分控制着终端，如报刊亭，有的甚至控制着产品。他们构筑了发行这个"江湖"，为繁荣我国报业市场作出了一定的贡献。

1985 年，《洛阳日报》率先在全国实行了自办发行，建立了自办发行的体制、机构和网络。由于自办发行在节约费用、及时收回订报费、提高投递时效、掌握报纸发行主动权等方面显示出极大的优越性，所以报纸自办发行迅速发展起来。目前全国有 1/3 以上的报纸实行自办发行。这些自办发行的报纸大多是基层党委机关报。1990 年，《天津日报》成为全国第一家自办发行的省级报纸。

表 6-3　我国报纸的发行渠道

渠道	优势	体制	工作内容	方向
自办发行	拥有区域网络、控制产品	企业化运作	征订、投递、收费、批发、零售、自动售报机、网络发展	物流代理
邮局发行	拥有全国网络、零售终端	国营	征订、投递、收费、零售	改善服务、异地发行
二渠道发行	发行队伍、部分终端	民营	批发、零售	改善服务、改善管理
其他社会网络（超市、地铁等）	终端	企业化运作	代销	战略联盟

在自发和邮发的相互竞争中，自办发行也暴露出了某些不足，如对偏远地区订户的投递比较差，不具备全国发行能力等。对有些报纸来说，自办发行是无奈之举。所以目前许多报社又在探索自办发行社会化、自办发行公司化、自办发行网络化的新路子以及朝邮发和自发等方式相结合的多渠道发行的方向发展。

所谓报纸的多渠道发行，指的是一家报纸既可以交邮局发行一部分，也可以自己发行一部分，还可以通过其他第三方渠道如地铁、超市以及民间力量来发行。多渠道发行的报纸可以不受一种发行方式的制约，掌握发行的主动权，实现自主发行。这样，各种发行渠道取长补短，可以把报纸发行工作做得更好。多渠道发行是市场经济条件下我国报业发展的必然结果，是发行发展的方向。

加入 WTO 后，随着发行市场对外资企业的开放，终端争夺战将更加白热化，发行终端对采编的促进与反作用都会呈现出来。

五、发行政策

在提升发行量方面并没有一成不变的标准。许多报纸希望它们能命中和赢得所有角落的读者，但是在某些条件下的一些社区，这样的发行量可能会无利可图。发行似乎呈现出一种更为集中的趋势，即在近区域内有一个更为固定的发行面。

对媒介的触及率既有追求最大的问题，也有追求最佳的问题。如最佳发行量这一概念，就一份具体的报纸而言，必须与它的功能定位相一致。发行份额应该是指其目标读者群中的实际读者比例，严肃报纸有严肃报纸的目标读者，专业性报纸有专业性报纸的目标读者，靠降格求得的发行量未必是媒介的成功。再者，最佳发行量也是一个经济效益概念，当边际发行成本等于边际发行收益时的发行量，才是"有效的发行量"。不讲投入的产出，则是一种低效的行为。

报纸应提出明确有力的政策，每一种可能的方法都要用来促进发行量。奖金、折扣、红包和竞赛等手段常常被用来刺激众多的人作出迅速的反应。然而，如果这些方法被过度使用，则收入有一部分会得而复失。在提升发行量方面不能过于依赖它们，广告代理机构对于那些通过奖金和特别手段所获得的发行量不太重视。美国的发行稽核局要求，订户所付的钱至少要达到订阅阶段报纸价格的一半。该局在报纸的审计报告中常会列出用奖金等手段推销所得的订户数目。

在发行管理的基础性规则中还可作出两种区分，即"扩张型运作"和"紧缩型运作"。美国得克萨斯发行管理协会对它们作出了定义："扩张型运作"是指发行政策主要被设计成产生一个大的发行量，而对运作利润和促销成本的考虑放在第二位；"紧缩型运作"是指在发行政策中把运作利润看作是最重要的，而对发行量的考虑放在第二位。它们的比较见表 6-4。

我国报纸的发行成本一般为报纸定价的 36% 左右。扩张型运作之后往往紧随的是发行成本的上升，这一般用于拓展发行市场。

在紧缩型运作中，有一种"控制发行"的理念，即在发行的过程中为了取得经济效益的最大化对发行的总数和发行的对象和地区进行控制。报纸发行收入大于成本的报纸，即发行赢利的报纸，不需要考虑控制发行问题。

表6-4　两种发行政策比较

	有利	不利
扩张型政策	1. 迅速产生发行量 2. 在高度竞争条件下极有价值 3. 让发行部门尽情发挥	1. 常常超额花费 2. 不会建立持久的发行 3. 发行审计机构和广告代理商不欣赏
紧缩型政策	1. 花费不会过高 2. 带来更大利润 3. 建立可靠的发行 4. 保持发行稳定	1. 难于增长 2. 使发行部门失去热情与进取心 3. 易导致竞争者的进入 4. 令广告商觉得发行量不够

六、发行审计的标准化

随着报业市场的成熟，发行要素必然要走向标准化。这不仅直接关系到广大读者和广告投放者的利益，从长远来看，也会影响到媒介自身的生存与发展。

在美国，直到1890年，真实的发行数字仍是发行人的独享信息。有时甚至连他们自己也搞不清自己报纸售出的精确数字。紊乱的会计作业、正式标准的缺乏、广告代理人凭借想象作出的推断使诚实的发行人成了"说谎者"。但今天情况已完全不同，北美地区超过96%的报纸提供给广告商的发行量是经过证实并按照正式的标准公布出来的。

报纸作为一种对广告商有价值的商品来发行并得到承认的历史不算长。1898年，美国的全国报纸发行经理人协会成立，后来叫做国内发行经理人协会（ICMA），该协会在发行工作标准化方面作出了不少努力。几乎与此同时，全美广告人协会（AAA）也在1899年成立，在它存在的14年间，它雇了一个五人核查团来验证发行人声称的他们的账簿可随时公开的真实性。事实上大部分报纸拒绝核查，但他们还是发现了存在的问题，即会计作业方面、工作标准方面和广告、出版业的不同组织间的协调方面的不足。1914 年，在原全美广告人协会主要官员的推动下，发行稽核局（the Audit Bureau of Circulations, ABC；一译发行量稽核局）正式成立，由广告客户、广告代理商、出版商共同组成，广告客户在制定标准方面有主要发言权，报纸出版商支付大部分费用。当时有 338 家报纸、74 家广告客户、49 家广告代理商、27 家杂志、55 家商业报纸和 52 家农场出版物同意加盟。发行稽核局的目标有三个：发布由会员提供的发行数据及其他数据的标准报告；通过稽核员检查与那些报告有关的任何记录来证实具体的数字；为了广告客户、广告代理机构和其他对广告出版业感兴趣的人的利益而公布数据。

在报纸的发行中，付费的发行显然不能与受控制的发行等同。就像一个人寄一张明信片说他要一份免费的杂志，与这个人每年付 50 美元订阅他认为值得并想读到的出版物不能等同甚至不能比较一样。开始的时候，发行稽核局既接纳付费报纸也接收免费报纸做会员。第一次世界大战后，发行稽核局制定了付费发行的报纸的会员资格标准。它把付费发行的报纸定义为至少收取费用为基本价格的 50% 的报纸。作为常规的会员，平均每份报纸至少收取定价的 70%。如果一份报纸的收费高于 50%，但不到 70%，可以作为临时会员，并要在三年内达到更高的标准。

会员报纸被要求保持精确的日发行记录，显示销售的类型、位置、投递方式以及价格。此外还被要求提交每半年一次的稽核报告，其内容和格式都有具体、细致乃至烦琐的规定。

发行稽核局建立的一套规则首先有利于广告客户，在最新一届理事会的 24 席中广告客户和广告代理商占了 12 席。它同样有利于出版商。出版商占据会员席的 50%，提供了稽核局经费收入的 90% 以上。对报纸来说，它可以得到以下一些好处：可以赢得广告客户的尊敬和信任，可以了解自己的运营状况以及可以显示报纸的价值。

1963 年，国际发行稽核局联合会诞生，表明这一审计制度得到世界范围的认可。

在我国，发行量和视听率调查正在建立自己的标准。1999 年 12 月，中国报业协会公布了《中国报业自律公约》，要求成员报纸如实公开发行数据和广告效果，并准备组织指定机构进行发行量的核查工作。这是促进和保护我国媒介行业内部的公平、公正、有序竞争的一个重要举措。

第二节 广播、电视的节目经营

商业性电台、电视台每年要放送数千小时的节目。广播、电视的节目经营指的是广播、电视所进行的与办台宗旨的确立、全台节目的设置（包括各类节目所占的比例）、安排播出的时间、播出次数及队伍的配备、节目的包装与推介、节目的交流和购销等有关的各种活动。

广播、电视由于其技术特性，故节目经营工作的重点是产品的设计。在营销的渠道环节各国的差异较大，本节不作详细讨论。

一、广播、电视的受众分析

现代无线广播、电视的普及率相当高。在美国，98％以上的家庭拥有收音机和电视机。广播、电视传送的节目吸引了各个年龄段各个经济阶层的人士，但是两种媒介的受众规模和构成经常波动。

在美国，工作日内广播的收听在上午6点至10点最高，从上午10点至晚上7点相对稳定，以后迅速下降。周末听众的高峰在上午10点至下午3点。目前，听众渐呈年轻化趋势，女听众比男听众多，超过65岁的听众最多，然后是18至34岁的男听众。

在一天中电视观众在晚上9点达到最高峰，以后下降。冬天看电视的人比夏天多。星期天晚上的观众最多而星期六晚上的观众最少。女性看电视多过男性，老人多过青壮年。十几岁的少女和6至11岁的小孩看得最少。较大的、有孩子的家庭比较小的、没孩子的家庭看得多。有线电视比无线电视用得多。不同收入阶层之间的差异不太显著，但低收入者相对于高收入者看电视的时间更长。

在我国，城乡受众的收视行为已初步形成某些共同点：

城市居民日常收听广播的时间分布在各城市之间差异较大。以收听广播相对集中的时间段的递减顺序为例，北京依次是6：00至7：30，12：00至13：30，19：00至23：30；上海依次是6：00至8：00，11：30至13：30，16：00至19：30，20：00至23：30；广州依次是6：30至11：30，11：30

至13：30，17：30至19：30，21：00至零点。从年龄分布来看，总体上年轻人和老年人对广播的接触率比较高。

城市居民收看电视的时间基本上集中在18：00至23：00，尤其在工作日（周一至周五），这一时间分布特征更为明显。在休息日（周六和周日），城市居民在白天也有比较集中地收看电视的时间段，例如北京、武汉和西安等城市集中在9：00至12：30和13：00至17：30；而重庆和广州则集中在10：30至14：30；上海在9：00至17：30比较集中。从年龄分布来看，年轻人的电视接触率稍低于中老年人。

当代的年轻族群被称为"可乐毕业生"的一代，他们的注意力比较分散，人浮躁，容易厌倦，热衷于时尚和流行，对广播电视的节奏、重播、谈话题材的选择提出了更高的要求。

二、广播电视节目的种类

以下是美国联邦通讯委员会的节目分类和定义：

（1）新闻节目。这是关于新近发生的地方、地区、全国和国际事件的报道，包括天气和股市行情报道以及评论、分析和体育新闻等。

（2）公共事务节目。这是有关地方、州、地区、全国、国际争论和问题的节目，包括但不限于谈话、评论、讨论、演讲、台论、文件、公开讨论小组、圆桌会议及其他关于公共事件或过程的内容（无论现场还是录播）。

（3）娱乐节目。其包含所有用来娱乐的节目，如音乐、戏剧、杂耍、智力竞赛等。

（4）农业节目。其主要针对农业人口的市场报告、农事或其他信息。

（5）宗教节目。其包括布道和祈祷、宗教新闻和其他类型的主要用于宗教目的的节目。

（6）教导节目（instructional programs）。这是指那些不太好划为农业、新闻、公共事务、宗教或体育的节目，包含对文学、音乐、美术、历史、地理、自然和社会科学的讨论和理解，也包含用于工作和职业教导、业余爱好指导以及其他用于教导目的的相似节目。

（7）体育节目。其包括正在进行的体育赛事，运动前后有关的活动，独立的体育教导节目、新闻或信息。

（8）其他节目。其包括前面未定义的所有节目。

下面是几种前述节目的子节目：

（1）社论节目（editorial programs）。其包括用于表达电台与电视台观点的节目。

（2）政治节目。其包括介绍公共职位候选人、他们的观点或投票议题的节目，如议会报道。

（3）教育机构节目。其包括由教育机构、教育组织、图书馆、博物馆、教师家长会或其他相似组织准备的节目，或代表它们及与它们协作的任何节目。体育节目不包括在内。

我国无线广播、电视节目的分类基本上沿用过去按内容划分的方法，即分为新闻性节目、教育性节目、文艺性节目和服务性节目四大类。随着广播系列台和电视多频道的发展，出现了一些新节目形式，如音乐节目、娱乐节目和对象节目等。另外，根据节目播出的稳定性程度，还可分为长线节目与短线节目两种。

三、节目部门

在所有决定电台、电视台的财务成功的因素中，没有比节目更重要的。如果节目吸引了大量的受众，并具有广告客户所寻求的特征，则广告费会滚滚而来。

节目部门的主要功能有五个：①生产或买进能吸引目标视听人的内容；②安排抓得住有欲求的受众的时间表；③生产公共服务、促销宣传和地方性广告；④生产或买进其他能满足公众兴趣的节目；⑤为台/站所有者带来利润。

节目部门一般由节目经理或节目指导领导，他们对总经理负责。有的台/站的节目部门和生产部门合二为一，由营运经理领导。

1. 节目经理

（1）职责。无论电台、电视台的市场规模大小，也无论是独立电视台还是网属电视台，节目经理有四项基本任务：节目的策划、节目购买、节目执行与节目控制。

①节目策划。其包括短期、中期、长期的计划。在电台，策划主要集中于对节目程式（format，又译为格式）和其他吸引并满足特别群体需求的内容的挑选，当然也包括个性和风格都适合于电台播音员的程式。在电视台，策划主要是对能吸引大量观众的节目的挑选和播出安排（scheduling）。加盟台要考虑他们将要播出的网络节目是否会被拒绝或推迟。由于节目主要用来吸引受众，特别是广告客户感兴趣的那部分受众，所以节目经理对节目的策划常常要与销售部门的负责人及总经理商讨。

②节目购买。节目或者由台/站自己制作，或者由其他渠道获得。节目购买要有销售部门负责人和总经理的参与。

③节目执行。执行是指按照计划播放节目。执行要与输送人员、促销经理、新闻总监（有时）协作。

④节目控制。其包括制定台/站的节目标准，监督节目内容，对节目播出作记录。此外，还包括指挥节目部门的工作，负责对节目供应合同的履行，节目成本控制等。

（2）素质。节目经理应当具备一定的知识、技巧和个人素养。知识范围包括：对台/站所有者的目标、节目部门的角色及其与其他部门的关系、节目的长短、节目人员的管理，市场规模、人口、社区经济状况，人们的工作与闲暇结构，社区的问题和需要，社区的音乐及参众对信息的口味和节目偏好，竞争台/站的长短优劣及其节目计划，作为节目经理的责任，节目的潮流以及内容、程式和受众的特点等。技巧方面包括计划、分析评估、鉴赏识别、谈判等。节目经理还要有很强的对节目工作的感觉，这需要耐心地听取受众和同事的各种意见，理解他们的需要和兴趣，具有紧跟受众口味和技术潮流的灵活性、节目发展和促销的创造性，同时还要合乎道德。

（3）影响因素。节目经理的决策和行动受多种因素影响。一个音乐程式的电台节目决策环境共有21个因素（见图6-2），其中的外部因素只有本台的促销可控制，但内部因素都可控制。

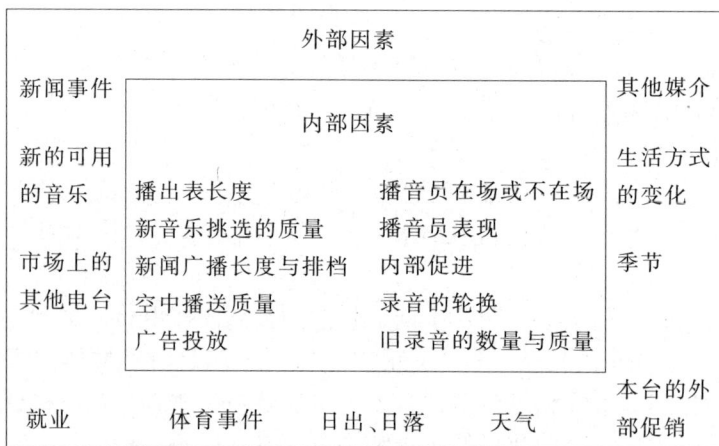

外部因素		
新闻事件	内部因素	其他媒介
新的可用的音乐	播出表长度 播音员在场或不在场	生活方式的变化
市场上的其他电台	新音乐挑选的质量 播音员表现 新闻广播长度与排档 内部促进 空中播送质量 录音的轮换 广告投放 旧录音的数量与质量	季节
就业 体育事件 日出、日落 天气		本台的外部促销

图6-2 音乐程式电台的节目决策环境

影响电视台节目部门的因素有观众的直接反馈、管制的规则和标准、推断的反馈、收视率、台/站之外朋友的批评和意见、生产人员的意见、个人基于直觉和知识的判断、财务、策略等。

2. 节目设计模型

广播电视节目设计过程可以用三个步骤来描述：首先是选择，其次是编排，再次是促销。这三个步骤的综合结果决定受众的规模和构成。整个节目工作过程通过评估不断进行反馈性修正。可以通过视听率等各种数据或受众的直接反应得到反馈信息，节目部门也可以依据自己的直觉或经验作出判断，见图6－3。

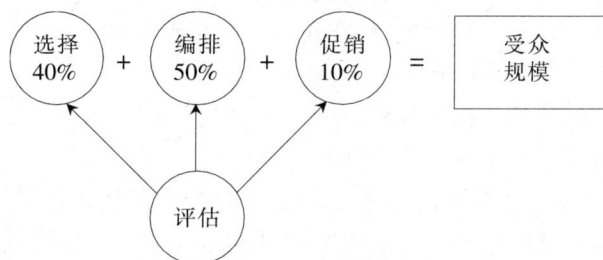

图6－3　广播电视节目设计模型

在图6－3中，假定挑选节目对于最终结果产生40%的影响，编排产生50%的影响，促销产生10%的影响。对这些比例不能作机械的理解。在一个垄断或寡头垄断的市场上，挑选节目比促销的作用更重要。因特网已深刻地改变了无线广播电视节目各运作步骤的构成，在当代竞争更激烈的市场上挑选和编排节目已经高度程序化，促销反而成为影响受众规模的一个越来越重要的因素。

四、电台节目工作

许多电台的节目工作由一个主要的内容或声音元素支配，即体现为程式，它是适应市场细分的要求，为了吸引人口中特定的按年龄、社会经济特征或种族来识别的亚群体而形成的。

1. 程式

程式有多种，可简单地分为音乐程式、信息程式及特别程式。

（1）音乐程式。其为美国商业电台中最普遍的程式，可细分为现代成人、前卫摇滚、古典、现代流行、经典摇滚、乡村、爵士、怀旧、老歌（oldies，20世纪五六十年代流行的）、城市现代等程式。

电台音乐程式中音乐是最主要的节目元素。其他非音乐的内容有社区公告板、台论、特辑与市场、新闻、公共事务、公共服务、宗教、体育、交通、天气报道等。

（2）信息程式。两种基本的信息程式是全新闻和全谈话。第三种信息程式是这两种基本信息程式的混合。

全新闻程式包含新闻、信息和服务特辑、分析、评论。它吸引 25～54 岁的成年人，特别是受过良好教育的男士。它需要大量的新闻从业人员和设备，花费较多，只有在大型市场上才易于成功。

全谈话程式的基础是访谈和听众热线，它包含特辑、新闻、天气、体育、公共事务等内容。其访谈和热线主题可以多种多样。35～64 岁的男性是主要听众，成功主要靠主持人的技巧。

新闻—谈话或谈话—新闻程式可以有不同的形式，典型的如早晨和下午交通高峰时间播新闻。它主要吸引 35～64 岁的人。

（3）特别程式。这类程式有多种，常见的有少数民族程式（目标针对少数民族群体，如美国的黑人电台、西班牙语电台等）、宗教程式、多样性程式（主要出现在只有 1 家电台的市场上）。

2. 节目来源

美国广播电台的节目来源主要有三种：①当地，如录音公司、商店、各种新闻来源等；②辛迪加，可供应各类 60 秒、90 秒或其他长度不等的节目，还有各种音乐程式辛迪加；③广播网，如 ABC、CBS、Satellite Music、Transtar Radio 等，可提供多种不同人口统计对象或不同程式的节目。

3. 节目战略

电台节目战略发展的第一步是最重要和最难的一步，是对节目程式的选择。

影响程式选择的因素有以下几方面：

（1）市场规模。一般来说，市场越大，程式越需专门化以吸引听众。

（2）社区结构和位置。人口特征和趋势在预测一个程式的吸引力方面非常重要。

（3）竞争。考虑到竞争的程度有助于发现市场空白点。广告客户最想触及的人依次是 25～54 岁的女性、18～49 岁的男性、18～34 岁的成人。另外，也可通过更好的程式执行和促销来直接竞争。

（4）潜在的听众和广告收益。了解听众的规模和构成是赢得广告投入的关键因素。

（5）技术。电台被许可广播的功率是很重要的。功率越大，覆盖面越广。

覆盖面还受 AM 台的频率和 FM 台的天线高度的影响，频率越低，天线越高，信号覆盖范围越大。另一个要考虑的因素是，FM 台较之 AM 台的声音保真度高，吸引了大多数的音乐听众，这已令 AM 台的节目工作陷入两难境地。

（6）财务。以足够的程式和促销方面的财务花费来"俘获"听众并吸引广告客户是必须考虑的因素。

战略发展的第一步是电台要决定如何做好节目与服务以吸引并留住目标听众，决策必须考虑听众的需求和期望。

人们收听音乐程式台主要是为了娱乐和放松，收听全新闻台是为了信息，听全谈话台是为了交友（有热线电话可直通演播室）。他们希望听到熟悉的声音，让他们感到舒适，因而程式的实施要有一贯性。

保持一贯性的最常用工具是程式转盘或程式时钟（format wheel or clock），它在一个小时的节目内把各种元素融为一体，见图 6-4。

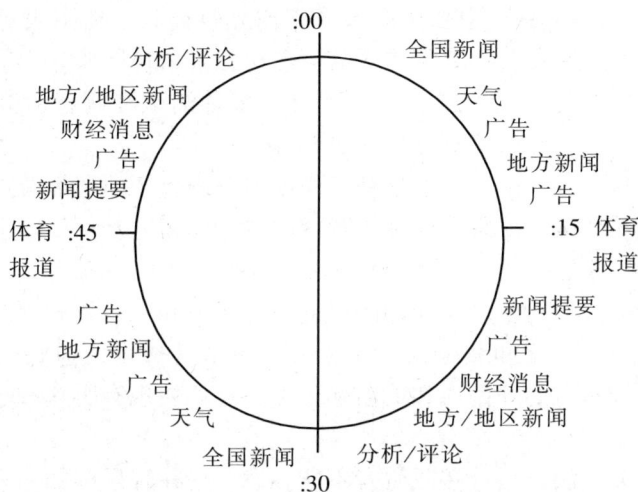

图 6-4 全新闻台的程式转盘

听众及其需求、情绪和活动在一天中会有变化，电台要对这些变化作出反应。在工作日的每一天中，美国的广播时段可以划分为以下时段：

（1）上午时段（morning drive，6：00 至 10：00）。大多数听众想听最新的新闻、天气和交通情况。

（2）中午时段（midday drive，10：00 至 15：00）。大多数听众在做家务，音乐和信息都能满足其所需。

（3）下午时段（afternoon drive，15：00 至 19：00）。十几岁的人放学回

来，成人下班回来，大部分情况是前者寻求娱乐，后者寻求娱乐和信息的混合。

（4）晚间时段（evening drive，19：00 至午夜）。大多数听众需要娱乐和放松。

（5）凌晨时段（overnight drive，午夜至次日 6：00）。倒班工人、寻求娱乐的大学生、寻求交友的人是听众中的主体。

我国广播时段的划分大致相似，例如清晨、早晨、上午、中午、下午、晚间、深夜等。

全新闻台的内容常常滚动播出。

听众规模是按每刻钟来计算的。所以电台总是努力在每一刻钟内吸引尽可能多的人。在这一刻钟到下一刻钟的过渡时间，许多电台用音乐或迅速切换节目来留住听众。

由于同一市场上所有电台可用的音乐基本上是相同的，所以一个重要的策略是用播出表（play list）中列出的录音带或光盘播放。播出表每隔一段时间即进行更换，如一周。选择卡带或光盘可参照各音乐排行榜。

为了获得更多的反馈信息，电台常常做多种测试和调查研究。如听众测试、电话调查、市场份额研究、程式研究等。

在有些电台和程式中，主要强调音乐或信息内容，而把播音员的个性放在第二位。既然播音员是联系电台和听众的纽带，许多电台都鼓励把播音个性化作为竞争的另一武器。

战略考虑还应包括实现自动化的可能性、促销和广告政策等。自动化有利于一贯性、声音专业化和减少人为错误，也可节约成本，但它改变了个性元素，并可能降低电台的开创性和灵活性。促销是留住现有听众和争取新的收听者的有力手段。

在广告政策方面，因许多收听者不能容忍广告在音乐中的插入，所以要权衡利弊并作出适当的限制。

五、电视台节目工作

电视台的节目工作和电台有很大不同。电台争取的是特别的听众，多数电台中广播网节目所占的份额很小。电视台针对的是总体观众，美国电视网的节目是加盟电视台的主导节目，这给独立电视台带来了相当大的竞争压力。

1. 影响电视节目工作的因素

节目经理在采购和编排节目中要权衡很多因素，其中重要的有：

（1）竞争电视台的长处和弱点。竞争者是注重观众总体还是特别的人群。了解竞争者可以进行合适的节目设置与编排。

（2）建立观众流（Audience Flow）。由于遥控器的使用，抓住观众流成为节目编排的一大挑战。

（3）培养观众习惯。每天同一时间段的系列节目能形成观众收视的固定"路线"。鼓励这种习惯常常是一个重要的目标。

（4）有空闲的观众。一天不同时间段可以争取的观众是决定节目类型和编排的重要因素。闲暇时的观众类型和数量在工作日和周末有所区别。

（5）观众兴趣。在某一市场上如果观众对其他内容的兴趣较高，或电视台认为哪种兴趣可以被激发，则可生产或购买相应的节目。

（6）广告客户的兴趣。节目必须像吸引观众一样吸引广告客户。广告客户最感兴趣的目标是 25 ~ 54 岁的女性消费者。

（7）预算。这是影响节目的重要制约因素。

（8）节目存货。可用则当考虑。

（9）自己的生产能力。宜尽量挖掘生产潜能。

另外，节目工作要考虑与所服务社区的关系。例如美国的《1934 年传播法》规定了广播人服务于公众的利益和需要的义务。节目工作是满足这种要求的主要工具。每隔 3 个月，台/站在它们公开的文件中必须列出 5 至 10 项社区议题及其细节。为了有助于确定这些议题，节目经理得在社区内雇请一个人来相助。许多台/站通过参与或赞助经选择的事件来提供非电波的服务。而电波服务是数不胜数的，包括地方新闻报道、公共事务节目、台论、公共服务播报、马拉松式的电视节目（telethons，尤指募捐性的）等。当电台、电视台被指责为仅仅提供娱乐时，就可使用这些手段，它们还能提高视听率和增加商业利润，对树立形象、避免公众组织的不满和执照更新都有好处。

2. 电视节目的栏目化编排

电视节目的播出是按照时间顺序编排的，节目编排就是有机地安排好各节目的播出次序以及每个节目具体的播出时间。在正常的情况下，电视台都应该按照固定的栏目、固定的播出时间、固定的时段去编排节目。

中央电视台新闻评论部主任梁建增认为，我国的电视产品生产已从节目时代发展到栏目时代、频道时代，并将进一步发展到管理时代。电视节目的栏目化是当前的一股潮流。这是因为电视节目的编排不仅要考虑到长期的宣传报道方针，同时还要考虑到观众的兴趣、爱好和需求。栏目化有助于培养相对稳定的观众流，观众可以按时打开电视机，收看自己所喜欢的电视节目。所以，除了新闻性栏目一般是每天播出外，其他的栏目多为每周一次。电视台每年还要在调查研究的基础上，对现有的栏目进行改版或者开辟新栏目，以满足观众变化着的视听需求。

节目栏目化的另一个好处是播出时间的规范化。节目的播出时间应该准确，时间长度标准划一，各个栏目就可以按照若干规范的时间标准来制作。相应的，节目制作也要规范，超出时间标准的要坚决压缩，不足规定时间长度的要补充，以保证下一节目的准时播出。

这种流行的电视板块模式是从杂志借鉴过来的。它存在一个比较突出的问题，那就是显得有些机械化，有违新闻活动的内在规律。既然是新闻，应具有事先不可知性，编播起来就会有长有短。除了遇到重大节日、国内外重大新闻事件、重大政治活动、重大自然灾害、重大体育比赛的直播，允许调整部分节目的播出时间外，如果平时的报道都限定了时间，每一小板块几分几秒，后期制作机房掐得死死的，带来的结果必然是有时节目特别"水"，拖沓冗长；有时节目又显得过于"紧"，意犹未尽。如何避免这种机械化的倾向，在保证正常播出的前提下给新闻节目尽可能的弹性空间，是值得电视工作者认真研究的。

在具体编排栏目的播出时间时，还要注意处理好节目与节目对象、重点节目与一般节目、新闻性节目与娱乐性节目、黄金时间段与普通时间段等的各种关系，力争理想的收视率。

3. 电视节目的编排策略

考虑到以上各种因素，电视台的节目安排要考虑竞争环境和观众手中的遥控器。以下是一些常用的编排策略。

（1）对抗（head to head）。这是指采用吸引竞争台观众的节目，各大电视网的早间和晚间新闻可谓典型。

（2）对立（counter）。这是指采用吸引非竞争台目标观众的节目。一个台吸引成人的节目遭遇同一时段另一个台吸引儿童的节目即是例子。

（3）连环（strip）。这是指在每天的同一时间安排一个系列节目，通常从周一至周五，以鼓励观众形成特定收视习惯。然而，这种办法如果不能吸引大量的观众，就会作茧自缚。

（4）棋盘（checkboard）。在每天的同一时间播出不同的节目系列。这种策略有几个缺点，耗资较多，难以促销，难以形成观众的特定收视习惯。

（5）板块（block）。对相同的观众安排几个节目，常常持续两个小时或更多。

成功的节目工作的原则还有如下一些方面：

（1）从观众份额被等分的地方着手。从几个台中分别吸引少量观众比通过一个节目吸引大量的观众容易得多。

（2）连续播放针对同一人口统计群的节目，运用无缝连接避免观众换频道，或用一个长节目避开竞争台开始时段的强势节目。

（3）当观众呼吁变化时，通过容易的步骤实现之。不要试图彻底改变他们的呼吁。

（4）把"新"节目放在频道收视的高峰时段。把它放在观众后来要看的频道节目或连续剧之间。

（5）在现在的竞争时段使用绝招，保持一个可"制胜"的节目。这是改变竞争状况的一个手段，若人们在特定时段已习惯于收看一个流行节目，则会有风险。

（6）在一个时段的开始，或相对弱档节目之前，或整晚节目平淡的中间，安排强档节目。

（7）针对有空闲的人播送节目。有空闲看大多数节目的人是主要的节目之后还留下来的那部分人。

（8）在采购方面，要多考虑与现在的节目相对立的内容。

（9）不要把一个花费高昂的节目放在观众或广告投入潜力不足的时段。

4. 美国网属台及独立台的节目工作差异

美国的电视网与加盟台的关系是由加盟契约确定的。电视网的节目能吸引大量的观众。对于电视网播出的广告节目，加盟台根据各自的收视率情况可得到一定的补偿。但是由于家庭可选择频道的增多、电缆电视和 VCR 的竞争，加盟台的节目部门也面临挑战。1980—1989 年，电视网黄金时段的观众份额从 85% 下降到了 67%。

在工作日，电视网提供给加盟台 11 （ABC）～18 （CBS）小时的节目。剩余时间及临时变动，由加盟台的节目部门填补。

工作日的时段是这样划分的：

（1）早晨时段（6：00 至 9：00）。许多加盟台播送电视网新闻和新闻杂志节目。

（2）上午时段（9：00 至中午）。家庭主妇是主要目标。

（3）下午时段（中午至 16：00）。首先是新闻，然后是娱乐（如游戏和情景喜剧）。从 12：30 至 16：00，主要播肥皂剧及一些卡通片、情景喜剧。

（4）边角时段（early fringe，16：00 至 18：00）。加盟台播自己节目的最长时段。

（5）傍晚时段（18：00 至 19：00）。主要播出地方新闻和电视网新闻。

（6）接近黄金时段（prime access，19：00 至 20：00）。这一段时间一般

留给加盟台，电视网节目播出的黄金时间在 20：00 之后。美国的黄金时间接近规则禁止网办台和加盟台在东部时间 19：00 至 23：00 播出超过 3 个小时以上的电视网节目或曾在电视网播过的辛迪加节目，除了新闻、公共事务节目、儿童节目等。

（7）电视网黄金时段（20：00 至 23：00）。一般加盟台全时段播送电视网节目，但也可安排自己的节目。

（8）边角时段（late fringe，23：00 至 23：30）。主要是地方新闻。

（9）夜间时段（23：30 至第二天凌晨 2：00）。几大电视网提供的节目长度不等，加盟台可选择连续剧、情景喜剧、电影代替。

周末的节目编排受电视网体育节目的影响，并随季节而变化。对于宗教、公共事务和儿童节目，加盟台一般安排在星期日的上午播出。

独立台的节目工作则相当艰苦。它们必须自己提供所有播出的节目。事实上，独立台也是可赢利的。它们的成功多半要得益于选择节目的智慧、促销行动的想象力和节目编排的有效性。而其成功的核心则是意识到在所有时间段击败网属台的不现实性，所以主要采用对立节目策略，利用编排的灵活性，吸引那些网属台未服务到或服务好的观众。例如，早晨和下午，主要用辛迪加卡通片吸引儿童；下午 4 点至 6 点，如果网属台能吸引儿童坐在电视机前，则以情景喜剧同时吸引成人。若有空闲的成人较多，则播辛迪加的智力竞赛、游戏或动作—冒险系列；傍晚是一个精彩的对立策略展示的机会，以娱乐来对抗传统的网属台新闻；接近黄金时段，继续播娱乐节目以保持观众流或从晚上 7 点开始播一部两小时的电影；在晚 11 点后的边角时段播出吸引成人的娱乐。周末也会给独立台一些使用对立策略的机会。

六、节目交流与节目市场

节目交流是广播电视台相互之间开展的一种节目交换活动。交流的范围可以是国内，也可以拓展到国外。交流的内容可包罗万象（国家明令禁止的当然不在其内）。通过节目交流，可以增加节目来源，扩充节目内容，增加节目品种，延长节目播出时间，甚至增开新的栏目或频道。同时，可以扩大优秀节目的传播范围。

目前，我国与国外的节目交流方式仍以节目交换为主，并在积极开拓国际节目市场。国内的节目交流方式则从节目交换为主转向节目交换与开拓节目市场并重。

在国外，广播电视节目作为商品，交换是天经地义的事。无论是媒介业发达国家，还是媒介业快速发展的国家，都把提高视听节目质量与创造品牌产品作为一项战略部署，以期打进世界市场。1995 年，美国向国外出售影视片收入达 20 亿美元。2000 年，好莱坞大片出口收入达到 120 亿美元，影视业和相关产业的总收入高达 600 亿美元。实践证明，成功的节目是电视台的摇钱树。美国 CBS 的《60 分钟》时事杂志节目自 20 世纪 80 年代以来，每年赢利 5 000 万到 6 000 万美元，其中既有广告收入，也有作为商品提供给其他媒介的收入。

在我国，广播电视节目的商品属性正逐步为人们所重视。在社会主义市场经济条件下，广播电视的发展要求节目走向市场，实现商品化，才能使它的社会效益和经济效益落到实处。

我国拥有世界上最大的潜在节目消费市场。国家广电总局 2004 年公布的数据显示：2005 年，我国电视节目播出总量超过 1 259 万小时，可供播出的节目总量却只有 255 万多小时。另外，在各台自制的电视节目上，中央电视台的自制节目比例占播出节目总量的 73.9%，省台通常占 20%~30%，市级台只占 10%~20%。而各台新闻专题类节目的自制比例可达 70%~80%。如果进口节目的价格以平均每小时 3 000 美元计，百万小时电视节目的市场价值约合 30 亿美元左右。尽管我国有国外影视节目在黄金时段（18：00 至 22：00）播出比例不得超过 15% 的规定，但国外电视业人士仍然认为中国市场将成为世界最大的电视节目消费市场。虽然我国广播电视节目市场还远未形成，但这一潜在大市场的资源正是我国广播电视产业化的重要优势。

第三节 网络的内容经营

提供新闻资讯服务的网络媒介可分为两大类，一类是传统媒介的网站，另一类是商业网站。随着互联网的日益普及，网络媒介逐渐主流化。对传统媒介来说，网站究竟是扮演与实体媒介互补的角色，还是独立的新个体，一直是一个值得探讨的问题。

传统媒介的"上网"指的是在网上建立一个站点，专门用来发布信息。这需要两台服务器、一条 Internet 专线或接口、几个工作站、一套网页制作软件等，还需要专门的技术人员来维护和操作。网上的传统媒介被称为网络的传统内容提供商（Internet traditional content provider，ITCP）。

网络对传统媒介的意义，目前主要体现在以下几个方面：①品牌的延伸与拓展；②内容信息资源的再开发和再利用；③受众及市场信息的搜集和研究；④探索新的赢利模式；⑤开辟新的利润增长点。

一、报纸网站的经营

1. 报纸网站建设情况

在媒介史上，报刊与图书出版作为信息传送系统的出现要比电子媒介早几百年。现在，尽管报纸仍是人们获知信息的首选途径，尽管书报杂志作为"热媒介"仍有不可取代的价值，但是，它们都必须积极应对知识经济时代电子媒介和新媒介遥遥领先的信息传送速度、容量及双向传送能力的挑战，才不致化为"泡沫"。报纸网络版和电子报纸在这样的背景下应运而生。电子报纸是指出版发行者通过网络传输，用户在网络终端可阅读的定期出版物。电子报纸按其创办形态，可分为进入互联网的现有报纸网络版和专门在互联网上创办的电子报纸两大类。目前，占主流的是现有报纸网络版。

报纸网络版和电子报纸的特点是时效性强、可跨国界传播、廉价（有时是免费的）、读者选择性大、打印复制方便。更重要的是，它将使任何人进行编辑出版活动成为可能。这样，以往大众媒介中所有权的集中和垄断局面便被打破，当然，所打破的是时间和空间的限制，能使报纸扩大读者群，接触一些过去不易接触的读者，有着独特的优越性。

1995 年一年中，美国有 500 份周报和日报加入了电脑网络。虽然一些人对报刊通过入网来解决出路颇有疑虑，但势头不可阻挡。据美国 New Link Associates 的统计，截至 1998 年，全球报纸的入网总数已经超过 3 600 家。

有意思的是，在美国，入网最积极的报纸并不是那些著名的大报，而是一些不太有名的地方性报纸。据美国报业协会的统计，在已入网的 500 多家报纸中，60% 以上其纸质报纸的发行量不足 3 万份；发行量在全国垫底的 100 家报纸中，95% 入网并创办了网络版。

在网络刚普及的时候，报纸的网上经营成为热潮，不过目前总体上的流量不如其他类型的网站。根据网络投资机构 Tapit Partners 于 2007 年 11 月的统计，美国前十大网站每人次停留的时间，以时代华纳（Time Warner）最高，接近 3 小时，雅虎为 2 小时 10 分钟，新闻集团（News Corp）为 1 小时 52 分钟，微软为 1 小时 21 分钟，电子港湾为 1 小时 17 分钟，维基为 57 分钟，最少的亚马逊也有 18 分钟，十大网站平均每人次停留 1 小时 14 分 40 秒。在十大报纸网站中，每人次停留时间最长的网站是《纽约时报》（20 分钟），其次是《华盛顿邮报》、《波士顿环球报》、《西雅图时报》三网站（14 分钟），再次为《芝加哥论坛报》（11 分钟）、《今日美国报》（10 分钟）、《华尔街日报》（9 分钟），停留最短的《旧金山记事报》仅有 4 分钟，十大报纸网站的平均每人次停留时间为 12 分钟。①

我国大陆自 1995 年正式将因特网接入商业服务以来，出现了网络建设形成规模、接入服务形成竞争、网站建设形成热潮、网络用户与日俱增的态势。截至 1999 年，我国已建立独立域名的报纸、广播、电视、通讯社等单位达700 家，其中报纸网站 273 家。

我国报纸在网站建设方面，目前的情况是有的报社自己完成电子版编制工作，有的请外面的 ISP 来做。不同报社采用的软件平台大相径庭，编出来的网页也不一样。部门设置也各不相同，有的成立了专门的网络部，有的则附设在技术处；有的是技术人员主管，有的是编辑主管。总的来说，尚处于探索阶段。

2. 报纸网站的核心任务——服务网民

网络版或电子报纸作为媒介，服务网民的核心任务没有变化，但是在具体方式上与纸质报纸有所不同：

（1）着手构建实时网络。"实时网络"是一个动态网络，包括写作、阅读、更新、粘贴、修改、订购、联合、供应和链接。这是互联网中增长速度超过传统静态网络的那部分。静态部分指站点、地址、交易量、体系、架构等。这些部分是基础和根本，但对于实时网络来说，它们是必要而非充分条件。在实时网络中，内容需要不断更新和增长，成长为所在区域内更有分量的内容和服务提供者。

（2）分时设计新闻模块。根据读者在早、中、晚浏览内容的侧重不同，网站可在一天的不同时段提供不同的内容。

（3）在网站上展示存档内容。尽可能地与网站所掌握的材料建立起链接，使写作人员养成检索、链接存档内容的习惯。这将帮助使用搜索引擎的人们建立起回溯资源的有效途径。一切将水到渠成：更多读者，更高权威，更受尊敬，更可观的网页排名以及更出众的搜索结果。事实上，在报纸的网站上设立一页专门提供各种通向存档材料的链接（或者通向各种链接的链接）是个不错的选择。

（4）跟踪和链接当地的博客。关注当地博客甚至自己的竞争对手，与它

---

① 那福忠. 新的旧媒体：报纸网站. 印刷杂志，2008（2）

们建立链接。即使做不到无可替代，也可以争取成为所在池塘里最大的那条鱼。

（5）寻找平民记者报道引人注目的突发性地方新闻事件。比如台风、暴雨、地震、矿难等，只有身临其境的人才能提供栩栩如生的报道。现在很多普通人都拥有数码相机、摄像机、移动电话之类的设备，这对于近距离追踪新闻线索帮助巨大。

（6）为智能手机用户推送"新闻流"。为那些智能手机或者其他掌上网络浏览器的使用者提供源源不断的新闻。当然，不要指望这样做马上就可以赚钱，但是，这可能促进未来手机媒介成熟时的更大成功。①

（7）提供高质量的主题词搜索。从浩如烟海的网络信息中迅速、准确地找到网民所需要的信息是搜索发展无尽的动力。因此网站的每个页面应提供搜索窗，给读者在本网站和互联网搜索的自由。

总之，报纸网站的功能不仅是维持读者的忠诚度，也要吸引新读者。如果能够吸引年轻人建立新闻阅读习惯，他们就可能成为纸质报纸的未来读者。

3. 报纸网站的经营模式与收费问题

国外网上报纸大多保留了纸质母报原有的内容特征，但为了更符合网络的规律，引入了一些新的思维，产生了一些新的变化。

美国网上报纸的经营模式可分为三种。这些模式在我国的报纸网站中也可以找到。

（1）在网上设立独立的网站。如《羊城晚报》电子版、《浙江日报》设立的"浙江在线"等。

（2）在网上设立独立的网站，但内容远远超过母报的容量，形成一个跨媒介的区域性综合信息平台。如《深圳商报》建立的"深圳新闻网"。

（3）众多报纸联合经营一个大型的新闻网站，但各报内容相对独立。如千龙新闻网、四川新闻网。

（4）报纸独立，或数家联合，或与其他网络服务商联合，经营专业性的信息服务网站。如上海的"东方网"。

在免费还是收费问题上，不同的报纸网站采取了不同的策略，大部分报纸是这些策略的综合。

（1）免费开放。

《泰晤士报》是英国最早上网的高级报纸之一。它自1996年1月起，每天伦敦时间凌晨两点将当日报纸的全部内容上网，但广告版面在上网时则被删

---

① ［美］蒂姆·奥赖利. 报纸网站经营十招. 中国报业，2007（9）

除。它的网站主页上辟有滚动的"新闻快递（News First）"栏目，还开辟"过去七天"和"过期报纸"查阅服务，上述服务全部免费。

（2）分级收费。

《今日美国》的运作模式与《泰晤士报》有所不同。在它的网络版上，新闻报道和各类消息的栏目设置和内容安排都和印刷版没有大的区分。不过，如果读者希望使用该报数据库的话，就采用分级控制的方式。普通读者一般可以利用搜索引擎直接查询《今日美国》网络版有关某一主题的报道和内容，这些主题共有十六大类的数据库资料，但并非该报所刊内容的全部。如果希望详尽深入地阅读 1987 年以来的各文章全文并下载的话，需要看一篇文章支付 1 美元的费用。

（3）收费浏览。

一些经济类的著名报纸，如《华尔街日报》、《金融时报》，其服务性和读者针对性都比较强，对其网上用户实行收费浏览。《华尔街日报》从 1996 年 4 月起开办收费服务，至 2003 年底，网络版付费订户达 66.4 万，其印刷版每年订阅价为 189 美元，网络版仅为 79 美元。自默多克接手后，《华尔街日报》的收费浏览在酝酿改变。

2007 年，美国报业的广告收入中，450 亿美元为印刷版收入，35 亿美元为网络收入。印刷广告持续下降，网上广告在快速增长。

二、广播网站的经营

1. 广播网站建设情况

在未来数年内，电信、计算机、广播电视三网合一，是世界流行的大趋势。因此，广播电视应具有充分的战略眼光，努力探寻电视、电信两大行业各自的优势、特点及产业之间新的合作契机，培育网络化新兴媒体，筹划未来发展远景。

1995 年 8 月，美国 ABC 广播网首先利用互联网进行全球播音。到 2001 年已有约 85% 的美国区域性或全国性广播电台在网上建立站点。

广播的实时、快捷、高效等优点是新信息技术的核心优势。将广播电台接入因特网，依靠因特网庞大资源，利用因特网高效、快速的工作方式，优化电台资源，扩大广播覆盖面，加大广告宣传面，提高听众参与度，是广播重新崛起的机遇。世界各大著名的广播电台，纷纷借助互联网这一翅膀，将自己的信息传给全球的用户。

在"德国之声"电台，电脑网络是整个电台的枢纽。与一般电台不同的是，"德国之声"不但重视电脑网络在办公、管理上的应用，而且重视电脑网络的媒介作用。它的网络是基于因特网的内部网。换言之，整个"德国之声"的网络全部放在因特网上。外界可通过因特网收听电台节目的实时广播，了解电台的活动动态、发展计划等，方便听众或客户加入各自感兴趣的节目或活动中，电台和听众真正做到跨越时空的双向接触。另外，通过因特网电台可以随时了解世界大势，像节目编辑可从网上获得新闻，管理人员可以通过互联网向世界各分支机构和外出人员布置工作，收发各类报表、报告等。

在我国，1996 年 12 月珠江经济广播电台率先创建网站。截至 2008 年，全国 110 多家电台开办网上广播。

2. 广播网站运作形态

从目前已上网的广播电台的运作情况看，网上广播主要有以下几个特点：

（1）在内容上以新闻发布为主，继续保持广播消息快捷的优势，但还有部分电台以形象推广为主要目的。目前，在网上运行的各国或各地区的广播电台大都把新闻发布，或是其他各类信息如经济、股市、交通、旅游等服务作为运行的主体。在形式上，既有消息、时事评论，也有各类专题。通过将广播节目迅速推上网络的途径，保持广播媒介的优势。但是，各个电台的发展也是不平衡的，有的网站信息量小，时效不快，其主要功能仅限于自我宣传、电台介绍、栏目简介以及部分广告刊登。

（2）在方式上通过在线广播和网上点播，开辟了网上信息传播的新形式。网上电台的在线广播与电台广播节目的播出同步，时效性很强。一些电台还通过这类形式对重大事件或重大活动进行网上直播。而网上见诸文字的新闻和其他各类专题，都可以按受众需要提供点击收听服务。如 BBC 的对外广播将 46 种语言的节目送上互联网，其中 9 种语言实现了在线广播。中国国际广播电台国际在线可提供 43 种文字、48 种语言音频节目。广播的加入为互联网增添了新的形式与内容。

（3）在播出形态上使声音媒介文字化、视觉化，为传统广播媒介增加了新的功能。广播节目在网上与受众的沟通首先是通过视觉来完成的。广播节目文字化使网上用户不仅可以听广播，而且可以"看广播"。这种听觉与视觉的结合，缩小了声音媒介与文字媒介的差异，扩展了受众的选择空间。

3. 广播网站的发展趋势

在未来数年内，广播网站将呈现这样一些特点：

（1）外向型电台将成为网上广播的主力。在各种类型的电台中，那些以海外听众为主要传播对象的国际电台，或称为外向型电台，对网上广播有较大的需求。如国际在线的境外点击率占全部点击率的一半以上。这些电台多年来面临的最大问题就是如何将广播节目更好地在对象国家和地区实现有效落地。传统的短波发射、境外建台等手段已远远不适应广播发展的需要，卫星技术和互联网正成为外向型电台的目标。

（2）技术进步会推动网上广播的发展。广播媒介在网上运行中所表现出的局限性，将随着科技的发展而改善，各广播媒介自身技术条件的革新，也会改善其在网上的运行效果。

（3）有偿服务将进一步提高网上广播的商业价值。传统广播的边际成本几乎为零，即增加 1 个听众与增加 100 万个听众的边际成本相等，都是零，因此，按照经济学上的边际成本定价原理来定价收费是不可能的。但是，在网上可以区别免费信息与收费信息，对部分节目进行定价并按订单打包发送在技术上成为可能，因此，可以考虑免费服务和有偿服务相结合的可能性，以及节目与广告的捆绑问题。

三、电视网站的经营

世界各国的大型电视媒介都纷纷在互联网上建立自己的网站，鼓励人们通过这份"电脑杂志"了解节目的情况。例如 CNBC 和《华尔街日报》合作供应网站内容，并在有线电视上推销 CNBC 网站，NBC 则和微软合作设立 MSN-BC 新闻网站。

1996 年 12 月，中央电视台创建了央视网的前身央视国际。迄今全国有 150 多家电视台网站，80 多家广播电视混合网站。央视网和凤凰网是其中的佼佼者。

下面以 CNN 的网站（CNN.com）为例，探讨电视网站的经营问题。

1. 内容呈现方式

CNN 除了新闻内容及时、丰富且可以在线收视之外，还针对各个类别的新闻主题设立网站，并提供个人化的新闻服务与下载软件，让最新的新闻标题可以即时传送。它的栏目有如下分类：

（1）世界新闻。分亚太、欧洲、美洲、非洲及中东等区域新闻。

（2）美国新闻。下设特别报道、花边消息及仍保留在此页中的前两日的新闻。

（3）天气。设有美国天气预报、世界天气预报、气象图、风暴中心。

（4）商业。设分站点 CNNmoney。

（5）体育。设分站点 SL.com。

此外还设有政治、法律、技术、科学与空间、健康、娱乐、旅行、教育、特别报道等栏目。

2. 特点

首先是及时性。CNN 网站与其有线电视系统结合紧密，每小时均对其内容进行更新，所以，其时效性极强，对报道世界各地的突发事件极为有利。

其次是全面性。CNN 网站充分利用了互联网的特性，那就是资料丰富，便于查寻，并将电视、报刊的特性有机地结合了起来。

CNN 网站还为客户提供了便捷的服务。为了方便用户阅读，在新闻栏目中，所有新闻都有一个简短介绍，起导读的作用，而且由一条新闻又可链接出若干篇文章及站点，过去 5 天的新闻都保留在栏目中以供查寻。

在 2008 年 11 月美国大选日当天，CNN 网站独立访问用户数达到 2 700 万人，创下历史纪录。

3. 经营状况

在互联网浪潮涌动的今天，利用互联网能够获取大量收益的还是极少数。大多数互联网接入商尚不能赚钱赢利，纯粹的信息提供商就更难以获利。但大量的资本和人力还在源源不断地涌入这一领域，因为人们一致看好互联网的未来。

统计数字显示，CNN 1996 年在互联网站上的收入欠佳。其 1996 财政年年度总资产为 44.9 亿美元，总负债为 44.9 亿美元，总收入为 16.8 亿美元，网站收入仅为 146 万美元。1997 年，CNN 网站实现了赢利。虽然发展不是一帆风顺，但是赢利的格局一旦形成，其前景仍然是值得期待的。

用互联网进行电视传送，因其需要压缩的信息量比广播更大、更为困难一些，因此发展就缓慢一些。从全球范围看，电视媒介进入互联网，其规模小于报刊等文字媒介，也远远落在广播媒介的后面。目前的电视网站和网络电视还不能与普通电视相比，只有当连接家庭的线路具有更大容量之后，以互联网为载体的高质量画面传送才能实现。

讨论与操作

1. 营销网络对产品的销售和生产有无决定性意义？为何专业发行公司不能一统天下？请就此讨论企业的性质以及分工与专业化问题，并尝试用博弈论方法进行解释。

2. 广播电视节目工作是做产品还是做销售？无线广播电视与免费报纸差别何在？无线和有线电视分别如何向观众推销自己？

3. 应如何看待"注意力经济"？"注意力经济" = "内容经济" + "渠道

经济"吗？"注意力经济"与"影响力经济"命题有何异同？"影响力经济"对产品营销产生什么样的影响？请分组讨论之。

4. 请随机用一周时间定点观察一个附近的报摊，记录它的进货渠道与销售状况，并分析您的发现结果。

5. 请设计一个方法，推断并验证某一市场型报纸的发行量。

6. 在有线电视频道的经营中，"内容为王"的策略是如何实现的？"内容为王"是否构成了某种有效经营模式？为什么把一种内容或形式推向极致非常重要？请以 HBO 或类似的频道为例。

7. 请分析一对竞争性电视频道（如香港无线与亚视）的节目策略。

8. 为什么纽约时报电子版可以免费经营？为什么华尔街日报电子版可以收费经营？媒介网络版实行注册会员制给网上经营带来的影响是什么？

第七章
媒介的广告营销

内容提要

本章具体分析媒介广告营销的实施步骤。报纸与广播电视的广告经营均应做到高度专业化与规范化。只有符合本媒介产品特点与市场特点的广告营销才能更具针对性。本章专门探讨了媒介的营销问题。

广告收入堪称媒介最重要的经济来源。1998 年，美国报纸的广告收入达到了 439.25 亿美元。在经历了报业的"寒冬"和"拐点"之后，2007 年美国报纸广告收入仍然维持在 420 亿美元。

过去人们把广告视为"一种有偿的、有责任的信息传播活动"，基本上是片面地从广告客户的角度出发，认为它仅仅是广告客户为了推销其产品和服务，向媒介购买版面或时间的行为，而没有充分认识到媒介在广告经营中的主动性。这恰恰是媒介广告经营的误区。因为媒介在把版面或时间出卖给广告客户时，对广告客户而言，就是在向他提供一种商品或一种服务。为了争取客户，媒介必须努力提高经营水平和服务质量，而不是消极地等待客户上门。

媒介广告营销需要考虑受众因素。一方面，因为媒介只有满足受众的需求，才能扩大发行量，提高视听率，从而吸引广告商。另一方面，广告是媒介信息的有机组成部分，是联系媒介与受众的纽带之一。处理好媒介与受众的关系，是媒介广告经营的一个重要原则。

第一节　报纸广告版面的销售

新闻和广告都是报纸内容的支柱。在版面占有率方面通常接近 1：1。发行量越大的报纸，广告量往往越多。美国发行量在 18 000 份左右的报纸，广告版面为 42.7%；发行量在 24 000～35 000 份之间的报纸，广告版面为 57.0%。尽管在国内报纸的国际新闻版，广告要让着新闻，尤其是当重大新闻发生时，可能连续几个版地长篇报道，中间不插广告。在其他版，可能连续多页都是整版广告。遇到有重大活动，比如大型体育赛事、大型展会活动等，报纸还可以出广告专刊，随报附送。

改革开放以来，在我国媒介的市场化、产业化史上，恢复报纸广告是一项根本性的措施。1979 年 1 月 4 日，《天津日报》率先恢复报纸广告。1979 年 1 月 28 日，上海《解放日报》在其第二版和第三版的下端刊登了两条通栏广告。据说当时《解放日报》刊登广告的直接动机只是为了弥补春节期间没有照例缩减版面所带来的损失，并没有意识到这一举动的重大意义。广告登出之后，众说纷纭，褒贬不一，主管媒介的上海市委宣传部对此未置可否。3 月 15 日，《文汇报》刊登了瑞士雷达表广告，是我国报界刊发的第一条外国产品广告。5 月 14 日，中宣部发文终于肯定了媒介恢复广告的做法。从此，报纸产业才迅猛地发展起来。

一、报纸广告的特点

现代报纸中广告收入所占的比重越来越大。例如在美国，1880 年，广告收入仅占总收入的25%；1910 年，占50%；现在，则接近80%。有关中国的情况见第十一章表 11 - 1。

报纸广告对社会生活、经济成长与社区进步有着广泛的影响。在解释为什么有很多广告费投放到报纸时，美国报纸发行人协会广告部提出了"八条理由"：

（1）读报是全球性的日常习惯，因而报纸广告每天都能够被买报的大部分人所接触。

（2）报纸广告是地方商业活动的血液，因为它触及每个社区的消费源。它给全国性的广告客户迎合任何地方的消费者提供了同样的机会。

（3）报纸广告降低了广告客户的销售成本。制造商可用它来覆盖有利可图的市场。

（4）报纸广告可确保快速、全面和经济地发布产品信息。零售商愿意卖那些做了广告的产品给他的客户。

（5）报纸广告让制造商能够说出何处可买到他们的产品。

（6）报纸广告可在一夜间开始或结束，可在数日间准备妥当，可带来即时的效果。

（7）报纸广告可使制造商在他们进入的任何市场检查广告效果和成本。

（8）报纸广告的花费要低于其他任何一种媒介。

二、报纸广告的类型

美国报纸广告主要可分为两种：展示广告（display advertising）和分类广告（classified advertising）。新的商业领域、新的排版印刷技术、更好的表现手段不断地拓宽了报纸广告的类型。

（1）地方性展示广告。报纸广告的一大部分是由当地的零售商、制造商所投放，他们把家庭报纸作为触及所服务公众的经济而有效的手段。这类广告可细分为四种：零售的、机构的、协作的、推广的。

许多商店的广告是零售类型，以描述每一种商品项目及报价为特征。这种广告直接迎合读者的口味和消费水平，效果容易检测。

机构广告更多地展示其个性特征。它可以表现历史、服务记录、消费者证词、周年纪念、新开的部门或服务的介绍等。银行、报纸、公用事业使用这种广告较多。

协作广告被商团或其他团体用来推销观念或发起运动。它可以是一些销售的联合或社区的一些工程、运动。由于一个大广告要比几个小广告更有效，所以它常常是整版广告。

推广一个共同体、一个机构、一个服务部门叫做推广性广告。这类广告常常是折叠式或目录式的。

（2）全国性广告或普通广告。这类广告是由制造商、股票经纪商及其他厂商超出了报纸（美国的报纸大多为地方性报纸）的近距离范围投放的广告，它的费用也不同于地方性展示广告。这类广告可以通过中介代理机构，或直接由全国性广告客户送达报社。大的城市报纸都有全国性广告部门，小型报纸则由专门的代理公司代理。

（3）分类广告。分类广告是每一家报纸的重要服务内容。它既能带来可观的利润，又能满足读者兴趣和建立良好的声誉。

1998 年，美国报业的广告结构为：地方性广告占 46%，全国性广告占 13%，分类广告占 41%。其中分类广告经营总额为 180 亿美元。2000 年，美国日报的总广告额中，三大类广告中，零售商广告为 214.09 亿美元，全国性广告为 76.53 亿美元，分类广告为 196.08 亿美元。随着分类广告转向互联网和发行量的进一步下降，大多数报纸的业务模式受到了威胁。

我国的报纸广告通常也分为工商广告和分类广告两种。

三、报纸广告的销售技巧

报纸出版的主要目标之一是带来大量的广告，以作为收入的主要来源，另一个目标是让广告客户对效果满意。因而，报纸的广告部门有两条路要走，它必须提高广告业务品质并且拓展业务量。这可以通过以下九个方面的技巧来实现：保持一个高效率的组织；了解广告的价值；劝导商人付诸计划；销售合约与运动；生产可靠的有吸引力的广告；协助推出卖点；与商贩合作；高效率的管理订单、测试和记录；制定一个公平的广告价码。

1. 设立一个精良的广告部门

广告部是需要出版商大力投入的部门。强有力的组织对小报、周报与大的都市报都很重要。广告部门的负责人需要具备服务公众和扩大业务量的热情，极强的组织能力和销售意识。他的销售能力要与行政能力一样强。对广告部的另一个要求是要有足够的销售人员来服务于每一个潜在的广告客户，并能令人信服地展现报纸作为广告媒介的特点。在美国，发行量不到1万份的报纸亦有3~5人专门销售广告。广告人员的划分和指挥在很大程度上决定了报纸在服务广告客户方面的成功。老客户需要服务，新主顾也要发展。广告队伍常常是为了培养小的广告客户而不得不扩大，故发展新客户的销售人员，要制定灵活的政策，以免他们因太多的"陌生拜访"而泄气。

报社广告部门的具体职责有六个方面：①开发广告资源；②承揽广告业务；③审查；④编排；⑤收费；⑥效果调查。

广告发布的流程见图7-1。

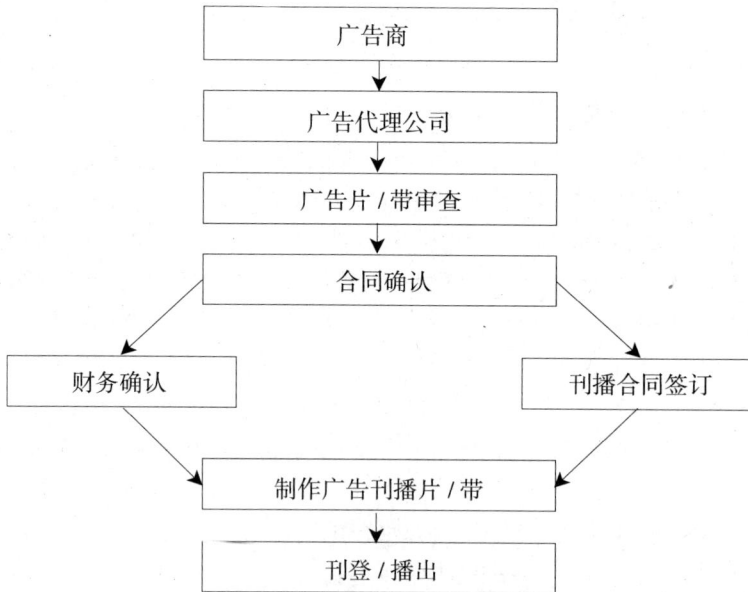

图7-1 媒介广告发布流程

案例

《纽约时报》广告部

《纽约时报》的广告部由报社三个高级副总裁之一直接领导，地位比财务、人事、销售服务等部门都要高。整个部门有350人，在报社中所占的比例不大。因为整个《纽约时报》集团有1.23万人，新闻业务部门有5000人，广告部人员只占全报社雇员的2.8%，但创造了全报社2/3以上的收入。

广告部的职责很单纯，就是拉广告、登广告。在广告部中，有250人是专门对外拉广告的业务员。他们按不同的行业分成小组，如化妆品、时装、电影、汽车、金融等，一共有45个小组，分得很细，但并不交叉，即做时装的，决不做电器广告，尽管他们有时候有这个机会。分工明确既可以避免业务员之间的利益交叉和由此可能产生的纠纷，又可以让他们各司其职，更加专业。

广告部最看重的是业务员的公关能力，即与他人的沟通能力和亲和力。专业知识当然重要，但不是决定性的，因为不懂的可以在工作中学习。开辟新客户不能请客送礼，只能游说。业务员有一定的业务指标，工资与绩效挂钩。公司不允许广告业务员个人送礼，更不能给那些投放广告的人回扣。

客户在《纽约时报》做广告不能用产品抵广告费，必须用支票支付，这些都是为了避免不规范的做法，减少贿赂和贪污等不法行为。但对那些老客户，还是有优惠的。比如，刊登广告100天以上的，广告价格可以适当打折。

《纽约时报》作为百年大报，对于广告有一定的选择标准。首先，头版从来不登广告，出多少钱都不登。另外，不登香烟广告，不登与色情、枪支等有关的广告，这都保证了该报广告的质量。报社对广告的挑选相当严格，都要经过审查。不过，审查不是由广告部执行，而是由一个独立的评审委员会负责。这是为了保持公正，避免业务员之间的利益冲突，同时确保广告本身的合法性。

2. 了解广告的需求和价值

在报纸能满足商人和读者的需要之前，发行人必须知道发行区域内商业发展的可能性及商人期望做生意的范围，然后报纸可拓展或强化它的发行，这样，商店才可能通过广告增加客源。同样报纸出版商把家庭市场向广告客户做介绍也很重要，商人欣赏任何能扩大财路的信息。可是在广告活动中报纸还不可能垄断市场，它要以强有力的证据显示自己的广告最好，以应对其他媒体如广播、电视等的挑战。关于为什么报纸广告是有效的，还可罗列以下一些理由：

（1）报纸是一种人们想要、到处搜寻并付费购买的广告媒介。

（2）报纸是一种许多人习惯于从中寻找他们想购买的商品或服务的媒介。

（3）报纸进入家庭后，能够保证每一条广告都可供家庭的每一个成员在方便的时间里阅读。

（4）报纸的每一期都包含了对家庭的每个成员来说有趣而重要的信息。

（5）人们喜欢阅读广告，85%的人希望他们的报纸带有广告。

（6）人们乐意在处于一种思想活动中或在准备决策和行动的时候读报并

浏览广告。

（7）报纸广告具有多用性和灵活性，它的大小和内容可以天天变化或周周变化。

（8）报纸广告的生命可以是数小时，也可以是数天、数周甚至数年。

（9）报纸对市场覆盖率大、质量高。

（10）报纸广告能得到读者的及时注意。今天插进一则广告，明天就可能出现在千万个家庭中。

（11）报纸广告通过设计、制作及运筹策划可使广告更有效。

（12）许多报纸通过特别编排可使小广告同大广告一样突出。

（13）在零售商的意识中报纸广告的位置排在第一。

报纸提高其广告有效性的特色服务是建立业务联系的有利因素，而银行业、食品业、花店、室内装潢业、保险业、零售业等都能发现报纸广告给他们带来生意的兴隆。

3. 劝导商家进行广告计划

广告部门职责的一部分是劝导商家拨出明确的广告费用、设计广告图及安排时间表。一份充足的预算确定下来后，要仔细地计划使用，每一步的费用要进行控制。广告效果图要有吸引力、诚实、惹人喜欢。在把版面销售给新客户时，一份报纸常常强调令他们的销售信息有效而采取如下八个步骤：

（1）注意与年销售量相联系的每个月可能销售量的重要性，确定某个月是否代表了年销售量的 6%、10%、15% 或更多。

（2）评估潜能及确立这一年合理的广告费—销售量目标，考虑所有可能影响你目标的因素。

（3）确定达到销售目标所需的广告支持的数量（用百分比）。

（4）确定每个月的版面预算，把广告经营指标转换成报纸版面上的栏来表示（西方报纸的广告尺寸，栏为宽度，英寸为高度。我国常用厘米为单位）。

（5）确定哪几个月能提供最大销售潜能的部门、项目及服务类型。

（6）对那些挑选的项目在版面上做一个能够获利的分配。

（7）确定广告刊出的时间及频率。

（8）从季节、质量、风格、多样性及排他性等角度刊出迎合顾客的广告，向顾客展示你能为"他"做什么。

在劝导广告商方面，《广州日报》有一个极为成功的例子。在 1998 年之前，我国报纸的周末、周日版一般是最薄的，广告也最少。《广州日报》发现国外的情况正好相反，周末、周日广告最多，于是感到周六版是一个大有可为的领域，因为读者休息日读报时间最充分，作为报纸，完全可以用一个精心策划的周末版吸引读者。结果它 40 个版面的周末版一上街，就受到了读者的热烈欢迎，成为《广州日报》的品牌，开始的时候广告少些，只有十条八条，但不久广告就蜂拥而来，每期的广告达到 100 条左右。

从广告资源的结构来分析，报纸的销售重点会因自身规模、宏观经济情况乃至季节变化而有差异。例如，《深圳晚报》在培育市场的第一年，广告主要来自医疗、保健、食品、餐饮。进入第二年，这一比例便显著下降，取而代之的是商业广告，房地产、金融类广告也有明显增加。由此可见，报纸应根据行业变化和自身特点，有计划地培育广告投放潜力大和比重较低的行业，使之成为自己的新增长点。

4. 销售广告合约和活动

成功的广告需要时间。商家可能做第一次广告时收获不多，但他持续做下去就会引起人们对他提供的服务价值的注意，未来的顾客就会形成留意有关他的信息的习惯，因而广告部门就要把销售重点放在长期合约与活动上。为了刺激这种活动，对有规律地做广告的客户要给予更低的费率或折扣。另一个增大业务量的方法是销售套餐广告（ads in packages），特别是针对那些较小版面的使用者。向一个商家销售 13 则广告刊登 13 周不会比向它销售 1 则广告只刊登 1 次花费更长的时间。广告活动常常以协作的形式出现，一个不愿意登广告的商家可能会与其他商家协作刊登广告。

5. 制作可靠的有吸引力的广告

由于广告必须有助于经营和商誉，所以决不能误导。粗心和不真实的承诺会令人失去对广告和报纸的信任。商家大多不愿意被他的竞争对手超越，所以有强烈的夸张倾向。"最优质的商品与最低廉的价格"、"全城价格最平"、"全省价格最平"等广告语，最终必会变得毫无意义。因此广告部门要把"全城价格最平"设法改为"我们的最低价格"，把"全城最好的质量"改为"出奇地优质"，把"你所见到过的最好的外套"改为"我们曾经销售过的最好的外套"。要使广告被人相信，每一句话都必须真实。此外，广告文本也必须有吸引力。一些大的企业有自己的广告部门，可拿出引人注目的文本。大多数小企业则需要帮助。报纸的广告部门要有广告文案和设计专才，懂得广告的创作及编排。

6. 提供卖点的帮助

大多数报纸通过帮助建立销路和通过鼓励商家协作登广告来促销全国性广告。报纸提供卖点援助必须做如下准备：报纸要刊登与市场有关的信息（城市人口、商业区人口、报纸发行量、城镇电话数、汽车数、商业网点、制造业、教育机构、市政府组成等情况）；可能购买广告客户商品的商业区名单；对相关区域内商店将要做广告的商品的信息储备与核实；由报纸广告部门的代表对商家进行拜访或发出劝导信；向商家递交广告成功的例证。广告代理机构也急于得到有关帮助，与它们协作对报纸有利。

7. 与本地的商家合作

除了服务刊登全国性广告的客户外，报纸要与本地商家合作。可以参与百货商店的橱窗展示，熟识商店广告部员工，以拓展报纸广告业务。与本地的商家合作，还可处理好外来的广告客户与本地竞争者的关系。

8. 有效地管理订单

有时广告客户的商誉和广告的效力会因报纸广告部门对订单管理的粗心而受损，代理机构会抱怨广告没按计划好的日期刊出。所以广告经理在指挥员工工作的时候，还必须制定工作的程序和格式，并仔细地检查，以便及时纠正错失。每日广告清单、全国性广告用单、要求登广告者来电来函的日记录单等都必须有人负责，逐项准确填写。许多报纸为它们的所有广告客户提供测试广告效果的服务，这或许是最令广告商满意的方法。

9. 制定一个公平的广告价格

多年前，当工商界尚未认识到广告的价值的时候，广告费率主要受报纸的发行量影响。现在，发行量的影响不像报纸所提供的服务和广告效果那样大。今天的商家衡量广告的花费并非以他在每栏几厘米空间所投的钱，而是以带来的销售量的增加为标准。具有个性的销售人员的价值并不由他访问顾客的次数决定，而是他每次拜访给顾客留下的印象，他必须让人喜欢，使他的顾客期待着他的再次访问。

所以好的报纸要向它的客户提供特别的服务。在价格和数量上、在有吸引力的表现上、在有力的协助上、在新的机器设备上、在精通业务的人才延揽上，都可为客户提供有效的服务，从而使自己的竞争力得以加强。

四、报纸分类广告的销售

分类版面看起来是灰色的，但它们对报纸来说是金子。它们是报纸收入来源中相当重要的一块，对扩大发行量有很大帮助。在美国，这一部分收入通常占报纸总收入的 40% ~ 60%。2003 年全美的报纸分类广告营业收入为 158 亿美元。有人断言，一旦报纸分类广告份额受影响达 70%，那么所有的美国报纸都将破产。

分类广告受到许多因素的影响。美国在 20 世纪 90 年代后期，强劲的经济增长在推动地方市场的同时，加深了对分类广告的影响。低失业率造成打算招聘的公司放弃采用报纸广告，转用其他更实惠的方式招聘雇员。由于人力和物力的短缺，房地产公司一再推迟开工日期，这势必影响他们在报纸上做推销广告。

此外，报纸传统的本地零售广告（如超市商品广告）也受到挑战。电子商务不断吸引顾客在网上购物，导致越来越少的读者依赖报纸进行消费。

除了因特网的冲击，报纸分类广告的威胁还来自家庭杂志。许多报纸对付这一挑战的办法是自己也经营这类刊物，或建立网络版以吸引广告，弥补损失。

在我国，刊登分类广告的报纸还不多，且主要集中在经济发达的地区，如《羊城晚报》、《广州日报》、《精品购物指南》等。据 1997 年的一份调查显示，全国被调查的 130 份报纸中开辟有分类广告专栏的仅 29 份，其中绝大多数还是不定期刊出的，所占版面很有限。① 1999 年，《广州日报》分类广告的收入超过 2 亿元，2002 年为 1.18 亿元。2005 年以后，报纸分类广告投放额的增幅明显放缓。

1. 读者和版面购买者的兴趣

常常有人对地方新闻、国际新闻、连环画、图片和体育都没有兴趣，但他可能因要看分类广告而买一份报纸。分类版面有"新闻"能激起读者的兴趣，也就有价值能激起广告客户的兴趣。

在美国，分类广告从殖民地时期开始到现在一直存在。乔治·华盛顿以求售广告来卖出他的沿俄亥俄河的土地。本杰明·富兰克林因他妻子的一本祷告书被人从教堂座位上拿走而登了分类广告。托马斯·杰斐逊通过分类广告找到人担任海军部长一职。1900 年，欧尼斯特·谢克尔顿爵士刊登分类广告来征求他的北极探险的同伴。

许多人阅读分类广告是为了从中获得有趣的新闻，更多的人是为了它所提供的购买、销售、交换、寻求、出租等机会。它的确是一个许多人都可能光顾的市场。

一个典型的分类版面可供销售的项目有：新旧家具、汽车、家用拖车、园艺制品、房地产、谷物、家畜、家用器械、体育用品、照相器材、音乐器材等。对于物主的遗失或走失宠物的声明、房屋的出租、老板的招聘、信托公司的放贷等，也只有在分类页上才能如此多样、如此高效、如此经济地广而告之。

---

① 陈红梅. 我国报纸广告经营现状分析. 新闻战线，1999（11）

2. 定价方法

分类广告有三种常用的定价方法：按行数的费率、按空间的费率、按字数的费率。大多数分类广告以"按行式"销售；那些有大标题、行与行之间有大的空白或其他装饰的常"按空式"（广告所占的栏/厘米）销售；一些报纸为了避免按行数和按空间计算的混淆而按字销售；也有的是混合式，如前 7 行按字计价，剩余的按空式计价。每种定价方法各有优缺点。

3. 分类部门的运作

分类部门由四部分人员组成：在柜台前或通过电话接听求登广告的员工、使用电话揽客者（常常是 office girl）、外出推销员、通过函件征订广告的员工。分类部门要有充足的人手。

分类广告经理必须有进取心、有热情、有抱负、有耐心。他必须具备分类广告业的全面知识，对员工有充分的了解；必须能建立并推行运作和生产的标准；必须分析和解释员工的成效；必须富有同情心；必须了解自己；应当对公司忠诚不二。

成功的分类广告经理要能在部门内创造和持有成功的销售态度。其中包括四种突出的素质：人性化（humanity），并重视带来收益的机会；想象力（vision），以前许多出版商认为分类广告仅仅包括遗失、出售、出租，实际上这个领域是无限制的，任何商品和服务与任何生意、任何人都可在分类页成功地做广告；进取心（aggressiveness）；热情（enthusiasm）。

在版面空间售出之后，还有更多的事要做。得到满意结果的广告客户会持续做广告，而他所得到的结果取决于分类版面的吸引力、广告的明确性和诚意、读者寻找相关广告的方便性。一句话，分类广告的力量在于它的印刷格式、文案的种类和分类编排。其他更多的与广告量和收入有关的因素是费率大小和可赊欠情况。美国通常的收费是在刊出的当天发出一份通知，要求在七天内支付现金。

第二节　广播、电视广告时间的销售

1979 年 1 月 28 日，上海电视台播出了第一条电视商业广告《参桂补酒》，此后，广播、电视广告获得了长足发展。1983 年，全国广播电视营业额为

3 400万元，1989 年达 4.37 亿元，1991 年猛增至 11.4 亿元。1998 年，我国电视广告营业额达 135.64 亿元，占全国媒介广告份额的 25.2%。其中广告收入过亿元的电视台达 21 个。2007 年，全国广告总营业额达 1 741 亿元。其中，电视广告营业额为 442.95 亿元，占全国广告总营业额的 25.4%；报纸广告营业额为 322.2 亿元，占全国广告总营业额的 18.5%；广播广告营业额为 62.82 亿元，占全国广告营业额的 3.6%；杂志广告营业额为 26.46 亿元，占全国广告总营业额的 1.5%。

一、广播电视广告销售部门

在我国，截至 2005 年底，全国共有电台、电视台 2 507 个，有收音机、电视机 9 亿台，广播、电视人口综合覆盖率分别达到 94.58%、95.81%。电台、电视台大体可分为四个层次：中央级、省级、地市级和县级。2005 年全国广播、电视广告收入为 468.78 亿元，其中，中央级广播、电视广告收入占 21.98%，省级占 44%，地市级占 26.54%，县级占 7.48%。中央电视台是全国性广告最有力的竞争者，1998 年的广告收入达 42 亿元，2007 年突破 100 亿元。同样，省台和市或县台为了区域性和地方性的广告费而展开竞争。

在美国，广播、电视的广告客户可分为三类：①地方性，在台站的近距离区域内；②区域性，其产品和服务可到达台站所覆盖的范围内；③全国性，其产品和服务是全国性的，包括台站所覆盖的范围。出售广告时间给地方性广告客户的台/站营销人员叫做 AE（Accout Executive）；而面向全国性和地区性广告客户的销售通常由台/站的全国性销售代表来实施，这种销售代表也叫做台/站代表公司（Station Representative Company）。

我国媒介广告时间或版面的销售方式基本上是自己推销、客户主动上门和代理三分天下。所以许多电台、电视台既有自己的广告业务员，也有代理公司代理销售。

广播、电视销售部门的人数在很大程度上受市场规模和当地竞争条件等多种因素的影响。不过各种市场规模下的销售部门都有相似的职责。

1. 职能

销售部门的主要职能有：

（1）销售时间给广告客户。

（2）以有竞争力的价格向广告客户提供能够把他们的商业信息送达阅听人的工具。

（3）为广告客户拓展促销计划。

（4）带来足够的收入使台/站能够在竞争中继续运转。

（5）为台/站的所有者创造利润。

（6）通过发展和维持广告客户为台站的价值作出贡献。

2. 组织

销售部门的人员及活动通常由一个销售经理或销售总经理（GSM）领导。销售经理要向总裁/总经理负责。

一旦销售订单接下来并经销售经理审查之后，它们的执行由流程管理部门（Traffic Department）负责。流程管理部门常常是销售部门中的一个单位，由流程管理经理领导，向销售经理负责。流程管理部门的职责还包括：

（1）准备每日放送的包括所有内容的节目日志表（Program Log，一译节目志），含广告。

（2）维持可供广告客户购买的广告时间并告知销售部门及代表公司。

（3）把广告安排进节目日志表中。

（4）检查广告是否按订单和计划放送。如果没有，向销售总经理汇报，并协助安排。

不使用广告代理机构的客户经常会要求媒介帮助创作和制作广告。这种创作常常安排给负责解说词的文员或创意服务部门（可能是销售部门，也可能是节目部门的一个单位，由总监领导）的文员来做，广告制作则由生产人员来执行。

在我国，中央电视台等少数大台全面实行了广告代理制。如央视广告部，它不直接向企业承揽广告，而是通过全国900多家广告公司来开展业务。也有一些台/站通过自己兼营的广告公司来代理。但是从全国来看，面对当前广告代理制不规范的现状，加大广告业务代表的力量，保持个人代理业务的形式，是中小型媒介经营所必需的。

3. 销售经理

（1）职责。

在大型电台、电视台，销售经理的职责主要是行政管理。在小的台/站，则可能是身兼全国性、地方性销售经理和业务代表数职。总的来说，主要包括以下职责：

①制定总体销售目标和策略；

②挑选台/站代表公司，并与总经理和全国性销售经理商洽；

③准备和控制部门的预算，协调行政部门的收费，对潜在客户做信用调查，制作视听率卡；

④挑选（或认可）部门工作人员，对其进行必要的培训；

⑤制定和推行销售政策，对广告进行检查、记录，销售新合约。

销售经理还有其他责任，如召集销售会议，指导业务代表排列客户名单等。他的最重要的活动之一就是实现销售定额。

销售部门的表现在台/站的成功中极为关键。如果它的设想不现实，实际低于预期，则会不得不采取种种削减开支的措施。为避免这种局面出现，大多数销售部门都确立可实现的年度目标。每月的目标是短期的，常因各种因素而不能达到，所以更多的是注意季度目标的实现。

（2）素质。

销售经理的素质包括知识、管理和专业技巧、个人素养等方面。知识方面主要包括：台站所有者和总经理的目标，销售部门的角色；台/站作为广告媒介的长处和短处，销售部门与其他部门的协作，销售人员的动机、潜能和局限；市场人口结构，雇佣结构，商业气氛和潮流，竞争台/站和媒介的销售活动和计划及其成功与不足；销售管理的职能和方法；程式和节目的类型，受众的接触习惯等。销售常常被认为是"人"的活动，因此，销售经理应有与人相处的能力。协作精神和很高的道德水准是绝对必需的。若没有其他素养，一个友善的外表是未必能够成功的。销售总经理还必须有抱负、有竞争精神、有说服力、易适应环境及富于创造性。

二、广告时间的销售技巧

作为广告媒介，报纸的长处是灵活及时、地方新闻丰富、可信度高、适合收入较高的家庭；短处是使用寿命短、传阅率低。广播的长处是大众化、成本低、可细分听众市场；短处是只有听觉渗透、瞬息即逝、听众不稳定。电视的长处是覆盖率高、观众注意度高；短处是成本较高、瞬息即逝。

在美国，全国性和区域性广告占电台收入的30%、电视台收入的30%～60%。大多数此类广告时间由在大城市设有分支机构的广告公司购买。由于台/站不可能在各大城市维持庞大的销售队伍，它们雇请代表公司来销售时间。代表公司常常以佣金的形式取得报酬，佣金按扣除广告代理佣金之后的订单总金额的8%～15%收取。一些较大的代表公司会将一组台/站捆绑销售广告。

美国广播电视的本地广告销售是由业务代表，即AE来执行的。对业务代表的管理涉及雇用、培训、销售工具（最重要的是有关市场、台/站、客户的知识和数据）、销售建议、访问程序和技巧、报偿等方面。

业务代表销售方式不利的一面是保留客户较难。因为业务代表的收入和广告业务量是紧密挂钩的，不断开拓新客户自然成了广告业务代表工作的重心，因此没有更多的精力去维护已有的客户。另外，业务代表个人的经营手段和素质可能会影响到台/站广告经营的总体水平。

三、广告时间的销售工具

大多数电台销售的主要是 30 秒或 60 秒的插播广告（spot commercials）。在电视台，30 秒插播广告是标准的，当然 15 秒、10 秒乃至 5 秒的广告也常见。许多电视台也销售一组节目的时间，费用由厂商独家提供或多家共同提供，叫做节目带广告。

1. 费率卡

传统上，电台把时间的价目印在一张费率卡（rate card）上，决定价目的主要因素是在一天中的插播时刻及插播的次数，因此也叫频次卡（frequency card）。渐渐地，电台转向使用方格卡（grid card），其主要的决定因素是时间的供给和需求。当然，价目也会经常变化，而"卡"也多用电脑输出。

在制定方格卡方面有多种处理方法。电台必须决定时段和方格的数目、重新审查卡的间隔、调整费率的特别尺度，以及是否基于插播数目给一个折扣等。

表 7 - 1 是一个方格卡的例子。该电台划分了三种时段（dayparts）：

（1）交通高峰（drive）：周一至周五 5：30 至 10：00 及 15：00 至 20：00，周六 10：00 至 20：00。

（2）非交通高峰（nondrive）：周一至周五 10：00 至 15：00。

（3）晚间（night）：周一至周六 20：00 至午夜，周六 6：00 至 10：00，周日全天。

表 7 - 1 美国一电台的方格费率卡

	(1)	(2)	(3)	(4)	(5)	(6)	(7)	(8)	(9)
drive	80/100	77/96	75/93	72/90	70/87	67/84	64/80	62/78	60/74
nondrive	67/84	66/82	63/79	61/76	60/74	58/70	53/66	50/62	48/60
night	45/56	43/54	42/52	40/50	38/48	37/46	35/44	34/42	32/40
preemptible	47/58				run-of-schedule		40/48		

表 7 - 1 中共有 9 个级别，每一级别均显示 30 秒和 60 秒插播广告的价目，费率在每一级之间的变化为 1～5 美元。如果需要的话，可每周检查和调整一

次，调整是根据在接下来的16周里每个单元（30秒或60秒）售出的百分率。比如，若售出的低于50%，费率按第9级计算；第5级用于75%~80%的售出；第1级用于95%以上。电台对频次购买没有折扣，但可以（例如）把第9级给一年中1 000次插播者，把第5级给一年中500次插播者。

除了时间的供求关系外，价目考虑的其他因素有：一天中的时刻；插播的长度；广告客户是否按固定费率购买或有先买权（pretemptible）；广告客户是否让电台决定一天中的插播时段（run-of-schedule）等。

在按时段出售之外，大多数电台也出售对特定节目或特辑的赞助，各有不同的费率。

电视台销售时间大部分与节目联系在一起，而不是按照时段。它们已使用方格卡多年并根据需求调整费率。表7-2是一家网属电视台分5级销售每30秒时间的方格费率卡的摘录。举个例子，假定对 Family Ties 节目的时间需求较低，一个广告客户可能按第5级购买一次30秒广告插播权，或每次125美元；如果需求较高，则可能按第1级付250美元。至于60秒、20秒、10秒的广告费率，也因需求的不同而有差别。

表7-2　美国一电视台的方格费率卡（摘录）

Monday to Friday		30-second				
		(1)	(2)	(3)	(4)	(5)
6：00~7：00	NBC News at Sunrise	60	50	40	30	20
7：00~9：00	Today Show	150	130	110	90	75
9：00~13：00	Morning Block	110	90	75	60	50
13：00~15：00	Afternoon Block	200	175	150	125	100
15：00~15：30	Woody Woodpecker	150	130	110	90	70
16：00~16：30	Family Ties	250	200	175	150	125
19：00~19：30	Wheel of Fortune	600	550	500	450	400

电视台出售时间不一定都是现金交易，也有其他形式，如以物易物，与广告客户交换旅游、食品、设备乃至以时间与辛迪加交换节目。电视台还承办零售商的合作广告，零售商再从制造商那里获得部分或全部补偿。在不景气时期或接邮购公司的业务时，有一种查询付费广告（per-inquiry advertising）按广告效果来收费，常常降低费率，令大多数电视台皱眉头。有时，电视台给广告

客户额外的插播时间作"红包"（bonus spots）赠送。

应当注意的是，削减费率虽能带来短期的销售上升，却会导致价格战，使市场发生波动，也使广告客户认为是可讨价还价的，从而对所有电视台的广告时间的价值产生怀疑。最终，电视台必会打败自己，因为可销售的时间是有限的，以低于费率卡的价目销售不一定会导致收入的增加。

在我国，电台、电视台多采用价目表的形式。中央电视台则对黄金时段（5 秒标版和 A 特段）进行招标。许多媒介也把多给折扣作为吸引客户的手段之一。

2. 销售政策

销售部门必须确保费率卡是现实可行的，是建立在受众的规模和特征、市场大小、竞争条件的基础上的。但存量管理也要求发展出使时间可用并吸引广告客户，又不会导致受众切换频率或频道的销售政策。

销售政策主要包括：

（1）可供售出的时间总量。

（2）每小时插入广告的条数。要加以限制以免受众厌烦。

（3）每次插入广告的条数。插入不够频繁令受众满意，却会使广告客户不安。

（4）每小时内广告的分钟数。美国全国广播人协会的标准是，电台每小时不超过 18 分钟，网属电视台黄金时间不超过 9 分 30 秒，其他时间不超过 16 分钟，独立台相应的限制是 14 分钟和 16 分钟。

（5）费率保护。在一段特定时间内费率保持不变。

（6）产品保护。广告客户多不愿他们的广告与相竞争产品或服务的广告紧挨在一起或在同一插入时间播出。产品保护政策保证这样的广告播出之前有一段间隔。如果因某种原因不能做到，可允许广告客户选择折扣、赊欠或补偿。

（7）产品承认标准。确定不予广告的产品或服务目录。

（8）解说词承认标准。广告的文案和画面需与台/站决定的标准相吻合。

（9）补偿。当一个插播没播出或不适当时，应提供补偿或安排别的时间播出。

（10）其他成本。有的电台另列制作和演员成本，有的则加到广告的购买价目中。

在美国，电台、电视台的销售政策还要考虑《1934 年传播法》的相关条文。该法授权联邦通讯委员会保障联邦职位候选人在使用电台、电视台进行竞选宣传时的权利和利益，在接近权、平等使用权和价格优惠等方面都有具体的规定。

在 2004 年 1 月起施行的《广播电视广告播放管理暂行办法》中，我国广播电影电视总局就国内一些电视台随意插播、超量播放电视广告问题，作出了具体规定：

（1）禁止广播电台、电视台播放烟草制品广告及麻醉药品、精神药品、毒性药品、放射性药品等特殊药品广告。

（2）广播电视广告应当与其他广播电视节目有明显区分，不得以新闻报道形式播放或变相播放广告。时政新闻节目及时政新闻类栏目不得以企业或产品名称冠名。

（3）广播电台、电视台每套节目中每天播放公益广告的数量不得少于广告总播出量的 3%。广播电台、电视台每套节目每天播放广播电视广告的比例，不得超过该套节目每天播出总量的 20%。其中，广播电台在 11：00 至 13：00 之间、电视台在 19：00 至 21：00 之间，其每套节目中每小时的广告播出总量不得超过节目播出总量的 15%。

（4）播放广播电视广告应当保持广播电视节目的完整性，除在节目自然段的间歇外，不得随意插播广告。除 19：00 至 21：00 以外，电视台播放一集影视剧（一般为 45 分钟左右）中，可以插播一次广告，插播时间不得超过 2.5 分钟。

（5）播放广播电视广告应当尊重大众生活习惯，不得在 6：30 至 7：30、11：30 至 12：30 以及 18：30 至 20：00 之间人们用餐时播放容易引起受众反感的广告。

（6）发射台、转播台（包括差转台、收转台）、有线广播电视传输网络机构在转播和传输广播电视节目时，应当保证被转播和传输节目的完整性。不得以任何形式插播自行组织的广告，不得随意切换原广告，不得以游动字幕、叠加字幕等形式播放广告。

四、销售工作与视听率调查

销售部门对市场调查和受众测量的依赖性很大。市场调查使部门能够与新的商业活动、人口统计、就业情况及购买习惯的变化同步。许多信息可从商业材料、统计数据及地方报纸的财经新闻中得到。受众研究则可从独立公司购买，提供给广告客户以说明编排时间及效果，它对重新审查费率卡也是一个有用的工具。在我国的中央电视台，收视率是制定广告价格的唯一标准。

收视率这个杠杆对推动电视改革，促进节目间的竞争，引导编导重视观众需求等可以起到积极的作用。1998 年，北京电视台通过评选、审核，下马 30 多个栏目，除了专家打分外，另一重要依据就是节目收视率。在中央电视台，节目的考评是收视率、观众满意度、专家评议和节目成本四项。为了使节目在同等条件下作比较，赋予节目类型、播出时段相应指数来修正收视率。

视听率调查要求对受众做随机抽样。由于抽样可能有误差，测量的结果只是对实际的一个近似反映。主要的调查方法有四种，其中第四种仅用于电视。

（1）日记式调查法。视听活动记录在小册子或一周节目表上。

（2）电话调查法。调查者询问什么台或什么节目正在被收听或收看。另一种是询问前一天或前一天晚上收听或收看了哪一个台或节目。

（3）访谈法。调查者在视听人的家中询问或以问卷方式调查视听情况。

（4）仪器测量法。一种通过电话线连接被调查家庭和调查总部的监测装置。

美国调查公司的 Arbitron、美国尼尔逊公司的 Audimeter 等，可记录电视机正在收看的频道和节目时间。

调查报告的信息一般按照地理区域来组织，如大都市调查区（Metro Survey Area）、设计市场区（Designed Market Area）和总体调查区（Total Survey Area）等。

受众测量的术语主要有视听率、开机率、份额等。

视听率（rating）在电视台是指所有有电视家庭或个人收看某一电视台的百分率。

$$收视率 = \frac{收看某电视台的家庭数}{在调查区域内拥有电视机的家庭数}$$

或

$$收视率 = \frac{某一电视台的观众数}{总的观众人口数}$$

电台的收听率是调查地区总人口中收听某一台的百分率。

$$收听率 = \frac{某一电台的听众数}{受调查地区的人口数}$$

开机率（households using television，HUT）是所有有电视机的家庭在一个特别时间段开机的百分率。

$$开机率 = \frac{开着电视机的家庭数}{受调查地区拥有电视机的家庭数}$$

份额（share）是使用电视机的家庭或观看电视的个人收看某一台的百分率。

$$份额 = \frac{收看某一电视台节目的家庭数}{开机的家庭数}$$

或

$$份额 = \frac{看某一电视台节目的观众数}{看电视的观众人数}$$

在电台，份额代表着听众中收听某一台节目的百分率。

$$份额 = \frac{某一电台的听众数}{所有电台的听众数}$$

对电视台来说，收视率、份额和开机率是相关联的。

$$收视率 = 份额 \times 开机率$$

第三节　网络的广告销售

1994 年 10 月，在线杂志 Hotwired 在互联网上成功地推出了第一个网页广告，其中包括 AT & T、沃尔沃、波音等 14 则广告客户的图像和信息。这被认为是 Web 广告时代的开始。1997 年 3 月 IBM 公司支付了 3 000 美元给 Chinabyte. com 为 AS400 做宣传，这是 Chinabyte. com 获得的第一笔广告收入，这也是中国互联网历史的一个里程碑。

1996 年，美国网络广告费用是 2. 67 亿美元；1998 年，上涨到了 19. 2 亿美元，超过了当年的美国户外广告收入（15. 8 亿美元）。1998 年，雅虎公司净收入超过 2 亿美元，其中主要来自网络广告。经过 2000—2001 年的直线下降后，网络广告逐渐复苏。2003 年，美国网络广告收入估计达 63 亿美元，占整个广告市场的 2. 5%。1998 年，我国 520 亿元广告费用中，网络广告仅占 2 000万元左右。2004 年，我国网络广告收入为 7. 64 亿元，占整个广告市场的 0. 6%。2008 年，美国互联网广告总收入达 234 亿美元，同比增长 10. 6%；中国为 132 亿元，同比增长 42. 1%。

一、网络广告的形式及特点

在互联网向商业开放后，早期出现的基于 Web 页面的广告形式是第一代旗帜（banner）广告。它们是一些供用户点击的静止图标，像一块小型彩色广告牌，一般包括企业标识和广告语。第二代旗帜广告增加了动画、声音和用户参与的游戏，更加富于交互性和吸引力。到目前为止，旗帜广告还是网页广告中最常用、最有效的广告形式。一些大企业如美国在线，本身既是网页发布者，同时又是广告客户，在他们的网页上，广告与网页内容的界线淡化了，从而更具有潜移默化的宣传效果。

基于 Web 页面的广告形式还有：①浮动广告：一般也是方形 GIF、Flash 格式图像文件，悬浮于网页上，与固定不动的旗帜广告不同，会随着浏览者拖动页面而上下移动以不断吸引浏览者注意。②弹出式广告：会随浏览者打开网页而主动弹出，广告幅面有大有小，最大的称为"全屏广告"，与前两类广告相比较，这类广告有更强的视觉冲击力，但对观众有一定的强迫性。③富媒体（Rich Media）广告：是指由 2D 及 3D 的 Video、Audio、Flash、DHTML、JAVA 等组成具有复杂视觉效果和交互功能的网络广告。与前几类相比，视觉和交互效果更好，但应用所需的频宽也相对更多。④文字链接广告：以一行文字作为一个广告，点击即可进入广告页面。这类文字链接广告既可以是网页上的静态文字链接，也可由搜索引擎随机搜索到的动态文字链接，即关键字/搜索引擎广告。

此外，还有完全依赖软件的网络广告，如借即时通信、网络下载、影音播放、网络游戏等传播广告信息。随着互联网平台与移动通信平台及数字广播电视平台的对接、融合，网络广告传播的载体当然还应该包括各种移动通信平台和数字广播电视通信平台。因此，越来越多的广告也势必出现在以手机为代表的新型手持移动设备上。

网络广告的特点有这样几个方面：

（1）表现手段丰富。网络广告采用集文字介绍、声音、影像、图像、颜色、音乐等于一体的丰富表现手段，可以使消费者能全方位亲身"体验"产品、服务与品牌；可以在网上进行预定、交易和结算；可以刊登企业消息稿、新闻稿，利用网络活动事件在网络上进行宣传并设计网上讨论话题，达到类似广告的效果，或利用网络广告的投放直接链接企业网站，宣传企业形象。

（2）目标精准。网络属于"窄播"模式，可以使广告主将广告准确地发送到目标用户，可谓"准而告之"，也可以发送根据用户的特殊兴趣和口味定制的广告。

（3）具有生动的交互性。网页广告是目前唯一的受众不仅可以主动接触信息，而且可以参与并获得"特制"信息和特别服务的广告形式。广告所提供的e-mail联络方式，还可以帮助商家在几分钟之内对用户的意见和要求作出反应。这种交互性使网页广告比传统媒介广告更有活力。

（4）受众数量和广告效果是可测量的。网络广告可以通过受众回复的 e-mail 直接了解受众的反应，还可以通过设置服务器的 Log 访问记录软件，随时获得本网址的访问人数、访问过程、浏览的主要信息等，同时还可获得这些用户查阅的时间和地域分布，以随时监测广告投放的有效程度，及时调整营销策略。当然，对于整合营销的产品来说，网络广告的效果就不那么容易测定了。

（5）内容种类繁多、信息面广、容量大。网络广告的内容大到汽车、小到袜子均可上网做广告。

二、网站分类广告的繁荣

互联网出现后，一大批网络服务商首先瞄准的就是报纸的广告市场，尤其是分类广告市场。互联网上的商业广告最早出现于 1994 年，当年全美网络广告收入为 1 200 万美元，第二年达到了 5 500 万美元。1996 年为 2.67 亿美元，尽管还不到当年全美报纸广告收入 380 亿美元的 1%，但其发展速度及潜在的吸纳能力是毋庸置疑的。

据统计，截至 1998 年 7 月，在美国 1 489 家日报中，961 家开辟了电子版，768 家有网上分类广告，734 家有网上汽车广告，733 家有网上招聘广告，731 家有网上房地产广告，648 家有网上租赁广告，313 家有网上个人广告。创办于 1995 年的 Craigslist，目前已发展成美国最大的分类信息网站。

从互联网广告的投放结构来看，分类广告和产品广告占主流，占到了在线广告的 40% ~50%。网络广告主要侵占了部分报刊广告市场，且多为分类广告。网络广告的主要增长来源是搜索及其附属的广告。如果在 Google 上搜索"婚礼"，可以找到出租的婚礼服装、婚礼策划机构和服务公司的广告，这些广告一般不会出现在同等规模的传统媒介上。

继门户网站的品牌广告和搜索引擎竞价排名广告之后，分类广告以更加细分的市场渗透到人们生活的方方面面，国内出现了不少专业的分类广告网站，Google 也推出了 Coogle base，投身分类信息大潮中。

三、网站广告的收费方式

在网络上刊登分类广告，与报纸分类广告有许多相似之处。它们都可分为人事类和营业类等不同类型，都需由受众去接洽广告主，都按字数和插页数来收费。

至于其他广告，则主要有三种收费方式：

（1）类似传统媒介，按照每千人成本（CPM）收费，即广告显示 1 000 次的费用，基于千人次印象计价。国外旗帜广告每出现 1 000 次，收费 10～30 美元不等。国内收费 10～15 元也不少见。

（2）按月计费。

（3）按键入率或点击次数收费。这在国外很少采用，因为影响点击量的因素比较复杂。

目前我国网络广告正处于上升期，发展较快。我国市场的传统报刊客户也看好互联网，因为国内消费市场的中坚力量基本上是这些 25～45 岁之间、收入较高、文化素质较高、信息分析能力较强、对新事物接受较快的城市上网人。2007 年中国网络广告市场规模继续保持了快速增长势头，全年市场规模达到 70.5 亿元。新浪、搜狐、百度、腾讯等商业网站的广告收入和非广告收入（如短信收入）都在快速增长。

案例
新浪的广告销售

网络广告收入在门户网站新浪的整体销售收入中占据着重要的地位。新浪虽然受到美国门户网站的影响，但它的发展同美国的商业门户网站有很大的不同。在美国，由于新闻类网站十分发达，门户网站大多承载着搜索的任务，而以新浪为代表的中国的门户网站主要是作为新闻、信息内容的重要载体。这就使得新浪必须在广告产品、售卖模式等方面不断探索，在创新中寻求发展机会。

新浪最重要的网络广告收入来源是新浪首页。这也是区别于美国门户的。打开新浪网站首页，与美国门户最大的不同是新浪首页很长，并且首页的内容不断更新，同时，整个网站最重要的内容都出现在首页。新浪是国内第一家将首页作为一个重点新闻推广的集散地的网站。由于首页是整个网站流量最大的单一页面，也是收入最高的页面，广告主主要是通过选择此页面使广告创意得到最大限度的体现。

新浪在产品策略上推陈出新。推出了巨幅广告（画中画）、视窗广告、富媒体广告、视听广告等广告产品。随着 Web 2.0 技术的推广，新浪与合作伙伴推出涂鸦产品。网民可以用画笔、颜色等给产品涂颜色，做造型，增加体验。

在售卖方式方面，新浪也不断创新。在 2001 年之前，以新浪为代表的门户网站一直沿袭着美国网络广告的售卖方式——CPM。随着网站浏览量（page view）的不断增加，CPM 售卖方式下的广告"轮换"的流程有时会让企业客户形成"接受障碍"。一些公司投了广告，而广告主自己看不到，认为网络广告不如报纸等媒介广告，可以拿在手上阅读而让人放心。在这样的情况下，新浪进行了有效的突破，在售卖方式上采用"全流量"的广告销售策略，即在某一天某一频道的某个广告位置全部是客户的广告价格，并随页面浏览量以及访问者人群的不同而不同。

由于网站流量（page view）在不断增长，广告版面以及广告产品的单价却不能无限制地增加，为了解决这一矛盾，2004 年，新浪提出了"轮播"的广告售卖方式。例如，如果原来新浪首页顶部的通栏价格为 10 万元/天，获得的点击数量为 100%，曝光量为 100%，变为 2 轮播售卖方式，每天可以有两个广告主购买新浪首页顶部的通栏，单价是 6 万元/天/条。随着市场的接受度的提高，轮播成为有中国特色的售卖方式。

广告主更多地希望增加更具强制性、冲击力的广告形式，即类似全屏以及超大流媒体、疯狂流媒体等广告形式。但是博得了广告主的欢心，就可能会影响网民对网站的喜爱。这是一个生存圈，网站需要从中寻找一个平衡。新浪对冲击力大的形式采取分时售卖。将全屏限定为以一个小时为售卖单元，每天最多售卖 4 小时，并且在访问量大的频道，限定全屏时段只能在下午 2 点以后出现；对于富媒体的广告形式，限定售卖方式仅为 4 个小时而不是全天，并且实行 IP 控制，即一个访问机器，一天内最多看到两次该广告，当第三次浏览同一页面的时候，不会看到同样的广告。

新浪还为客户提供整合营销方案，通过网络媒体实现广告主、产品和消费者之间的互动。其内容不只是广告的点击数、消费者资料的收集、调查数据的反馈和广告主和消费者之间的交流和沟通，而且充分利用了新闻传播资源、口头传播资源、舆论领袖资源和网络资源，来实现广告价值的最大化。[①]

讨论与操作

1. 谁承担广告经营的责任？该项任务是如何分解的？
2. 报纸的广告经营与发行之间是否存在线性关系？试采集数据尽可能精

---

① 苗颖. 商业门户网站网络广告经营创新分析——以新浪个案为例. 广告大观（理论版），2006 (5)

确地刻画两者的关系。

3. 广告经营的数据战术、人海战术、关系营销各有哪些代表性案例？各有什么特点？

4. 在广告经营中如何应用 CRM（客户关系管理）？请采集某一媒介的相关资料加以说明。

5. 请找出当前媒介广告经营活动中的一个或数个低效率环节，自主开发一个管理工具以解决上述问题。

6. 对具体的媒介来说，"广告"是否应该重新界定为"窄告"？为什么？

7. 目前网络广告、网络调查存在的最大障碍是什么？请分别提交一份针对这些问题的解决方案。

第八章
媒介的生产管理

内容提要

本章从生产流程的角度探讨媒介的生产过程。电子化与数字化深刻改变着当代媒介的生产。印刷同时可以构成报业的利润增长点。生产部门的组织设计对媒介的出版或播出安全、经营绩效有着重要的影响。

生产管理有广义与狭义之分。狭义的生产管理是指生产计划与生产控制。也就是说，根据市场的需要、获利的可能性及企业生产能力等因素，对产品制造的时间、种类、等级、数量等事先予以慎重、妥善的策划与布置，并严格控制各生产阶段，以便在预定时间内以最低成本制造出符合标准规格及预计产量的产品的过程。狭义的媒介生产管理指的是与媒介产品生产密切相关的各项管理工作，如报纸的印制、广播电视的节目制作与播出等。

广义的生产管理则指一切与生产有关的管理活动，亦即以经济的原则，有效地运用设备、人力、物料等生产要素，在规定期间内，将生产过程加以管理使其生产效率提高，并制造所需的一定数量与质量的产品。所以，广义的媒介生产管理，应当包括对新闻采编的管理。

负责生产管理的人员有三项基本任务：①生产足量的产品或劳务以适时满足需求；②尽量以最低的成本（或高效率）生产产品、提供劳务；③使产品或劳务的质量令人满意。

媒介生产管理的关键在于以下三方面：①缩短时间并在期限内完成生产任务；②作业流程控制；③质量控制。一家媒介重要的不仅是内容产品的高质量，而且在于质量的稳定性。

第一节　媒介的生产流程及其特性

与一般的企业管理相比，媒介生产虽然同样要针对生产系统的输入与输出进行管理，并具有某种流水线生产的特征，可以引入精益生产、敏捷制造等管理思想，但是，媒介业的流程有其特殊性，强调管理者的现场指挥和调度能力，遇到突发性事件和大型活动报道时更是如此。

一、信息传播过程的韦尔伯·施拉姆模式

有关信息传播过程的描述有许多种。我们这里要提到的是韦尔伯·施拉姆模式，如图8－1所示。这是由美国传播学奠基人之一施拉姆于1954年提出的。

这一模式的优点在于它将信息的来源、传送器、接收器、目的地看作是分

别独立的，并将传播过程解释为一个机械过程，这是很有效的。它的不足主要在于无法解释人的传播行为。但是，用它来说明媒介生产的目的已经足够。

图 8-1　信息传播过程的韦尔伯·施拉姆模式

报刊和广播、电视的一般工作步骤都是收集信息—编辑制作—产出成品—发行或播出，然后是订户或用户的接收。

世界上许多国家都把电影、电视节目的创作、生产过程称之为"制作"，在英语里是 production，意思是"生产—出戏剧、一部影片或一次广播的活动"（据《朗曼当代英语词典》）。图 8-2 是电视制作系统的示意图。

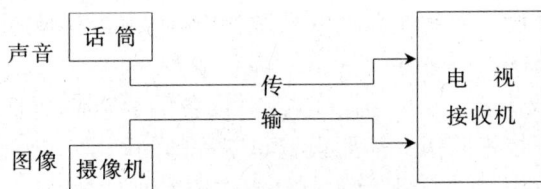

图 8-2　电视制作系列示意图

二、报纸生产与广播、电视制作的不同特性

报纸和广播、电视都是新闻性较强的媒介，都必须争分夺秒，讲究时效。它们的一般工作步骤也大致相同。但是由于各种大众媒介的特点各不相同，因此，要统一描述媒介的工作状况是十分困难的。

报纸作为平面媒介，以深度见长；广播、电视作为电子媒介，视听兼备，娱乐性强。它们各有各的优缺点。媒介自身的特点决定了它们的产品差异和市场细分，这些又反过来对媒介的生产过程产生影响。

具体地说，报纸和广播、电视在生产管理方面主要有以下一些区别：

（1）从节目制作的组合上看，报纸的个体创造性较强，而电视节目的集体创造性很强。从出版程序上看，报纸是多环节的，而电视要单一得多。

（2）在产品的构成要素方面，报纸更强调内容，尤其是零售报纸，其热销程度对新闻事件的突发性、重大性依赖较大，所以，报纸生产要特别注意重点内容的突出处理和差错率的把关。相对而言，广播、电视更强调形式，强调产品的策划和包装。

（3）就传播的实现环节来说，报纸是以纸张为介质的，最终要通过发行来与读者见面，所以，报纸的生产过程要到印刷完毕才算终止，印刷质量的好坏对报纸的销售会产生重大影响。比较而言，广播、电视的节目通过无线或有线发送，再通过用户的接收机，间接与受众见面，加之广播、电视播出的自动化程度较高，所以，广播、电视的生产侧重于制作阶段。

（4）就生产类型来说，报纸更具有服务型生产的特点，而电视节目更具有制造型生产的特点。"电视工业"的产品必须批量化、标准化。现在电视台实行电脑管理，各栏目交给总编室审播的节目必须是标准品。如果节目制作的随意性太强，到时交不出片子，或者没有按技术规定去做，小则出现播出纰漏，大则会有"开天窗"的危险。在标准化生产方面，国外和港台都积累了一些先进的经验。香港的武打电视剧生产就是典型的大众化流水线作业。据说，什么时候美女出现，什么时候开始武打，以及隔多长时间笑一次、流一次血，都是做成表格的，哪个导演拍出来都差不多。

（5）就生产成本而言，广播、电视对设备的要求高而且技术难度大，需要一支较大的工程技术队伍，需要设置总工程师的职位，因而，其生产成本远高于报纸。2004年，中央电视台的节目制作成本高达39亿元，占全台总成本的94％。地方台也有几亿元、几千万元不等。

三、媒介采编业务管理与生产管理的关系

如前所述，广义的生产管理包括采编业务管理。对报纸来说，采编业务是报纸生产的前期阶段，或者说印前阶段。对广播电视来说，新闻性节目制作是整个广播电视节目制作的重要组成部分。

由于报纸、广播电视都是新闻媒介，所以，新闻采编在整个生产过程中具有特别重要的地位。在我国，宣传管理一向是媒介日常管理的重头戏。

采编业务管理具有与狭义的生产管理不同的特点：

（1）采编业务管理是整个媒介业务管理中的重中之重。媒介的生产活动首先是围绕着采编业务来展开的。即使纪实性、娱乐性极强的电视媒介也不例外。在我国，电视台内部经过媒介市场化、产业化的洗礼，电视的本质特性在回归，文艺部衰落而新闻部崛起已是不争的事实。《新闻联播》收视率长期稳坐第一，《新闻30分》、《新闻调查》、《纪实报道》、《时事直通车》、《现在播

报》等新闻类栏目遍地开花，即是一个例证。所以，对抓采编业务管理和抓生产管理不能平均使用力量。

媒介生产应该把采编业务即产品内容放在优先的位置上。譬如电视，观众最终追求的是节目的内容。无论科技怎样发展，"电视"的本质总离不开现有的模式，即制作人主动制作，观众被动欣赏。高清晰度电视也好，互动电视也好，无可否认会成为消费者的一种选择，但总难以完全取代目前的标准电视模式。正像电话一样，由最初发明至今，已经有上百年的历史了，电话没有脱离一端说另一端听的特性。当然中间也有一些改变，由手摇变成数字键盘，由有线变为无线，但始终是"电话"。所以，媒介管理者应该与受众关心同样的问题：内容是否对路，服务是否到家，价格是否合理，以及所产生的价值是否合乎档次，等等。

（2）采编业务管理主要是对"事"的管理，生产管理主要是对"物"的管理。在既定的标准下，采编业务管理要求注重机动性、灵活性，能够对突发事件作出迅速有效的反应。生产管理则注重程序性、稳定性，要求有条不紊地执行生产计划。

（3）采编业务管理人员要有高度的政治思想觉悟和新闻敏感，要有政治家办报或办台的意识，同时也要考虑媒介产品与劳务的市场营销。生产管理人员则要有高度的市场敏感与企业家的经营意识，但也不能忽视政治素质的培养。因此，对这两类人员的培养和使用，应具有不同的素质要求。

值得注意的是，随着传播技术的发展，媒介的采编工作与生产工作不再是截然分开的。搞采编播的需要懂制作，搞制作的需要懂采编播，采编播与生产制作日益融合及一体化，已成为媒介生产的一个新特点。

第二节　媒介的采编业务管理

采编处于媒介生产的前端，采编业务管理主要是对编辑部运作方式的管理。鉴于媒介生产的特殊性，采编管理应该与经营部门的管理分开。

一、报纸的流程管理

新闻采编的流程管理要坚持效能的原则，尤其是一些设有分社、地方记者站或地方版的大报，要精简发稿的层次和环节。力求生产过程的科学化、一体化，是知识经济发展对采编部门提出的新要求。随着知识经济时代的来临，企业管理由支配员工做简单劳动，逐步转向高度信任个人做复杂劳动，组织结构由复杂变为简单。按照这个思路，各新闻单位的组织结构应当简化，新闻业务部门要精简人员，组建一支精干的采编队伍，并建立起以主持人、编辑策划为核心的业务运作流程。图 8-3 是我国报社稿件信息处理的一般流程。

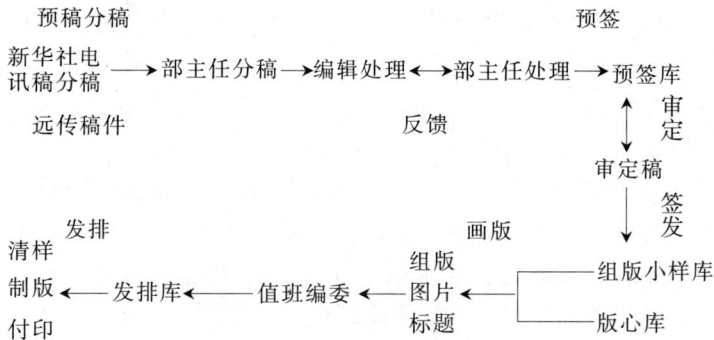

图 8-3　中国报纸电脑化生产流程

目前，有的新闻单位机构相当臃肿，或小而全，或大而多，部门划分过细，彼此之间信息沟通不够。这样，运转负荷过于沉重，投入成本较高，势必影响到经营效益。

就报业来说，实行网络传播，报纸的容量会进一步增大，而采编、加工新闻等信息就要有相应的调整与革新。因此，编辑业务部门可以打破一些界限，实行流水作业，既有分工，又彼此联系，以适应电脑作业、网络传播的特点。

二、报社的采编业务管理

新闻传播质量的好坏直接关系到媒介的生存基础。因此，媒介必须从改进和提高传播质量入手，加强内部管理。

过去，编辑部内部分工大都参照政府经济部门对口设置的办法，分为工交部、农业部、财贸部和政文部等。现在，不少新闻机构已按照新闻工作的规律和特点，将报社采编部门的组织设计改变成采、编、播快速反应的组织体系，如要闻部、经济部、体育部和机动记者组等，使对采访报道的指挥有力，新闻信息量增加，时效性增强。

1. 日常运作管理

以美国的日报（晨报）为例，其编辑部新闻方面的运作程序大体如下：

（1）回顾夜间新闻。早班新闻编辑早晨 6 时左右上班，随即阅读各通讯社、特稿社发来的本地、全国、全球夜间电讯稿，收看早间电视新闻节目，了解警察局及其他紧急救援机构夜间的重要活动。这些工作大约在 8 时结束，然后，他们会列出当天须跟踪或重点采访的清单交给各部主编。

（2）初定选题。美国报纸的记者，特别是负责报道犯罪案件、险情及其他突发事件的记者，基本是全天候工作，但早上是一天内的首次工作高峰。他们通常于上午 8 时至 10 时到达办公室，立即与各政府公共事务部门联系，以获得上次接触以来的最新情况，然后将值得报道的事项写成提要，交给本部白班编辑。其他非突发新闻记者，一般须在上午 10 时 30 分之前将当天计划报道的简要内容提交有关编辑或主编。此后，记者们纷纷外出采访。

（3）编辑计划。各部白班主编或编辑审核记者的新闻提要和通讯社发来的电讯稿，与记者作必要的沟通，列出当天第一个菜单，同时将一些特别报道任务或某分工领域记者难以完成的部分任务分配给综合记者。

（4）第一次编前会。美国的日报每天召开两次编前会，其中第一次是在上午，通常 11 时开始，为期半小时。参加者为总编辑、执行总编及各有关采编部门的负责人，报告及讨论当天各部的稿件安排和有可能上头版的稿件或新闻线索。新的建议由有关主编会后传达给有关记者。

（5）第一次截稿。到了下午，编辑部就开始进入繁忙和紧张的工作阶段。这时候，采访归来的记者在忙着赶稿，并通过电话向被采访者了解更新的情况；编辑及时处理写好的稿件，拟写各版的菜单，确定头版推荐稿件；副刊编辑必须在下午 5 时之前将所有专版和副刊定版，以不误首批版面的开机印刷。

（6）第二次编前会。这是最重要的一次编前会，从形式到内容都与中国报纸相仿，通常在下午 4 时举行，也有的报纸 5 时举行，与会者主要是正副总编、各部主编及当日要闻版面设计人员等。会上，除各部报告稿件安排外，还要听取驻外记者站、特别是驻华盛顿记者站当日的选题报告。会议的重点是确定次日报纸的头版新闻及排序。

（7）最后截稿期。一般情况下，由执行总编、副总编或助理总编甚至本市新闻主编负责晚间编辑部的工作。一般要求晚上 11 时完成大多数新闻版编辑工作，仅留少数几个版等待突发事件和体育赛事的最后消息。如无重大突发事件，最后的编辑部工作一般也在 12 时 30 分前结束。美国报纸要求编辑工作结束与印刷厂开机印刷之间的空隙至少为 1 小时。

美国日报编辑部的管理以与采编直接见面、指挥迅速到位、管理高效准确见长，其主要特点有：

（1）崇尚"扁平"管理，讲究运作效率。这种管理模式对每天生产不同产品（不同内容）、随时要对外界变化作出判断并进行决策的报纸来说，是合适的。

（2）编辑指挥记者，不设中间环节。就编辑部而言，美国的日报严格实行总编辑负责制下的主编（编辑）责任制，编辑部方面一切事务（有的报纸社论另有主编负责）由总编辑一人说了算，发行人通常不再过问。就位于采编第一线的各部而言，由主编或编辑决定记者的工作方向、工作任务，并对其工作质量和勤勉程度予以评价。

（3）提倡业务讨论，民主气氛浓厚。美国各报主编和自己的副手们每天就上版的稿件要讨论几次，编辑和记者之间更需要就选题进行讨论。社论的选题通常由社论委员会决定，而社论委员会每周至少召开三次会议来讨论各类选题。①

2. 采编合一与采编分离

编辑与记者的工作性质差异较大，前者是静态的，后者是动态的。在必须做到提早出报的前提下，截稿时间相当紧迫，编辑不但要保持和强调记者的报道质量和特色，还要将各类新闻有条不紊地理出头绪，在一定篇幅内编辑到版面上，呈现给读者，因此，这就需要采编人员协调一致、合作无间。

在报社人员不足或规模较小的情况下，可以采用采编合一制。采编合一有时也称部版合一。采编合一是一种"任务管理"模式，即用任务目标将采与编锁定在一起，将编辑和记者捆在一起考核，形成联动。实施采编合一制，能使采编人员彼此了解对方的特性与苦衷，可以减少一些摩擦。此外，稿件流程也能得到简化，编辑与记者对如何处理稿件的看法能进行更多的交流，不致发生编辑认为对某则新闻只需轻描淡写，而记者投入过多精力的情况，并可以避免对同一新闻重复发稿的现象。报纸实施采编合一制，需要建立相应的组织体系，根据版面来配备采编力量。

但是，采编合一也会带来一些弊端：①容易形成个人包版制，有时会出现版面质量下滑的现象；②编辑会顾及记者的要求和"面子"，从而导致编辑作

---

① 辜晓进．美国日报的编辑部管理．新闻记者，2002（7）

为记者之后的"把关人"作用不突出，也不利于编辑人员自身素质的提高；③采编合一比较适合周期长、时效慢的周报的运作，对于日报来说，实施采编分离并辅之以采编交流也是可行之策。

采编分离是一种流水线作业法，记者、编辑各司其职。在实行采编分离的报社，常见的做法是实施责编制，建立"分管总编—责任编辑—记者、编辑"三级业务管理与指挥体制。在这种体制下，记者按领域分工"跑口"（去被采访的行业），编辑、责任编辑按版面分工组版、把关。责任编辑是版面的创意者、策划者、组织者和把关人，他们对编辑、记者有指挥权，编辑、记者则按责任编辑的意图采写稿件和组编版面。可见，责任编辑制比较适合出报周期短、时效快的要求。

3. 量化管理

与近十多年来我国许多报社对记者实行量化定额管理的做法不同，美国的日报一般不给记者规定按月或按周计算的发稿数量。美国报纸的重点是管编辑。对于记者工作忙闲不均的情况，由编辑调节。更重要的是，美国的日报，特别是影响大的优秀报纸，对记者的选聘要求很严。他们选择的是热爱新闻事业并擅长从事新闻这一职业的人，想发财或心有旁骛者不会来当记者，报社也不会要他们，这一点只要考察他们以往的经历就可看出。事实上，美国的日报，特别是那些较为知名的日报的记者，都很珍惜自己这份工作，谁也不愿给人以偷懒的印象。①

在我国，实行量化管理十分必要，没有一个公平的和可测量工作表现的评价标准，以及没有明确的聘任形式，一个媒介不可能在市场化的道路上前行，也不可能在竞争激烈的市场上生存下来。实施量化管理主要是通过建立激励机制、竞争机制和约束机制，来改革干部人事制度、工资分配制度，达到调动新闻工作者积极性的目的。

（1）量化管理方法。对编辑记者的量化管理方法是定岗、定编，规定编辑、记者每月应完成的工作量，超额有奖，不足就罚。

为了实行量化管理，还要建立一些配套的制度。主要内容如下：

完善岗位责任制，严格执行规章制度，实行目标管理，加强工作量考核，加大新闻传播质量的考核。

实行优胜劣汰的办法，在严格的综合考核基础上，将名列前几名的晋级升档，名列最后的则降级降档。

把工作量考核与奖金分配紧密挂钩，激励先进，鞭策后进。

---

① 辜晓进.美国日报的编辑部管理.新闻记者，2002（7）

采取竞聘上岗、岗位轮换、待岗转岗等办法，进行职称评聘改革，实行评聘分开，激发编辑、记者的潜能。

实行新闻通气会、新闻阅评、新闻协调、新闻评奖等制度，调动从业人员的积极性。

（2）量化管理制度的完善。量化管理提供了考核记者的一个依据，是业务管理的一个进步。但它同时存在比较明显的漏洞。在一些记者的心目中，似乎只要完成了定额，就算完成了报道任务，就可以心安理得地不再关注社会上的新闻事件。这一管理制度容易使编辑、记者只对"定额"负责而不对实际负责。量化管理是企业生产物质产品中的管理方法，在采编业务管理中采用此方法时，需要与定性考核相结合，并加以完善。美国的许多报社都不实行量化考核，而采用上级考核、行业规范的方法。

三、电视台的新闻工作流程与采编业务管理

电视台的采编流程与报社相似，也要经过收集信息和编辑制作等环节，并以主持人、编辑策划为工作的核心。由于电视台外出采访动用的设备较多，所以，采编管理也牵涉到设备使用问题。现以上海东方电视台新闻中心的作业流程为例。

东方电视台要求每个记者在外出采访的前一天把计划报单输入计算机，安排好所有记者第二天的行踪（包括采访的地点、时间、用车情况、司机、摄像、灯光）后，做成表格并打印张贴出来。第二天出发时，记者、摄像师到技术部门领取器材（摄像机、灯光等），同时填写使用机器的时间。采访归来交还机器，再填好归还时间，输入计算机。记者使用编辑机编片须打卡并记录时间；片子编辑完毕必须报片，即把稿件题目及相关内容输入计算机。编辑根据当天记者报片、通讯员来稿和收录的中央电视台、新华社等其他新闻，在计算机内进行编排，确定好播发的顺序；同时，技术人员制作好字幕，以备播出之用。整个新闻中心几乎都围绕着一个规范有序的计算机系统运转着。

在采编质量的控制方面，现在电视台面临的一个突出问题是，由于分配机制是按节目的时间拿制片费的，所以编导们一般不愿干那些"费力不讨好"的事。如做分析思考性的节目费时费力，而搞事件新闻、"曝光"性消息时间短、拿钱快。这种分配机制有待调整，以综合考虑节目的类型、质量，提高节目的整体水平。

第三节 报纸的印务管理

报纸生产管理的重点是抓好印刷厂的管理。通过对各个生产环节的质量控制，实现"出好报、早出报"的目标。

一、报纸的排版管理

1. 报业生产电子化

在大众媒介的发展史上，有过多次大的技术革新。从胶泥制字到铅合金浇字，从手工印刷到机械印刷，从铅印到胶印，从印刷媒介到电子媒介——无论排版材料、印刷方式，还是信息载体、视觉效果，都出现过重大的改进甚至划时代的变革。

20 世纪 60 年代末 70 年代初，长期以来依靠纸和笔的编辑工具开始发生变化，报业的第一次技术革命拉开了帷幕。美国、英国、联邦德国和日本的一些编辑、记者率先使用电脑写稿和编辑，标志着编辑工具电子化时代的到来。20 世纪 80 年代初期，美国一些公司研制出几种新的电子出版系统，它们可以使编辑在电脑终端显示器上编排出整个版面，80 年代末期投入使用。不久，发达国家的许多新闻媒介普遍采用电脑加工稿件和编排版面。

我国从 1974 年 8 月开始开发研制汉字电子出版系统。1979 年，以北大方正王选教授为代表的科研人员研制出了华光 I 型机，确立了我国在中文电子出版技术上的领先地位，也标志着我国印刷出版业从"铅与火"的"热排"时代跨入了"光与电"的"冷排"时代。1987 年，《经济日报》采用华光 III 型机获得成功。北大方正陆续推出了方正 91、93、95、98 型激光照排系统，华光科技集团陆续推出了华光 V、VI、VII 型电子出版系统，并在全国迅速推广。到 20 世纪 90 年代中期，全行业百分之百地取消了铅作业，实现了计算机排版。据报道，1994 年元旦创刊的《深圳晚报》是国内由编辑记者使用电脑独立完成录入、排版、传输等全部流程的第一张报纸。

随着电子出版系统的改进和媒介经济的发展，近年来，我国一些大型报社陆续从单纯的激光照排向采编全过程的计算机化迈进，第二次报业技术革命旋风又起。

1995 年 9 月，一个居世界领先水平的新闻综合业务网在《光明日报》投入实际使用，这是我国报业技术发展历史上的一个新的里程碑，标志着我国报业进入"告别纸与笔"的新时代。这套方正新闻综合业务网由以下几个部分组成：采编流程管理系统，新一代报纸组版系统，广告管理、制作和创意设计系统，基于国际标准页面描述语言 PostScript 的远程传版系统和资料检索系统。这五个部分是按总体要求设计并紧密集成在一起的，整个系统在 MS Windows NT 环境下运行。其中采编流程管理系统是网络的核心部分，采、编、改、排、签发都在网络上进行，如图 8 - 4 所示。

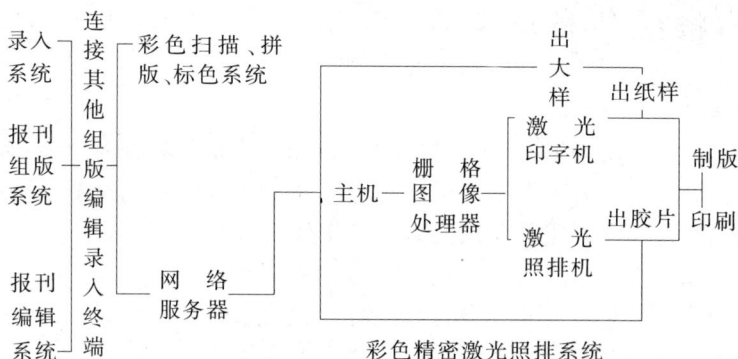

图 8 - 4　北大方正彩色电子出版系统工作流程示意图

1997 年以后，集编写、排版、检索、传送、电子报纸于一体的更高层次的新闻综合采编系统开始在许多报社投入使用。不少产业报纸也采用这一先进系统。中国产业报协会于同年倡议，把应用计算机采编作为 50 岁以下的编辑、记者的岗位要求之一，即考核上岗。

2. 报业生产电子化对编辑管理的影响

报业生产电子化的技术核心是基于计算机的文字处理和信息储存系统、图形设计系统以及数码照相系统。电子排版在报业中的普及，当是报业生产自动化革新中最具代表性的一环。所谓电子排版，是采用电子计算机激光照相排版系统编排版面的新工艺。电脑和照排系统一道使报纸的生产和分发过程发生了革命性的变化。

报业生产电子化可概分为三个部分：第一是"编辑系统"，或称"印前作业系统"；第二是生产系统，或称"输出作业系统"；第三是"扩充系统"，或称"周边作业系统"。具体划分的方法各报社不一，但是从采访输入、编辑排版到相纸或底片输出，这一连串的作业是相同的。

报业生产电子化给编辑出版工艺流程、岗位职责、操作方式以至工作语言都带来了一系列变化，提出了许多新的要求。

例如，实现无纸化操作之后，校对人员已失去工作对象，编辑人员必须同时承担校对之职。电子排版不存在过去铅排时使用的"毛坯"，因而对于转版的稿件，编辑人员必须反复核对。组版终端机在大样上给某篇稿件增补内容，这样，插入部分后的文字会自动地迅速向后移动，直至稿件的末尾；如果结尾处原先没有空行，多出的部分会自动消失。不少报社因而造成差错甚至重大的政治差错。这要求编辑人员看大样时必须扩大视野，既要注意核对增补的地方，又要注意检查结尾处是否有遗漏的现象。

为了便于查明责任，编辑人员对于电脑中的修改记录不能擅自清除。重要稿件如作改动，必须有提示，以引起主管编辑的注意。

稿件在电脑网络中传递，从一定意义上说是"无形"的，不开启电脑，稿件传来就不会知道。因此，编辑人员一上班就要开启电脑，下班前要"刷新"一次"窗口"。

这样的具体要求和注意事项还可以列出不少。总而言之，报业生产电子化为提高编辑工作的效率和质量创造了十分有利的条件，同时，采编人员需要不断适应新技术，更好地发挥新技术的优势。

3. 报业生产电子化的其他应用

电脑在报业生产电子化过程中不仅成了编排、制版、分色和印刷工序不可或缺的一部分，而且还有多方面的应用。

报社信息资料的存储、检索、使用更为便捷。报社可十分方便地评判员工各自的工作业绩。报社可利用电脑实行现代化的管理。以羊城晚报报业集团为例，它实施"电脑管理"的具体做法是把一切可以量化并经过实践检验的管理制度化为电脑网络中的程序，违反程序则不能运行。比如在集体领导中实行密码分掌，不合在一起则不能行使某种权力；再如领导人权限内的变通，由于超越授权电脑就不运行或"报警"，故需集体再授权才能操作。

电脑在报业的财务部门中也得到了应用，它可以帮助发行部门储存订户和非订户名单，重新建立投递室。在广告制作与管理系统中，特别是在广告订单和设计管理中发挥了重要作用。

二、报纸的制版管理

1. 彩色桌面出版系统

在报业生产电子化方面，报纸尤其是彩色报纸出版的印前技术方面，彩色桌面出版系统（CDTP）得到了越来越广泛的应用。

彩色桌面出版系统是继照相分色、直接分色加网、电子分色加网之后，在90年代出现的比较实用的印前技术。其中各种高性能的图形、图像、文字处理软件的出现，使用户可以方便地设计出丰富多彩的出版物。

彩色桌面出版系统从总体结构上分为输入、加工处理和输出等三大部分。

输入设备的基本功能是对原稿进行扫描、分色并输入系统。除文字输入与计算机排版系统相同之外，图像的输入可以采用多种设备，如扫描仪，电子分色机、摄像机、绘图仪以及卫星地面接收站等。图像输入使用较多的是扫描仪。

加工处理设备统称为图文工作站。其基本功能是对进入系统的原稿数据进行加工处理，例如校色、修版、拼版和创意制作，并加上文字、符号等，构成完整的图文合一的页面，再传送到输出设备。

输出设备是彩色桌面出版系统生成最终产品的设备，主要由高精度的激光照排机（也叫图文记录仪）和 RIP（光栅图像处理器）两部分组成。其他输出设备还有各种彩色打印机如激光打印机、喷墨打印机、热升结打印机以及各种多媒体载体（幻灯片制作机、光盘、录像机等）。

彩色桌面出版系统由硬件设备和应用软件两部分组成。由于图像在处理过程中要经过软、硬件的加工，因此软、硬件因素对图像颜色的复制质量都有影响。

2. 电脑直接制版系统

电脑直接制版系统（CTP）是印前技术领域中最显著的成果。电脑直接制版系统包括图像扫描、排版、打样和制版的软、硬件，是当前最适合报纸出版、效率最高的高质量印前制作系统。

电脑直接制版技术是一种使用数字式数据和某种光源将图像直接复制在印版上的工艺方法。与传统的软片晒版工艺相比，可减少工序、节省劳动力和原料，制作更快、更便宜。

标准的电脑直接制版系统包含以下几个关键部分：带有相关软件的计算机、光栅图像处理器、印版记录仪、印版冲洗机、数字式校样机以及相应的印版。

电脑直接制版工艺与传统软片晒版工艺的印前制作流程比较见图 8 – 5。[①]

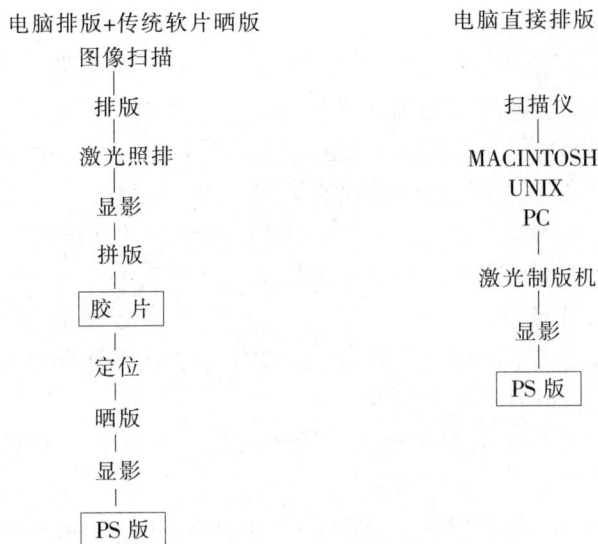

电脑排版+传统软片晒版　　　　　　电脑直接排版

图像扫描

排版

激光照排　　　　　　　　　　　扫描仪

　　　　　　　　　　　　　　MACINTOSH

显影　　　　　　　　　　　　UNIX

　　　　　　　　　　　　　　PC

拼版

| 胶　片 |　　　　　　　　激光制版机

定位　　　　　　　　　　　　显影

晒版

显影　　　　　　　　　　　| PS 版 |

| PS 版 |

图 8 – 5　电脑直接制版工艺与传统软片晒版工艺的印前制作流程比较

　　PS 版是重氮树脂版（Pressnirtized Plate）的简称，或称预涂感光版，是一种预先涂好感光液的备用铝版，是发展胶印印刷的最佳版材。当前，我国高档彩色输入、输出设备仍主要依靠进口。

　　"十一五"期间，印刷出版进入数字化时代，数字与网络技术更为广泛地应用于印刷中，出现了彩色桌面出版技术、数字打样技术、计算机直接制版技术、在机直接制版印刷技术、数字印刷技术、计算机光盘制版技术、计算机网上出版技术等。

三、报纸的印刷管理

1. 胶印技术

　　报纸在印刷技术方面，主要采用胶印，即现在日常所说的平版印刷，胶印是俗称。胶印版面的图文部分和空白部分几乎处于同一平面上，以区别于凸版印刷和凹版印刷。它的基本原理是利用油、水不相混合的特性，在印版表面使

---

① 周连芳．印刷基础及管理．辽宁教育出版社，1997.173

图文形成亲油区，非印刷的空白部分形成亲水区。印刷时，印版的图文部分着墨拒水，空白部分亲水拒墨，经过橡皮布的转印，在承印材料上留下色彩柔和、层次丰富的印迹。

胶印是现代印刷中的主要方法。由于所印产品色调细腻，能将原稿特性完整地还原在产品上，因此，绝大部分彩色印件都采用胶印。

在美国的四大报纸中，《今日美国》创刊号即彩印了一版天气图。《洛杉矶时报》1989 年引入彩印。《纽约时报》从 1997 年起，一改过去的"灰色夫人"（grey lady）形象。《华尔街日报》直到 1999 年才在广告版和周末版中采用彩色印刷，但头版仍然保持传统的风格。

2. 印刷的质量控制

印刷管理人员应牢固树立质量意识，要主动、认真地加强对报纸印刷质量的检查。印刷质量可参考以下标准：

（1）合格产品。图面套印规矩，轮廓清楚，不模糊，无明显脏印。色调能达到一般要求。文字完整不"瞎"。

（2）优质产品。墨色鲜艳，无脏印，层次分明。网点干净，不糊版。套印规矩。文字清楚，不花，不"瞎"。照片一般要求能接近实际，美术作品要求基本接近原作。

3. 自动分发

自动分发技术是指印好的报纸自动折好，自动插入专页广告之类的附张，由输送线自动送出，并按不同的发送地点和规定份数自动计数、自动打包、贴上标签、装车运出报社。有了这一套技术装置，再配合以完善的、高效的投递系统，高速生产出来的报纸就可以迅速送到读者手中。

4. 新闻纸和油墨

新闻纸分一号、二号两种，主要用于印刷报纸和杂志，用机械木浆并配有少量化学木浆制造。其纸质松软，吸墨性较好，拉力和表面强度能适应轮转印刷机的要求，基本上是卷筒纸，但也可以开切为平板纸。新闻纸存放时间长或受阳光照射，容易发黄、变脆，所以不宜印刷图书。

新闻纸定量有每平方米 45 克、48.8 克、51 克等多种。新闻纸常用规格有 787mm、781mm、1 562mm、1 575mm 等，其中 1 562mm 是按照报纸的幅面生产的，可以节约用纸。国产和进口纸中还有其他规格，供裁切平板纸用。

优质新闻纸如胶版新闻纸专供胶印轮转机印刷报纸用。其白度、拉力、平滑度比普通新闻纸强，价格要比普通新闻纸略高。

新闻纸是报社除了工资之外的第二大支出。新闻纸的需求量（Q）主要与价格（P）有关。按照 1984 年的一项研究，美国东北部新闻纸的需求曲线是

$Q = 2\,672 - 0.51P$。这一曲线在每吨 500 美元时的价格弹性是 0.11，说明对新闻纸的需求是没有弹性的。价格上升将导致报社在新闻纸方面支出的增加。

我国新闻纸价格的上涨幅度相当惊人，使报纸的成本不断上升。在 1996 年、2004 年、2008 年前后分别达到高峰，见表 8 - 1。

表 8 - 1　我国新闻纸价格变动情况（单位：元/吨）

年份	价格
1980	730
1985	1 100
1988	2 800
1992	3 000
1994	4 000
1996	7 000
1999	5 600
2003	4 900
2004	5 900
2006	4 500
2007	4 850
2008	5 400

油墨产品的发展方向是"高速、多色、快干"。高速印刷的报纸的正反两面着墨的时间间隔仅有十分之几秒。这就要求新闻纸吸油性能好，又要求油墨具有快干性。

目前使用的胶版印刷油墨有以下几种：快固着胶印墨、轮转胶印油墨和 TOW 型胶印轮转油墨。

20 世纪 70 年代以前，我国报纸印刷的主要设备是铅印轮转机，印前是手工排字、铸铅版。80—90 年代，改用感光树脂版印刷机。目前，我国报社的技术含量不断升高，主要大报均已购置了卷筒纸报纸印刷机，高速彩印，电脑分色，轮转胶印。由于很多报纸还提供夹页广告服务，以增加产品的附加值，报纸印刷企业也涉足以前由商业印刷厂印刷的直投 DM 产品、夹页广告、免费杂志、周刊等商业类产品，添置一些如单张纸印刷机、半商业轮转机/商业轮转机，以及相应的印后设备。报纸专刊出版杂志化的现象也要求报纸印刷机越来越多地配备半商业印刷（即采用轻涂纸、铜版纸印刷并通过烘箱烘干）的功能，实现"晚上印刷报纸，白天印刷商业产品"的目标。但是，一些规模不大、印刷任务相对较少的报社，则不必五脏俱全，后期的制版、印刷等工序，可由条件较好的业务单位代理，或联合组建合资的印刷厂。

为了携带和阅读方便，更为了出版商节约纸张成本，近年来报纸幅面在向小型化发展。世界上许多著名报纸都将报纸幅面缩小。一种方法是将现有报纸"瘦身"，即在报纸裁切长度不变的情况下，将纸张幅面缩小。另一现象是将报纸版面整个变小，如将传统的对开报纸（版面尺寸为 546mm×385mm）变为柏林版式的报纸（版面尺寸 470mm×315mm）。

第四节　广播、电视的节目制作与播出管理

一、广播、电视节目制作的流程管理

1. 广播节目制作的阶段与过程

一个广播节目的内容往往采用多种来源的录音素材，其中既有室外（如现场）录音和音响，也有室内（如播音室）录音和音响，在这种情况下，有必要对整个节目进行修改和调音等深加工，这就产生了制作节目的前后阶段之分。

前期制作与后期制作一般没有严格的区分。在实践中，一般把新闻、专题性节目的语言录音，文艺节目采集的音乐、戏曲等录音，以及现场实况录音等称为前期录音，亦即前期制作。在这之后，如果对所录制的音响素材和节目磁带进行复制、剪辑、润饰等后期加工，即为后期制作。

在后期制作过程中，可以根据节目的需要，加入人工混响、电子效果等内容，这样将使节目的音响效果大为增色。当然，也会因此而增加制作的工作量，因此，要根据节目的需要来确定后期制作的繁简程度。①

---

① 刘爱清，王锋. 广播电视概论. 中国广播电视出版社，1997. 425～426

2. 电视节目制作的阶段划分

电视制作是一个复杂的过程，它确实像一个大的工业系统。

如果把电视台比作工厂，那么这个工厂的产品就是电视节目。新闻性及体育性节目的企划分别由新闻部与体育部负责，其他的娱乐性及社教性节目的策划、编导等则由节目部负责。节目的制作包括节目的拍摄、录影、剪辑及各种效果的制作，由制作中心负责。节目内容的好坏与节目的策划、编导有关，而电视画面与声音质量的好坏则由制作设备及技术来决定。不过，节目的制作再好，如果不能完整地送达电视观众面前，生产的过程就不能算已经完成。所以，必须要有工程部来负责节目产品的输送工作。这一过程是将电视节目的信号经主控制室以微波送到发射台，然后经由发射机，将信号送到各地转播站，再发射电波供大众接收。所以，各方面的人员、条件都需要密切配合，才能完成一个好的电视节目。

电视制作的全过程和电影、广播剧、戏剧等艺术品一样，是可以分成若干阶段的，但具体有不同的划分方法。

第一种方法是分成"前期制作"和"后期制作"两个阶段。这种方法是沿用电影制作的观念，即把一部影片的制作过程，以拍摄停机或走进编辑间为界，分成前期和后期两个阶段。前期包括构思、采录（拍摄）；后期包括编辑、合成。

第二种方法是分成构思创作、拍摄录制和编制混录这三个制作阶段。

以上这两种关于电视制作阶段的描述，大体反映了制作全过程，但是不足之处也比较明显。它们实际上仅适合于电影手段或录像手段的制作，而不能包括电视直播、转播等把制作、播出同步进行的过程。而后者恰恰是最富电视特征的制作方式。另外，有些纪实性节目，如新闻报道、实况转播，不存在前期构思的问题。由于电视制作面对的节目成品、制作手段、方式、效率等诸因素过于纷繁复杂，很难概括得全面，因而，上述两种描述仍有其实用价值。

第三种方法是分成四个阶段，即制作前阶段（构思阶段）、搭景和排练阶段、制作阶段（摄制阶段）、制作后阶段（编辑混录阶段），见图 8 - 6。①

---

① Alan Wurtzel & John Rosenbaum. *Television Production*. New York：McGraw-Hill, Inc. 1995. p. 10.

制作前阶段

```
＊构思
＊设定目标和制作方式
＊草拟剧本和提纲
＊与制作团队关键成员
  初步讨论和计划
＊查看现场(对远距离制
  作而言)
＊配备人员和设备
```

搭景和排练阶段

```
搭景
＊建造场景
＊灯光布置
＊音响设置
＊录像准备
排练
＊进演播室前的排练
＊摄像机的最后确定
＊走场
＊穿着服装的排演
```

制作后阶段

```
＊脱机编辑
＊联机编辑
＊音响效果
＊审视
```

制作阶段

```
现场直播
＊按照预定播出时间进行
  节目录像
＊在现场不间断地录像
＊用多机进行各部分分录
＊用单机进行各场景分录
＊多机中各机独自录像
```

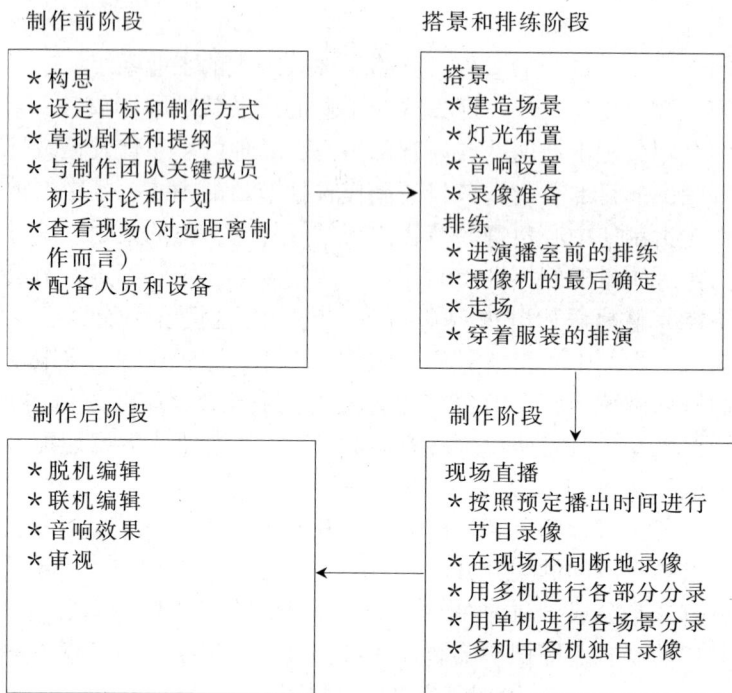

图 8-6　电视制作的四个阶段

3. 电视节目制作流程

电视节目制作流程如图 8-7。在新闻部门,它可以表示为选题论证→前期筹备→节目素材收集→采访编辑合成→录制→审查→修改→审查→播出→受众→反馈→改进。

节目制作人
收集资料
|
节目观念诞生
|
推出企划书
|
编列节目预算　确定播出方式　节目内容安排　树立节目风格
审核通过
|
制作小组会议(工作分配)
|
录制准备(定稿、排演)
|
节目录制
|
外景拍摄　配音　剪辑　音效　字幕　校对　录影
后期制作
|
审查
|
宣传
|
播出　监看
|
总检讨

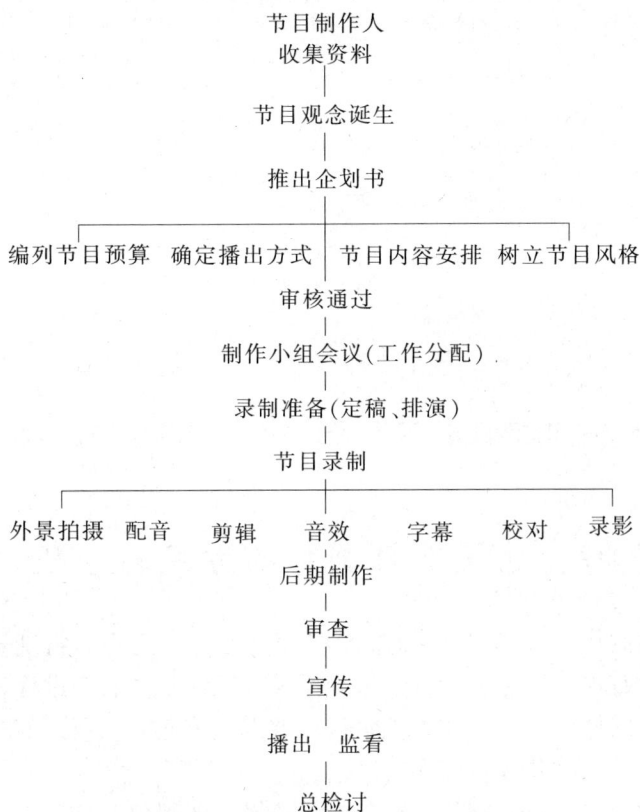

图8-7　电视台自制节目制作流程

4. 电视节目购买流程

电视台不单自己制作一些节目，还常常会从市场上购买节目。外购节目的作业流程为试片→比价→购片→审核→宣传→播出监看→评估。

电视节目制作流程和节目外购流程的比较如图8-8。

参照企业的生产管理，电视的制作管理应建立完整的宝塔式系统。塔的中部为管理中枢即业务办公室，塔尖为设计部门，即美工设计和灯光设计。塔的底座为制作部门，包括美术制作、灯光布置、演播厅和道具仓库。以业务办公室为核心的管理层实现对制作部门各项业务的全面管理。

节目观念形成	看试片
|	|
拟定企划案	比价
|	|
派定制作人或导播	购片
|	|
排演或采访拍摄	审核
|	|
后期制作	宣传
|	|
安排播出	播出监看
|	|
节目检讨	检讨

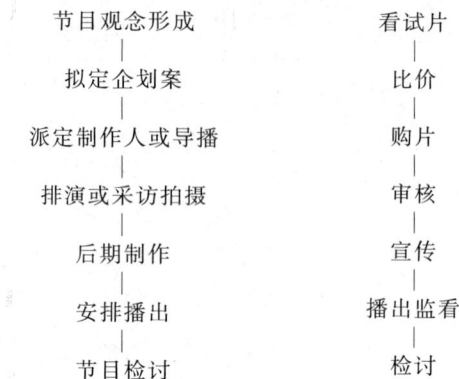

图 8 - 8　电视节目制作流程（左）与节目外购流程（右）的比较

二、广播、电视节目制作的方式与手段

广播节目制作主要有两种方式，即直播和录播。直播，特别是利用微波和卫星进行现场直播，实际上包含了采编播录等节目制作的全过程。直播制作的重点在切换台的操作上，制作人员根据对各声道信息的判断，随时把最好的信息播放出去，并同时录音备存。

传统广播节目的日常制作，大量的是录播，即利用多盘磁带的录音素材在几台录音机上进行播音、复制、剪辑和合成。录播制作方式可分为三种，即播音录制、录音剪辑和录音合成。

传统的电视制作有三种手段，即实况直播、电视影片和录像制作。①

实况直播是在摄取图像、声音的同时进行播出的方式。它的特点是制作和播出这两个过程的同步或合一。它的现场性、即兴性、观众参与性都十分强烈。

在出现电视录像技术以前，广播、电视大量采用电影摄制手段来摄制节目。从20世纪30年代至70年代初，电影摄制因其现场创作的机动灵活性及影片资料保存的长期性，使它大大优越于直播方式，从而为许多电视制作人所钟爱。

1959年，美国的安培公司研制开发出四磁头录像机，从此，电视节目的制作方式发生了根本性的变化。它弥补了电影胶片必须经过冲洗、不能直接播

---

① 任远. 电视演播室制作. 中国广播电视出版社，1999. 8～17

出和摄像机只能直接传送信号、不能记录和重放的缺点，是电视历史上的一次革命。

电视节目制作过程复杂，制作方式相应也多，主要有 ENG（电子新闻采集）方式、EFP（电子现场制作）方式、ESP（电子演播室制作）方式和电子编辑、电子特技等。

广播、电视节目制作与广播、电视技术发展和设备更新有着密切的关系。每一次广播、电视新技术、新设备的出现，都会对节目制作的方式产生影响。随着广播、电视领域大量应用数字化技术，广播、电视节目制作方式和技巧将更丰富、更成熟、更现代化。

从 20 世纪 80 年代中期起，电子文字编辑系统和其他数字化技术开始得到越来越广泛的运用。集新闻采、编、制、播、管、存于一体的"新闻业务综合网络"、数字播控系统等纷纷进入各大电台与电视台。

计算机工作站的介入，进一步打破了由切换台、特技机、编辑控制器一统天下的制作模式，特别是以 PC 机为核心的多媒体非线性编辑方式的逐步成熟，使得电视后期制作变得更为多样。一个基本的非线性编辑系统由视频工作站、动画工作站、监视器、录像机和扫描仪、打印机等附件组成。非线性编辑不采用磁带而是用硬盘作为存储介质，记录数字化的视音频信号。由于它能实现对原素材任意部分的随机存取、修改和处理，开创了原来磁带编辑系统所没有的新天地。

三、广播、电视节目制作的组织设计

1. 频道制与中心制

在广播、电视业，尤其在电视业中，存在三种不同的行政管理结构设计：①频道制，即以电视节目播出占有的资源载体来考虑行政管理方式。每个载体内部得有一个子系统，包括组织节目生产和编播，进行广告创收等，有小而全之特点。②中心制，即以电视节目形态来组织考虑生产系统的行政管理方式。其行政管理系统全台统一，节目生产部门的人员组织及分配，均由统一的行政管理部门统筹安排。组织结构的设置层次比较简洁，以利于效率的提高。其管理专业化特点突出。③频道中心制，即针对电视台实际情况与电视节目生产组织情况而采用的比较灵活的权变管理。其结构设置取决于领导者的具体管理方式。

在多年的体制机制探索过程中，许多电视台都经历了从频道制到中心制的转换，使台内资源得到进一步的优化配置。如中央电视台 13 个频道的节目部门整合为新闻、海外、社教、经济、青少、体育、文艺等 15 个中心（室）。

2. 制作/片人负责制

制作/片人负责制是指广播、电视节目以制作/片人为中心，制作/片人是节目生产制作过程中的主导人物和总负责人，具有对节目的策划、制作、包装、推介、优化、转产等流程的实际操作经营权和对相关工作人员的指挥领导权。

（1）广播："主持人中心制"与"制作人中心制"。

我国广播节目生产制作方式的改革，是从最初的纯粹的行政管理制过渡到后来的"主持人中心制"，部分电台已逐渐发展到"制作人中心制"。[①]

"主持人中心制"是在"珠江模式"改革与实践的基础上形成的理论。从 1986 年开始，珠江经济广播电台作为广东电台的第一个系列台，其创举主要是基于自身所处的生存环境和受众市场的特性而作出的探索：以主持人为中心，节目的采、编、播、控由主持人独立完成，主持人、大板块、直播式、开放性、系列台等基本元素构成了一种新的节目样式。这种节目组成和播出方式是对几十年来固有的广播方式的一种大胆的突破。因为这种模式有意无意地张扬了电台的个性，加上技术的进步及体制的更新使得"一人播出系统"成为可能，所以，"主持人中心制"在各地迅速推广。节目主持人成为广播电视栏目的支柱，是栏目制作的中心人物和总负责人。

当然，"主持人中心制"在着力打破旧有分工管理程式之后，也带来了节目管理的新问题。这是因为这种新制度需要广播电视工作者强化以主持人为中心的意识，管理机制要为保证主持人个人发挥和栏目个性化而改制。

事实上，主持人一旦成为节目制作的中心人物和全权在握的总负责人，那么他（她）不再是一般意义上的主持人，而是兼具了制作人的身份。同样，这种运作不是以主持人为中心的状态，而应看作是以负责人、制作人为中心的状态，只不过这位负责人、制作人由主持人兼任而已。

制作人中心制与传统广播节目制作方式的主要区别在于，由原来的调拨节目经费、分配包干等行政领导负责制和岗位责任制变为总监制负责下的节目制作人目标责任制，依据收听率和广告投放率等，将节目作为信息产业的产品进行生产，注重运作的收支平衡。

因而，主持人中心制基本上是产品导向、强调内容优先的机制。制作人中心制可以看作是市场导向、强调效益优先的机制。

与"主持人中心制"相比，"制作人中心制"有一些更为先进合理的地

---

① 陈肇然."主持人中心制"质疑.中国广播电视学刊，1999（1）

方：①它承认并尊重主持人的关键作用，但不将其作为节目定位的唯一因素。②它的适用范围更广，除可用于主持人直播大板块节目外，广播电视中的录播节目、纯音乐节目都可运用。③它有利于促进主持人素质的进一步提高，主持人可依靠节目制作群体的力量来补己之短。这是一种集约化的管理，而不是个体行为，因而其生产的节目往往比主持人中心制更能符合社会群体的需要。当然，"主持人中心制"也好，"制作人中心制"也好，都是改革进程中的产物，都不可能是尽善尽美的，只有新的模式不断出现，且兼容并蓄，多元共存，才是一种真正的历史进步。

制作人中心制可以有多种运作形式。广州电台近年来试行的有台内节目制作人、台外节目制作公司、松散型和紧密型的节目制作群、兼具主持人职能的独立制作人等。

（2）电视制片人负责制。我国电视制片人负责制起源于20世纪80年代中期。最先是由中国电视剧制作中心在《红楼梦》等电视连续剧的摄制中，引入电视"制片人"管理机制。此后，中央电视台于1993年5月在第一个早间新闻杂志型栏目《东方时空》中试行了制片人负责制。1997年，约有78%的电视台实行或试行了这一制度。但到目前为止，我国还只能算是试行了准制片人负责制。在西方，实行的是自立门户、自产自销、自负盈亏的独立制片人负责制。

我国制片人负责制的主要特点有三个：①由制片人承包板块，对该栏目节目制作及财务、用人分配等一切事务全权负责。栏目中除制片人和少数几个正式职工外，大多数职工来自社会招聘，这些人没有"铁饭碗"，与制片人之间相当于被雇佣与雇佣的关系，而不是行政组织上的上下级关系。②收入上不再是平均分配吃"大锅饭"，而是首先由制片人和编导协商出一个劳资标准，然后制片人根据编导的表现付给相应薪水，同时实施一种奖惩机制，这样编导之间的收入差距被拉大、拉开。③制片人有权解聘任何外聘人员。当然，编导如果不满意，也可以炒制片人"鱿鱼"，让他们另谋出路。

电视制片人负责制的实行是我国电视节目运作机制的一项重大改革。这种新机制的实行，对于调动制片人员的积极性、提高电视节目质量起到了重要作用。《东方时空》实施这种新机制后获得巨大成功，这说明它是一种行之有效的运作机制。

电视制片人负责制在实施中存在与广播相似的主持人与制片人冲突的问题。编导负责下的体制，不利于打造明星主持人。以主持人为中心的体制，便于主持人参与节目策划和现场发挥。一般可以由比较强势的、有管理能力的主持人直接兼任制片人。

　　然而，也有一些栏目在推行这种制片人制后，不但没有促进节目制作水平的提高，反而带来了新的弊端。比如，很难吸引优秀人才的加盟，等等。为什么一个很好的用人分配制度在实施过程中会变得走形呢？主要的原因是，在制片人权大责小的前提下，其个人品德往往起着至关重要的作用。《东方时空》推行这种机制比较成功，是因为其制片人有追求，有理想，能够廉洁自律。但如果一种机制仅仅建立在人治而不是法治的基础上，要依靠个人的品德作保证，久而久之，这种机制很难有较强的生命力。

　　3. 制播分离

　　播出和制作分离是国际上一种通行的电视运作方式。这种运作机制可带来节目的优化和效益，有利于制作专业化，有利于克服职能重叠、职责不清、敷衍播出的弊端。

　　1997年4月，英国广播公司（BBC）为了充分利用传媒市场的种种机遇，确保BBC向数字电视发展，进行了一系列被称为"地震式大变革"的改组。其主要内容就是仿效商业传媒，以赢利为目的精简机构，实施播出业务和制作业务相分离，以及对外进行联营合作，以求继续生存和进一步发展。

　　中国目前就总体而言，仍然是制作和播出捆绑在一起。但是，随着改革的深化，电视市场进一步发展，制播分离的趋势已日益明显。2000年4月，中央电视台第五套第八套节目实施制播分离。2004年，央视以《开心辞典》、《幸运52》等10个栏目为试点，进一步实施制播分离的改革。同样，许多地方电视台也在积极推行。例如，上海的电视传媒在体制、政策上对制播分离已加以确定，各台负责制作，播出终端由市广播电视局技术中心负责，与国际惯例接轨。2008年4月，凤凰卫视的品牌栏目《鲁豫有约》落户湖南卫视后更名为《快乐心灵——说出你的故事》，探索出不同电视台之间单节目合作的制播分离新形式。

　　4. 节目制作社会化

　　节目制作社会化是优化台站资源配置的一种手段。以广东电视台为例，该台在节目生产制作上，拟在全面推行并完善栏目制片人负责制的基础上，经过对若干类节目实行公司制的改革和试点后，在节目部门中除了新闻、新闻时效性强的专题栏目和为数不多的社会与观众广泛认可的名牌栏目外，分批、逐步实行节目公司制，包括技术制作公司制，从而最终实现播出与制作的分离。这样，电视的频道、电视版面除新闻来源由台/站自身统筹外，其他的主要由社会上的制作公司和台内的制作公司完成节目的主要部分。台/站与社会制作公司和台内制作公司之间的商业关系实行按质论价，择优选购节目。

　　所谓节目公司制，就是在电视台之外的一些具有电视制作能力的节目公司自筹资金制作节目送交电视台播出，并从电视台获取一定的广告时间作为回报的运作机制。节目公司的节目在播出一定时间后，一般要按节目时间长短向电视台支付相应的播出费。所以，节目公司的赢利主要就是广告收入减去节目制作和播出费之后的余额。

2003 年 8 月起，国家广电总局开始向符合条件的民营制作公司颁发《电视剧制作许可证（甲种）》，截止 2008 年 4 月，全国拥有《电视剧制作许可证（甲种）》的机构为 117 家，拥有《广播电视节目制作经营许可证》的机构为 2 874 家。2007 年，这些机构所生产的电视剧超过 1 万 4 千集，影视动画年产量突破 10 万分钟。

由于我国电视台内部制作部门与社会制作机构之间的市场竞争地位并不对等，电视台拥有先天的买方垄断优势，社会制作机构常常要独自承担经营风险。

四、广播、电视节目生产的控制

没有质量就没有效益，传媒企业和其他企业一样，都要遵循这一市场竞争法则。当代传媒市场竞争日益激烈，因此，良好的质量控制就是利润，就是市场占有率，就是企业竞争力的表现。不断提高产品质量和服务水平，应当是传媒企业追求的基本目标。

现代品质管理的巨大作用已被企业界广泛认同。什么是现代品质管理？简单地说，即品质管理部门介入到生产制作过程的全程之中，从原材料进厂、生产组装、成品出厂以及用户服务全都处于品质管理部门的监控之下，对制作过程各环节和工序进行动态纠错，以保证产品的优良品质，并预防质量事故的发生。品检环节可分为入厂检验、制作过程检验和产品质量保证三个部分。品检类型有全检、抽检、巡检和例行试检四种。

关于电视台品检，深圳电视台技术管理中心的李新提出了如下的设想：[1]

---

① 李新. 现代品质管理在电视台的运用. 南方电视学刊，1997（5）

表 8 - 2 李新的关于电视台品检的设想

新闻直播	全检	1 名技检员
演播厅直播	巡检	
自制节目	抽检	
交换节目	免检、抽检、全检结合使用	2 名技检员
播出部	重要时段全检	2 名技检员
制作设备	定期全检	
播出通道	定期全检	

现代品管模式，如全面质量管理（TQM），同样适合于媒介企业。以电视台为例，首先，电视节目也是产品，而且是连续不断地生产的批量产品，符合现代品管的要求；其次，电视节目的制作和播出环节从外摄、后期编辑、特技、字幕、录音到播出等类似于工厂的生产过程，存在着品质控制的必要性和可能性；此外，电视节目对其亮度、色度、伴音等技术指标有一致性要求，一致性要求是品管介入制作过程的重要原因。

美国通用电气公司（GE）从 1995 年起推行"六西格玛（6σ）"管理，强调在每百万次生产和服务中达到 99.999 7% 的精确度。下属的 NBC 开始时持怀疑态度，对此，GE 一位"六西格玛"项目推广负责人以 NBC 的 Seinfeld 节目为例，问怀疑者："你们打算从他的笑话中抖出多少笑来？"回答说 20 次。"如果你们抖不出 20 次，那就是误差。"最后，NBC 任命了第一位质量管理官员。"六西格玛"项目在第一季度内，仅通过改进向供应商付款的手续，就为 NBC 节省了 950 万美元。这说明媒介业中多环节的生产过程，与饮料的生产过程在本质上并无二致。

2002 年 9 月，中央电视台新闻评论部在充分吸纳、借鉴管理科学的基本原则，采用先进的管理理念和要素，努力优化节目制作与管理运行机制的基础上，获得中国质量认证中心（CQC）进行的 ISO9001：2000 质量管理体系认证。这是质量管理应用于我国媒介业的一个成功范例。新闻评论部编写了工作手册，明确了评论部质量管理体系的方针、目标、承诺、组织结构、运作形式，各组、各岗位工作职责，评论部传播实现过程等内容。作为质量管理的"宪法"性文件，它相应完善了新的制度体系，纠正了管理工作中诸多不合理、不尽如人意之处。

品质管理，尤其是全面质量管理，强调以下管理原则：①以顾客为关注的焦点；②领导者亲自主持；③全员参与；④注重过程；⑤运用系统方法管理；

⑥如果有必要，可持续不断地改进；⑦基于事实和数据进行决策；⑧与供应链保持合作关系。

为确保电视节目的质量，电视台必须实行节目淘汰制。决策者应通过观众收视率的调查，根据节目监控的具体评分，研究市场反馈的信息，制定节目淘汰制的标准，并以科学的量化标准决定节目在频道播出的时段。这种竞争机制的引入，可以比较客观地根据节目的市场定位、节目的价值取向、节目的收视率以及节目的品位来决定它是否适合市场。

五、广播、电视节目的播出

新闻节目一般采用直播的形式，其他节目由责任编辑将已经编辑好的节目录像带送交播出部，由播出部负责播出。

电视台的播出中心机房承担各套节目播出控制的职责，并兼有插入字幕和时间信号的功能。一般是播出几套节目就拥有几个播出中心机房。为了保证播出的安全可靠，各套节目的信号源相对独立，视、音频同步切换，并可以应急处理。为了便于维护、管理，各套节目播出用的录像机设在同一个播出设备室，各套节目的播出立柜也设在同一个播出中心机房内。

播出的节目大致有这样几种：①事先录好的节目带；②演播室直播的节目；③现场直播节目；④转播其他节目。所有这些种类的节目都要按照事先规定的程序，由值班技术人员准时送到播出控制台。

电视节目的传送是从电视节目播出到发射之间的中间环节，它的任务就是把每天播出的节目信号从电视中心传送到发射台。

小型电视台的节目频道较少，播出的节目可以从控制台直接送往线路放大器，再输送到发射台。

大型电视台一般拥有多套节目，所以大多设主控制室。多个节目播出时控制台的信号全部集中到主控制室，经过主控制台的矩阵网络，将不同节目送到指定的线路放大器，再分别送往不同的方向。需要同时向多个方向送出多套节目时，则设有专门的节目调制机房，按需要把节目组合在一起，通过小型微波设备或者电缆传送给发射台、微波天线终端或卫星地面上行站。

为了保证准确、及时地播出各种节目，电视台的节目播出大都采用计算机自动控制系统控制。这样既大大提高了播出的准确性，减少了播出事故，同时也降低了技术人员的劳动强度。

第五节　媒介的设备管理

随着科技发展的加速，媒介生产的技术含量不断提高，设备管理在媒介企业中的地位日趋重要。对设备进行全面认真的管理，是媒介高产、优质、低耗地进行生产的基本条件。

设备管理应提倡实行设备全过程管理，这是冲破传统设备管理局限在维修的狭隘范围，按照系统论的观点，把设备的整个生命周期作为一个整体，以求得设备整个使用期的最佳效益，这是现代企业发展的客观要求。实行全过程管理，并非否定设备维修工作的作用，相反，设备的维修工作仍是企业日常设备管理的主要内容之一，但必须用综合管理的观点来指导、带动设备维修工作。

在设备管理的同时，还应提倡根据经济发展开展设备的经营工作。以电视为例，电视台针对观众的节目需求，要不断策划一些新节目，这就要求设备部门及时提供能够满足节目制作需要的先进技术设备。因此，为企业经营方针服务的设备管理必须是动态型的。

电视台设备的数量相对较多，且型号规格复杂，不宜集中在技术设备部门，因为部门的平行设置容易妨碍使用设备的部门如新闻部门的效率。这样，设备一般分散在节目制作第一线、演播厅和电视车等部门，单纯依靠专业管理机构和人员是难以管好的。应把与设备有关的机构、人员组织起来参与设备管理。这是设备管理的纵向序列的协调，目的是充分依靠各级领导人员的经营决策才能以及操作人员的丰富实践经验，有效地解决设备管理面临的各类难题。这种设备的全员管理可以在媒介内部形成横向序列与纵向序列、专业管理与参与管理相结合的设备管理网络。

讨论与操作

1. 生产能力（如印刷能力）在何种程度上构成媒介的竞争力？试研究《广州日报》2000 年元旦特刊的案例，广州日报印务中心对其竞争优势的形成产生了怎样的影响？

2. 印刷是报业经济的增长点吗？试举例说明。

3. 在媒介生产管理中如何应用 ERP（企业资源规划）？试举例说明。

4. 请实地调研一家媒体，试分析内部网络及管理信息系统在媒介生产及日常管理中是如何发挥作用的。

5. 我国媒体中的总编室的作用是什么？它是否肩负着流程管理部门的职能？请就此作一专题研究。

6. 请访谈一位电视制片人（或编导），试分析制片人负责制、频道制与电视台整体运营机制的关系。

第九章
媒介的财务管理

内容提要

本章从资金运动的角度探讨了媒介的财务管理过程，包括强化媒介的财务会计职能与管理会计职能，精熟财务报表，利用利润杠杆维护底线原则。另外，制度建设是媒介管理者对媒介实行有效管理的重要保证。

　　财务管理是指企业对资金的筹措、运用、分配所进行的计划（预算）、控制、决策等财务活动的管理。财务管理的重心主要在于资金的运作。财务管理的目标是维持良好的财务状况，力求使资金获取最大的投资效益。媒介的财务工作主要是用货币作为价值尺度，反映各部门人、财、物合理配置和有效使用的程度，以衡量整个媒介投入产出的效果。财务部门资金调度的好坏对媒介的全局经营有直接的影响。

　　许多年来，西方的传媒教育集中在公认的成功职业生涯所必需的运作技巧方面，亦即销售、节目、生产及管理。从20世纪80年代开始，财务管理的加入给课程设置带来了重大变化。这是因为对未来的传媒管理者来说，成为一个有能力的运作高手已经不够了。媒介作为娱乐和信息的手段越来越商业化。80年代产生了新一代业主、新的财务伙伴、新并购媒介的天文数字似的价格以及为那些价格需要支付的巨额债务。这些使得媒介业的财务复杂化了，使得渴望跻身其中的人必须学习能够达到这种新水准的知识和技巧。

　　在我国，计划经济时期的媒介经费由国家统收与统支，所以，财会工作处于单纯记账、报账和收付的服务性地位。随着我国改革开放的逐步深入，媒介被推向了市场，进而由单一型的办报、办台转向多元化的经营活动。经营管理的优劣如同传播质量的好坏一样，已经成为媒介赖以生存和发展的基本条件，媒介财务工作越来越受到经营管理者的重视，媒介财会工作的地位、职责、任务随之在发生根本性的变化。认清这一变化，有助于媒介的经营管理水平跨上新台阶。

第一节　媒介财务管理的内容与要求

　　媒介的经营管理实质上就是通过对媒介的人、财、物等资源的合理组织和有效利用，参与激烈的市场竞争，以尽可能少的投入争取获得最大的产出。其中，财务管理处于媒介经营管理的中心位置。在媒介经营管理的各项分工如人事、财务、生产、后勤、基建和各类经营活动中，尽管各项工作都很重要，都是必不可少的环节，构成了经营管理的有机整体。但是，这些工作中的绝大多数只能体现媒介经营管理的一个局部，而财务工作是全局性的综合管理，且关涉媒介的"底线"。媒介各部门的活动都离不开资金，有的部门以支出为主，有的以收入为主，有的收支相当，财务部门则是资金的总调度。媒介的产业发展更是必须以资金为后盾，因此，财务工作的重要性不言而喻。

一、财务管理的内容

财务管理的对象是生产和再生产过程中的资金运动及其所体现的财务关系。为了对复杂的资金运动进行有效的管理，需要按资金的静态和动态表现来划分管理的环节，以便于管理者按管理环节有针对性地采取管理行动。

（1）资金的筹措和投入环节——筹资管理。资金的运动过程是一个投入与产出的过程，一切经济活动都是从资金的投入开始的。筹集资金，形成负债和所有者权益，是财务管理中相对独立的一个环节。

（2）资金的运用和效率环节——资金运用管理。资金的运用过程表现为企业的各种资产（分布状况）及其利用效率（周转状况）。其主要管理内容就是如何运用、调度各种资产，保持合理的结构和周转速度；寻找投资机会，开展有效的投资活动。

（3）资金的耗费和补偿环节——成本、费用管理。资金在使用、周转过程中要发生各种耗费，表现为生产成本和费用。其主要管理内容是如何控制费用发生的数额和比率，如何确定它的补偿形式和方法。

（4）资金的增值和分配——赢利管理。资金运动不仅表现为投入、运用和耗费，而且表现为资金的回收和增值。因此，组织收入、分配利润、照章纳税与处理企业发展同投资者利益的关系，是财务管理的一大内容。

以上四个方面构成了相互联系的企业财务管理的全过程。从管理职能的角度看，财务管理就是利用价值形式对财务活动所进行的全面管理和控制。

二、财务管理的原则

在进行财务决策时，经常要使用的一个概念是资金的时间价值。资金在周转运动过程中不仅会发生价值形态的改变，而且会发生价值量的变化，即随资金周转时间的推移而发生增值。资金的时间价值就是资金在周转使用中由于时间因素而形成的差额价值，它使等量的货币在不同的时间点上具有不同的经济价值。用货币作为价值尺度必须充分认识它的时间价值。由于绝大多数媒介要向银行贷款，还有相当一部分单位负债经营，所以银行的贷款利率应当成为衡量货币时间价值的主要尺度。例如，若银行的贷款年息是 12%，则现在的89.29 元就可以与一年后的 100 元等值。货币的时间价值是客观存在的，拖延或提前收取应收账款、库存物品的延期使用等，都会带来不同的经济效益。

在具体工作时，媒介财务管理应注意以下原则：

（1）依法理财。为了适应我国社会主义市场经济体制的需要，规范企业的理财行为，我国财政部制定并颁布了《企业财务管理通则》，规定我国境内的全部企业的一切财务活动都必须遵守我国有关法律、法规和财务通则的规定，并接受有关部门执法机构的监督和检查。媒介产业必须依法经营，并学会运用法律、法规来维护自己的正当合法权益。

（2）经济核算。实行经济核算制是搞好财务工作、提高经济效益的重要手段。进行经济核算主要是利用资金、成本、费用、价格、赢利等价值形式，对企业生产经营活动中的资金使用、生产耗费和生产成果进行记录、计划、控制、分析；并以销售收入补偿生产耗费，确定是否赢利。实行经济核算要求企业以尽可能少的人力、物力、财力占用和消耗，为社会提供更多更好的产品和劳务，保证做到以收抵支，增加赢利，提高资产回报率。

（3）统一领导和分级管理。它是由财务管理的特点所决定的，是正确处理企业内部上下左右责、权、利关系的准则。财务管理工作实行集中统一领导，由经理（厂长或法定代表人）负责组织财务工作。在大中型企业，通常还建立总会计师的经济责任制。为了实现"统一领导、分级管理"，还应坚持管钱与管物相结合，使用资金与管理资金相结合，管理权力与管理责任相结合。在实行内部经济核算的条件下，应合理安排企业内部各部门在资金、成本费用和收益管理中的职权关系。

（4）风险控制。在市场经济中，对企业财务工作应增强风险控制的意识，实现资金结构的优化。在筹集资金时要适当安排自有资金和借入资金的比例，做到既利用了负债经营的作用，提高了收益水平，又能维护企业财务信誉，减少财务风险。在运用资金时要合理配置长期资金和短期资金，既要保证生产经营的正常进行，又要加快资金周转速度，提高经济效益。

三、媒介财务部门的组织

财务部门是处理资金运动、实施财务管理的职能机构。目前我国的企业财务管理体制一般有两种形式：

（1）财务、会计合并的一体化组织形式。在这种形式下，企业一般设一个财会科室，由总会计师或主管经济的副经理领导，负责财务和会计两方面的工作。

需要说明的是，虽然从财务管理的对象看，财务工作与会计工作都是资金运动，所以两者的关系十分密切，但是，财务工作和会计工作是两种性质不同的工作。在目前，随着社会主义市场机制的建立，企业的财务管理日趋重要，这种财务、会计一体化的形式不完全适应目前的财务管理需要。

（2）财务、会计分别设置管理机构的平行组织形式。这种形式将财务、会计分开，单独设置财务部门和会计部门，两者各有分工，各司其职。

我国目前的大多数媒介实行的是财务、会计一体化的组织形式。财务部门（如计财部）常常在肩负财务管理重任的同时，也承担日常的会计工作。财务预测和决策、预算和成本控制、分析与考核以及财务审计是财务部门的主要职责。其他的职责还有：银行往来、广告票据和进账、工资支付、保险事务、纳税、采购、劳务开支等。

四、媒介财务部门要掌握资金运动的主动权

媒介财务功能有效执行的基础是建立和保持一个高效的、信息充分的会计系统，以保护报／台／站的资产，为决策提供财务信息及为财务说明和税后赢利作准备。但是，现代媒介的财务工作必须由以财务会计为中心转向以管理会计为中心，也就是由记账出纳型向经营管理型转变，否则就不能担当起所负的重任。因为媒介所进行的各项同经济有关的活动，其实质都是资金的运动。掌握资金运动的主动权，经营管理就会有生气，媒介经济的发展就会有活力；反之，经营管理必将陷入危机。为此，媒介财务工作必须加强计划力度，牢牢掌握资金运动的主动权。

具体说来，媒介财务部门对资金运动的管理，包括三个方面：

（1）要掌握资金使用的主动权，控制现金流量。财务部门面对的是整个媒介机构，各个部门都要使用资金，而且都有各自的理由，然而用报／台／站全局这个标尺来衡量，必然有轻重缓急之分，只有加强资金使用的计划力度，才能掌握资金使用的主动权，确保资金使用在最需要的地方，让资金在每个时段都尽可能创造出最多的效益。否则，财务部门必将成为纯粹的资金出纳场所。

（2）要掌握资金调度的主动权，实现对下属机构的财务控制。随着媒介经济的发展，媒介下属全资单位越来越多。媒介总部对于下属机构在运营中产生的现金流要进行调度，进行内部结算。此外，对下属机构的控制也可以通过财务报表进行管理。

（3）要掌握资金投向的主动权，为高层决策提供依据。在媒介的多种经营中，积累资金如何投放，是一个需要审慎处理的大问题。资金的投放有各种各样的机会，可以投向多种不同的行业、各种不同的项目，即使投向同一项目

也有不同的方案。资金投向不同，其经济效益也不相同。有许多媒介搞多种经营的效果不理想，其中一个重要原因是投资选择不当。有的是投资方向选择不当，有的是投资方向尚可，而投资的时机选择不当。投资选择之所以出现问题，绝大部分是因为缺乏科学决策，缺乏财务数据的支持。因此，要掌握资金投向的主动权必须充分收集财务信息，进行科学论证，并且要注意把资金投向容易形成媒介经济新增长点的项目，使媒介获得除主业以外的第二、第三经济支柱。

第二节　媒介财务管理中的会计信息

管理者在决策过程中会运用到各种类型的信息，其中包括会计信息。会计信息不仅强调财务上的问题，也提供组织过去、现在、未来的非财务信息。会计报告可以提供组织的每日活动和长期成长以及生存的必要信息，以帮助管理者作出决策、策划未来和控制组织行为。

按照美国会计学会的定义，会计是"确认、计量和传递经济信息的过程，以使信息使用者在充分了解信息后作出判断和决策"。根据信息使用的目的和会计活动的范围，会计工作可分为财务会计和管理会计两大类。财务会计是对企业发生的经济业务进行确认、计量、记录、报告的财务信息系统。管理会计是为企业内部的管理决策进行财务预测和决策的工具。它们的主要区别在于：财务会计主要是关于会计怎样才能服务于外部决策者，如政府机构、债权人、股东和其他人；管理会计主要是关于会计怎样才能服务于内部决策者，如管理者。在跨国媒介集团，一般设注册会计师，主要对外；设管理会计师，主要对内。

一、财务会计信息

财务会计信息如年度会计报表是提供给组织外的各界使用者参考的。财务会计报告的主要成分是资产负债表和损益表。财务报表的编制以大量的日常账务处理为基础。

1. 资产负债表

资产负债表（又称"平衡表"）可以反映出一个组织的财务状况。在特定时段，它提供一个组织的静态情况。透过一连串的资产负债表，可以看出一个组织在一段时间内是如何运作的。

资产负债表包括三部分。

（1）资产，即报/台/站所拥有的价值。资产分为以下几类：

①流动资产。指那些在一年内将要被出售、使用或转化为现金的资产。它们中较典型的有现金、能销售的证券、应收票据、应收账款、短期投资、预付账款等。

②固定资产。指那些将要被长期（意味着超过一年）占有或使用的资产。地产及其改良（如公园式单位）、建筑、广播电视塔、设备、办公室装备等都是固定资产。

③其他资产。主要是一些无形资产，例如执照、组织成本、商誉等。这些其他资产因财务报告而被摊销或勾销。

商誉的摊销或勾销意味着经过一段时间以后的总值要少于把损益表每年的数额相加的总和。商誉最初代表着执照的价值，按照财务实践，它在一个固定的时间（40年）后被注销。如果一个媒介被以600万美元的价格收购，而它的有形资产是200万美元，那么其商誉就等于400万美元，把这个数字以每年等额的数目摊到损益帐薄上，按40年计算，每年为10万美元。

④递延支付。这包括媒介的所有预付项目，如保险、税收、租金等。

为了会计的目的，经过一段时间后失去价值的资产要被折旧或摊销。换句话说，要把用于它们的开支分散到使用寿命当中去，如建筑、设备、装备等。地产可以不贬值。在美国，广播执照、广播网加盟协议、有线特许权常被作为折旧资产。

（2）负债，即媒介所欠的债务。负债反映了媒介短期和长期的债务，它包括以下内容：

①流动负债。应付账款、未交税金、应付佣金等都属于流动负债。它也包括媒介按照合约在一年内应付的其他款项。

②长期负债。指那些将不会在一年之内支付的债务。例如，银行贷款、抵押及其他按照合约在一年之后支付的款项。

（3）净值或股权，即媒介所有者的财政利益。净值记录了所有者最初的投资及赢得的尚未支付的利益。

负债表的概念是从下列等式中得出来的（表的两边因而是平衡的）：

$$资产 = 负债 + 企业所有者的权益$$

表 9 - 1 是美国纽约时报公司使用的资产负债表。

表 9 - 1　美国纽约时报公司（NYSE：NYT）资产负债表

以百万美元计（每股项目除外）	截至 2007 年 12 月 31 日年度数据
现金及现金等价物	51.53
短期投资	-
现金及短期投资	51.53
应收账款（净值）	437.88
其他应收款	-
应收账款合计（净值）	437.88
存货合计	26.89
待摊费用	-
其他流动资产（合计）	148.14
流动资产总额	664.45
厂房设备原值合计	2 606.85
商誉净值	683.44
无形资产净值	128.46
长期投资	137.83
其他长期资产（合计）	390.90
资产总额	3 473.09
应付账款	202.92
预提费用	335.42
应付票据/短期借款	306.74
一年内到期的长期借款/融资租赁	49.54
其他流动负债（合计）	81.11
流动负债总额	975.74
长期借款	672.00
融资租赁	6.69

（续上表）

以百万美元计（每股项目除外）	截至 2007 年 12 月 31 日年度数据
长期负债合计	678.70
负债总额	1 034.98
递延所得税	–
少数股东权益	5.91
其他负债（合计）	834.55
负债总额	2 494.89
可赎回优先股（合计）	–
不可赎回优先股净额	–
普通股（合计）	14.89
追加实收资本	9.87
留存收益（累积亏损）	1 095.18
库藏股 – 普通股	– 161.40
其他权益（合计）	19.66
股东权益合计	978.20
负债及股东权益合计	3 473.09

一个组织的财务健康状况常常用根据资产负债表的数据计算出的两个比率来判断。一个是流动率，是流动资产合计与流动负债合计之比，较为合理的流动率应是 2∶1。另一个是债务—权益率，是长期负债与所有者权益之比，较为合理的债务—权益率当是 1∶1。

2. 损益表

损益表即收入报告。它对一段时间内（如一周、一月、一季、一年）的财务交易进行总结，反映组织在一段时间内的获利能力。收入和支出之间的差额即那段时间的赢利或亏损。损益表是世界上任何一个经营者都非常关注的东西。新闻集团老板默多克每周都要检查一次集团的损益表。

（1）收入。媒介收入的主要来源是出售版面或时间给地方、区域或全国性的广告客户。其他收入还有节目产品的销售与媒介产业如土地的租借、权益、红利等。

（2）支出。支出可以分类为"直接"和"运作及其他"。直接支出是付给销售广告代理机构的佣金。运作及其他支出可以按照媒介的组织结构列出来。通常，它们反映了主要部门或主要活动领域的运作成本：技术（工程）、节目、销售、促进、新闻、总务和行政。

其他支出是在运作中发生的其他现金和非现金支出。折旧就是非现金支出的一例，它来自于有形资产如厂房、设备的注销。典型的情况是，资产在它的使用寿命中是等额递减的，这项按年度计的数额支出要反映到损益表中。

收入减去运作开支就可看出是赢利还是亏损。收入超过了支出的部分是赢利。在收入中扣除支出得到的是运作利润（毛利润）。这种扣除不包括非现金支出，比如折旧和摊销。运作利润确定以后，再减去折旧、摊销、国家和地方政府的税收，就是纯利润。

表9-2是美国CBS公司2007年的损益情况。

表9-2 美国 CBS 公司（NYSE：CBS）损益表

以百万美元计（每股项目除外）	截至 2007 年 12 月 31 日的 12 个月
主营业务收入	14 072.90
其他收入（合计）	–
总收入	14 072.90
主营业务成本	8 329.30
毛利总额	5 743.60
销售费用及管理费用（合计）	2 666.10
研发费用	–
折旧/摊销费用	455.70
利息支出（收益）- 净营业利润	–
非经常性损益项目	0.00
其他营业费用合计	–
营业费用合计	11 451.10
营业利润	2 621.80
利息收益（支出）- 营业外净收益	–454.80

（续上表）

以百万美元计（每股项目除外）	截至 2007 年 12 月 31 日的 12 个月
资产处置损益	–
其他（净值）	–34.00
税前利润	2 133.00
税后利润	1 311.50
少数股东权益	–0.10
附属公司权益	–80.60
扣除非经常性项目前净利润	1 230.80

3. 现金流量表

现金流量表是反映企业在一定会计期间（如一月、一季或一年）内经营活动、投资活动和筹资活动等对现金及现金等价物产生影响的会计报表。主要目的是为报表使用者提供企业在该会计期间内现金流入及流出的有关信息。现金流量表的出现，主要是要反映出资产负债表中各个项目对现金流量的影响，并根据其用途划分为经营、投资及融资三个活动分类。现金流量表可用于分析一家机构在短期内有没有足够现金去应付开销。表 9 - 3 是美国雅虎公司的现金流量表一例。

表 9 - 3　美国雅虎公司（NASDAQ：Yahoo）现金流量表

以百万美元计（每股项目除外）	截至 2007 年 12 月 31 日的 12 个月
净利润	660.00
折旧/损耗费用	409.37
摊销费用	249.83
递延税款	–212.74
非现金项目	452.53
营运资本变动	359.92
经营活动产生的现金流量	1 918.90
资本项目支出	–712.65

（续上表）

以百万美元计（每股项目除外）	截至 2007 年 12 月 31 日的 12 个月
其他投资活动产生的现金流量项目（合计）	140.15
投资活动产生的现金流量	− 572.50
筹资活动产生的现金流量项目	18.84
支付的现金股息合计	−
股票发行（注销）净额	− 1 460.84
债券发行（偿还）净额	−
筹资活动产生的现金流量	− 1 442.01
汇兑损益影响	39.67
现金净增减额	− 55.94

4. 盈亏平衡点的计算

一般情况下，利润是收入减去成本所得。收入是价格与产品销售量的乘积，成本是固定成本与可变成本的总和，因此，其可以表示如下：

利润 = 单价 × 销售量 − （固定成本 + 单位变动成本 × 销售量）

= （单价 − 单位变动成本）× 销售量 − 固定成本

令利润 = 0，得 Q^* = 固定成本 / （单价 − 单位变动成本），Q^* 即为盈亏平衡点，俗称保本点。

对于报纸来说，收入主要来自两部分。在美国，广告提供了报纸总收入的 75% ~ 80%，发行占总收入的 20% ~ 25%。在法国和日本，报纸收入的 40% 通常来自广告，60% 来自发行和其他收入。广告收入与发行量密切相关，两种报纸发行量的细微差异反映在广告销售方面可能放大许多倍。

在二元市场上运作的报纸的利润可以表示为：

利润 = 发行量 × （单价 − 单位变动成本）+ 广告收入 − 固定成本

由此可以推导出：

报纸盈亏平衡点的发行量 = （固定成本 − 广告收入）÷ （单价 − 单位变动成本）

报纸盈亏平衡点的广告收入 = 固定成本 − 发行量 × （单价 − 单位变动成本）

假设某份报纸的单位价格为 1.5 元，平均总成本为 2 元，试问如果每天的发行量为 20 万份，那么，若想不出现亏损，每天的广告收入必须达到多少？

在报纸价格和成本不变的条件下，如果每天的广告收入为 20 万元，那么，若想实现赢利，每天的发行量应达到多少？根据前面的计算公式，每天发行量为 20 万份时的广告收入必须达到每天 10 万元才能盈亏平衡，每天的广告收入为 20 万元时最大发行量为 40 万份。

二、管理会计信息

管理会计强调在决策时管理者对会计信息的需求。预算是最常被管理者使用的会计信息格式。预算管理通常是媒介财务管理的核心。财务核算以预算为前提，围绕预算进行，并依据控制状态进行不同程度的预算控制。

1. 预算与财务计划、决策

有效的财务管理要求做详细的计划与控制。计划用货币的形式表达了媒介的计划和目标，通过财务计划把决策目标具体化、系统化。控制则包括对设想的与实际的收支的比较，通过对计划实施中的一切耗费进行严格的计算和监督，将各项实际耗用量限制在计划标准确定的范围内。如果出现脱离计划或标准的地方，应即刻分析原因，采取对策，确保决策目标的实现。基本的计划与控制手段就是预算。

财务部门参与财务计划与控制，不是简单地进行数据汇总和收支核算，而是要根据决策制定目标利润，采用滚动预算、标准成本制度等科学方法，编制预算，进行存货和成本控制。

财务决策是在预测的基础上，充分考虑经营和投资的各种可能，在所有可供选择的经营或投资方案中，确定技术与经济最优方案为最终方案。在市场、技术可行的前提下，经济评价是决定各项方案是否有生命力及进行最终取舍的依据。财务部门参与的经济活动的预测、决策，要根据决策目标的有关信息资料，如可行性报告，运用本量利分析原理，计算有关经营决策方案的成本、数量、单价、利润的不同组合而取得各项评价指标，并且以现值法为基础，计算有关投资决策方案的投资回收期、投资回收额、投资回报率等各项评价指标，对可供选择的各方案进行对比、分析、论证，正确的财务评价，为最终筛选出最优的实施方案提供有说服力的依据。投资方案确定后，财务部门还应参与投资合同的审定，从维护媒介经济利益的角度对投资合同各条款进行经济审核。

财务预测就是根据过去和现在已有的材料，对经济活动未来可能发展的趋势作出事先估计和推断。预算是策划过程的一部分，预算的基本要素是预测，故预算是对未来的一种处置。当预算是为整个组织而做时，称为利润计划或主要预算计划；部门预算称为营运预算。每个部门的负责人要提交一个年度

（常常是一个工作年度）预算，详列预期的收支情况。在审计机构对所有部门的预算进行分析评估并作修正之后，再由高层管理者批准通过整个媒介的预算。通常，可以依靠过去的经验来推算可能的收支数量，并需做一个有保留的预算以应付紧急情况。常规的年度预算报告允许管理者对计划和实际结果进行比较并作出必要的调整。

2. 预算与财务评价、考核

对同一时间段的预算和损益表的比较，可以帮助管理者评估每一部门的表现，以及为应该采取的控制措施提供必要的信息。常用的方法包括财务评价和财务考核。

财务评价是指根据会计核算和有关信息资料，运用特定的方法，对财务活动的过程和结果进行分析和评价，以改善财务状况，提高资产回报率。

财务考核是指对在经济活动中具有一定权限、承担一定职责的部门、单位进行的考核。财务部门要以确定的计划、标准和控制资料为依据，以货币作为价值尺度，按被考核部门、单位的不同责任要求，有重点地分别考核他们的销售目标实现程度、目标成本降低程度、目标利润完成程度、投资目标收益程度。财务考核常用的方法是比率分析，例如，报社财务部门可根据销售收入目标，考核广告部门的广告营业额目标完成百分比、广告款实际回收率、坏账发生率，考核发行部门的发行量目标完成百分比、报款回收率、发行费用降低额及降低率、发行损耗率；根据目标成本，考核物资供应部门的原材料（尤其是新闻纸）库存定额执行情况、采购费用和仓储费用节约额及节约率，考核印刷部门的原材料（尤其是新闻纸）耗费与同行业先进指标之间的差距程度、纸张按先进指标计算的节约数，考核后勤服务部门的劳动生产率提高程度、费用开支节约额及节约率；根据投资目标和利润目标，考核下属经营单位按现值法计算的投资回收期、投资回收额、投资回报率和资金利润率、目标利润完成百分比、超额完成利润数等。

3. 预算的编制

媒介的主要预算计划通常包括一段时间，例如几个月、一年，有时也有长期预算。制定这种预算时，媒介的各阶层管理者都应参与。必要时组成预算委员会，制定组织的预算目标，进而影响及审核各部门预算。各部门负责人经常肩负编订部门预算的责任。但是部门预算也应当吸纳员工的意见。

编制预算时要考虑两个因素：①信息的流通。信息的流通应当是双向的。管理者需要从员工那里得到信息，以了解员工在完成工作时的需求是什么；同时，员工也必须了解组织的目标和全年的预算过程，而不至于浪费组织的资源。②预算的起点。典型的方法是以前一年的预算及实际情况作为今年的起点。它的缺点在于，从以前的预算可能得出错误的结论。另一种方法被称为零基预算（zero-based budgeting），即假设每一次的预算起点为零。这种方法的优点在于容易发现没有效率或浪费的地方，但缺点在于费时费力，且不太具有弹性。一个具有良好品质的新闻部门的运作，常会因为突发事件而出现超过预算的情况。因此，介于以上两种方法之间的折中方法可能是最好的。

第三节 媒介财务管理的环节与过程

媒介财务管理的实质就是在一定的外部环境下，使媒介资金的筹集、运用和资产的管理在决策上尽可能最优。这些决策要考虑资金的时间价值及投资回报率等财务指标。

一、媒介的筹资管理

在财务管理中，经常会碰到资本、资产、资金等概念。资本这一概念，有狭义和广义之分。狭义的资本是指资本金，即投资者投入企业的资金，可包括货币资金、实物以及无形资产等其他形态的资金。广义的资本包括投资者投入企业的所有资源和所有生产要素，既包括所有者的投资（资本金），也包括全部负债。

媒介的创办和发展必须有资金。资金从哪里来？一是投资，二是借贷。我国多年来习惯的"上级拨款"方式，是国有资金的注入方式。随着国家对媒介的"断奶"，媒介的资金来源除了依靠过去的积累之外，也可以自主借贷。通过借贷负债经营是媒介的筹资方式之一。但是它具有一定的风险性，万万不可盲目举债。

媒介资本筹措的融资手段，除了银行借贷外，主要是通过股票和债券来筹资。在20世纪80年代媒介收购的狂热中，投资银行家发明了创造性的融资工具，如"垃圾债券"，向公众销售，为投资银行的公司客户筹集资金，用于媒介收购的目的。"垃圾债券大王"麦可·密尔肯擅长集资（他本人因搞内线交易在1989年被起诉），曾替TCI、新闻集团、特纳传播等著名媒介筹集巨额资金，促成了多项交易。

股份制运作是现代传媒企业制度的主要形式。发行股票、债券，筹集社会资金，是传媒筹措企业资本金的重要而有效的途径。股票上市发行更可开辟广泛的融资渠道。

从 1992 年到 1996 年，在澳大利亚证券交易所上市的传媒类股票的市值上涨了 98%。

媒介实行股份制也可摆脱家族式管理对媒介运作的过多干预。如法国《世界报》为了在报道上坚持客观性、独立性的原则，在经济上实施了相对独立的机制，即由记者掌握报社 1/3 的股份。这样既使记者有了一种主人翁意识，共同关心报社的命运，又可以保证当公司的高层欲干预报道原则时，记者可凭借其所拥有的股份进行抵制。

1997 年，中央电视台下属的中视影视基地股份公司挂牌上市，开始了资本经营的有益尝试。有关资本经营的内容见本书第十四章。

二、媒介的资产管理

在会计学中，资本与资产是同义词。但一般来说，企业所有物，无论是有形的，还是无形的，只要具备直接或间接带给企业现金或现金等价物的潜在能力，便可以称为企业的资产。资产按其存在形式，可以分为有形资产和无形资产。

媒介的资产管理可以分为两大部分：流动资产管理和长期资产管理。媒介流动资产管理应注意控制各类资产的规模，保持各类资产的合理结构，以节约使用资源，提高媒介全部资源的利用率。

长期资产是指在生产经营活动中，不是为了销售，而是供生产经营业务使用，其经济寿命在一年以上的资产。它包括固定资产、长期投资、无形资产、递延资产及其他资产等。

对固定资产的管理要注意两个方面：①固定资产的折旧。固定资产在使用过程中逐渐磨损而转移到费用或产品成本中的那部分价值，叫做固定资产折旧。固定资产的折旧，不仅关系到每期实现的利润是否正确，而且直接影响到固定资产的更新改造所需资金有无保证，必须正确计提。②固定资产的归口分级管理。这是将各类固定资产分别交由各有关职能部门管理、交由各级基层单位掌握使用，并建立相应的保管使用责任制。

长期对外投资是指媒介向其他单位投出的在一年以上的资金和持有在一年内不准备变现的各种有价证券。在进行长期对外投资时，必须进行投资的可行性分析。

媒介以有价证券形式投资，也叫做媒介的金融投资，主要有股票投资、债券投资、期权与期货投资三种形式。通过不同资产的组合，可以较低风险获得较大的赢利。目前，美国一些大企业的金融投资中，各类资产所占的投资比重大致为股票占40%～60%，债券占20%～40%，房地产占5%～10%，风险投资占5%～15%，期货占1%～5%，现金占1%～5%。

随着市场经济的发展，无形资产的作用越来越明显，在企业资产中所占比重越来越大。著名企业的无形资产价值一般占总资产价值的50%～60%。

媒介无形资产包括专营权、著作权和商标权（媒介的名称、标志可申请商品商标），还包括所传播的信息的服务品质带来的商誉，以及媒介与受众的关系网络等。

媒介在珍惜无形资产、用好无形资产的同时，要注意防止无形资产流失。以报纸为例，一些败坏报纸声誉的做法，如假大空新闻、有偿新闻、恶俗新闻等，看起来可能使报社获得某些短期利益，但会使报纸失去读者的普遍信任，最后必然会损害报社的无形资产，进而影响报社的经济效益。

三、媒介的成本、费用管理

财务管理的一个基本出发点就是提高媒介的整体经济效益。为此，要狠抓增收、节支、减亏、开源四个重要环节。成本和费用控制，尤其是成本控制，是节支和减亏的财务杠杆。

一个媒介的财务表现常常通过产生更高的收入而得到改进，但收入并不能单独决定利润的大小，因为利润是收入中扣除支出留下来的部分。收入减去运作开支决定赢利或亏损。收入超过了支出的部分是赢利。在收入中扣除支出得到运作利润（毛利润）。这种扣除不包括非现金支出，比如折旧和摊销。运作利润确定以后，再减去折旧、摊销、国家和地方政府的税收，就是纯利润。如果支出随着收入的增长而增长，或者快于收入的增长，那么赢利状况就不会令人满意。

以我国的报业为例，在经历过一段增期、扩版而不提价，以亏损来追求发行量的增长，也就是贴钱扩张之后，报业逐渐冷静下来。上海率先提出"提高发行质量，控制发行数量"，"社会效益和经济效益相统一的发行量"的观点，不少报纸开始采取提价、缩版、限量的措施。

因而，管理者对支出要像对收入一样密切注意。一项审查可能泄露出支出是否能加以削减而丝毫无损于媒介的竞争位置。事实上，削减这些支出的结果往往是既降低成本，同时又提高收入。

媒介的支出可以分为两部分：成本和费用。成本是指为了实现一定目的而付出的用货币测定的价值牺牲。费用是指在获取收入的过程中，对企业所掌握或控制的资产的耗费。

媒介应当根据国家有关的法律、法规及财务制度，确定成本费用的开支范围。一切与生产经营有关的部门的支出，都应按规定计入媒介的成本、费用中。具体来说，媒介产品的制造成本包括直接材料、直接工资、其他直接支出和制造费用。费用则包括销售费用、管理费用和财务费用三大类。销售费用是指在销售产品过程中发生的费用；管理费用是指为组织和管理生产经营所发生的费用；财务费用是指在筹资等财务活动中发生的费用。

在投资决策的具体施行中，尤其是在购置设备过程中，财务人员直接参与设备购置费用的控制是十分必要的。在购置设备的谈判中，工程技术人员在确定工程技术要求和售后服务要求方面是内行的，但往往容易在价格谈判中处于不是十分有利的地位，而财务人员参加价格谈判可以发挥特长，可以充分利用媒介的声誉这个无形资产，充分利用市场竞争机制，据理力争，狠狠杀价，为媒介节约开支。这样做还有利于在谈判成功后，在付款方式、付款日期方面作出有益于本单位的约定。

媒介运作的成本和费用可以按照媒介的组织结构列出来。

经营报纸的成本可以有多种分类方法，一个通用的方法是按功能来分，主要包括：①新闻和编辑成本；②广告销售中的开支；③机器设备成本；④印刷成本；⑤发行和投递成本；⑥一般管理成本。其中一些是可变的，如印刷成本，随着份数的增加会有所上升，再如投递成本，随着发行范围的变化而变化；另一些则是固定的，如送记者去机场采访某位政要，其花费对于大报和小报都相差无几。所以，办报的成本主要取决于报纸的规模。在美国，小型报纸（发行量 25 000 份）的一般管理成本比重最大，要占 1/3，其次是纸张油墨，再次是机器设备。中等城市的日报（发行量 20 万份），纸张油墨成本最大，然后是管理成本和设备成本。削减成本的途径有两种：一是现有新闻纸替代品的开发；二是印刷过程中机器人的使用。

美国电视网最大的开支是节目，包括节目购买、事件（如体育）的转载、转播权、录音、音乐许可费、供应（磁带等）、远程转播的线路费用等。一个节目的成本动辄数十万、上百万美元。即使在地方电视台，节目支出在总支出中常位居第一。在各部门的账上，工资和奖金是各部门都有的。其他一些部门的花费有：

①技术方面：零件、设备供应和维修维护，发射线路的租借，发射、演播设备的管理。

②销售方面：销售人员的佣金、媒介代表公司的佣金、广告和促销、观众调查、旅行和娱乐。

③促进方面：促销、广告和节目促进、研究、推销。

④新闻方面：录像带、录音、录像、复制、胶片、电讯服务、图片供应、艺术供应。

⑤总务和行政方面：建筑和办公设备的维修维护、水电、租借、税收和保险、专业服务（法律、会计等）、办公用品的供应与存放、电话、电传、电视台所有车辆的调配、订购和应付款、捐献和捐款、旅行和娱乐等。

媒介管理者应当对所有的支出实行紧密的控制。对于采购来说，这可以通过在订单上签字来实施。对其他经费也应经常加以审查并建立一个预算控制系统。

四、媒介的收入与利润管理

收入是媒介的利润之源。在市场竞争日益激烈的今天，如何加强各种收入的财务管理工作，堵漏增源，是每一个媒介管理者及财务人员必须重视的问题。我国暴露出的一部分媒介广告部主任贪污受贿案，就说明了加强收入环节财务管理的重要性。

以报纸广告收入管理为例，整个流程看似简单，实际复杂。一笔广告业务要经历三个环节：①业务员承接广告；②编辑制作人员安排广告版面；③收回广告款。但是，在收款环节可能出现多种情况：一次性现金或支票刊前回款；一次性现金或支票刊后回款；部分刊前回款，部分刊后回款；部分用现金或支票回款，部分用资产或商品抵付广告款；全部用资产或商品抵付广告款；仅能收回部分广告款；完全无法收回广告款。更何况每天承接的广告业务可能有数十笔乃至上百笔，大量的业务、多种情况的并存、财务人员的疏忽及财务管理的疏漏，都可能导致广告款的流失。

加强广告收入的管理工作尤为重要的是制定完善的内部管理制度。

首先，制度的制定要以人的行为逻辑作为基本出发点。即假定每个当事人都把自身的利益放在第一位，集体利益、社会利益放在第二位。制度严密才能堵住漏洞。

其次，要适度授权。对于某些职能部门的决策权力，授权过多，权力过大，容易滋生不良行为；授权不足，又会出现经营不力的后果。就广告经营活动来说，权力主要围绕广告价格和广告版面展开。如广告价格折扣的权力、赠送免费广告的权力、允许刊后付款的权力、广告版面调整的权力等，对这些权力由谁来行使，应该作出明确的规定。明确了权力就等于明确了责任。被授权的管理者如果由于不正确地使用权力而导致错误时，必须负相应责任。

再次，要尽可能程序化。任何一条广告的刊发都必须有刊发凭证——发稿通知单。业务员承接广告业务后，必须认真填写发稿通知单，并将已获批准的广告发稿通知单在规定的时间内交给编辑制作室，编辑制作室严格按照接到的广告发稿通知单编辑刊发广告。当天见报广告的发稿通知单必须及时地送到财务部门，以便及时进行核算。

此外，要加强应收账款的管理。应收账款作为一种商业信用，具有很大的风险。由此产生的坏账是一种成本，更是一种损失，故有几个方面值得注意：①重视交易契约化、信用票据化。谨慎选择结算方式。除了及时结清的业务，和客户商谈的情况应及时以书面的合同、协议或备忘形式记录下来，以制约少数客户赖账或为日后迫不得已的诉讼提供法律凭证。②对应收账款要分类整理、定期清理。对欠款达到一定期限的，要及时向欠款客户寄发应付账款单。有必要时可采取法律行动，付诸仲裁或诉讼，维护媒介的利益。③把应收账款列入责任人的考核指标，予以规范和激励。

对于客户用资产或商品抵付广告款，以及置换广告、合作广告，也应制定合理的核算方法，加强核算，避免本单位在无形中遭受损失。

媒介的经营收入要按一定的比例纳税，如我国企业所得税的税率为33%。我国媒介作为文化宣传单位，享受较多的财税优惠。例如，财政部〔94〕财税字089号文件规定，对党和各级政府的机关报刊等出版物的增值税实行先征后退的办法。

从1991年至2000年，经财政部批准，中央电视台和中央人民广播电台相继实行财务收支预算包干管理办法。各地方财政部门对广播电台和电视台也大都采取了预算包干管理。其中，中央电视台实行"核定收支、比例上交、超支不补、结余留用"的预算管理办法，广告收入按预算外资金管理，免缴所得税；每年按照实际收入（不含财政补助收入、上级补助收入和营业税及附加）的13%上缴广电总局（从广告收入中上缴），统筹用于广播电视事业发展；为调动职工积极性，可按全年实际收入减赞助收入后的3%和6%提取职工奖励资金和职工福利基金。中央人民广播电台实行"核定收支、定额或定项补助、超支不补、结余留用"的预算管理办法，广告收入按预算外资金管理，免缴所得税，通过财政专户核拨；按全年实际收入的6%和12%提取职工奖励资金和职工福利基金。2006年，财政部对中央电视台财务管理制度进行改革，执行"广告收入作为中央电视台经费的基本来源，其中的15%作为非税收入上缴中央财政；其余的85%由中央电视台留用"的规定。

2000 年，国务院制定了《关于支持文化事业发展若干经济政策的通知》（国发〔2000〕41 号），规定在"九五"结束后，继续执行过去的文化经济政策并加大财税支持力度。2009 年，经国务院批准，经营性文化事业单位转制为企业，5 年内免征企业所得税。

国外的媒介一般都设有税务经理，由其负责设计纳税方案。

至于利润，是企业在一定时期内实现盈余的一种表现形式。它集中反映企业经营活动各方面的效益，是企业最终的财务成果，是衡量企业生产经营管理的重要综合指标。利润总额若为正数，则表示该企业为赢利企业；若为负数，则表示该企业为亏损企业。利润总额包括销售利润、投资净收益以及营业外收支净额三部分。对于媒介来说，销售利润主要是指广告和发行（或有线电视的收看费）的利润。

对利润的度量有多种指标，如利润率（ROR，利润与收入之比）、资产利润率（ROA，利润与资产之比）等。媒介行业的利润率一般高于工业企业。表 9 - 4 是美国的一个例子。[①] 美国报业的平均利润率接近 17%，是财富 500 强企业（4.8%）的 3 倍。

表 9 - 4　美国报业利润率与其他经济指标的比较

	1984	1985	1986	1987	1988	1989	1990	1991	1992	1993	1994	11 年平均值
报业平均利润率	16.99	16.19	17.03	16.66	15.23	15.65	10.27	6.02	10.69	13.06	16.67	14.04
出版平均利润率	9.16	9.64	10.29	9.26	8.62	3.39	8.22	7.10	7.06	7.78	7.45	8.00
国债平均收益率	12.11	10.21	7.65	8.08	8.66	8.60	8.49	7.42	6.29	5.23	6.65	8.13
企业债券收益率	12.71	11.37	9.02	9.38	9.71	9.26	9.32	8.08	8.14	6.61	7.96	9.23

在美国的媒介产业中，报纸、广播、电视都属于利润率较高的子门类，见表 9 - 5。

---

① Hugh J. Martin. Measuring Newspaper Profits. *Journalism & Mass Communication.* Autumn 1998.

表 9 – 5　美国媒介产业各子门类利润率的比较

	收入（billions）	ROR（%）	ROA（%）
无线广播电视	$ 42.4	18	18
报纸	$ 44.2	17	26
有线与付费电视	$ 29.0	17	9
杂志	$ 13.2	11	24
电影	$ 32.5	11	9
图书	$ 16.7	10	14
录音	$ 11.0	7	14

数据来源：标准普尔指数 1996。

企业纳税之后的利润，要按照一定的顺序分配，媒介除国家另有规定外，一般也仿此办理：

第一，被没收的财物损失，支付各项税收的滞纳金和罚款。

第二，弥补上年度或前几年度的亏损。

第三，提取法定盈余公积金。法定盈余公积金按照税后利润扣除前两项后的 10% 计提。当盈余公积金已达注册资金的 50% 时可不再提取。

第四，提取任意盈余公积金。根据企业决策机构的决议及自身实际情况，从当期税后利润中提取任意公积金。

盈余公积金的用途有三方面：①弥补亏损；②转增资本；③分配股利。

第五，提取公益金。企业可按国家规定提取一定数量的公益金，其提取比例由投资者研究决定。公益金用于集体福利设施，如兴建员工宿舍等，但不得用于个体职工福利方面的开支。

第六，向投资者分配利润。企业以前年度未分配的利润可并入本年度向投资者分配。①

---

① 周秀淦，宋亚非．现代企业管理原理．中国财政经济出版社，1998. 475 ~ 477

第四节　媒介财务管理的规范化

财务管理作为媒介经营工作的中心环节，要为媒介经营计划服务，树立明确的财务管理和服务意识，提高管理水平，提高资金效率。否则，就会制约媒介的发展。

目前，媒介财务管理存在的问题主要有两方面：①作为管理会计的管理意识不强，作为财务会计的服务意识不强；②相应的制度建设不够完善，跟不上媒介发展的需要。尤以后者更为突出。

1. 实现媒介财务工作由记账出纳型向经营管理型的转变

媒介领导要重视和支持财务工作，在经营管理的各项工作中都要树立财务管理观念，应当从是否有利于降低成本，是否有利于增加效益的角度来考虑问题。财务人员要充分认识到自身工作的重要性，注重发挥财务工作在市场经济中应有的作用；从单纯对经济活动发生后的反应和对款项收支的被动监督，向经济活动发生前的预测、决策发展，充分发挥对经济活动的计划、控制和业绩考核作用。

2. 健全财务规章制度

要保障媒介经济的健康、稳定发展，必须加强对经济活动的全方位财务管理，而加强管理必须贯彻执行一系列规章制度才能体现。通过规章制度的施行来规范对财务人员和财务工作的管理，规范对资金流动的管理，规范对物资的管理，规范对各项经营的管理，确保媒介资产的更好保值和更快增值。这些制度包括会计工作基本规则、财务管理基本规则、关于申报费用开支计划的制度、对外投资制度、固定资产管理制度和内部审计制度等。

3. 建立财务统一管理制度

媒介在多种经营的发展过程中，下属全资的、联营的单位越来越多，摊子越来越大。要管理好这些单位的资产和经营，必须通过建章立制来加强对整个媒介包括下属全资单位乃至联营单位的财务人员和财务工作的管理，推行"统一管理、二级核算"，最大限度地提高媒介及下属机构各项资金的使用率，提高经济效益。

一般情况下，媒介下属全资单位的财务部门应接受本单位负责人和媒介财务部门的双重领导，媒介财务部门要参与这些单位设置财务机构的研究，并决定财务主管的任免和进行业务审查。

有条件的媒介还应对下属单位的财务主管实行财务委派制，统派统管，即下属单位的财务主管由媒介财务部门统一派出，其工作考核、工资晋升、奖金分配等均由媒介财务部门统一管理。

对媒介的具体职能部门要实行部门费用制度。如中央电视台，在《东方时空》、《夕阳红》等栏目中试行了制作经费承包，在电视剧中心、中国电视报、广告部、经济部实行经济承包，各编辑部实行了经费包干使用。

媒介集团要推行二级核算制。作为集团，要管决策、管方向、管资本，但不管具体业务。为此，可成立媒介财务核算中心。建立财务中心模式是现代企业制度的要求，也是资本经营的要求。财务中心模式以资金管理为核心，利用价值形式，针对生产经营的各方面和整个过程，建立内部结算中心（内部银行），应用集团级财务管理软件系统帮助二级核算单位进行各自独立的财务核算和管理。这样做可以从财务体制上确保媒介各下属机构能站在维护媒介整体利益的立场上处理经济问题。

4. 加强物资管理、盘活存量资产

由于媒介经济的发展，媒介资金的静态表现——物资越来越多，管理这些物资是财务工作的重要组成部分。从财务工作角度管理物资，除了购置时进行计划调控外，主要表现在提高设备利用率、进行存货控制、盘活物资存量三个方面。

提高设备利用率就是要用价值尺度衡量设备使用后创造的社会效益和经济效益，包括注意设备维修养护，延长其使用寿命，以增加效益。对技术设备、设施要实行有偿使用。

进行存货控制就是确定原材料的最佳库存量，既保证媒介的正常运转，又使存货的库存总成本降至最低。

盘活物资存量就是对不需要或利用率低的设备、房产、土地和多余的原材料进行及时处理，或内部调拨使物尽其用，或对外有偿转让及时回笼资金，或使其成为经营资本而增值，避免无故损失。有条件的报/台/站应在资产管理制度改革的基础上，组建物业管理公司，按市场经济的规律对媒介现有资产进行科学管理。

5. 积极开展内部审计工作

各媒介的多元发展都涉及许多行业，经营的项目很多。要规范对媒介多种经营的管理，开展内部审计是一个行之有效的方法。目前，我国媒介大多缺乏专职的审计人员，除了报/台/站本部财务工作应定期接受政府审计部门或社会

审计机构审计外，对下属机构的内部审计工作还必须靠媒介现有财务人员承担。开展内部审计，不仅要实施财务收支审计，对下属单位经济活动的真实性、合法性进行必要的监督和评价，更要实施经济效益审计，对下属单位经济活动的合理性、有效性进行必要的监督和评价。通过经济效益审计，提出合理化建议，使媒介领导能及时、深入地了解下属单位的经营情况，也有益于促进被审计单位改善管理，更好地开展经营。

讨论与操作

1. 在媒介产业及具体的媒介中，资金流经历了怎样的环节或过程？谁拥有及拥有多大程度资金支出的决策权？

2. 如何计算媒介的盈亏平衡点？

3. 以利润率而论，目前的媒介存在暴利吗？试计算出具体的数据。

4. 目前媒介的资金门槛有多高？请选择某一特定的细分市场，作一份符合实际的新投资媒介预算案。

5. 结合第八章的内容，如何理解"企业管理就是流程＋表单"这一观点？

6. 请分析我国媒介财务会计制度的特点及改进方案。

7. 设计一个关于媒介运营的沙盘实战项目，并分组对抗演练。

第十章
媒介的人力资源管理

内容提要

本章从职责的角度探讨媒介人力资源管理的内容。聘用制在我国媒介行业中正成为打破身份和媒介市场化的一项重要举措。我国媒介在人力资源的激励上积累了许多经验，也引发了许多新的需要解决的问题。

人力资源是最宝贵的社会资源，也是能动性最强的生产力因素。媒介的人力资源是指在媒介生产过程中所投入的人自身的力量，也就是人在媒介活动中运用的脑力和体力的总和。媒介的人力资源管理就是媒介对人力资源进行计划、组织、利用、开发和调配的过程和方法。

人们经常可以发现，一些传媒所服务的市场范围彼此相似，所需的设备和人员也有可比性，但它们常常取得不同水平的成功。有些较好地实现了它们的目标，另一些则没有能够实现，这是为什么呢？原因可能很复杂。不过，这种差异常常体现在不同媒介人力资源管理的不同方式中。那些吸引了高素质的员工，公平地付给他们薪酬，能够提供给他们一个令人愉悦的工作、生活和成才环境的媒介组织，往往会获得优质高效的回报，从而走向成功。那些把过多的注意力放在投资的获利上而不是放在自己员工身上的媒介组织，则往往会遇到这样的情况：低沉的士气、不断的跳槽、补缺以及陷入在传媒市场上的苦苦竞争中。在良性发展的媒介组织中，像对其他要素一样，对人力资源进行科学而明智的投资，便能够获得巨大的收益。

由此可见，人力资源管理是媒介管理中一个极其重要的组成部分。媒介从业人员所从事的工作是一种创造性很强的脑力和体力劳动，因此，媒介组织对人才的渴求比其他行业更加迫切；同时，媒介从业人员大都是受过专业训练的高素质人才，对他们更要注意进行人性化的管理。

第一节　媒介的人力资源需求

人才通常是指以其创造性劳动，为社会或企业发展进步作出较大贡献的人。在媒介业中，如果以 20/80 法则来衡量，人才是人力资源中的 20% 的部分。自然，人力资源管理是全局性的，人才管理则是其中的重点。媒介的人力资源需求在本质上是对优秀人才的需求。

一、媒介的工作分析

工作分析也叫工作设计，指的是对具体职位的工作性质和要求的说明。近年来，由于科技的发展，媒体组织各项工作的传统界线变得模糊了，工作分析就更为重要。

一般说来，良好的工作分析有以下三个优点：①可使员工清楚地了解自己的工作性质；②可以减少工作职责的重复，使每个人都可以支援其他员工；③可以使大家了解管理的重要性，知道怎样去组织，也比较易于执行现阶段的政策，并参与规划未来的走向。因此，媒介组织有责任向每一位员工作出其本人和所在部门乃至整个机构的工作性质、内容和职责与权利的分析。

良好的工作分析还应包括以下几项内容：①工作名称；②工作地点的平面图（部门、分支机构或处室之间的相互关系）；③工作绩效或职级（如记者、编辑、主任、处长、经理等）；④任何独立的部门都必须建立向负责人报告的制度，并且设置员工监督；⑤简略叙述所有工作的目的；⑥主要工作由负责人完成，依重要性列出工作顺序；⑦设备必须获得充分使用，包括任何特殊训练使用或有经验者使用；⑧特殊工作情况，包括调职、加班、假日或加薪、旅游等要求以及带有危险性的工作情况。

工作分析是人力资源规划、招聘和绩效考核的基础。通过调查各岗位的工作内容、工作性质、工作流程和撰写详细、规范的岗位说明书，有利于确定不同岗位的评价标准，建立起科学的岗位工资标准和绩效考评体系。

二、媒介的人才需求特征

媒介的竞争归根到底是人才的竞争。当代媒介的产业化、集团化需要一个高素质的、有机组合的"人才群"。如何尽快满足新形势下的人才需求，实现人才结构的优化，是人力资源管理适应未来新闻事业发展的一项十分紧迫的工作。

在对人才结构的优化方面，学历构成是一个重要的指标。在美国，年龄36岁以下的记者当中，94%的人拥有学士学位。学业成绩和他们未来的成就是相关联的。这点在工资上明显反映出来。美国年收入40 000美元的记者当中，56%的人在校成绩为 A；年收入在20 000美元以下的记者当中，学业成绩为 A 的只占47%。

专业组合是另一个重要指标。在美国的记者当中，43%的人毕业于非新闻专业，53%的人具有新闻学学士学位，2%的人具有新闻学学士学位并进修过硕士学位课程，1%的具有其他专业的博士学位，1%的具有其他专业的硕士学位。

从工作满意度、收入、取得的管理地位、获得的重要奖励和新闻学奖学金等方面来看，在记者当中，非新闻专业毕业的要比新闻专业毕业的干得更好。

大多数取得明显成就的记者不是新闻院系的毕业生。报纸以普利策奖为例，在1991—1995 年期间，获奖者中 68% 的人是非新闻专业毕业生；广播以杜邦奖为例，在 1991—1994 年期间，75% 的获奖者是非新闻专业毕业生。①

当代媒介的产业化和集团化往往是以具有广泛影响力和较强实力的媒体为核心，以报业、广播电视业及带有媒介外延性质的实体为主体，兼容其他非媒介主业的产业联合体。这种产业联合体在人才需求上具有如下明显的特点：

（1）媒介产业的发展始终要以媒介产品作为龙头产品，要把办好一张主要报纸、一座核心台/站或一个广播电视网作为主要任务。因此，一支素质过硬、数量充足的新闻采编队伍是十分重要的，他们是媒介机构的主力。一般来说，采编队伍的人员数量与新闻产品质量之间，存在明显的相关性。表 10 – 1是美国的一项针对除了《纽约时报》、《今日美国》和《华尔街日报》之外的、由 ABC 核查的样本报纸的研究，结果表明，每发行 1 000 份报纸，约需 1名采编人员。

表 10 – 1　一项对美国报纸每一千份发行量相对应的采编人员数量的统计

报纸发行量	1995 年	2000 年
0 ~ 15 000	1. 15	1. 35
15 001 ~ 150 000	1. 05	1. 15
150 001 ~ 300 000	0. 86	0. 98
> 300 000	0. 72	0. 81

资料来源：*Newspaper Research Journal*, Summer 2003.

（2）我国媒介发展的一个重要特征是逐步实现两个转变：一是由粗放型管理模式向集约型管理模式转变，用现代化管理方式管理整个报业集团的运作，做到开源节流，增产节约，提高效益；二是由规模数量型向优质高效型转变。特别是面向新世纪的今天，随着电脑的普及、互联网技术和其他新信息技术的发展，媒介必须从技术上加速电子化，才能适应信息社会和信息产业的发展。这就势必要求媒介业要有一批学有专长、精通电子及有关科技的专业人才。

（3）当代媒介发展的另一个重要特征是逐步走向产权股份化。我国经济体制改革的深化推动了媒介经济的进一步发展，在条件成熟的情况下，应考虑

① 陈中原. 割席分座——美国新闻教育面临的挑战. 国际新闻界，1999（2）

发行股票上市。这样做既可以吸收外来资本以利媒介发展，又可以加强民主化管理。这就需要懂得现代企业制度、企业管理的高级经营人才。

（4）当代媒介的经营范围往往已跳出了媒介个体，形成跨地区、跨行业、跨所有制的格局。因此，经营管理人才队伍在媒介中起着举足轻重的作用，媒介对他们的需求十分迫切。市场经济条件下的媒介产业必将需要大量的既懂政治和业务，又懂经济管理和法律的复合型人才。

三、媒介人力资源结构的瓶颈

在目前我国经济转型的过程中，人事制度改革尚处于不断完善的阶段，因而从经营管理角度来看，还不能完全有效地解决媒介人才结构不适应产业化、集团化发展需要的矛盾。这些矛盾表现在：

（1）懂技术、会经营、善管理的复合型人才短缺。目前，许多媒介开展了多种经营，从近年来的实践看，其经济效益大多不太理想。究其原因，主要是媒介的经营管理者们在如何开展调查研究、掌握变化迅速的市场行情和进行科学决策等方面尚缺乏经验，以致制约了媒介经济的发展。要避免这种状况，正如他们自己所说的，"不熟不做"，要做就得找真正懂行的人来干。

（2）名记者、名编辑、名主持人不多。媒介要在主业上占据优势，要在舆论导向上发挥功能，就必须培养出一批名记者、名编辑、名主持人，以提高媒介的知名度，推动媒介的思想水平、宣传艺术和产业发展走上一个新台阶。在现有体制下，竞争、激励机制还没有健全，这将不利于人才的培养。

（3）人才流动难。在媒介外部仍然存在"进不来，出不去"的现象；在一些媒介组织内部存在论资排辈、中青年人才难以脱颖而出的现象。

第二节　媒介人力资源管理的原则与内容

媒介进行人力资源管理，需要施行一整套吸引人才的独特制度，对媒介人力因素进行一系列组织和激励活动，使媒介的人力和物力保持最佳的结合，充分发挥人的能动性，以促进媒介的不断发展。

一、人力资源管理与人事管理

人力资源工作在媒介的各项工作中处于非常重要的地位。一个媒介机构的人员编制、机构设置、人员构成、队伍建设、职称评聘、用人用工制度、分配奖励机制的确定等，无不体现出该组织管理人力资源的智慧和水平。虽然媒介的人力资源部门不直接参与编辑和经营，但媒介每一项工作成就的取得，都有人力资源部门的贡献。

人力资源工作与媒介发展之间的关系，主要体现在以下四个方面：

（1）做好人力资源开发的工作，在科学人才理论的指导下，建立一支高素质的采编队伍和经营管理队伍，这是做好媒介一切工作的基础。

（2）根据媒介的发展，适时、科学地进行机构的调整和设置，建立与媒介发展相适应的管理领导体制，组建媒介领导班子，这是实现媒介各项事业发展的保证。

（3）建立与媒介发展和市场经济相适应的用人机制和分配奖励机制，这是推动媒介发展的动力。

（4）充分调动人才的积极性、创造性，这是媒介各项事业兴旺发达的源泉。

我国媒介传统的人事制度采用行政机关的管理方式，讲身份、讲级别，容易造成人浮于事，机构重叠，必然导致工作效率低下；终身制、铁饭碗、大锅饭很难调动大多数员工的积极性。

虽然媒介管理者都清楚"人才比钱财更重要"，但是，要发现人才，用好人才，调动人才的积极性，牵涉到现行体制、机制等方面的一系列复杂问题。而要改变这种状况，就必须进行人事制度改革。

二、媒介人力资源管理的原则

对于人力资源管理的基本原则，一言以蔽之就是用合适的人去做合适的事。"人"和"事"相辅相成，要有机地结合在一起，既不可因人废事，也不要因事废人，要调动媒介组织广大员工的积极性，充分发挥他们的潜力和创造精神，推动新闻事业的发展和进步。

具体地说，媒介人力资源管理应当贯彻以下几条原则：

（1）能位对应。这就是说，要让一个人的工作能力和他的工作岗位相称、相符。宜于当编辑的人就让他当编辑；宜于跑外勤的，就让他当记者；熟悉体育的，就让他当体育记者。总之，要做到量才而用，人尽其才，让"英雄有用武之地"。

事业与人才紧密相连。所谓人才，是指在一定社会历史条件下成长起来的人格品行、知识技能、社会贡献等方面超群出众的人。在用人之时，不以求全而取才，而要善于权衡利弊，扬人之长，避人之短，这样才有利于人才的培养和成长。

（2）优势互补。每个人都有不同的个性特征，不同的人才有他自身特有的长处。一个媒介组织如果只有一种类型的人员，那么这个媒介组织注定是死气沉沉的。人力资源管理要注意媒介员工特质的互补效应，实现媒介人力资源的结构优化。现在不少媒介组织在招聘人才时都注意到了这个问题。招聘人员不再限于新闻学专业和文、史、哲专业，还包括法律、计算机、印刷、工程技术、自动化控制，使各种专业的人才都加盟到媒介大军之中。这就大大加强了媒介队伍智能的互补、知识的互补、个性的互补，有利于形成媒介组织的竞争优势，提高媒介的工作效率。

（3）动态管理。人才的成长是一个缓慢或渐变的过程。尽管我们不排除有一部分人走上工作岗位后就能迅速地脱颖而出，但对大多数人来说，他们的成长因受到各种因素的制约和影响，往往要经历一定的过程。因此，人力资源的管理不可能"一岗定终身"，不能把人管死，而是要用发展的眼光看待人才的成长。要创造宽松的成才环境，允许人才的合理流动，要在不同的岗位观察、考核每个人的发展潜力，提供各种进修、培训等继续教育的机会，以利于员工的知识更新。所有这一切，都能促使各类人才在动态管理中找到适于自身发展的位置和道路。

（4）奖惩并举。赏罚分明是人事管理中最有成效的一种手段。对工作成绩优秀的员工给予奖励，往往等于对违纪失职的员工给予惩罚。奖励对鼓舞和激励员工的斗志，激发他们的工作热情，避免懒散情绪，预防差错和事故的发生，具有很大的鞭策作用。媒介组织的领导者一方面要关心员工的工作和生活，另一方面也要对他们的工作、学习提出严格的要求。因此，建立一套可量化的、操作性强的激励机制和约束机制，是媒介人力资源管理中的一项重要内容。只有严格、公正、公开、公平的赏罚环境和措施，才能使媒介永远保持旺盛的创造力和战斗力。

三、媒介人力资源管理的内容

近年来，随着我国人事制度改革的逐步推行，企事业单位在人事管理方面的自主地位和自主权在不断加大；同时，随着媒介间的竞争越来越取决于人才的竞争，媒介人力资源管理的重要作用正不断地得到凸显。

我国媒介的人力资源管理部门（通常称为人事处），对组织机构设置、人员定编方案的确定与执行、人事制度的建立和员工培训计划的制订与实施等人力资源配置、使用、评估和预测负有直接的重要职责。国外许多大型报社和电台电视台都设立了人力资源部门，由一个人力资源经理或主管领导。在社长/台长和其他部门的支持下，人事部门履行以下几项职能：①人力资源的配置，包括对全体员工的规划、招聘、挑选和解聘；②员工的定岗、培训和发展；③对员工的报偿（工资和待遇）；④维护员工的安全与健康；⑤处理员工关系；⑥协调工会关系；⑦执行人事法律和相关规则。人力资源管理的具体流程见图 10－1。

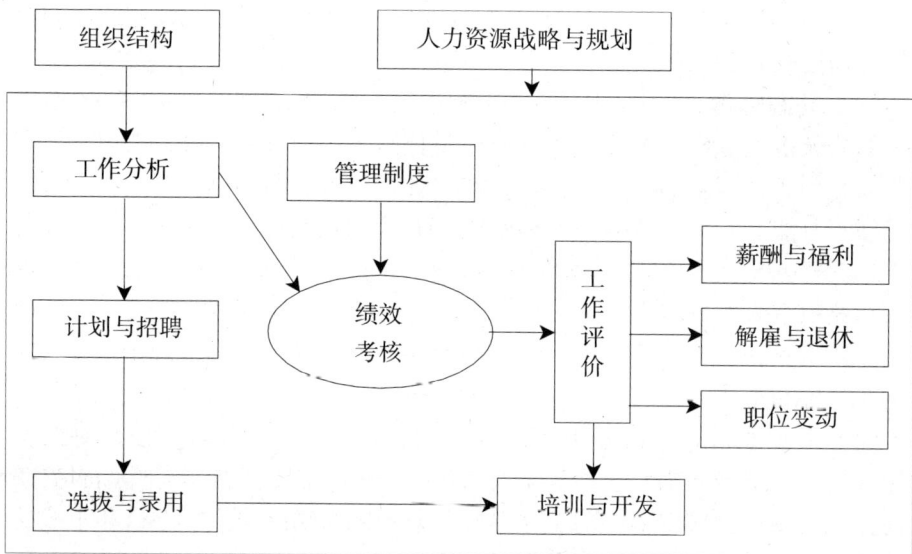

图 10－1 人力资源管理的流程

具体说来，人力资源部门的主要职责包括以下几个方面：

1. 建立人才信息库，组织好人才搜寻的网络

媒介应根据自身发展需要，对媒介人力资源进行评估、预测和配置。媒介之间的竞争归根到底是人才的竞争。媒介组织领导者要以前瞻的眼光，对本单位的发展规模进行科学的预测，及时调入和补充急需的适用的人才。这就要求人力资源管理部门要建立起人才信息库，组织好搜寻人才的网络。

2. 根据媒介发展需要，制订机构设置和人员定编方案

媒介应根据自身的实际情况，参照其他同类媒介的情况，决定部门设置、业务范围、用人数量，确定各类人员的工资、福利、职称、职务和待遇等各项规定。要通过严格的考核，逐步配齐各部门的运作骨干和相关岗位的人员，依据采编和经营管理并重的原则确保"两个轮子"的协调运转。

以我国报业为例，大多数报社员工的岗位分工和人员编制，一般可划分为三个部分和五个系统：三个部分是采访编辑、经营管理、党务与行政；五个系统是新闻业务系统、技术管理系统、经营系统、财务管理系统、党务和行政系统。根据目前我国报业的现状，其人员编制的分布情况大体上是这样的：采编人员一般人数最多，约占1/2，少数占1/3；经营管理人员次之，随着报业经营管理地位的提升，这部分人员的比例正逐步加大；技术人员比例最小，但随着新技术装备在报业的普及，这部分人员的比例也渐呈上升趋势。

3. 编制员工绩效考核计划并组织实施

绩效考核是评估员工的工作绩效和潜在发展能力的一种系统化方法。要根据不同部门、不同岗位的实际情况，分别编制科学的、严格的考核指标和考核方法以及奖惩措施。一般来说，对采编部门应根据其职称，规定每月发稿、编稿的量和质，实行定额计分考核；对广告印刷、发行等经营部门，实行经济责任承包考核及目标管理；对行政、后勤等管理部门实行按岗定编、定人、定工作量，实行岗位责任制，计分考核。

考核制度要科学、合理、公平、公正，操作性强且尽可能予以量化。一旦实施，便要严格执行。要定期地将考核结果如实地公布并向上级汇报。把考核所得到的结果及时地反馈给员工，将有助于改善员工的工作绩效。对员工表现的评价有双重的目的，可以借此记录员工的缺失，也往往成为个人加薪、奖赏或晋升的依据。绩效考核结合运用媒介组织内部的激励机制和竞争机制，合理地决定员工职位的升降和岗位的去留。

4. 编制员工培训计划并组织实施

要尽可能对每一位员工的基本情况、特质、长处和短处进行比较细致的了解，用人之所长，避人之所短。同时，随着现代科技日新月异的发展，知识更新速度不断加快，媒介领导者要重视对员工的在职培训，延长人才的使用期。总之，在延揽人才之后，还要有长远的战略眼光，重视对员工的"继续教育"和"终身教育"。因为再杰出的人才，在知识更新的时代，如果裹足不前，不吸收新知识、新观念、新技术，不出几年，也终有"江郎才尽"的一天。

5. 建立健全各种激励机制、约束机制和竞争机制

需要指出的是，不论是建立激励机制、约束机制还是竞争机制，媒介组织

的人力资源部门和其他部门都应当在媒介党政领导的指导下，针对不同时期的要求认真做好思想政治工作，切实提高全体员工的思想觉悟、积极性和创造能力。

第三节　媒介人力资源的聘用管理

过去，我国媒介的人事调配工作主要通过干部录用制来实施。随着媒介对人才需求的扩大和需求的多样化，聘用制已在许多媒介单位开始实施。招聘分内部招聘和外部招聘。目前，许多媒介在可能的情况下，在内部有以现有员工填补空缺职位的政策。这一政策有助于在全体员工中鼓励士气，因为它显示了管理的重心是个人，每个人在组织内都有发展的机会。从媒介的角度看，这一政策也有很多好处，因为管理层较为了解他们的员工及其能力，而且员工也习惯于与同事一道工作，对所在单位的发展前景很熟悉。当然，外部招聘也是寻找媒介组织职位的合适人选和补充新生力量的有效途径。

为了适应企业化管理的需要，我国媒介人事制度的改革，在目标上要做到人人能上能下、能进能出；以职位为基础，确定报/台的基本编制，实行定编、定员、定岗；中层干部以下全部实行聘用制，双向选择，竞争上岗。

一、聘用制是媒介用工制度的主要形式

我国媒介的人事管理制度改革是整个媒介体制改革的重要内容，是媒介业优化结构、增强竞争力的必然要求，也是知识经济时代对媒介发展的必然要求。能否招贤纳才，吸引更多、更优秀的人才为媒介工作服务，是决定事业和产业向前推进的关键。这项改革如果搞得好，会很快出现人才济济、生机勃勃、事业兴旺发达的新局面。如果搞得不好，势必为按部就班、论资排辈、一潭死水的气氛所笼罩，发展步伐难以迈开。

媒介人力资源管理可按照现代企业的运行模式，以聘用制为突破口，改干部任命制和工作人员的分配制为双向选择、层层聘任。实行聘任制即搬掉"铁交椅"，实行竞争上岗，即先制订定岗方案，公布各级岗位职责和任职条件，在全单位范围内自由报名，公平竞争，接着是个人申报，准备上岗方案，

发表竞争演说，最后由管理层结合群众意见选定。这样，有的部门负责人可能落聘为一般工作人员，有的人可能从管理岗位降到工勤岗位，也有的普通工作人员可通过竞争被聘为部门负责人。这种做法能够促进人才流动和成长，实现人员的优化组合。

作为媒介人事管理制度改革的必由之路，聘用制的强大生命力集中表现在四个方面：打破了身份界限，开阔了选才领域，引入了竞争机制，增强了发展活力。其具体作用有以下五个方面：

（1）有利于组建队伍。过去，媒介常常会面对这样的情况：需要的人调不来，不需要的人又千方百计想调进。采用聘用制的办法，明确列出招聘条件，例如，"热爱新闻事业，并能胜任工作"，并且做到招聘过程的公正、公平、公开，就能把不合格的人挡在门外。对于确有能力的人才，可以不限户口、身份，上岗后，担任什么职务就按什么职务给予相应待遇。不拘一格延揽人才，才能满足采编和经营对专门人才的需求。

（2）有利于快出人才。首先，招聘的编辑、记者来自不同部门、不同领域，他们对各自熟悉的领域的改革和发展大多有深切的体验，从事新闻工作后能够利用自身优势快出成果。其次，招聘的编辑、记者，一般都勤奋刻苦，具有强烈的拼搏进取精神，具备人才成长的内在机制和知识积累，因而能在自己感兴趣的领域不断地进行探索和发展。此外，招聘的编辑、记者，一般都对新闻工作有着特别的爱好，并取得过一定成绩，而媒介的成长机制灵活，这为他们的快速发展提供了广阔空间。

（3）有利于多出精品。人才是事业兴旺之本，有了成长的好机制，又有不断脱颖而出的优秀人才，对于媒介来说，多出精品就是水到渠成之事。

（4）有利于促进竞争。聘用制的实行，给媒介内部注入了活力，带来了强烈的竞争意识，造成大家都争着创一流、出成果、当先进的局面。这主要反映在三个方面：①"泥饭碗"自加压力。在户籍制度改革进一步深化之前，被招聘的农村户口的编辑、记者，由于端的是"泥饭碗"，时时都有危机感，因此，经常处在临战状态，都想写出好作品，出大成果，以便立定脚跟或破格转干。②"铁饭碗"产生危机。由于"泥饭碗"采编人员的竞争，使那些端着"铁饭碗"的人员受到强烈冲击，也产生了危机感。这样，他们得积极参与竞争，以保持优势状况。③大竞争激发活力。这表现在三个方面：一是学习风气浓厚，员工们在工作之余纷纷参加各种形式的学习班、培训班，继续深造提高；二是工作争挑重担，采访中争着承担重要任务，发行中争着多包一些区域，有的人甚至一身兼三职；三是目标定得高远，有的建立了自己的采访基地，有的定出了各年的创优目标等。

（5）有利于事业发展。人事管理制度的改革，使人思想上有了压力，工作上有了动力，发展上有了活力。人人都以主人翁姿态创造性地工作，必然促进媒介事业的全面发展。

近年来，聘用制不仅在经济发达的沿海地区全面展开，也在经济文化不那么发达的中西部地区的许多媒介单位试行，收效十分明显。

二、媒介招聘人才的途径

目前，我国媒介对外招揽人才的途径大致上有三种：

（1）招收大学毕业生。这是一个很大的人才招聘市场，他们中间包括大专生与有学位的学士、硕士和博士。这部分人员一般实践经验较少，不可能马上挑大梁，但可塑性强、后劲大。招聘是一条重要的引进人才的渠道。一些媒介会与这些大学教育机构建立内部协作关系，从而易于识别有潜质的大学生。如果没有这种内部协作，与这些机构的就业分配办公室取得联系，也可以吸引许多学生注意到来自媒介的招聘信息。

（2）面向社会公开招聘。通过层层筛选和甄别，往往能从中获得"百里挑一"的杰出人才。这部分人大都从事过媒介工作，有的还是业务骨干，他们只要熟悉了新的工作环境，很快便能独当一面。不过，常常由于户口、住房、子女入学等实际问题，招聘这类人才时存在着不稳定的因素，他们的流动性较大。应采取切实的措施，解决他们的后顾之忧。这是留住人才的关键所在。

招聘工作中，挑选合适人才是一个关键的环节。这包括识别合格的申请者与剔除那些不合格的人。最终，职位将给予那些有助于实现媒介目标的人。

选聘包括资格审查、笔试、实习、面试答辩等几个阶段。在选聘过程的所有步骤中，以面试最为重要。一些报社在新闻职位的录用方面常测试应聘者的写作水平。电子媒介则常常要求申请者有一份他们作品的录音（像）带。对广播来说，其目的是看个人的声音和风格是否与电台的整体风格相一致，及其新闻播送的可信度。电视台在考虑应聘者的声音之外，还要注意其外在形象。

（3）高薪"挖角"。用较优厚的待遇和报酬去吸引那些可以挑大梁的高级人才。在倡导人尽其才、才尽其用，鼓励人才合理流动的今天，这种做法已为新闻界所认同。尤其是在改革开放的前沿地区，如广东、上海，已蔚然成风。

三、广开进贤之路，选拔优秀人才

我国人才资源广阔而丰富，"不拘一格降人才"，媒介人力资源管理工作大有可为。媒介人力资源管理的最终目标就是要造就一支高素质的、一专多能的队伍，以适应媒介产业化的需要。

媒介可通过在全国性媒体上刊播招聘广告，网罗既有真才实学、又有实践经验的高层次人才。在大胆提拔优秀人才上，要抓好两条：第一条是知人善任，用人所长，让"能打虎的上山，会屠龙的下海"，使每个人都能施展自己的才能；第二条是解放思想，打破框框，不拘一格提拔人才。可通过组织考察与民意测验相结合的办法，发现谁是成熟的人才，谁是正在成长的人才。看准以后就大胆起用，委以重任，让其在实践中锻炼成长。

当然，对于那些以第二用工制度形式通过招聘进来的、没有户口、没有正式档案关系的员工，例如，北京电视台《北京特快》栏目中的"漂记"，即无根无底的记者们，对他们的管理应把握其特殊性。也就是说，主要应注重业务方面的管理，而不是传统的人事管理。首先，给他们提供一个平等、宽松、信任度高的发展环境，不以"成分"论英雄，而是以稿件、节目质量论英雄，使他们在工作中能经常保持热情；其次，要引导个人发展，根据每个人的不同兴趣和特长，因人而异地帮助这些人找准主攻方向，尽快让他们成长起来。至于一些经济利益驱动型的"漂记"，只要他们做好本职工作，写好稿子，精品不断，其物质上的追求是无可厚非的。

第四节　媒介人力资源的开发、保护与激励

优化人才结构、激活用人机制是为媒介发展作人才准备的必要途径。为此，媒介组织要重视人才资源的开发。

一、定向、培训与发展

媒介组织的人力资源开发包括定向、培训与发展三个方面。

1. 定向

媒介组织所有新近聘用的员工都是"新人"，即使他们曾在其他报/台/站服务过。但他们要在新的环境下跟新的同事一起工作。因而，领导者应当把他们介绍给其他员工和整个报/台，这个过程叫做定向（orientation，又译为

定位）。

介绍给其他同事的步骤可以通过在人事监督或部门负责人的陪同下参观其他不同的部门来实现。这种参观允许新来者与同事们见面、交谈，了解每个人在干什么。有的报/台更进一步要求新手花上几个小时或几天时间观察每个部门的工作运转。

一本为全体人员设计的员工手册常常可以用来向新雇员介绍整个媒介组织。编写员工手册的主要目的是让所有的员工都熟悉工作的职责和报酬，以减少纪律制裁和对解聘的误解。手册的内容应包括报/台的政策、程序、规则、员工福利项目、发展机会等。其中在政策、程序、规则方面包括工作时间、加班、加薪、付薪时间、请假、旷工、个人外表要求、纪律及提出投诉的程序等。员工福利方面的信息则可能包括保险和养老金、假日和假期、利润分享计划以及教育费用的报销等。

2. 培训

培训对于一个只有很少或根本没有经验的新手是必需的，对一个调到新职位上的老员工来说也是必需的。当新设备或新的工作程序被引进来时也要对相关工作人员进行培训。与培训紧密相连的是员工的发展。许多媒介组织相信现有的员工是填补空缺的最好的人力资源，当然，如果给予员工获得工作所需的知识和技能的机会，则会使员工成为更有用的资源。

培训的方式多种多样，可以在职培训，可以脱产培训，也可以参加短期培训。培训的内容要注意有针对性和前瞻性，既要有应用价值，又要有当今科学前沿的知识介绍。对有发展潜质和发展前途的人才，还可以送出去深造。有条件的媒介可以成立培训中心，全面规划和组织实施培训工作。

《哈尔滨日报》从 1994 年至 1999 年的四年多时间里，派遣了 130 多人出国考察，仅赴美国考察的就有 60 余人；另有 300 多人先后赴国内兄弟报社学习，仅赴《广州日报》和《深圳特区报》学习的就达 100 人。该集团每年投入 100 万元用于员工继续教育。

3. 发展

一个成功的发展计划可以造就更有效率的员工队伍，以组成一个更有竞争力的媒介组织。许多媒介鼓励员工参加专业性会议与学习大学课程。发展计划最基础性的部分是由部门负责人主持的总结员工表现的经常性会议。会上需要评价的项目包括：完成所安排工作的可靠性；对现在工作的知识；对待工作、接受监督和对其他员工和部门的态度；申请职位的努力程度；完成工作的质量、创造性和进取心；对工作表现的总体评估。

实行目标管理（MBO）也是一种综合性的员工发展方法。目标管理可以被看成是一种把组织的目标转换成个人目标的方法，它包括部门管理者和下属一起，共同建立下属的特别目标及对获得成功的程度作阶段性总结。在每个总结的末尾，又要提出下一阶段（一年或几个月）的目标。

目标管理方法有很多好处。它能通过对每个人的角色和职责的精确化来实现计划和协作的改进，以及员工目标和部门、媒介目标的整合。作为管理者和下属之间互动的结果，交流也能得到增进。此外，它在形成员工目标的过程中能有助于强化他们的动机和承诺。当然，要使这项实践成功，目标必须是可达到的，在数量方面是确定的、优先的，是致力于结果而不是过程的。另外，报酬必须与表现联系在一起。如果不是这样的话，就会导致冷言冷语四起，努力的价值减弱。

4. 当前我国媒介培训和发展计划的重点

（1）增强树人意识，抓好基础教育。

媒介的后备人才来自三个方面：一是高校的在校生，其中又以新闻类专业为核心，他们是新闻队伍的预备梯队，这一部分人才的教育主要由高校来承担；二是媒介单位中刚刚参加工作的大学毕业生；三是媒介单位的领导骨干和业务骨干。后两部分人才的教育以媒介自身为主。目前全国新闻从业人员在100万左右，其中记者愈18万，估计有80%没有接受过专业的新闻教育；近年参加新闻工作的青年人，绝大多数不是新闻专业毕业的，要完成对这些人员的培训、轮训，需要建立一批训练基地。另一方面，媒介的员工往往来自四面八方，所怀抱负不尽相同。据此，首先要进行人生观、世界观的教育，把他们培养成政治强、业务精、纪律严、作风正的队伍。在这个基础上，还要进行企业文化的系统教育。通过抓教育，抓出良好的作风，树立媒介自己的文化理念。

（2）更新观念，改变"一大一小"的结构，建立适应集团化发展的人才机制。

采编和经营是媒介集团发展的两翼。没有两翼的生长，就没有媒介集团的诞生；没有两翼的丰满，就没有媒介集团的腾飞。因此，除了要有计划地继续配置采编人才外，还要加强经营管理人才的结构调整。增强经营管理力量的办法，一方面可以从采编部门挑选业务能力强、善于社会交往、头脑灵活的编辑、记者从事广告经营工作；另一方面可以从大学毕业生中及面向社会选拔经营管理人才，通过各种形式加强经营管理队伍建设。

（3）培养一批名记者、名编辑、名主持人。

对名记者、名编辑、名评论员、名播音员、名主持人的培养不仅是媒介自身业务运作的需要，也是媒介在社会上提高知名度、美誉度的需要。同时，这些明星的推出，是对他们的业绩和潜力的肯定，因而具有多方面的意义。明星制的实行，需要媒介作出合理规划并积极实施。

名记者的出现首先同记者自身的素质修养有关。在同样的社会条件下从事新闻工作的人很多，能够成为名记者的只有独具慧眼的人。而这种慧眼是视野、知识和才能的综合，是把握大局和深入观察的综合。因而记者自己要有成名成家的自觉性和主动性，也就是要提倡记者不断强化自己的综合素质。另一重要的方面是要为名记者的产生营造一定的社会环境：第一，记者能够经常报道受众想知道而又不知道的新闻事实；第二，他能够显示他的写作才能，从而形成自己独特的风格；第三，他必须有发表稿件的阵地。一些媒介单位推行"首席记者制"，可以看作是培养名记者的措施之一。

相对来说，编辑是很难出名的。这里说的名编辑首先是指他在记者队伍里享有盛名，记者愿意将自己的作品交给他处理；其次是指能为读者所注意的编辑。编辑之所以出名，是因为他编发了大量的、有影响的优秀作品，以丰硕的成果为社会所瞩目。要成为名编辑，需要具有甘为人梯的精神和按质选稿的公正态度。同时，媒介也应在版面或栏目上署上编辑的名字，这对于增强编辑的责任感、提高编辑的知名度是有好处的。

名主持人也是可以培养的。这要求给机会、给机制、给待遇、给地位。2003 年，中央电视台对"十佳"主持人给予一年 12 ~ 18 万元的奖励，并有相应的机制保障，对年轻主持人的成长起到了激励作应。

当前，我国主持人虽大潮涌动，众多俊男靓女在主持上也很卖力，但观众对不少主持人不是很满意，这中间的种种误区主要是由主持人的选拔和培养机制不合理造成的。电视台要迅速改变那种唯形象、口音为标准的选拔招聘办法，尽快确立以思想水平、知识面、应变能力、气质、修养、阅历等素质为核心的新选择标准。

二、员工激励

用心理学的语言说，激励就是激发人的动机并引起行为。人的有目的的行为都是出自对某种需要的追求。因而人的行为是受到激励而产生的，未满足的需要是激励过程的起点，需要的满足则是激励过程的结束。满足劳动者的需要是调动其积极性的关键。按著名心理学家马斯洛的观点，人的需要分为生理、安全、社会、尊重和自我实现五个层次，体现了一种由低级到高级的发展过程。

媒介从业人员的需要正是如此。媒介的管理者应了解媒介工作人员的不同需要，运用需要的反复性和竞争性不断刺激新的、更高层次需要的产生，以新的、更高层次的需要激发动机和促进行为。当然，我国社会主义媒介从业人员的需要是受社会环境和历史条件制约的，其个人满足必须和社会实践密切联系起来，并应服从全局的需要。

要在市场条件下谋生存求发展，媒介组织有必要建立起一套科学合理的管理制度，调整管理运行机制，调动人的积极性。目前，许多媒介都进行了管理改革，建立了竞争、激励和约束三大机制。在这三大机制中，激励机制是核心，竞争机制是为了引导人的动机和行为，约束机制是为了保障竞争的公平合理性和激励措施的落实。

1. 竞争机制

媒介建立竞争机制旨在引导公平竞争。现实生活中的利益冲突是竞争的直接动因。媒介组织中，知识分子比较集中，不仅有物质利益上的竞争，更有精神上的价值实现、社会尊重的竞争。媒介工作者在社会比较中所具有的较高层次的超越意识，往往是竞争中持久的原动力。因此，设定工作目标、进行岗位竞争，是引导超越意识合理可行的方法。许多媒介单位建立了竞聘上岗和"双向选择"的用人制度，规定岗位条件、岗位竞争就是展现才能的竞争。竞聘者在正确估价自己的能力素质后，依据岗位条件选择自己认为有优势的岗位，说明自己选择的理由和所具备的才能，然后由部门比较后，择优录用。

设立竞争岗位时要注意使大多数人能满足一定的条件，从而激发他们参与竞聘的欲望，然后再在高层次上确立一个标准，让少数优秀者最后竞争，主管部门和人事部门从德、才、能、绩诸方面进行考察，综合评价，择优录用。

2. 激励机制

人的行为的激励过程实质上是使刺激变量引起机体变量如需要、动机等产生持续不断的兴奋，从而引起积极的行为反应。当目标达到之后，经反馈又强化了刺激，如此循环往复，即体现为外部刺激、个体内部条件、行为表现、行为结果相互作用的统一过程。也就是说，激励的着眼点就在于处理需要与满足之间的关系。

如果从努力程度、工作绩效、满足感这三个变量进行分析，以新闻部一位记者为例，激励过程可简述为，由于客观环境和个人能力及自我表现意识等主观因素使这位记者这次的工作成绩突出，和上一次相比，他得到了更多的奖金，还得到了表扬和进修的机会。他觉得这样公平，得到了满足，并准备下次要更努力一些。

在建立激励机制时，要注意把直接满足和间接满足结合起来。直接满足也叫"职务内"满足，是精神激励；间接满足也叫"职务外"满足，属物质激励。

媒介单位的激励环境是处在整个社会大环境之下的，激励措施应先满足基本的生活需要，但媒介工作者的文化层次较高，高层次的需要和直接满足将成为激励的主导因素。当然，在进行精神激励时，还要让物质激励与之配合起来。因此，不少媒介单位规定了明确的工作量，依据按劳分配的原则，使媒介工作人员的业绩同奖金分配挂钩，对工作上量大质优的员工实行重奖，激励大家多干、多出精品。

3. 约束机制

虽然物质奖励和精神激励是激励的主要因素，但物质奖励的刺激作用也是有限的，过多、过重的个人奖励对强化大多数人的需要和动机有时会起负面效应，精神激励也不能使每个人都获得自我价值的实现。用赫茨伯格的"双因素论"来说，媒介单位是个敏感的地方，要注意激励因素和"保健"因素的平衡。

建立科学的考核制度和方法是竞争得以顺利进行的可靠保证。约束机制最直接的作用是有利于客观公正地奖勤罚懒、奖优罚劣，调动劳动者的积极性和创造性，规范他们的行为。一些媒介单位建立了"岗位责任制"，在做好思想政治工作的基础上，对不同的岗位进行量化考核，优者奖，劣者罚，这样有助于从业人员避免错误、增加责任感。

总的来说，媒介管理应以奖励为主、惩罚为辅，并且要不断更新激励方式，合理地把奖罚两种方法结合运用，激发员工的工作积极性。[1]

三、各类"保健因素"的管理

"保健因素"是指媒介组织的政策制度、工资奖励、劳动福利、安全保障、工作条件、人群关系等。它们虽然不能直接起激励员工的作用，但能预防员工的不满，促使员工维持现状、安心工作。

1. 工资

工资意味着对工作成绩的经济回报，但是员工也要求其他的回报，如赞赏、尊重、重视以及良好的工作环境。媒介组织如果能够重视和回报员工个人贡献和成就，就能使员工对他们自己和报/台/站的感觉良好。

工资作为员工所获得的报酬的主要部分，必须是公正的和有竞争性的。必须重视每个员工的价值，与同一社区内相似工种的工资不能相差得太远。不公

---

① 熊忠辉. 激励理论在新闻事业管理中的应用. 新闻记者，1997（10）

正和缺少竞争性会导致士气低落和"跳槽"。现在，许多媒介组织都给所有员工发奖金。通行的做法是发一份春节年终奖金，还有的媒介根据财政状况不定期给员工以现金奖励。这两种办法都能使员工有获得回报的感觉。

工资分配制度是用人、用工制度的重要组成部分。建立多劳多得、优劳优得的激励机制，可以为人才成长提供强大的动力。

2002 年，《南方日报》社配合新一轮改版推出了采编系列分配机制改革，对采编人员一律以绩效论工资，通过利益杠杆鼓励多写好稿、多编好版，以拉动整个报纸水平的提升。考评与职称、职务分开，采用"等级分 + 加权分 + 扣罚分"的方式计算总分。考评方案实行 A（基本分的 200%）、B（基本分的 150%）、C（基本分）和 D（基本分的 80%）四个等级制。对有重大创新或有重大社会反响的稿件或版面进行奖励，对失实、差错等进行扣罚。这一改革淡化了"官"念，减少了管理人员，节约了管理成本，充实了采编力量。尽管《南方日报》社对非一线采编人员仍然实行与绩效相对应的岗位工资，但经营系列分配机制的改革仍将是大势所趋。

一个有趣的现象是，除了一些明星记者外，美国记者的收入普遍较低。例如，CBS 的王牌主持人丹·拉瑟的年薪高达 700 万美元，但是，在 25 岁以下的记者当中，现在还有 57% 的人年收入不到 20 000 美元；在 26～30 岁的记者中，25% 的年收入不到 20 000 美元；31～40 岁的记者中，12% 的年收入不到 20 000 美元。收入最低的记者多集中在广播行业、周报和发行量小的日报。最近五年来，不但小的新闻机构采取了低工资政策，而且越来越多的大新闻机构也降低年轻记者的起点工资。许多新闻机构降低工资的办法一是延长实习期限，二是提供大量的兼职岗位。

2. 福利

额外的福利是经济报偿的一种补充形式。福利的项目因媒介组织的不同而异，因市场而异。美国的传媒行业协会每年都要调查福利情况。它们列出了以下一些项目：

（1）保险：包括住院、外科、药物、牙科、视力、丧失能力、事故死亡及集体生活等。许多报/台/站提供住院、外科以及主要药物保险给员工及其家人，此外，还提供集体生活保险。按规定我国媒介要为聘用员工缴纳社会保险。

（2）养老金或抚恤金：主要由雇主提供。

（3）利润分享：媒介的部分利润通过利润分享计划支付给员工。支付的数量常常取决于员工服务的年限和现在的工资。

（4）教育或职业发展：通过课程的学习、车间实践和研修班等渠道鼓励员工丰富他们的知识和技能。

（5）带薪休假、病假：长短决定于服务年限，以及带薪（法定）假日。

此外，有些媒介还提供其他福利项目。如法律服务：雇主支付与工作有关的法律咨询服务的全部费用；评奖义务：在常规的薪水之外付给数量不等的参加评奖的费用。

良好的工作环境和公正的、有竞争力的工资和福利在使员工对待媒介组织的态度上起到了较好的作用。一个令人愉快的工作环境并不能代替低于市场平均水平的薪酬。同样，高薪如果意味着要忍受不可靠的或过时的设备，忍受一个过于挑剔、懒于赞扬的领导者，那就会被认为跟低酬一样。此外，额外得到的福利，并不足以弥补媒介组织在不能提供令人满意的环境和工资方面的损失。

案例

美英传媒业薪酬体系

美国传媒业重绩效，不过对于不负责媒介长期发展规划的采编、经营人员和负责媒介长期发展规划的管理层人员实施的薪酬制度有差别。

对一般的采编经营人员大多采用短期薪酬制。短期薪酬制是指以年、月等周期较短的时间为单位，根据媒介经营管理、市场表现、赢利情况，兼顾采编、经营人员所承担的责任、风险等因素而确定其待遇的激励制度。ABC、NBC 和 CBS 在相互竞争的过程中，往往给予优秀的记者和主持人较高的短期薪酬，以此来激励他们采集独家和轰动性的新闻。具体来说，这类薪酬结构中包括基本工资、奖金和福利。基本工资是完成一定额度的工作目标就能拿到的；奖金则是在完成基本工作目标的基础上视具体业绩而定；福利包括医疗保险、退休金计划、养老金、带薪休假计划等。此外，一般员工都受《公平劳动标准法案》对最低工资和加班补助规定的保护。

对高层管理人员来说，如果其薪酬结构完全由基本工资和奖金构成的话，出于对个人利益的考虑，这些高层管理人员也许会放弃那些有利于媒介长期发展的计划，而更偏好于短期收益的计划，这对媒介的发展无疑是不利的。因此在美国各传媒业中，往往采用员工持股计划，媒介管理者常是媒介主要的股权持有者。

另外，美国不同媒介中的广告部门采取的酬劳支付方式不尽相同，大致可概括为六种酬劳支付方式：①对不为客户提供售后服务的、不参与联合广告项目的协调工作的、正在接受培训的销售人员大都以纯工资作酬劳；②对销售经理采用工资与奖金并行；③纯佣金，在客户联络中最常见；④底薪；⑤对提供售后服务的管理者采取工资、奖金、佣金并行；⑥对提供售后服务的客户联系管理者采取纯佣金加奖金。如《纽约日报》广告业务员的薪酬就由个人表现＋小组表现＋部门表现＋市场份额四部分组成。

在英国传媒业薪酬体系中，编辑记者有点"大锅饭"的味道，经营管理人员以绩效工资为主。

英国的编辑记者采取的都是等级年薪制，不设奖金。所谓等级年薪制，是指将记者、编辑根据其资历划分成不同的等级，同一等级的编辑记者拿的都是一样的工资，另外还有年度奖金。奖金的额度主要是与报纸的业绩挂钩，与记者的个人表现并没有多大关系，因此有考评考核结果与报酬无关的说法。在英国，工会的力量很强。采编人员的工资水平及每年的加薪幅度是由记者工会出面与报社管理层集体谈判后达成并签下合同，报社不能随意开除记者，而记者在合同期内的工资是一定的。当然，个别能力突出的记者也可以与报社管理层进行个人谈判。

以其全国性报纸为例，刚进报社的年轻记者的年薪一般是两万多英镑，资深记者大概能够拿到四五万英镑，少数名记者则可能达到十几万英镑。英国的《考文垂晚电讯报》每年会对记者进行考评，干得好的记者可以进入更高一个工资档次，普通记者可能被提拔为专线记者或高级记者，这样，这些记者就能获得更多的酬劳。

对广告、发行等部门的经营管理人员，除了基本工资外，还有奖金。如在《每日邮报》，高层管理人员有年度奖，中层和较低层次的经营管理人员则有季度奖。奖金与业绩目标的完成情况直接挂钩。

3. 安全和健康

工作场所应当是令人愉悦的，必须是安全和卫生的，否则，就会造成员工的事故和疾病，带来减员、不便和额外的花费。保护员工的安全和健康还有另一条重要的理由，那就是法律的规定。

美国根据法律设立了职业安全与健康管理局，提出了大量指导原则和管理规范。其中许多内容跟特别的职业有关，但是，也有一些是与普通工商企业相关的，并同样适用于媒介组织。其对所有雇主的一般要求包括五个方面：提供适宜的饮用水和足够的盥洗设施；保证所有的仓库是安全的，不会滑动或坍塌；保证所有的地板清洁、干燥，不能有凸出物；确保垃圾被收集和清理，避免产生对健康的威胁，经常保持良好的卫生环境；准备足够的出口，以便在紧急时刻迅速撤离。

　　显然，媒介不能对员工的安全与健康负完全的责任。法律要求他们遵守安全与健康规则，员工有义务照顾他们自己。当然，媒介组织应该带头为他们树立榜样，并要求员工也这样做。

　　4. 员工关系

　　大部分员工会感觉到他们对本组织的重要作用，记住他们所作的贡献，以及他们的努力所得到的赏识。因而，媒介组织管理层和员工的关系非常重要。

　　良好的领导与被领导的关系以相互之间的理解和尊敬为特征。它们来自管理层对员工个人需要的关心所作出的表示，以及这种关心得以传播的渠道。

　　管理者应当利用遇到某一位员工的机会，即以非正式的接触来表露他们人性的一面，建立起良好的管理层和员工的关系。一个微笑、一句问候、对一件与工作无关的事情的询问，都会在使员工感觉到管理者对自己的关注，从而起到意想不到的激励作用。而且这样可以建立一种氛围，即媒介组织所必需的全体员工都能人尽其力的氛围。

　　虽然非正式的人际传播很重要，但是作用有限。为了保证与员工的持续不断的交流，管理者往往依赖文字性的表达方式。对员工成就的一封祝贺信，或在公告板上对全体员工取得的一次成功的发行量或视听率的感谢备忘录，都是很好的例子。许多媒介组织还以一份定期的新闻简报或期刊，作为内部交流的基础。它不仅透露而且能够解释媒介组织的政策和工作程序，报道整体和个人所取得的进步，阐明已经修订的工作计划等。员工也可从中了解他们同事的成就、生辰、爱好、旅行、婚嫁等。

　　当关心出自一种个人化方式的时候，大多数员工乐于向同事敞开心扉。认识到这一点，许多部门负责人和经理就应该采取措施，以便使员工在需要的时候能够迅速接近一个感性的、忠诚的"听众"。

　　由于员工的相互依存和团队合作的需要，许多媒介组织常常通过再创性和社会性的活动来鼓励一种协作的气氛。组织各种体育比赛、员工及其家属外出听音乐会、游戏、运动、野餐以及聚会等，这些活动有助于良好氛围的形成与媒介组织发展目标的实现。

四、团队管理

　　媒介人力资源管理工作不单涉及个人，也越来越多地涉及团队，如管理层自身就是一个团队。媒介经营的成败，从直观的层面上来说取决于三个因素：一是产品的市场定位是否准确；二是资本的准备和现金流是否超过了市场门槛；三是管理团队是否优秀而且形成了合力。

在中层、第一线以及各部门中，都存在对团队的管理要求。现代媒介分工很细，如采访、编辑、设计制作、发行、广告、品牌推广等，每个环节都不能被削弱，都需要高素质的把关人及管理者。在各个环节，管理者要带好各自的团队，只有这样，媒介的成功才会有保障。

一个团队应该是团结的队伍，是专业的集合，是共同理念下的同行者。优秀的团队能形成人气，提升士气。从团队的角度看，即使其中最不起眼的一个个体——普通员工，他的个人专业素质也是非常重要的。如果媒介把一线的记者、编辑置于十分尴尬的境地，对人才缺乏起码的尊重，这个媒介就注定要被产业洪流无情地吞噬。

对于团队的管理需要注意以下几方面内容：①为了绩效的目标而建设团队，建设过程要考虑专业与个性品质的组合；②团队的领导者有责任促进团队发展，寻找影响团队绩效的关键因素并加以改善；③建立基于信任的团队文化，对团队成员合理而充分地授权；④兼顾个人绩效管理与集体会议管理，发挥团队的协同作用。

讨论与操作

1. 我国目前体制内与体制外的记者队伍有何差别？"身份"对于新闻专业主义的发展是利还是弊？如何看待记者转会？如何看待天价记者？如何看待裙带关系？对于职业新闻人来说，最好的激励手段是什么？

2. 我们这个时代的媒介精英人才有些什么特征？请考虑年龄、性别、媒介地位、话语权、敬业精神和地域、流派等特征。

3. 什么是当前媒介人力资源管理的焦点问题？请设计并实施一次小范围的新闻从业人员满意度与忠诚度调查。

4. 请分析我国部分媒介施行的首席记者制。

5. 请以工作小组方式为模拟的全国性报纸 *China Today* 设计一支强有力的团队。可在全国范围内选才，请考虑人力资源的组合与搭配问题。

6. 维亚康姆对员工的基本要求是：素质＋坚强的性格＋执著，对此你是怎么看的？对媒介从业人员来说，胆量是否重要？为什么？

第十一章
媒介的战略管理

内容提要

　　本章介绍媒介战略管理的概念、过程和具体手段。战略的重要性与媒介所处的环境有关，没有战略思考的媒介是盲目的。媒介除了要制定总体战略和各业务层面的职能战略外，还要特别重视竞争战略。

企业以未来为基点，在分析外部环境和内部条件的现状及其变化趋势的基础上，为寻求和维持持久竞争优势而作出的有关全局的重大筹划和谋略，即为企业战略。

战略管理从内容上看可以包括四个阶段，即战略规划、战略实施、战略评价和战略控制。战略规划是战略实施的基础，战略实施是战略评价的依据，只有通过战略评价才能有效地进行战略控制。四个阶段相辅相成，融为一体。

管理学家迈克尔·波特认为，一项有效的战略管理必须具备五个关键点：独特的价值取向、为客户精心设计的价值链、清晰的取舍、互动性、持久性。因此对于媒介管理，可以说是战略决定成败。

第一节　复杂性与战略管理

战略管理是一个不确定的过程，因为企业对于危险和机遇的区别有不同的理解。但是，不同的战略制定者都会承认，战略管理是一门着重制定、实施和评估管理决策和行动的具有综合功能的艺术和科学，这样的管理决策和行动可以保证在一个相对稳定的时间内达到一个机构所制定的目标。

一、战略管理理论的演变

一般说来，一个组织经营战略的实施会遇到以下三种情况：

第一，当组织面临的战略环境的复杂性很低时，所有人都会作出最优反应，实际或潜在的竞争会使经济利润接近于零，比如我国的家电业及报业的价格战。

第二，当环境变得极度复杂和不确定时，所有行为都只能是随机的，战略无用武之地，经济利润也会消失，比如前述的媒介对市场基础的破坏，民间资本投资传媒遭遇政策壁垒等。

第三，当部分可分析的复杂情况出现时，战略问题就显得十分重要了。这是目前大多数媒介遇到的情况。在现实中，经营战略通常是利用现有不完美性或通过创造适度不确定性或复杂性而获得经济利润的一种重要方式。

从经营战略的发展历史来说，作为管理科学的分支，企业经营战略理论是在"二战"以来世界范围内市场环境向复杂化、多样化的买方市场转化，竞争日益激烈的背景下产生的。要而言之，经营战略理论经历了三个阶段：

1. 经典战略理论

美国管理学家艾尔弗雷德·钱德勒于 1962 年提出"结构跟随战略"，由此产生了设计学派和计划学派，分别以肯尼斯·安德鲁斯和伊戈尔·安索夫为代表，他们对战略制定过程等进行了研究，产生了著名的 SWOT 模型。归纳起来，SWOT 模型分析要求在制定经营战略时考虑两个方面，共四个因素：企业优势与劣势，产业机会与威胁。这一分析尤其适用于在市场营销理论的基础上，研究企业如何寻找有利的市场机会，如何占领市场、开拓市场等问题。

2. 产业结构分析

美国管理学家迈克尔·波特对产业竞争结构分析贡献卓著。在《竞争战略》（1980）一书中，他提出企业赢利能力取决于其竞争优势，而企业竞争优势又较大程度地取决于企业所在产业基本的竞争结构，即由四方面竞争力量，即潜在竞争对手的入侵、替代品的威胁、现存竞争对手之间的竞争，以及客户和供应商讨价还价的能力所形成的竞争结构。后来在《竞争优势》（1985）一书中，波特进一步提出以企业价值链为核心的战略性观点。不过波特过于强调产业吸引力对企业利润水平的决定作用，存在一定的局限性。

3. 企业竞争力理论

从 1990 年起，C. K. 普拉哈拉德等学者提出了企业核心竞争力的观点，将战略研究重点由外部环境分析转移到企业内部环境分析上。詹姆斯·莫尔于 1996 年提出企业生态系统的论点，并使战略联盟成为研究热点。

企业竞争力理论认为，企业所在产业的竞争结构并不重要，企业超额利润来源于其核心资源和核心能力。企业经营战略的关键在于培养和发展能使企业在未来市场中居于有利地位和保持持续竞争优势的核心能力。企业应首先考察现有资源和核心能力，以及在适当的市场机会中这些资源和竞争力的价值，然后确定其与未来可能存在的商业机会所需的资源和竞争力相比的差距，最后进行竞争力培育和提升的战略决策。

作为战略管理的主要方法，以上三个阶段累积起来的各种思想在管理实践中均有广泛的应用。在实际应用中的具体次序是战略思考→产业结构分析→竞争力分析→战略选择与实施。

二、战略管理对于媒介业的意义

如果一个媒介缺乏总体战略，通常有三种表现：

一是游离于市场之外，经营策略无从谈起。在我国，这种情况随着主流的中央级、省级大报走向市场逐渐减少，但是在中西部及地市级媒介中仍然存在。

二是破坏市场本身，战略管理手段意义不大。国内多个城市在1998—2001年之间的报业价格大战、2000—2001年网络"烧钱运动"，都是这方面的例子。这些媒介最终或者依靠当地政府之手"保价托市"，或者硝烟散尽各奔东西。

三是毁坏市场的基础，急功近利，追涨杀跌，纵有战略也未必能长期把握自己的命运。清华大学李希光教授认为，中国媒介存在若干"脱节"现象，如曾广受欢迎的大众媒介和商业化媒介，在报道内容和选题上越来越与广大公众的根本利益和话题脱节；有权采访报道重大国内、国际新闻事件，有权报道与公众利益、公共政策相关问题的官方主流媒介，正在失去读者和观众。[①] 这两个现象反映出媒介面临失去公信力的危险，关系我国传媒业的百年大计。

总之，没有战略的媒介是悲哀的、短视的、没有生命力的。

1983年，壳牌石油公司的一项调查表明，1970年名列《财富》杂志"500强"排行榜的公司，有1/3已经销声匿迹了。据调查，世界500强企业的平均寿命为40～42岁，美国中小企业平均寿命只有7岁。虽然这种优胜劣汰、适者生存的"新陈代谢"现象于整个社会是有利的，但对于企业来说是非常痛苦的。

在西方媒介史上，有迪斯尼、路透社、纽约时报等百年老字号，有历半个多世纪而不衰的时代华纳、维亚康姆等跨国传媒，同时也不乏短命的媒介，如20世纪20年代的芒西报团（当时的美国三大报团之一，前后存在24年）、80年代的英格素尔报团（曾拥有228家报纸，约占当时美国报纸种数的1/7，存在4年）等。

如果对迪斯尼、时代华纳等跨国传媒进行分析，可以发现它们的核心价值观有两个共同点：第一是"终极关怀"，能放弃眼前的利益，追求长远的利益；第二就是核心竞争力，在国际市场上的穿透力和杀伤力都很强。

我国媒介业总量庞大，战线很长。目前约有1 900多种公开发行的报纸，1 932家广播电视台，9 000多种期刊杂志以及2家通讯社，媒介产业总值逾4 200亿元，但是平均起来每家媒介的规模严重偏小，尤其是更多的中小型媒介需要实现战略性的整合与跃进。

---

① 喻国明，李希光，胡正荣. 国际传媒巨鳄来中国. 新闻与传播，2002（4）

三、确立媒介的战略目标和使命

战略管理的首要任务是规定企业的使命和目标，定义企业的价值。报纸与广播电视、大媒介与小媒介、新兴媒介与夕阳型媒介、沿海的与西部的媒介，这些不同市场上的不同媒介，从战略目标、战略规划到战略实施，侧重点各有不同。但是所有媒介机构都应特别强调确立战略目标。

对于世界500强的CEO们来说，战略问题是他们思考问题的基点。在经济界，比尔·盖茨的大名尽人皆知。不过许多人津津乐道的是他的财富，而不是他那个著名的梦想：让每张桌子上都有一台计算机，里面运行着他生产的软件。事实上，帮助造就很多引领市场潮流的企业家的，往往是一个朴实而高远的梦想。比如，美国投资银行巨子、美林公司创始人之一梅里尔希望"让华尔街变成大众街"，戴尔电脑公司年轻的老板渴望的是"消除一切中间环节"，而苹果公司CEO乔布斯的梦想则是"把计算能力带给大众"……当然也包括纽约时报发行人阿道夫·奥克斯1896年提出并沿用至今的"报道一切适合刊登的新闻"。他们都把赚钱本能和产业梦想完美地结合到了一起，也由此具有了一种真正的产业战略眼光。

在我国，媒介业很少具备这种从产业梦想出发的战略胸怀，大多追求的不是产业地位，而是眼前的赢利。因此，一些媒介在战术和策略层面或许是高手，但在战略层面普遍乏善可陈。有的报社曾一度投资药业、旅游业、建筑材料业上亿元，血本无归。没有战略规划，在当今市场环境迅速变迁的条件下是无法真正成为市场上的强者的。建立起战略思维，才可望使我国媒介业迅速培育和建构起自己的竞争力，迎接国内、国际新一轮市场竞争的洗礼。

第二节　媒介的总体战略

总体战略是由公司管理层制定的战略。企业的总体战略有助于在特定的市场环境下，关注全部商业机遇，决定主要的业务范围、资源的投入力度和发展方向，以保证组织的使命和目标的实现。

一、总体战略的层次与类型

企业经营内含两个基本问题：一是"做什么"，要求"做正确的事"；二是"如何做"，要求"正确地做事"。对两个基本问题的回答分别形成企业战略高低两个层次：公司战略和业务战略。公司战略回答"做什么"的问题，基本任务一是行业（产品或业务）的选择和定位，二是范围（地域或对象）的选择和定位。业务战略回答"如何做"的问题，可细分为很多类，主要任务围绕如何实现公司战略。公司战略对企业的影响更为深远。

将战略分层与公司组织结构相联系，可以对企业的战略作进一步的划分。美国学者小阿瑟·托马森在《战略管理学：概念与案例》一书中提出，对集团企业有公司战略、经营战略、职能战略、运作战略四层，对子公司有经营战略、职能战略、运作战略三层。

在企业整体或集团层面，根据行业选择的战略取向，可以划分出"一体化战略"、"多元化战略"、"专业化战略"等类型；根据市场范围选择的战略取向，可以划分出"全球化战略"、"本地化战略"等类型；根据市场竞争和市场地位，可以划分出"进攻战略"、"防御战略"、"撤退战略"等类型；根据企业的发展态势，可以划分出"稳定型战略"、"增长型战略"、"紧缩型战略"等类型。

美国麦肯锡咨询公司提出过一个战略评价矩阵，分析市场中的企业如何进行有效的战略选择决策。这个矩阵的一个维度是评判市场吸引力，主要从市场增长及市场容量、市场质量、竞争形势、外部环境等方面进行分析和打分；另一个维度是企业的竞争地位或者竞争能力，主要从企业的相对市场地位、相对生产潜力、相对研发潜力、领导层和员工的相对素质等方面进行分析和打分。基于这两个维度分析后的战略选择决策状态，如图 11-1 的 9 方格矩阵所示。

在这一矩阵中，处于Ⅰ、Ⅱ、Ⅳ位置中的经营单位，可以考虑采取发展策略，即增加投资以促进发展，包括垂直整合、水平整合、并购、多元化和攻击性市场策略。Ⅲ、Ⅴ、Ⅶ三个经营单位可考虑进行有选择的投资，包括多元化、攻击性策略、收缩战线和战略转移。剩下的Ⅵ、Ⅷ、Ⅸ三个经营单位，可以考虑采用放弃战略。

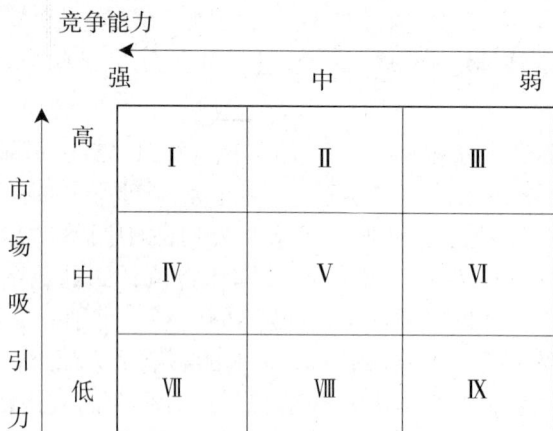

图 11 - 1　麦肯锡战略评价矩阵

　　这一模型可以用于分析我国媒介业的特征。首先，我国的媒介市场应是极具吸引力的，市场增长速度、市场容量、市场质量都呈现出一个良好的形态。其次，我国大多数的媒介经营机构在竞争能力方面仍有明显欠缺，特别是生产和研发能力薄弱，队伍素质也不算高。所以在新的开放竞争态势下，我国少部分媒介机构竞争能力可达中等，大部分则较弱。因此，处于图 11 - 1 中Ⅱ、Ⅲ的位置。在此分析下，我国媒介相应的战略选择应是"投资发展"或者"有选择发展"。前一种战略选择的必要性，从当前炒得热火朝天的"媒介与资本"话题中可见一斑。后一种战略选择则印证了诸如广播电视业中"平王削藩"的观点。

　　根据这一模型，还可以把通常所说的"做大"归结为"提高市场份额"，把"做强"归结为"增强媒介竞争力"。譬如，我国媒介集团化的主要目的是跨区域、跨媒介整合原本已很分散的媒介经营资源，优化媒介格局，提升竞争实力，以期融入日渐激烈的国际竞争并占有一席之地。

　　对于"做大"还是"做强"的问题，常常依赖于市场需求和投资规模，尤其是"做大"。但是提高投资强度可能会带来较低的利润率，从回报角度讲，较低的市场份额不适宜与较高的投资相结合。如果追求"做强"，则较高的劳动生产率能提高利润率，较好的产品品质与服务也可以部分替代在市场占有率上的不足。

　　由于我国媒介业与发达国家相比，总体资源和能力比较有限，所以，目前国内媒介集团化的实际运作是"做大"优先（通过合并打造所谓"航空母舰"），然后"做强"（通过外部竞争和内部优化增强"战斗力"）。可以说政治取向更强的媒介，如直接与外资相抗衡的媒介，应"做大"优先；市场取向更强的媒介，应"做强"优先。现实中，二者是"你中有我，我中有你"，不可简单分割的关系。"做大"与"做强"并进，在"做大"的过程中"做强"，在"做大做强"的过程中"做优"。

二、媒介的融合战略

在数字化信息技术飞速发展的背景下，信息传播出现了"汇流"和"融合"的特征。对于传统媒介来说，与新媒介的融合是一种必然的趋势；对于新媒介来说，与传统媒介的合作也是必不可少的一环。

互联网的兴起其实对传统媒介是一个巨大的挑战。互联网的互动性、时效性特别明显。例如，克林顿性丑闻首先是通过互联网发布的，中国与美国就中国加入世界贸易组织问题正式达成双边协议的消息，也首先是在网站上发布的。

互联网还影响到了受众接触媒介的时间分配。美国 Pointcast 公司发布的一份报告显示，因为上网浏览信息，其用户已有 46% 减少了读报时间，23% 减少了读杂志时间，21% 减少了看电视时间。

此外，网络广告的吸引力也在逐步增强。1994 年出现了第一个网络广告，当年美国的网络广告收入为 1 200 万元。2006 年，美国网络广告收入为 169 亿美元，极大地挤占了报纸的分类广告市场。

面对互联网带来的冲击，人们对传统媒介的未来作出了种种猜测。在当代媒介的竞争中，最有危机感的恐怕是报纸。报纸的一些批评家提出，人们所熟知的 20 世纪的报纸在 21 世纪能否生存大有疑问。

下面的这则事例也许有助于回答这个问题。1989 年，美国旧金山市在一次世界体育大奖赛之前发生了一场地震。当地报纸的照明、能源系统，连同纸张和电脑设备等都化为了瓦砾。地震过后，报社意识到，他们将要经受震颤之后经济的影响，而他们本来预期体育盛会可能带来的广告费会让他们赚得盆满钵满，可是体育赛事延期了，原定的广告取消了，报社作了最坏的打算。但令他们惊讶的是，广告的需求反而上升了！保险公司要详述他们的新服务，地方幸存的企业要祝贺好运并赞颂居民们的勇气，百货商店要向震后数周内滞留在家中的人们推销存货，大宗广告接踵而来。累计起来，广告收入比地震以前增长了 7%。

这场地震应当是今日报业的一个恰当的隐喻。在报业发展的历史上，它不止一次遇到过挑战和危机。20 世纪三四十年代，报纸遇到了广播的挑战；60

年代，电视的影响力逐渐超过了报纸；90 年代，以美国为例，报业再次呈现一定的衰退。具体的原因有三个方面：首先，报业成为经济萧条的受害者，广告收入不再像以前那样充足；其次，报业要面对日益加剧的竞争，它要与电视新闻、视听节目、有线电视的多频道、杂志和出租电影争夺读者的时间，它还要与直邮、电视、杂志、广播、黄页、广告牌甚至车身争夺广告费；最后，报纸一直在吸引和抓住年轻读者（广告客户最觊觎的）方面有些问题，不管它们如何努力，它们仍在不断地失去 30 岁以下的读者。

但是历史经验证明，媒介的发展具有累积性，所有的媒介都不会彻底地消失。例如，广播电视出现之后的报纸、电话出现之后的信函、照片出现之后的画像等。这是因为，不同的媒介具有不同的优势与劣势，因而都具有一定的不可替代性。

就互联网而言，它的劣势是多方面的，网络媒介还存在需要大力改进的地方。例如，一般人的读报速度可达每小时 2 万至 3 万汉字左右，而在电脑上阅读，可能每小时不到 1 万字。

而传统媒介因其特性仍有用武之地。例如，报纸便于携带，在公共场所，甚至公交车上也可以阅读；广播适合一边工作一边收听；电视则图像清晰，频道众多，适宜休闲娱乐。

所以，正如上述例子所显示的，一旦尘埃落定，事情就没有最初想象的那么糟，报纸仍然会生存下来并有所发展。在可预见的将来，报纸、杂志、数字化广播电视和互联网的信息传输系统仍将继续存在，而且将在媒介领域各占一席之地，可能形成共存共栖、共同发展的格局。

不过，毫无疑问的是，网络时代的传统媒介与过去相比都会有很大的改变，包括内容、市场和传输方面的变化。这种重塑传统媒介的努力的核心首先是，让它们充分利用新信息技术手段，更贴近受众，给受众更多他们所需要的信息，并紧紧跟随时代的生活方式。

面对互联网的挑战，美国学者尼古拉·尼葛洛庞蒂在《数字化生存》一书中说，面对即将来临的数字化时代，"一个个产业揽镜自问'我在数字化世界中有什么前途'时，其实，它们的前途百分之百地要看它们的产品或服务能不能转化为数字形式"。因此，未来的传统媒介首先要确定它是生产什么的行业，才能决定它的生存地位。例如，假若坚持认为报纸就是生产纸质媒介的行业，那么其前途可能堪忧。但是，如果能跳出去，确认报纸是提供信息与传播服务的行业，那么，尽管报纸形态可能变化，其前途却可能一片光明。因为报纸行业所生产的信息与服务均可百分之百地转化为数字形式，纸墨形态的服务可转化为比特（bit）形态的服务，这样，互联网就不仅仅是报纸的竞争对手，也是报纸可以利用的一种现代化的高科技出版手段或传递工具，报纸因此能够在数字化时代得以新生。

其次，传统媒介要充分利用网络上的信息资源，变网络海量的信息为自身信息的海量，间接向网络渗透。编辑和记者作为网络上的受众，应当可以将网络信息拿来己用，扩充自身的信息含量。不少媒介也纷纷开设网络信息专版，例如，中央电视台体育节目《足球之夜》、《世界体育报道》等，就把网络信息来源作为丰富节目内容的重要组成部分。一些媒介通过在网上发问卷等形式收集新闻线索和热门话题，也是可行之策。

再次，传统媒介要重新划分网络市场，建立自己的跨媒介平台，推出电子报纸、手机电视，直接开展融合化的经营。

第三节　媒介的竞争战略

媒介在市场上的运营必然涉及竞争问题。竞争战略既与企业整体运营方向有关，也与企业的职能战略有着密切的关系。

一、波特的三种竞争战略

哈佛大学商学院教授迈克尔·波特对于竞争战略理论作出了非常重要的贡献，他在《竞争战略》一书中明确地提出了三种通用战略。

波特认为，在与竞争力量的抗争中，蕴涵着三类成功型战略思想：①总成本领先战略；②差异化战略；③聚焦化战略。波特认为，这些战略类型的目标可使企业的经营在产业竞争中高人一筹，在一些产业中，这意味着企业可取得较高的收益；而在另外一些产业中，一种战略的成功可能只是企业在绝对意义上能获取些微收益的必要条件。有时企业追逐的基本目标可能不止一个，但波特认为这种情况实现的可能性是很小的。因为贯彻任何一种战略，通常都需要全力以赴，并且要有一个支持这一战略的组织安排。如果企业的基本目标不止一个，这些方面的资源将被分散。

1. 总成本领先战略

成本领先要求坚决地建立起高效规模的生产设施，在经验的基础上全力以赴降低成本，抓紧成本与管理费用的控制，以及最大限度地减少研究开发、服务、推销、广告等方面的成本费用。为了达到这些目标，就要在管理方面对成本给予高度的重视。尽管质量、服务以及其他方面也不容忽视，但贯穿于整个战略之中的是使成本低于竞争对手。该公司成本较低，意味着当别的公司在竞争过程中已失去利润时，这个公司依然可以获得利润。

赢得总成本最低的有利地位通常要求具备较高的相对市场份额或其他优势，诸如与原材料供应方面的良好联系等，也可能要求产品的设计要便于制造生产，易于保持一个较宽的相关产品线以分散固定成本，以及为建立起批量而对所有主要顾客群进行服务。

总成本领先地位非常吸引人。一旦公司赢得了这样的地位，所获得的较高的边际利润又可以重新对新设备、新设施进行投资以维护成本上的领先地位，而这种再投资往往是保持低成本状态的先决条件。

2. 差异化战略

差异化战略（也叫标新立异战略）是将产品或公司提供的服务差异化，树立起一些在全产业范围中具有独特性的东西。实现差异化战略可以有许多方式：设计名牌形象、技术上的独特、性能特点、顾客服务、商业网络及其他方面的独特性。最理想的情况是公司在几个方面都有其差异化特点。例如，履带拖拉机公司（Caterpillar）不仅以其商业网络和优良的零配件供应与服务著称，而且以其优质耐用的产品质量享有盛誉。

如果差异化战略成功地实施了，它就成为在一个产业中赢得高水平收益的积极战略，因为它建立起防御阵地对付其他竞争力量，虽然其防御的形式与成本领先有所不同。波特认为，推行差异化战略有时会与争取占有更大的市场份额的活动相矛盾。推行差异化战略往往要求公司对于这一战略的排他性有思想准备。这一战略与提高市场份额两者不可兼顾。在建立公司的差异化战略的活动中总是伴随着很高的成本代价，有时即便全产业范围的顾客都了解公司的独特优点，也并不是所有顾客都将愿意或有能力支付公司要求的高价格。

3. 聚焦化战略

聚焦化战略（也叫专一化战略）是主攻某个特殊的顾客群、某产品线的一个细分区段或某一地区市场。正如差异化战略一样，聚焦化战略可以具有许多形式。虽然低成本与差异化战略都是要在全产业范围内实现其目标，聚焦化战略的整体却是围绕着很好地为某一特殊目标服务这一中心建立的，它所开发推行的每一项职能化方针都要考虑这一中心思想。这一战略依靠的前提思想是公司业务的聚焦化能够以更高的效率、更好的效果为某一狭窄的战略对象服务，从而超过在较广阔范围内与其竞争的对手。波特认为这样做的结果是公司或者通过满足特殊对象的需要而实现了差异化，或者在为这一对象服务时实现了低成本，或者二者兼得。这样的公司可以使其赢利的潜力超过产业的普遍水平。这些优势可以帮助公司抵御各种竞争力量的威胁。

但专一化战略常常意味着限制了可以获取的整体市场份额。专一化战略必然包含着利润率与销售额之间互以对方为代价的关系。

波特认为，这三种战略是每一个公司必须明确的，因为徘徊其间的公司处于极其糟糕的战略地位。这样的公司缺少市场占有率，缺少资本投资，从而削弱了"打低成本牌"的资本。全产业范围的差异化的必要条件是放弃对低成本的努力。而采用聚焦化战略，在更加有限的范围内建立起差异化或低成本优势，同样的问题会更趋严重。徘徊其间的公司几乎注定是低利润的，所以它必须作出一种根本性战略决策，向三种通用战略靠拢。一旦公司处于徘徊状况，摆脱这种令人不快的状态往往要花费时间并经过一段持续的努力；而相继采用三个战略，波特认为注定会失败，因为它们要求的条件是不一致的。

在三种竞争战略中，总成本领先战略常常表现为价格竞争，聚焦化战略注重于细分市场，差异化战略强调在战略层面与竞争对手的差别。

以我国省级卫星电视频道为例，实行差异化竞争是 2004 年以来的重要特点。一方面，中央级电视频道迅速扩张，2006 年的收视份额接近 40%；另一方面，省市级地面频道固守城池，竞争本土市场；还有挟品牌和节目优势的境外频道虎视眈眈、步步紧逼。而在省级卫视群落内部，频道数量在不断增加，频道之间在一定程度上还存在同质化竞争、价格竞争等粗放型竞争形态，经常追求短期效益——看什么火爆就跟什么。比如，湖南卫视《超级女声》风靡全国后，就有很多频道纷纷推出选秀活动。跟风行为短期内或许可以提升收视率，却无法为频道长远发展积累品牌、资源和经验，也就无法为频道提供持续的竞争优势。

在这方面实行差异化竞争战略的安徽卫视和湖南卫视表现出色。安徽卫视多年来致力于成为"中国电视剧大卖场"，在节目制作能力、节目人员技能等没有相对优势的情况下，找准了电视剧这个进入门槛低、市场收益高的"金牛领域"切入，迅速积累起品牌优势和经营优势，2005 年广告收入超过 5 亿元。湖南卫视通过打造优秀的娱乐类节目，积累起了一定的节目优势，2005年更是高举"快乐中国"的大旗，创造了收视与收入双飞跃的奇迹。

此外，2004 年 2 月，江苏卫视通过全面的调查、详细的分析和反复的论证，提出了打造"中国情感特色频道"的发展战略，以"情感"来感动中国观众。经过两年多的运作，江苏卫视节目收视率节节上升，广告收入获得了一倍以上的增长，显示出了频道定位、战略调整所带来的初步成效，并呈现出后劲十足的良好发展前景。四川卫视以"中国故事"为频道定位，2005 年 8 月第一轮改版后，全天收视率快速上升，幅度超过 120%，创下当年省级卫视最快的增长速度。

　　成功者的背后，是清晰的战略思路在起作用。例如，安徽卫视就提出"战略为先，执行制胜"。未来的省级卫视，无论是否具备区域经济优势，竞争的中心已经转移到了全国市场。频道的核心竞争力是别人无法模仿的发展战略，它将成为省级卫视整合全国资源过程中的指挥棒。

二、媒介核心竞争力的培育与提升

　　如果追本溯源，竞争力（竞争能力，competence）理论肇始于西方经济学鼻祖亚当·斯密 1776 年出版的《国富论》中关于分工和专业化的思想，以及新古典经济学家马歇尔 1925 年提出的"差异分工"理论。它的发展期主要集中在 1955—1994 年的 40 年间。1990 年，美国密歇根大学普拉哈拉德和英国伦敦商学院哈梅尔发表《企业核心能力》这一里程碑式的论文，标志着竞争力理论作为快速发展的企业战略理论，开始领跑世界企业战略管理的最新潮流。

　　1. 竞争、竞争力与核心竞争力

　　与传统意义上的竞争（compete，competent）概念相比较，竞争力概念带来的是一种全新的战略思维。

　　美国学者斯蒂格勒曾对"竞争"作了如下描述："竞争系个人（或集团或国家）间的角逐，凡两方或多方力图取得并非各方均能获得的某些东西时，就会有竞争。"[①]

　　对于媒介产业来说，除了一些"一城一报"的报业市场或高度管控的有线电视市场外，一般的媒介市场或者是寡头垄断，或者是垄断竞争，在电视节目制作市场上，甚至可能处于自由竞争的状态。考虑到广播、电视对报纸的某种程度上的可替代性，"一城一报"的市场并非是没有竞争的。因而，媒介市场可以被认为是竞争性市场，常常存在着激烈的市场竞争，有的市场甚至存在恶性竞争。

　　通俗意义上的竞争力就是比竞争对手更强的向市场和顾客提供产品和服务的能力。媒介竞争力指的是在实现媒介产品不断扩大市场份额的同时，该媒介可持续的赢利能力。

---

　　① 汪涛. 竞争的演进. 武汉大学出版社，2002. 19

比较而言，竞争描述的是状态或行为，竞争力所指的则是优势或能力。

讨论竞争力，可以将其放在宽泛的产业中，来讨论竞争对手彼此之间的高下优劣，但更多的是针对某一个竞争性市场，也可以说放在一个产业集群中来讨论。例如，讨论《广州日报》与《羊城晚报》的竞争力，要比讨论《广州日报》与广州电视台之间的竞争力更有意义。

当然，即便是在替代性极强的竞争性市场中，探讨媒介竞争力问题仍然暗含这样的假设，即媒介与媒介之间是异质的，或者说是存在着差异的，它具体表现在媒介发展过程中积累的核心知识和能力的差异。在高度同质化的市场中，谁也无法取得超额利润，也就都谈不上什么竞争力。

企业竞争力理论认为，企业所在产业的竞争结构并不重要，企业的超额利润来源于其核心资源和核心能力。也就是说，企业的竞争优势主要不是取决于产业结构，它是内生的。2001 年前后，国内一度对媒介产业是"暴利产业"的看法，就是把媒介产业的高额利润来源看作是外生的。随着我国国民经济从计划体制向市场体制的成功转型，媒介内生的竞争力越来越重要。

在某种意义上，企业是一个能力体系，包括研究与开发、制造技术、市场营销、产品质量控制、流程、员工士气、员工素质、企业信誉等。

依据竞争力理论，企业经营战略的关键在于培养和发展能使企业在未来市场中居于有利地位和保持持续竞争优势的核心能力。企业应首先考察现有资源和核心能力，以及在适当的市场机会中这些资源和竞争力的价值，然后确定其与未来可能存在的商业机会所需的资源和竞争力相比的差距，最后进行竞争力培育和提升的战略决策。

从企业竞争力理论出发，真正的竞争不应该以打倒对手为出发点，而应该首先从如何"打倒自己"开始。"打倒自己"就是努力使自己尽快扬弃既存的模式，探索出与众不同更与自己以前不同的模式。不是在一条众所周知的套路上追赶或围堵对手，而是在"独辟蹊径"、"异军突起"上做文章。换句话说，不要对既有的蛋糕趋之若鹜，一心想去切蛋糕，而应当去做新的蛋糕。

企业竞争力和核心竞争力是两个既有联系，又有区别的概念。在构成竞争力的各种因素中，只有一部分是构成企业本质的关键因素，即核心竞争力。

普拉哈拉德与哈梅尔认为，核心能力是"组织中的积累性学识，特别是关于如何协调不同的生产技能和有机结合多种技术流派的学识"。

关于核心竞争力还有其他不同的定义。但各种定义都承认核心竞争力的中心特征是组织学习与协作；核心竞争力是组织的集体学习能力和集体知识，尤其是如何协调各种生产技能以及如何将各种技术、市场趋势和开发活动相结合的知识。因此，核心竞争力通常是指企业依据自己独特的资源，在内部培育出来的不同于其他企业的关键的竞争能量与优势。它的存在形态基本上是结构性的、隐性的，而非要素性的、显性的。

普拉哈拉德与哈梅尔在探讨核心竞争力时运用比喻的方法，将企业看作一棵果树，企业的最终产品是果实，最终服务是叶子，结合产品和服务的战略经营单位是树枝，核心产品是树干，而支持核心产品的核心专长，就是树根。

在某种意义上，核心竞争力是企业资源的一个重要组成部分，是企业拥有的最重要的无形资源，具有独特性、不可交易性、难以替代性。每个企业都或多或少具有一定的竞争力，否则就不可能在市场竞争中生存，但未必都具有自己的核心能力。

2. 媒介核心竞争力的判别

媒介经营的基本能力就是经营信息的能力。其他一切相关的经营均依赖于这一基础性的能力。舍此，其他经营就难以成功或难以发展。只有由基本能力通过内在的价值链和外在的产业链的延伸派生出来的其他经营，才能如棋盘中的"有根子"，获得连续并持续的"后援"，从而取得相关性的多元化发展。

与其他产业相比，信息经营能力也可以看成是媒介业的核心竞争力。但是具体到某一个竞争性市场上，特定的媒介是否具备核心竞争力要具体分析。

以是否具备获利能力为标准，可以把市场上的媒介分为三类：一是仅具备生存能力（至多有短期获利能力）；二是已具备亚核心能力（有中期获利能力）；三是具备核心竞争力（有长期获利能力）。表 11 - 1 是依此标准对广州报刊市场的分类。

表 11 - 1　广州报刊市场中位居前 20 位的报纸、杂志的相对竞争优势

依附性生存	差异化生存	市场强势	具核心竞争力	具多元化能力	具国际化能力
民营经济报	新快报	南方日报	羊城晚报	广州日报	
广东公安报	医药经济报	信息时报	南方都市报	南方周末	
南方声屏报	城市画报	南方人物周刊	21 世纪经济报道	家庭	
南方农村报	足球	希望	家庭医生	新周刊	

从表 11 - 1 可以看出，能够实现差异化生存的媒介具备基本的生存能力；市场强势型媒介具备亚核心能力；品牌化、集团化、多元化或国际化经营的媒介具备核心竞争力。而依附性生存的媒介则属于问题类媒介，其走势受外部因素的干扰较大。反过来说，具备核心竞争力的媒介的内生性因素各不相同，但外显性特征不外乎在品牌经营、集团经营、多元化经营或国际化经营方面做得

比较成功。

事实上，竞争力概念所指的是媒介或其产品所能确立的不可竞争性，也就是某种程度的垄断性、不可替代性。其中的核心竞争力则是竞争力当中的关键因素，有时是不可言传、只可意会的默示性因素。核心竞争力主要有两个特征：一是核心资源或能力的不可交易性、不可流动性；二是这种资源或能力具有范围经济性，或网络经济性。

作为特殊的无形资源，核心竞争力所冠的"核心"二字，实际上意味着竞争能力的可扩展性，即此竞争能力可以最大限度地帮助企业实现范围经济，例如，有助于多元化经营，或降低多个产品的成本等。换句话说，核心竞争力决定了企业的规模和边界，也决定了多元化战略和跨国经营战略的广度和深度。

哈梅尔提出了识别核心能力的准则，认为企业核心能力应为企业进入广阔市场范围（多元化）提供途径，应当是竞争者难以模仿的，应当对最终产品的可见的消费者价值具有明显贡献。据此，核心竞争力的识别要满足三个方面的测试：①独特性。它是否是竞争差异化的有效来源？是否是比竞争对手好的或不易模仿的？这是最简单的识别方法。②顾客价值性。它是否存在顾客可感知的价值？③延展性。它是否实现了范围经济？在三方面测试中，前两者也是对竞争力的判断依据。核心与否，第三个方面是最为关键的。①

决定媒介竞争力强弱的因素，可以分为资源、能力和知识三类：

第一类，媒介拥有的或者可以获得的各种"资源"。其包括人力、原材料、技术、资金、组织、社会关系、区位优势、所在地的基础设施等。

第二类，能够保证媒介生存和发展以及实施多元化经营的"能力"。其包括品牌建设、产品开发、人才培养、市场营销、内部管理、资本经营等方面的能力。

第三类，不受物质资源约束而本身能够物化为媒介的"资源"和"能力"的"知识"或者"学识"。其包括独特创意、观念、战略、体制、机制、经营管理、商业模式、团队默契等。这类不可交易和不可模仿的独特知识，构成了核心竞争力的主体部分。核心竞争力的识别主要从第三类因素着眼。

媒介的竞争力决定竞争优势，竞争优势可归纳为三种形态：实体性优势、结构性优势和策略性优势。见表11－2。

---

① 费明胜，水家耀. 核心能力. 华南理工大学出版社，2001.158

表 11 - 2　媒介竞争优势的三种形态

实体性优势	无法模仿无法替代	各种市场	做已经开始的事正确（实力）
结构性优势	产品结构技术—产品路线	同一市场内	开始做正确的事（判断）
策略性优势	动态性主观性	同一市场某一时期内	正确地做已经开始的事（策略）

　　从 2002 年起，南方报业集团通过整合战略、成长战略、品牌战略和人才战略等具体战略的制定和实施，奠定了集团的竞争力和成长力的基础。著名报人范以锦对于市场竞争提出了三个层次的看法：一种是打价格战，只求数量不求质量的低层次竞争；二是以规模、结构、效益为主的中层次竞争；三是以资本、人才、品牌为主的高层次战略竞争。南方报业集团从一开始就明确地定位在第二层次的竞争上，确立了以"多品牌"为核心的结构性优势，获得了长足的发展。因而这一竞争定位是具有一定的战略高度的。

　　3. 媒介核心竞争力的培育

　　对于那些尚不具备核心竞争力的媒介，尤其是新进入市场的媒介，培育核心竞争力工作具有战略意义。

　　参照企业竞争力理论，媒介核心竞争力的培育必须以资源为基础。只有基于自身资源的核心专长，才是内生的，决定性的。

　　在广州报业市场上，羊城晚报报业集团的核心竞争力是通过抢发当天新闻来打造的。作为新中国成立后的第一张大型综合性晚报《羊城晚报》在其核心竞争力形成过程中，先是依托其不同于党委机关报的亲民形象，继而依托其具有一定忠诚度的拥有稳定收入的读者群，最近几年则通过"年轻化、本土化、主流化、社区化"的口号，向信息、财富领域拓展。总体上，《羊城晚报》的主要优势是办报的视角和立场。这一点与南方报业集团大不相同。南方报业集团的内容是高度商品化的（发散型的），羊城晚报报业集团的新闻是高度指向化的（收敛型的）。依靠先天的时间优势（不过这一点优势越来越小，或者说现在仅有细分市场下的优势），羊城晚报报业集团的核心竞争力培育可以说是较为成功的。

　　如前所述，具体到核心竞争力的培育，主要在于差异化，在于创新，或者用经济学家熊彼特的话来说，是"创造性破坏"。

　　媒介竞争的根本是超越竞争，即竞争要拉开距离，只有在更高的层次上领跑，才能保持不败的地位。而要做到这一点，首先取决于战略预见能力，取决于能否把握明天的媒介市场将会发生什么。然后辅之以前线执行能力，即"优秀的创意，完美的执行"。

打破原来的游戏规则而自创新的游戏规则就是一种"创造性破坏"，也是一种超越竞争谋略。打个比方说，在体育类报纸中搞万米赛跑，《南方体育》才刚起跑，而《体坛周报》和《足球》已经跑了八九千米，如果《南方体育》再以《体坛周报》或《足球》的规则来跑的话，肯定要落在后面，并且可能永远也赶不上。但如果向反方向跑的话，谁输谁赢就难下定论。

《南方都市报》前主编程益中认为，读者有两种：一种是可以通过旧有的媒体价值模式去作选择的；另一种是需要去开发的，需要报纸提供新的价值标准，提供新的评判体系。《南方都市报》要做的就是拓展这一块的读者，并反复告诉他们，自己不是《广州日报》，不是《羊城晚报》，而是《南方都市报》。重新定义报业规则才能重建市场秩序，也才能超越竞争。

事实上，媒介核心能力之争是多层次的，核心能力的培育也是多步骤的，具体包括三个方面：①开发与获取构成核心能力的技能与技术；②整合核心能力；③打造核心产品和核心平台，尤其是核心平台。

媒介竞争力的培育的基本途径大致有三方面：①自我发展，建立内在的核心能力；②与拥有互补优势的企业组织形成战略联盟；③兼并收购拥有自己所缺的专长的媒体。媒介核心竞争力开发、获取的主要手段是知识联盟。对于中小型媒介来说，以自我发展为主。对于大中型媒介来说，可以采取结盟或并购的方式。

媒介核心竞争力的培育要与时俱进。这句话的含义是，一方面，媒介竞争力的各个要素必须相对平衡发展，任何一个方面都不能极端落后。某个报纸内容糟糕，而它的发行或广告做得很好的情况几乎是不存在的。另一方面，核心竞争力的培育没有一个一成不变的模式，不能"一招鲜，吃遍天"。

改革开放30年来，我国报业核心竞争力的发展可分为三个时期：

第一个时期（1980—1990年），发行要素主导。

这段时间，周末类报纸非常红火，其主要特点是整个内容的世俗化。内容做得低端了，就大量地发行，强调"发行领先"，出现过"发行牛鼻子理论"。这一时期，报业发行方式的最大革新是"自办发行"，即抛弃原来的邮发模式，自搞一套发行体系。比如，《广州日报》创造了"扫楼战术"，发行人员从一楼走到顶楼，挨家挨户敲门。《广州日报》还让报纸在7点半之前上市，使广州人能够拿着这张报纸去喝早茶，这一"早茶战略"甚至改变了广州人的阅读习惯。

第二个时期（1991—2000 年），广告因素主导。

在这 10 年中，广告代理制逐渐形成并完善起来。《广州日报》的广告经营，不但让广告公司去做，自己还在广州开设了 100 多家连锁店吸引分类广告。北京的《精品购物指南》也模仿这一模式。在这一时期，报社跟广告公司之间形成了一种市场关系，共同拓宽了广告市场。

有几个反例也能说明问题。《中华工商时报》、《经济日报》等报纸，在 20 世纪 90 年代的前 5 年，发行还没有出现大问题的时候，都坚持使用传统的经营广告方法，派自己的业务员去和客户谈。结果虽然它们都是日报，刊载量很大，潜在的市场规模也不小，却没能把自己的广告蛋糕做大。

第三个时期（从 2001 年开始至今），内容要素举足轻重。

在 2001 年 IT 网络泡沫消失、有人宣称出现了"媒体泡沫"的时候，国内的一些新锐财经报纸，如《经济观察报》和《21 世纪经济报道》，引起了业内外的关注。

《经济观察报》和《21 世纪经济报道》在一开始都自办发行，利用全国性的销售网络，广告经营也走代理制这条路，这些都不算新鲜。它们之所以在市场上叫好，得到读者的认可，主要因为它们的内容比较特别。这两张报纸试图走高端路线，具有"内容为王"的色彩。

当代的报业竞争已经从单纯的发行量和广告额的竞争，发展到作为一个完整的报社或报业集团的理念、策略和执行力量的竞争，亦即将全面走向核心竞争力的竞争。媒介核心竞争力的具体要素是动态的，在不同历史时期，需要随时看自己对核心竞争力的要求是什么，相机而动，强化优势，补足弱势，使自己立于不败之地。

4. 媒介核心竞争力的维护

媒介核心竞争力不可能是一成不变的，但也不是瞬息万变的。对自身竞争力的维护，影响着媒介获利能力的时限的长短。

媒介核心竞争力的维护涉及多个方面。例如，品牌形象的维护、产品创新制度化、学习型组织的建立和企业文化传承等。这里着重讨论两点，一是先动优势，二是模仿障碍。

先动优势亦即提前行动者优势，指的是媒介一旦获得了某种竞争优势，就可能不断地提升其相对于竞争对手和潜在进入者的优势地位。

广州日报报业集团的核心竞争力是其版面的集纳式编排和卓越的营销能力。尤其是它的营销处处体现出先动优势。

《广州日报》的市场化运作追求"快人一步、招招领先"。其自办发行大刀阔斧，扩版增刊一马当先，印刷能力首屈一指，集团挂牌全国第一，自我宣传不遗余力，人事改革备受瞩目……一句话，摘取了多项"全国第一"的桂冠，追求"更新、更快、更精彩"的比较优势，因而能铸就广告收入连续多年高居全国报业榜首的辉煌。

国外的研究验证了先动优势的存在。经济学家米勒对1950—1972年间美国制造业厂商的研究发现，长期而言，开始就是高利润的厂商，其利润高于开始就是低利润的厂商。它们之间的利润差距随时间的推移而缩小，却没有完全消失。先动优势是明显的，也是可操作的，无论在整体市场还是在细分市场上都是如此。

当然，一旦被市场追随者模仿，先动优势也可能会受到侵蚀。在广州市场上，《广州日报》的超强营销能力为竞争者所仿效，被迫让出相当一部分市场。

另一种维护手段是模仿障碍，即限制竞争者的模仿或其他竞争企图。例如，特许经营制度、媒介品牌的法律保护、抬高进入壁垒、独特的社区关系等。不过模仿障碍的有效性取决于竞争者之间的博弈过程。

5. 媒介核心竞争力的提升

媒介核心竞争力的提升的基本含义是，要从拥有生存能力发展到拥有亚核心能力，从拥有亚核心能力发展到拥有核心竞争力，从拥有易模仿的核心竞争力发展到拥有不易模仿的核心竞争力与具有高度延展性的核心竞争力。

提升媒介核心竞争力的实质是为了建立持续的竞争优势。西方学者的研究表明，在许多市场中，竞争优势维持的阶段在缩短。在这种环境下，企业只有不断发展新优势来源，才能保持正的经济利润。[①] 同样，媒介核心竞争力的提升，有助于新优势来源的发现。

一般来说，媒介核心竞争力提升过程通常伴随着媒介体制上的、结构上的、观念上的或仅仅是人事上的调整。例如2002年，深圳特区报业集团与深圳商报等合并成立深圳报业集团，构成了新报业集团核心竞争力提升的一个必要条件，但是它的实质性的提升仍然需要报团自身的孕育和孵化过程。作为全国文化体制改革的一个试点单位，经过不断完善以各报刊、各企业为责任主体的"有统有分，统分结合"的经营管理模式，深圳报业集团已成为国内经营规模最大、现代化水平最高的报业集团之一。

国内媒介核心竞争力的提升可采取如下一些措施：

一是推动媒介人才队伍的年轻化和知识结构的合理化，保证知识积累。媒介核心竞争力是一个媒介综合实力的表现。在知识经济时代，媒介核心竞争力

---

① ［美］戴维·贝赞可等. 公司战略经济学. 北京大学出版社，1999. 485

可以说是媒介特有的知识的凝结，而人才是这些知识的生产和应用载体，因此，通过建立一支相当规模和相对稳定、具有多学科知识与多方面实践能力、创新能力的技术与管理有机融合的人才队伍，构建核心团队，并最大限度地开发全体员工的智力资源，调动他们的主动性和创造精神，可以为形成媒介自身的知识积累体系打下基础。

二是培养经营管理者的敏锐的市场眼光和战略视野，实现提前决策。形成媒介核心竞争力的最终目的是使媒介保持长期竞争优势。这就要求媒介领导者不仅能适应眼前可以把握、预测到的市场变化，而且能把握未来市场较长时期的变化趋势和规律，使媒介产品开发和市场开拓走在市场变化的前面。

三是把媒介培育成为一个善于学习的集体，提高组织智商。如前所述，媒介核心竞争力是媒介独具个性的发展过程中的产物，蕴藏于整个媒介长期的学习和经验积累之中，体现于企业有形资源和无形资源的有机结合之中，是企业整体"从战争中学习战争"的结果。因此，要形成企业核心竞争力，就必须把媒介培育成学习型组织，培育成一个善于学习的集体。

四是有目的地加大对媒介各种资源的投入，减轻资源约束。这些资源不仅包括有形资源，更多的是无形资源，尤其是智力资源。随着媒介市场竞争的加剧，受众需求更加多样化，经营风险大大增加，单纯依靠成本或价格优势来获取高收益越来越困难。因此，要形成媒介核心竞争力，获取长期竞争优势，就需要信息、知识、智力的大胆投入，就需要高新技术的推动、雄厚资金对智力资源的支撑，走"高投入、快产出"、"高投入、高产出"的发展道路。

应该说，任何竞争优势的保持都是暂时的，竞争优势的演变和转换是必然的。面对来自世界上实力强大的跨国媒介的挑战，我国的媒介只有尽早实施核心竞争力战略，充分发掘、发挥自身的竞争优势，不断巩固和发展自身的核心竞争力，增强竞争实力，才能在全球经济一体化的大潮中搏击长空。

三、从对抗竞争到合作竞争

在媒介市场上，新闻大战、发行大战、广告大战随处可见，广电网络渠道大战、广电与电信的竞争可谓烽火连天，说明了过度竞争甚至恶性竞争在媒介业发达地区的普遍存在。过度竞争造成行业总投资不足和部分领域的过度投资，降低了资源配置效率；降低了行业利润水平，削弱了发展后劲；降低了媒介的竞争力；不利于媒介"造血"功能的孕育、多元化经营能力的培养和民族产业的发展壮大。

一般来说，市场竞争的初期阶段常常是"对抗的竞争"，较多地采用价格手段，展开过度竞争，乃至惨烈的"割喉"竞争。

随着市场的发展和媒介行为的成熟，对抗的竞争将逐渐演化为"宽容的竞争"。媒介可以而且必须不断地进行技术、营销和组织管理体制的创新，独辟蹊径，寻找市场机会，建立和强化自己的竞争优势。

"宽容的竞争"的最集中体现就在于战略思想的产生和运用。战略竞争区别于自然竞争，它可以打破自然竞争的时间进程，尽快建立起新的产业生态平衡。

宽容的竞争着眼于"与产业一道共同成长"。如果没有竞争对手，对于产业和产业集群的形成是不利的。广东报业的发达，与全省120多家报纸一起创造的"小气候"有关。中国广播电视业的奋发图强，与飘浮在中国上空的400多个境外频道的压力不无关系。

做新蛋糕的过程就是合作造市的过程。不同的竞争对手、产业链的上中下游、业内和业外在某一特定时期，基于共同的利益可以结成战略伙伴，达成"合作的竞争"，获得双赢或多赢的结果。通常所说的"合作造饼，竞争分饼"就是这个道理。

破坏性市场策略可以印证合作竞争的重要性。所谓破坏性市场策略，就是用一种带有巨大的颠覆性力量的市场营销策略进入市场，首先破坏原有的市场格局，然后按照自己的策略建立新市场格局。由于新的市场格局由自己来创立，成为市场领先者的机会就很大。例如，香港《苹果日报》开了一个先例，投入3亿港币免费赠送，一年就盈亏持平。该报初期不但免费，还有礼品，内容也可读，一出手就把香港好几家报纸打垮了。

现在一些体育媒介及都市媒介提供了几倍，甚至几十倍于其他媒介的薪资待遇，几乎破坏了国内媒介的工资水平，提高了入行门槛，这也是破坏性市场策略的一种简单体现。

破坏性市场策略虽然足以给竞争对手造成巨大的麻烦，但如果应用不当的话，多半会在给竞争对手带来麻烦的同时毁灭自己。即使运用这种策略超速发展，也势必给原有的产业生态环境造成不可估量的损失。

正反两面都说明，任何媒介均不能轻易施用类似的策略，而需要大家共同去建设一个健康发展的媒介市场。

第四节　媒介的职能战略

企业的职能战略是为贯彻、实施和支持企业总体战略与企业竞争战略而在企业特定的职能领域制定的战略。

职能部门的战略通常在市场营销、财务会计、研究开发、生产作业、人力资源开发等企业主要职能部门中制定，即制定出市场营销战略、财务投资战略、研究开发战略、生产战略以及人力资源开发战略等。由于各职能部门的主要任务不同，战略内容也各不相同。

1999 年以来，在"频道专业化，栏目个性化，节目精品化"战略的指导下，中央电视台顺利完成了专业化的频道布局。建设了 16 个开路电视频道，10 个数字电视付费频道，2 个网络电视频道和 1 个高清数字频道，节目日播出量超过 600 小时，成为名副其实的中国电视传媒的"航空母舰"。2005 年，中央电视台进一步实施"频道品牌化"战略；到 2006 年又提出"绿色收视率"的发展理念；2007 年，中央电视台提出"品牌化战略、外宣战略和产业经营战略"三大战略；2008 年，又提出"推进品牌化、国际化、规模化、精品化四项战略"。这些总体战略可以分解为频道、外宣、产业等职能战略。

案例

分众传媒的职能战略

2003 年，分众传媒首创中国户外视频广告联播网络。2005 年 7 月，分众传媒正式在美国纳斯达克市场挂牌交易，成为海外上市的中国纯广告传媒第一股。2006 年 1 月，分众传媒合并聚众传媒，覆盖全国 100 多个城市，以约 98% 的市场占有率居于行业领导地位。

在分众传奇的背后，有着一整套的企业战略。①

1. 市场营销战略

进入 2000 年以来，中国社会的最大改变就是城市中产阶层（月收入

---

① 述时. 分众传媒八大战略. 现代广告，2005（8）

3 000～10 000元）的迅速形成和崛起，富裕阶层（月收入10 000元以上）也在迅速扩大化和年轻化。阶层的分化带来了中国市场的细分化、产品的细分化以及媒介的细分化。从全球来看，大众营销向分众营销的改变趋势不可阻挡。分众传媒创造的楼宇电视正是把目光瞄准了传统媒介所不能充分覆盖的中高收入人群，把自己定位于面向中高收入人群的新媒介。

分众传媒的核心理念就是面向一个特定的有清晰特征的人群，而这个人群恰恰是某些商品与品牌的高消费群。通过分众传媒，广告主能让广告最精准和有效地击中目标受众，以此来达成媒介预算浪费度最低的原则和支持实际的销售成长。2004年，CTR研究发现，分众传媒对于普通受众的CPM成本低于当地电视台的1/2，从而不仅巩固了中高端客户的信心，也吸引了大量日常快速消费品的广告主。

为了有效到达目标受众群，分众首先在全国主力城市集中优势兵力，做强做透，而在其他商机尚不成熟的地区利用品牌优势，甄选当地有较强经济实力、有丰富的广告经营经验以及本地人脉关系的广告公司，对其进行标准化的商业模式、运营管理、媒介专业知识培训，经确认后吸纳其加盟，加盟公司无须支付加盟费用，但须将自身2/9的广告时段归分众使用。在加盟公司发展成熟越过盈亏平衡点之后，分众又以溢价方式收购加盟公司，由此建立起了一个全国性的覆盖一、二、三线城市的连锁网络。

在楼宇电视这个新兴的媒介行业，分众以其规范化的服务树立了行业标准。分众率先聘请全球最大的市场调研公司AC尼尔森等对受众人群特征、收视习惯、广告回忆率、收视倾向等进行调查分析，为广告主提供决策依据。同时，在竞争对手还处于将楼宇电视作为户外媒介的一种进行评估的时候，率先将电视广告评估模式导入楼宇电视，聘请CTR央视市场调研公司对其楼宇电视进行CPM、GRP（收视点，又称毛评点，指广告所获得的收视点的总和）、CPRP（Cost Per Rating Point的缩写，是指每得到一个GRP所需的成本）计算，从而使广告监测和评估数据化。

规范化的服务战略使分众的标准成为整个行业的标准，这种品质化的管理进一步强化了广告主的品牌意识。所以尽管竞争对手不断使用价格跳水来争抢客户，但分众不但价格坚挺，而且刊挂率遥遥领先。

2. 财务投资战略

分众的高速发展离不开风险投资的积极推动。2003年5月，分众率先赢得了软银的投资。2004年4月，风险投资基金DFJ等公司注资1 250万美元进入分众传媒。2004年11月，高盛公司成为分众传媒第三轮的投资者。分众利用资本的力量，将框架媒介液晶屏业务和边界液晶屏业务收归旗下。

由于楼宇的市场经过一段时间的发展，相对来说已比较成熟，分众就致力于推动其他户外电视联播网平台的开发，推出了针对最高端人群的高尔夫联播网和针对商旅人士的机场巴士联播网，同时打造中国卖场电视联播网。卖场电视联播网主要是针对快速消费品。随着快速消费品的同质化倾向越来越大，消费者的品牌忠诚度不断下降，如何抓住正在花钱的消费者，已成为该产品领域市场营销的一个重要课题。分众看到了中国现有的零售终端缺乏有效的媒介传播工具和载体的现状，将大量液晶和等离子电视设置于卖场零售终端，在购物状态中直接刺激消费者的购买欲望和影响消费者的购买决策。

3. 生产作业战略

楼宇电视行业从根本上说是一个资源竞争的行业，商业楼宇是非常稀缺的、不可再生的资源，由于合同都是独家性的，往往谁先占据以后，其他对手很难进入。

分众的生产作业战略首先是对市场占有率的强调。2005 年 3 月，CTR 对国内楼宇电视市场运营商份额作了一次全面的调查，结果显示以楼宇覆盖率计算，分众占据 70%，近 20 000 栋。分众占据了国内十大城市 TOP50 写字楼 75% 以上的份额。

讨论与操作

1. 中国媒介业是否具有战略思维？为什么？谈谈你对媒介战略管理的理解。

2. 战略管理理论是如何演变的？迈克尔·波特有哪些理论贡献？

3. 为什么说融合与转型是传统媒介的必由之路？

4. 媒介核心竞争力如何打造？源自何处？趋向何方？

5. 中央电视台的核心竞争力是什么？它是如何维护和提升核心竞争力的？

6. 在媒介业的产品中，哪些涉及知识产权的保护？哪些不涉及？这一点对产业的经营方向有什么样的影响？

7. 从产业价值链的角度看，目前增长潜力最大的环节在哪里？其次在哪里？请排序。

8. 请从广告经营额与 GDP 的走势，预测 10 年后中国的媒介产业空间。

9. 试各取报业、广播电视业、网络媒介业一例，比较它们战略思考的差异。

第十二章
媒介的集团经营

内容提要

本章探讨中外媒介集团经营的历史、模式与现实选择。西方媒介集团的发展历程充满了经济动因和政府管制力量。我国媒介集团的组建呈现出浓厚的行政主导特征。我国媒介集团的改革创新必须以更大范围内的文化体制改革为依托和突破口。

　　媒介集团化是世界媒介发展的大趋势之一。媒介集团是世界媒介丛林中独特的参天大树，具有独特的生态优势。

　　在实行市场制度的资本主义国家，其媒介集团是在私有资产整合的基础上，为适应媒介市场的竞争而产生的，因此，它的组织结构一方面要体现资产所有者的权益，另一方面要满足市场竞争的需求。

　　20 世纪 80 年代以来，中国媒介在集团化发展上开始了有益的探索。首先取得突破的是报业，出版业、广播电视业的集团化也在积极推进中。具有中国特色的媒介集团，是在中共中央、国务院领导下从事新闻出版、广播电视及相关产业，实行企业化管理的集团式媒介经营实体。它必须遵循社会主义新闻规律和市场经济规律，适应由计划经济体制向社会主义市场经济体制的转变，实现由粗放型经营向集约化经营的转变，扩大媒介的竞争力和影响力。

第一节　媒介集团化的经济动因

　　像新闻集团这种大型企业的出现，不单单是由默多克这样的少数企业强人的争胜动机所致，而是有着更深的经济学根源。一般认为，在其成长过程中，它发生、发展的原因早先是和技术有关的规模经济。最近 30 多年来，人们又注意到大企业与节约交易费用之间的关系。而随着对企业多样化经营现象的注意力的上升，人们又可看到企业成长方式和风险最小化之间的联系。这就是媒介集团化的经济动因，尽管不是唯一的动因。

一、规模经济与范围经济

1. 横向联合与规模经济

　　横向联合问题考虑的是企业建几家工厂以生产同类产品，这一选择较多地受规模经济的影响，以降低生产成本和管理成本。一个典型的例子是在英国，默多克拥有《太阳报》、《世界新闻报》、《泰晤士报》、《星期日泰晤士报》、《今日报》等 5 家全国性报纸，占英国日报总数的 31.6% 和星期日报纸的36%，此外，他还控制着 30 多家地方报纸。如此之大的规模，单是新闻纸一项就可节省一大笔费用。

在经济学中，规模经济指的是在给定的技术条件下（即技术水平没有变化），对某一产品（无论是单一产品还是复合产品）如果在某些产量范围内平均成本下降（或上升），就存在着规模经济（或不经济）。规模经济具体表现为长期平均成本曲线呈下降趋势，从这种意义上说，长期平均成本曲线便是规模曲线，长期平均成本曲线上的最低点就是"最小、最佳规模"。

2. 垂直联合与交易费用

垂直联合是指一个企业的产、供、销不同环节的经济单位合成于一个企业之内，其实质是把纯粹的市场交换转变为公司内部上下级之间的权威关系，或者使公司内部受到管制的交易关系，以降低交易成本。

交易成本问题与企业的性质有关。现代经济中几乎全部产品都是由企业而不是单独的个人生产出来的。其原因是什么呢？或者说为什么存在企业呢？传统经济学理论认为，这是由分工协作关系决定的。但这种分工协作关系为什么不全部由市场以合同形式完成交易过程，而是有相当大的一部分在企业内部完成？

美国经济学家罗纳德·科斯在20世纪30年代发表的开创性论文《企业的性质》，为回答这个问题奠定了基础。而后又经过众多经济学家的大量工作，形成了"交易成本经济学"。他们认为，市场交易广泛存在交易成本，包括交易双方提出要求、讨价商谈、接受合同、交货检验等有关活动的成本。为了减少市场交易成本，在有些条件下就需要将交易转移到企业内部来完成。当然，其前提条件是在企业内部进行交易比通过市场进行交易的成本要低一些，否则，不如仍由市场组织交易。按照交易成本理论，在正常情况下，企业规模大小的临界点会处于这样一种情况：这时在企业内部进行交易的成本等于同样的交易在市场上完成的成本。企业进行垂直联合，正是为了通过降低交易成本而获利。

以广播电视为例，过去电视台竞争的主要对象是使用的频率，但是没有稳定的电视节目来源仍然可能被挤出市场，而且现在录像和播送方式走向数字化，一颗通信卫星可发射100多个频道节目，传统的竞争对象已不再重要，因此，默多克于1962年在悉尼郊区买下他的第一座电视台后，就一直在拼凑一个"软件"帝国。1981年，他曾筹资打算购买20世纪福克斯电影公司的股权，由于遭遇劲敌，4年以后才如愿以偿。1988年，好莱坞的剧作家们举行罢工，罢工削弱了其他电视网播放新节目吸引观众的梦想，但福克斯电视网（Fox）不同，它有20世纪福克斯公司制作的节目和电影做后盾，并且靠轰动一时的木偶剧《辛普森一家人》异军突起，造就了美国第四大电视网。

横向或纵向一体化经营是形成垄断或独占的主要途径之一。一体化的前提常常是以一个主业为中心，再作纵向或横向的拓展。

3. 多元化经营与范围经济

多元化（也叫多样化）是指一个企业之内不仅经营一种产品，而且同时产、销若干种相关或者不相关的产品。多元化经营使现代企业最终成为能够全面扩张的机体，走上持续发展的道路。

多元化经营可以有效地利用范围经济。当同时生产两种产品的费用低于分别生产每种产品时，所存在的状况就被称为范围经济。与规模经济不同，范围经济基于同一核心专长而导致各项活动的多元化。多项活动共享一种核心专长，将导致各项活动费用的降低和经济效益的提高。它通常表现为企业或生产单位从生产或提供某种系列产品（而不是大量生产同一产品）的单位成本中节省。这种节约往往来自分销、研究与开发和服务中心（如财务、公关）等部门。

多元化经营是企业成长的利器。默多克建立的跨媒体、跨行业的企业集团，除了媒介业方面的横向和纵向一体化外，还经营航空业、畜牧业、赌博业乃至外汇买卖。经营多元化有旧行业发展极限的约束、减少经营风险等多种原因。不过对默多克来说，他是靠借钱发家的。一般来说，企业多元化经营可以由两种途径实现：①内部积聚并向新产品领域投资；②通过合并与兼并来扩展自己的经营范围。后者是企业扩展的快速方法，也是默多克所擅长的，即通过金融手法，收购现有企业，从而快速进入新的领域。因而，真正驱动新闻集团发展的是经济学家，而不是新闻记者；新闻集团是靠机会而不是计划发展起来的。

企业多元化可分为四种不同类型：当企业仅生产经营一种产品时，称为"单产品企业"；当企业增加产品种类，但新生产产品与原来产品有技术上的紧密联系时，称为"相关产品企业"；如果实行多元化经营的企业中某种产品的比重很大，其他产品的份额在公司总产值中并不重要，那么这种企业则称为"主导产品企业"；如果企业经营的多种项目与产品几乎平分秋色，而且相互之间缺乏技术上或市场上的内在联系，这种企业则叫"不相关产品的企业"。

美国学者理查德·鲁梅尔特（R. P. Rumelt）在《战略，组织和经济行为》（1974）一书中，对业务多元化作了如下区分：①低度多元化企业，指95%以上的收入来源于单一业务的单产品型企业，或70%～95%的收入来源于单一业务的主导业务型企业；②中度多元化企业，指在紧密相关多元化企业中，少于70%的收入来源于主要业务，所有业务之间共享产品、技术和分销渠道；或者在非紧密相关多元化企业中，少于70%的收入来源于主导业务，业务之间的关联不紧密；③高度多元化企业，指少于70%的收入来源于主导业务，业务之间没有关联。

西方新闻业的多种经营项目令人眼花缭乱。日本报界曾组织调查了一部分美国报刊的经营范围：①杂志书刊编辑出版；②印刷业务社会化；③广播、电视业；④电影制作、录音业；⑤文学、艺术、体育活动及组织；⑥教育事业、学术活动；⑦展览会、博览会；⑧观光旅游、旅店服务业；⑨交通运输业；⑩保险代理业、商业、不动产、情报开发、信息资料服务业、电信服务业。

例如美国哥伦比亚广播公司（CBS），在美国、加拿大及拉丁美洲50家公司拥有部分或全部股权，经营唱片、乐器及电视机维修业务，还拥有4个庞大的出版公司，出版《世界网球》、《茶》等杂志。

二、媒介的产业化与集团化

从市场结构来看，尽管不同类型或不同地域的媒介市场会千差万别，但媒介基本上属于自然垄断行业。

经济学意义上的产业是指具有某种同一属性的企业的集合。它是介于微观主体（企业）和宏观主体（国民经济）之间的一个集合概念。对于产业，普遍使用的有两种分类方法：基于整个社会经济层面的分类和基于具体产业特点的分类。前者将整个社会的各种企业集合构成的系统分成第一产业（生产资料的生产系统）、第二产业（生活资料的生产系统）、第三产业（提供生产和生活的服务系统）等。后者则将产业细分为钢铁产业、农产品加工产业、流通产业、信息产业、高新技术产业等多种。

按照前一种分类方法，媒介产业属于第三产业；按照后一种分类方法，媒介产业属于信息产业。当然媒介产业并非一般的而是极其特殊的一种产业，是宣传经营型产业、科技信息型产业、知识经济型产业。从产业组织学的角度来看，媒业业属于第三产业的信息产业。第三产业指的是服务业，即除了农业、采掘业、制造业等物质生产部门以外的、主要通过提供服务获取收入的经济门类。也有人把信息产业单列为第四产业。

当代的大众媒介可以依照其在所有制、党派立场、编辑方针、收入来源等方面的差异而大致分为商业性媒介和非商业性媒介两大类。在实行资本主义制度的国家，大多数媒介都属于商业媒介，其特征是一般由私人或私人集团所拥有，声称没有明显的党派倾向并实行独立的编辑方针，经济上依靠市场，自负盈亏。社会主义国家的媒介历来被认为是典型的非商业性媒介，它们主要有以下几个共同特征：在所有制方面，由政党或政府拥有；在政治立场方面，公开表明其政治倾向；在编辑方针方面，遵循政党或政府的法规与政策的指导；在财政方面，部分或全部由政党或政府资助。在我国，绝大部分媒介由政府投资和管理，所以，媒介业属于以政府经营为主的垄断性服务业或信息产业。

非商业媒介在所有制、政治立场、编辑方针和经营方式等方面全面地向商业传媒转化的过程，叫做媒介商业化。1990年以后席卷东欧的大众媒介私有化浪潮，可以说是媒介商业化的典型例证。

媒介市场化和媒介商业化是相互联系但又明显不同的两个概念。非商业性媒介在基本保持其原有的所有制、政治立场、编辑方针的前提下以市场经营的方式取得经济自立的过程，叫做媒介市场化。媒介市场化使非商业媒介在一定程度上减少或摆脱经济上对政府或政党资助的依赖，取得经济上的独立地位。具体地说，非商业媒介通过广告、发行（不包括公费订阅）和其他市场经营活动获得的收入所占全部收入的比例高低，标志着其市场化程度的高低。或者更直接地说，媒介市场化就是让市场直接决定媒介的成败。

商业化可以导致产业化，但商业化并不是产业化的唯一途径。我国媒介的产业化是通过众多媒介个体的企业化来实现的，媒介产业化、集团化相关概念的比较见表12-1。

表12-1　媒介产业化与集团化相关概念比较

	低度（起步阶段）特征	高度特征	备注
商业化	非意识形态化	私有化	需要规制
市场化	资源由市场配置	运营以市场为导向	政府推动
企业化	企业化管理	建立现代企业制度	
产业化	经营范围的扩张 与国民经济发生关联	产业价值链贯通 产业集群形成	工业化
集团化	规模做大 利益集团或行政干预	实力做强 资本经营	
国际化	边缘化 全球分工体系的生产中心	全球产业标准输出中心 全球品牌与服务输出中心	

企业化是指在一定程度上认同媒介的"企业"特性，并且关注与企业特性密切相关的"经济效益"与"经营手段"。当然产业化并不是个体企业化的简单叠加，而是媒介整体作为一个相对独立的社会系统按照其自身规律逐渐发展的过程。

媒介在产业化过程中，要遵循媒介产业运营和发展的一般规律。按照国际上通行的说法，一切有投入与产出、按照企业运行规则进行经营活动的事业都可称之为"产业"，都可以推入市场。所以产业化问题是就资源的配置与运转而言的，从微观的角度看，是"企业化"的问题、"市场化"的问题或者说是商业营运体制的采用问题；从宏观的角度看，是整体运作规模的扩大问题，是一个产业群体的出现和壮大的问题。

媒介产业化的前提并不一定是彻底的商业化，但至少应该是部分的市场化与部分的企业化。

媒介能不能实现市场化，在多大的程度上实现市场化，还要视具体情况而定，其关键是"投入"与"产出"的比较。这里可以分为三种类型：

（1）产品的商品价值远高于市场价值的机构，无力自负盈亏，不能市场化。但是在市场经济的现实条件下这种类型的传媒并不存在。

（2）产品的商品价值稍高于市场价值的机构，部分依赖于国家拨款，可以半市场化。如一些中央级大报。

（3）产品的商品价值接近或低于市场价值的机构，可以而且应当市场化。我国的大部分传媒都可做到这一点。

我国国有媒介的产业化类似于西方国家公营媒介的产业化，可以称之为"初步产业化"或"初始产业化"。大部分西方国家的商业媒介从意识形态型媒介向产业经营型媒介的转化早在 19 世纪就已经完成，这些商业媒介早已构成产业，它们在今天所发生的产业整合与管理创新不过是产业化在新的条件下的继续发展，因而，可以称之为"高度产业化"或"继续产业化"。

无论是商业化导致的产业化，还是市场化改革和企业化经营导致的产业化，都会不可避免地带来集团化现象。当然，由商业化起点出发的集团化，更多地利用了经济动因；由市场化起点出发的集团化，可能会带有行政化的倾向。

从我国媒介集团化的实际情况看，是市场化在集团化之先，而企业化在集团化之后，见图 12-1。这形象地反映了我国媒介集团的行政色彩。

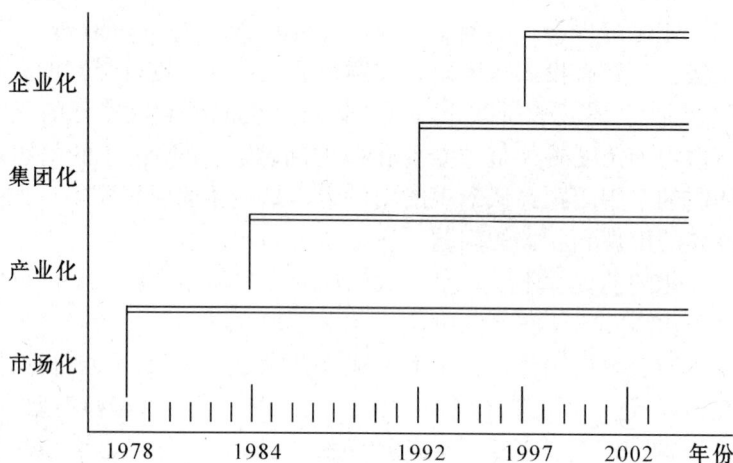

图 12 - 1　中国媒介产业化的阶梯

三、媒介集团的成长路径

媒介产业在结构上可分为三部分：基础设施、平台（渠道）和内容。其中的基础设施主要是由政府投资形成的。

从媒介集团形成的途径来分析，大致有两个方向：

（1）以内容供应为基础整合而成的媒介集团。这主要指由报刊、广播、电视以其内容生产机构和各类相关的基础、技术服务等部门所组成的媒介企业联合体。

（2）以渠道占领为基础整合而成的媒介集团。这是指由邮电、通讯、电影、互联网、户外等渠道以及延伸服务形成的媒介企业联合体。

另外，从成长过程的角度，还可以划分出两种媒介集团：

（1）由主业扩张形成的媒介集团。随着媒介的产品、广告和社会服务三个市场的逐步形成，媒介组织不仅能利用大众传播能力和影响力，通过广告这一"最终产品"实现资源的补偿和价值的增值，而且可以通过媒介的各种衍生资源，向社会提供双向服务，从而使得服务主导型资源补偿和价值增值方式成为可能，使资源补偿方式由广告主导型向多层次服务型转变，从而扩大企业的规模和产业的边界。

媒介产业属于信息产业。根据媒介产业的特点以及它在信息产业中的地位，媒介资源大体包括内容、资源、渠道资源与附带资源，具体可分为以下几方面：

①信息资源。媒介信息资源具有多样性和丰富性。信息资源的开发程度既是媒介产业发达程度的标志，也是一个国家或地区社会经济发达程度的标志。

②版面资源（栏目资源）。这是媒介产业的特有资源。开发和利用版面或栏目资源的广度和深度是同媒介经营者的素质相联系的。经营得法，则能在有限的版面或栏目范围内实现较高的社会效益和经济效益；反之，就会造成无法估量的损失。

③网络资源。其包括报刊图书网络和电子媒介网络。媒介网络资源的开发利用，一方面使众多的单个媒介之间形成一种有序的关系，另一方面可以实现媒介对社会各领域、各部门的服务。

④技术资源。现代媒介产业都是高技术产业，如广播技术、电视技术、电影技术、通讯技术、电子印刷技术等，都是由现代信息技术武装起来的，其功能都是多项的，可以通过综合开发，做到既保证媒介功能的发挥，又能利用这些先进技术从事其他行业的工作，为社会经济服务。

⑤其他资源。这是指由媒介的特殊性质及其作用的发挥而产生的可供媒介产业开发的其他各种资源。如频率、频道资源，利用拍摄电视剧的投资而建立起来的外景基地，等等。

媒介集团化有利于对各类资源实现最佳配置，进行深度和广度开发，实施集约化经营，实现整体效益的最大化。

（2）由兼并收购或行政合并手段促成的媒介集团。在媒介发展史上，媒介之间的联合或兼并常常是出于规模经济和市场竞争的需要，如媒介的连锁或集团化可以起到降低生产成本、扩大市场占有率、吸收跨行业的巨额资本、压垮竞争对手的作用。当代媒介通过更为发达的多元化投融资手段，如上市融资、合资合股、风险投资等方式，快速扩大企业规模。具体内容请参见本书第十四章。

此外，由于以下两方面的原因，当代媒介采取了一种新的联合战略，主要体现在信息平台和渠道方面：①数字化的媒介产业具有高投入、高风险、回收慢等特点，使得任何媒介企业都难以单靠自有资本来运作；②数字化技术为电信、电脑、广播电视信号提供了兼容环节，这就为数字化媒介之间的融合或联合提供了条件。媒介联合战略为大型媒介机构的诞生创造了条件。

至于行政合并促成的媒介集团，往往在投入产出上未必能够获得"1＋1＞2"或"1＋X＞1"的效果，需要更多地考虑借助市场的力量。

第二节　媒介集团的组织结构

在企业由单一组织向多角化、国际化发展的过程中，企业组织形式也在不断演进，见图 12 - 2。

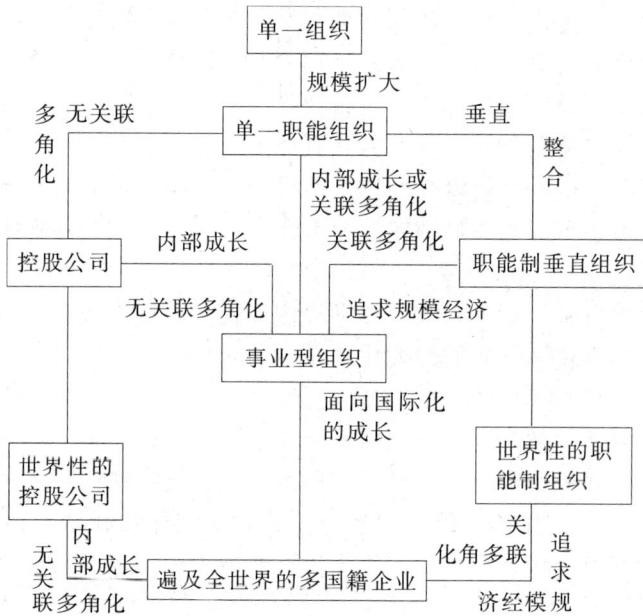

图 12 - 2　企业组织发展的阶段模式

世界上的媒介集团组织形态主要分为两类：一类是与巨型化相适应的组织结构，包括职能型垂直结构——合并同类的联合结构，事业部型分权结构和控股公司型结构——分散经营的独立结构，还有介于这三者之间的混合结构，及对它们作出微调的组织结构，如功能垂直型结构的变种——矩阵结构等；另一类是与网络化相适应的组织结构。

一、职能型垂直结构

职能型垂直结构是按职能设立部门而形成的企业组织结构，在经济学文献中又称 U 型结构。它是一种以权力集中于企业高层为特征的企业管理体制。在采用这种结构的企业中，企业的生产经营活动按照功能分为若干垂直管理系统，每个系统又直接受企业最高领导指挥。其财务体制也实行集中管理，企业内的各部门并不是自负盈亏的经济实体，只有整个企业才是一个利润核算单位。企业的资金运用也是由总部控制的。

实行 U 型结构的好处之一是有利于企业集中有限的资源，按照总体设想，投资到最有效益的地方，通过职能部门能发挥专业分工的优越性，并且部门之间较少出现机构重复，所需配备的管理人员也较少。另一个好处是有利于产、供、销各个环节之间的紧密协调，这一点对于实行垂直联合的企业和产品相关度很高的大企业尤为重要。U 型结构的最大弱点是职能部门之间缺乏横向协调和良好合作，甚至出现本位主义，造成经营效率低下。另外，它还不利于发挥中层管理者的主动性与创造性，这一弱点在企业规模不太大或经营范围有限时，可能不太明显，但随着企业规模扩大，经营范围拓宽，就会带来许多负面作用。新加坡报业控股集团的组织结构是在 U 型结构基础上的一种改进。见图 12－3。

新加坡报业控股集团是 1984 年在《南洋商报》和《星洲日报》合并的基础上（合并为《联合早报/晚报》），经过 1990 年的公司资产重组，组织结构改造，由新加坡新闻与出版有限公司、海峡时报集团有限公司和时报出版公司为主要出资人而形成的。它是新加坡第六大上市公司，拥有 3 800 名员工，2002 年营业总额达 10 亿新币，税前利润 4 亿新币。

新加坡报业控股集团在 1990 年改组时，对未来的公司组织结构作了重新设计安排。集团从提高资源利用效率、降低经营成本、对市场变化能作出快速反应出发，将组织结构分为业务和支援服务两大系统：华文报集团、英文/马来文报集团、广告市场集团为业务系统；报业服务集团、人力资源集团、资讯科技集团以及公共关系部、行政服务部、策划及商业发展部、就业管理部、秘书/法律部为支援服务系统，把原来分散在报社或子公司的共同职能如人财物管理、广告业务、印刷发行等分离出来，使之成为独立于各报纸集团和子公司的职能部门。这些职能部门具有二级法人资格，既服务于集团内的子公司，又能对外营业，拓展自己的业务空间。这样，通过专业分工，实行集约经营的管理模式。在这种组织结构之下，一方面强化了报业控股集团的决策中心、利润中心的功能，另一方面优化了报社作为编务中心的采编功能。见图 12 - 4。

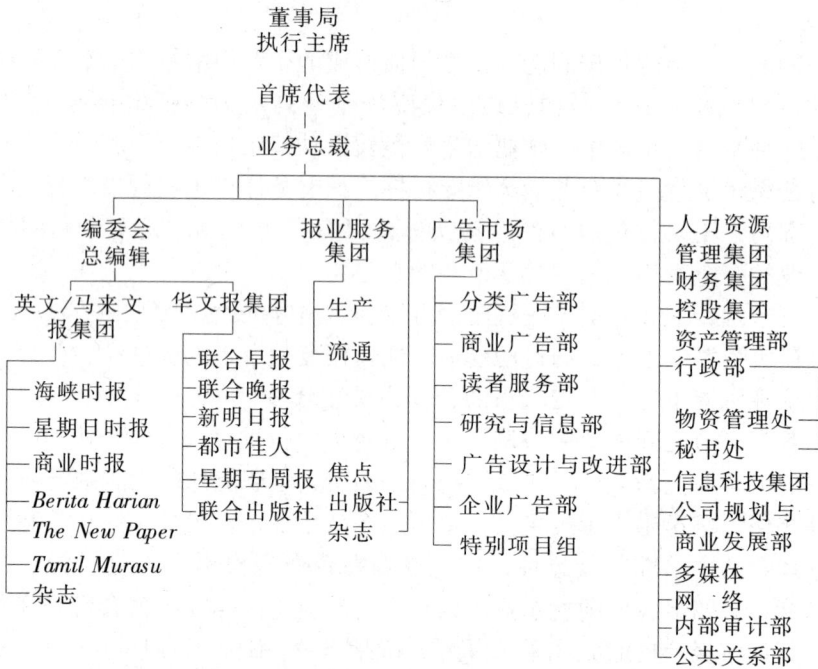

图 12 - 3 新加坡报业控股集团组织结构

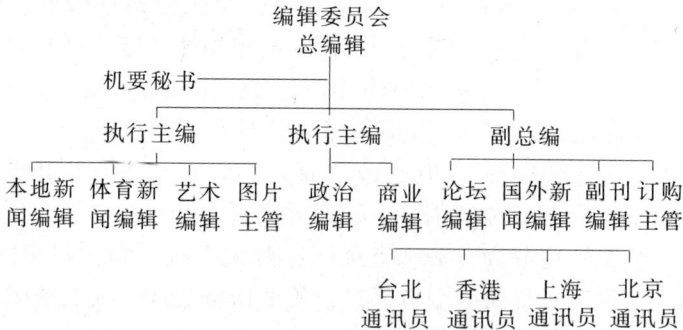

董事局
执行主席

首席代表

业务总裁

编委会
总编辑

英文/马来文
报集团

- 海峡时报
- 星期日时报
- 商业时报
- *Berita Harian*
- *The New Paper*
- *Tamil Murasu*
- 杂志

华文报集团

- 联合早报
- 联合晚报
- 新明日报
- 都市佳人
- 星期五周报
- 联合出版社

焦点
出版社
杂志

报业服务
集团

- 生产
- 流通

广告市场
集团

- 分类广告部
- 商业广告部
- 读者服务部
- 研究与信息部
- 广告设计与改进部
- 企业广告部
- 特别项目组

人力资源
管理集团
财务集团
控股集团
资产管理部
行政部

物资管理处
秘书处
信息科技集团
公司规划与
商业发展部
多媒体
网　络
内部审计部
公共关系部

图 12 - 3　新加坡报业控股集团组织结构

编辑委员会
总编辑

机要秘书

执行主编

本地新
闻编辑

体育新
闻编辑

艺术
编辑

图片
主管

执行主编

政治
编辑

商业
编辑

副总编

论坛
编辑

国外新
闻编辑

副刊
编辑

订购
主管

台北
通讯员

香港
通讯员

上海
通讯员

北京
通讯员

图 12 - 4　联合早报的组织结构

二、事业部型分权结构

在历史上，职能垂直型结构是最先被普遍采用的现代企业形态。随着企业规模的扩大和企业多样化经营的发展，大多数企业转为事业部型结构。

事业部型分权结构又叫 M 型结构，它是以企业总部与中层管理者之间的分权为特征的一种组织结构。实行这种体制的关键是把企业划分成若干相对独立的事业部，使其成为独立核算、自负盈亏的利润中心。一般而言，企业的决策被分成战略决策与运作决策两个层次，分别由总部和利润中心承担。总部主要关心与企业长远发展有关的战略问题以及利润中心人员配备与监督。每一个事业部作为利润中心，拥有自己广泛的经营自主权与一定的财务独立性，可以在总部统一发展策略的框架内谋求自我发展。

事业部可以按产品划分，也可以按地区划分。产品分布式结构的优点首先是各部门负责规定产品的经营，不同部门因产品不同，相互间的矛盾和干扰较少，部门间市场协调比较容易；其次是每个部门责任明确，而且易于评价，有利于激励部门的积极性；最后，各部门可以单独进入某些市场，也可以共同开发市场，有利于提高企业的整体竞争力。它的缺点是当企业的产品种类增多时，管理机构会迅速膨胀；势力较弱的产品部可能由于资源不足而难以发展；产品部之间难以实现某些资源共享，尤其会使知识分散化。这种组织结构适合产品多样化、规模庞大、市场分布广泛的媒介企业。地区分布式结构的主要优点是企业可以针对不同国家或地区的环境与市场特点，合理地培植经营资源，安排适当的产品供应，提供较为周到的服务。它的主要缺点是各地区、各部往往只重视本地区的市场，地区、各部之间的协调工作难度较大。这种结构适合产品种类少，但是市场分布广泛的媒介企业。

在实行 M 型分权体制的企业中，基本经营管理单位移到了事业部一级，但是，事业部的经营自主权是在公司统一政策框架内界定的，并且与别的事业部构成依存关系。事实上，根据情况调整与决定公司总部与事业部之间的权限划分，乃是当今大企业管理最复杂、也最重要的问题。此外，由于大型企业管理中难以避免信息的不完全，M 型结构也不可能消除企业内部的官僚主义。

M 型结构的报业集团在形成的过程中，一般是以一报为主兼并他报的方式扩张的，在不同程度上继承了其他报社的管理习惯。其下属各报都作为子公司独立核算、自主运作，人事、行政、采编、广告、发行、印刷、财务、价格等各种业务职能分散于各子公司之中，集团作为母公司则以资源为纽带，维系对子公司的控制和管理。

带有 M 型结构色彩的媒介集团，可以佐丹奴创办人黎智英旗下的媒体为例。黎智英持有的公司结构见图 12 - 5。

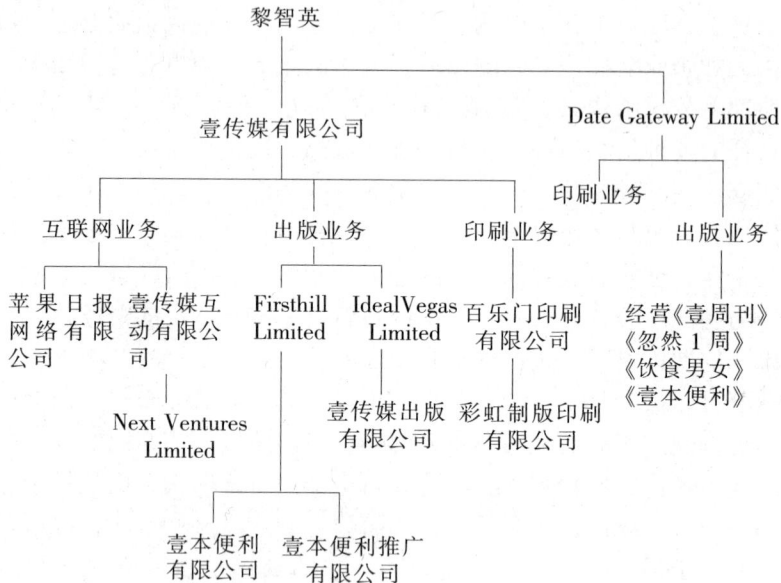

```
                            黎智英
          ┌──────────────────┴──────────────────┐
      壹传媒有限公司                    Date Gateway Limited
   ┌───────┬─────────┬──────┐          ┌──────┴──────┐
                              印刷业务
 互联网业务   出版业务    印刷业务              出版业务
┌────┬────┐ ┌────┬─────┐
苹果日报  壹传媒互 Firsthill IdealVegas 百乐门印刷  经营《壹周刊》
网络有限  动有限公 Limited  Limited   有限公司    《忽然 1 周》
公司      司                                     《饮食男女》
                                                 《壹本便利》
      Next Ventures  壹传媒出版  彩虹制版印刷
      Limited        有限公司    有限公司

壹本便利    壹本便利推广
有限公司    有限公司
```

图 12 - 5　黎智英持有的公司结构

1980 年，黎智英创立"佐丹奴时装集团"，打出了天下；1989 年创办《壹周刊》；1995 年 6 月，以 7 亿港元创办《苹果日报》；1999 年 6 月创办"苹果速销"（adMart），经营电子商务；1999 年 9 月，黎智英借壳"百乐门"上市，将之易名为"壹传媒"（持 50% 股份）；2000 年 5 月，在台湾创办《台湾壹周刊》，由壹传媒出版有限公司经营。黎智英政治倾向偏右，是个极具争议的商人和媒介领导者。

三、网络化组织机构

现代媒介集团化过程中的大型化已成为一种主导性的趋势，它既是媒介成长的自身要求，也是社会进步的外在要求。但是，由于以下一些理由，人们已经认识到，大有大的必要，小有小的独特价值。

（1）企业规模有它的极限。企业的过度发展必然要面对一些激励、信息成本的上升和"官僚失灵"现象，从而导致企业运行效率下降，抵御金融风险的能力减弱。

（2）媒介大企业为了追求最大的受众群，经营种类日趋庞杂，却又殊途同归于综合、通俗一路，产品往往千篇一律，缺乏个性，不能适应现代社会多样化的公众需求。

（3）小企业能够灵活地面对市场，并富有创造力。在信息产业中，如计算机、有线电视、电影等，小企业抓住机遇获得超常规发展的事例绝不鲜见。

20世纪90年代以来，发达国家的媒介经济活动（知识密集型产业）中开始出现另一种更具革命性的组织结构形态，即小型网络化的媒介和媒介间组织。对此，本书第一章提到的查尔斯·萨维奇等人已经述及，我国新闻界也有人作过相关的研究。

在网络经济中，发达的交互式通讯网和大量中介机构把各种独立的专业公司和个人联系起来，根据媒介不同项目的要求，可将这些创造性人才分别组成项目性团组（项目完成，人员机构即告解散）。由此，网络经济把传统上等级森严的垂直结构的大公司改造成了大批小而专的关联企业，由它们结成战略联盟，以灵活多样的合作创造出别人很难模仿的个性化、专业化作品。这种网络化媒介间组织在娱乐性电子媒介中运用得最为成功，比如，美国好莱坞的各种专业公司，这些"小"企业在网络经济中也可以说组合成了"大"企业。

这种新的经济组织方式的优势表现在三个方面：①每一项工作可以以项目为中心，以合同为纽带，召集最适合工作要求的各种各样的人才，而不是让公司的固定员工去适应各种各样的工作；②不再需要长期维持一整套组织机构，官僚习气和业务开支因此降至最低。具体的如媒介的采编部门可以固定和常设，其他部门则分离出去，采用多种多样的经营方式；③长期的风险和成本如裁员和其他人事危机会减少。最终给企业带来的是高品质和低成本。

第三节　媒介集团的组建与运作

如前所述，媒介集团的组建可以是基于经济动因自然形成的，也可以是基于政治考虑人工"合成"的。两者在现实世界中都有大量的例子。

一、西方媒介集团的兴起

在媒介集团的序列中，最先出现的是报业集团。报业集团是指除主要日报外，还拥有多种出版物，或同时开展多种经营活动，能产生更大经济效益和社会效益的信息产业集团，是以具有广泛社会影响力的一个或几个大报社为核心，以一批受这个核心不同程度控制的其他媒体企业、非媒体企业为外围，以资产关系为主要联系纽带，具有多层次结构的法人联合体。

报业集团在西方已有一百多年的历史。19世纪末20世纪初，随着资本主义的高度发展，西方一些国家先后出现了企业集团，报业集团亦应运而生。20世纪20年代以后，伴随着媒介兼并和集中的几次浪潮，广播集团、电视集团、跨媒介集团、新媒介集团蓬勃兴起。这些集团中的绝大多数是借助市场的力量形成的。

20世纪90年代以来，大型化（megatrends）反映了这10年中与20世纪七八十年代技术主导时期的迥异变迁，即科技革命在向前发展并完成了对单个媒介的内部改造的同时，也开始了汇流和集成，进而推动了相关产业的合并和大媒体的诞生。科技汇流表现在通讯、影视、音乐、商业、教育等服务的设备、过程已经可以融为一体。其中两股最强劲的力量分别是数字化技术和宽频网络。科技汇流促进了单一媒体和相关媒体之间的结盟合并。

美国的媒介大型化开始于1992年底。其时有线电视公司和电话公司形成对峙，这两组不同的线路遍布全美大城小镇，相互争夺通讯和娱乐市场。电话公司资本雄厚、技术成熟，但使用的是窄频旧式电话线；有线公司拥有高载量的宽频线路和娱乐产业，但转型和投资的资本不足。1993年2月，西南贝尔电话公司买下华盛顿郊区的两家有线系统，这笔金额高达6.5亿美元的交易点燃了日后众多合并交易之火。

1996年，美国通过新的电信法，允许与电子媒介有关的产业如通讯、电脑涉足大众传播媒介。在这前后，兼并高潮迭起。通过新一轮兼并，形成了一大批企业集团（conglomerate），如时代华纳、通用/NBC、迪斯尼/ABC、西屋/CBS等。

可以说，"二战"后特别是20世纪70年代以来的信息技术革命导致的经济环境变化，乃是时代华纳这样的媒介集团出现的客观原因。西方国家政府及时地实施放松管制政策，起到了不可替代的促进作用。但是，实现企业规模由小到大的历史性跃迁的直接力量是默多克等具有创造性的企业家。这是因为，企业从小到大的发展，不只是一个量的变化，而且牵涉到从内部组织到管理方式的质的改变。技术与经济环境的变化只是提供了企业发展的外部条件，究竟如何抓住环境中的有利因素，把造就大企业的潜在条件转化为现实，就离不开具体的创业活动过程了。物竞天择，适者生存。善抓时机者适时扩张自己，成为行业中的领衔主演；不善经营者则可能昙花一现，被淘汰出局。

二、我国媒介集团的组建

从 20 世纪 70 年代末起，我国恢复了媒介市场化的进程。当时报业需要一套新的财经机制来调动其走向市场的积极性，同时也需要使其市场化的手段合法化。"事业单位、企业化管理"的试点和媒介广告经营权、产品定价权和多种经营权的重新确立，逐步扫除了媒介市场化、产业化的障碍，媒介市场从此复苏，广告经营走上正轨，媒介竞争日益激烈，媒介产业逐渐形成，媒介经济获得了迅猛的发展，见表 12 - 2。

表 12 - 2 1983—2007 年我国四大传统媒介广告经营额（单位：亿元）

年份	全年广告经营额	报社	期刊社	电台	电视台
1983	2.34	0.73	0.11	0.18	0.16
1984	3.65	1.19	0.12	0.23	0.34
1985	6.06	2.20	0.28	0.27	0.87
1986	8.45	2.56	0.36	0.36	1.15
1987	11.12	3.55	0.45	0.47	1.69
1988	14.93	5.02	0.71	0.64	2.56
1989	19.99	6.29	0.85	0.76	3.61
1990	25.02	6.77	0.87	0.86	5.61
1991	35.09	9.62	1.00	1.40	10.00
1992	67.87	16.18	1.73	1.99	20.54
1993	134.09	37.71	1.84	3.49	29.44
1994	200.26	50.54	3.95	4.96	44.76
1995	273.27	64.68	3.82	7.38	64.98
1996	366.64	77.69	5.61	8.72	90.79
1997	461.96	96.83	5.27	9.74	114.41

（续上表）

年份	全年广告经营额	报社	期刊社	电台	电视台
1998	537.83	104.35	7.13	13.30	135.64
1999	622.05	112.33	8.92	12.52	156.15
2000	712.66	146.46	11.34	15.19	169.46
2001	794.89	157.70	11.86	18.28	179.37
2002	903.15	188.48	15.21	21.90	231.03
2003	1 078.68	243.01	24.38	25.57	257.82
2004	1 264.56	230.72	20.37	32.93	291.54
2005	1 416.35	256.05	24.87	38.86	355.29
2006	1 573.00	312.60	24.10	57.20	404.00
2007	1 741.00	322.20	26.46	62.82	442.95
2008	1 899.56	342.67	31.02	68.34	501.50

资料来源：《现代广告》、《中国广告年鉴》。

　　市场竞争的结果必然出现兼并，出现媒介集团。兼并和集团化是市场经济发展过程中的产物，是社会分工专业化、市场一体化、管理现代化后，对小而全、封闭式经营的淘汰与改进。不过，我国媒介集团的组建虽然不乏经济的市场动因，却也带有很深的行政化色彩。

　　1. 我国报业集团的起步与发展

　　我国当代报业集团的发展，从萌芽到雏形，经历了三个阶段：

　　第一阶段，从20世纪80年代初到80年代末，以母报派生子报为标志。人民日报率先在1980年创办了《市场报》，拉开了母报"生"子报的序幕。

　　第二阶段，从20世纪80年代末到90年代初，其特征一是各主要报纸拥有子系统报纸后再次"扩容"，二是报业开始涉足其他行业的经营。

　　第三阶段始于1992年。这一时期一些报社开始利用兼并的方式扩大自身规模，同时在内部管理体制、经营机制方面不断完善，取得了突破。

　　应当说，并不是每一张报纸都面临着是否需要立即建立报业集团的问题。但是，对于那些发展比较快、条件比较成熟的报社来说，建立报业集团确实已成为无可回避的选择。这是因为：

　　（1）现行的报业管理体制和运行机制是在计划经济时期形成的，进入市场经济时期后，报业企业和其他国有企业一样，也出现了"不适应症"，归结到一点，就是报业企业尚未形成市场主体。这些问题如不尽快加以解决，将严重影响报业的生存和发展。成立报业集团，正是塑造报业市场主体的一个重要步骤。

（2）以党报为龙头组建报业集团，是新闻工作适应社会主义市场经济的需要。通过报业集团的试点和推广，可以更好地发挥党报的优势，发挥集团化的力量，"壮我党报声威"。进入20世纪90年代以来，从中央的党委机关报到地方的党报的发行量几乎都是年年下降，个别有上升，但总的趋势是下降的。这种现象影响到了党委机关报舆论强势的发挥，建立报业集团是解决这一问题的重要举措。

（3）改革开放以来报业一方面发展很快，数量增多，品种增加。1978年全国只有186种报纸，1996年为2 235种。2002年，全国出版报纸仍多达2 137种。另一方面，繁荣的后面又有很多问题，舆论宣传有"噪音"、市场竞争无序化，这是报业处于发展初期的表现，需要向集约化经营转变。

（4）社会主义市场经济体系的建立，把报业经营进一步推向了自负盈亏、自我发展的轨道。在这个轨道上，报业经营过于单一，不利于增强抵御市场经济风险的能力。

（5）建立报业集团是维护和增值国有报业资产的客观要求。当然，如果一张报纸的经济发展尚未达到一定的规模，一般说并不需要考虑这个问题。但是当一张报纸的经营达到一定规模的时候，这个问题就变得十分突出、十分重要。

1994年5月，新闻出版署就组建报业集团问题发出通知规定：①不组织股份报业机构；②不吸收与报纸无关的企业、商业参加；③不组织跨省区集团。

同年6月，新闻出版署在杭州举办了全国首次报业集团问题研讨会，提出了报业集团的5个条件：

（1）媒介实力。必须包括拥有5个以上的媒介机构。

（2）经济实力。根据不同地区经济发展的差异，沿海地区报社年税利在5 000万元以上，中西部地区报社年税利在3 000万元以上。

（3）人才实力。必须有一定比例的中高级专业人才。报社在职采编人员中，有副高级以上新闻职称者，须占总数的20%以上；经营管理和技术人员中，有各类中级职称以上者，须占总数的15%以上。

（4）发行实力。有一定的发行量和覆盖面，并有自己组织发行的能力。主报及子报期发行总量在60万份以上，或在本地区每150人拥有一份报纸。

（5）技术实力。拥有独立的印刷厂，拥有现代化的照排、胶印设备，具备彩色胶印能力。除保证本报社所属报刊正常印刷装订外，能承接一定数量的代印业务，每日总印刷能力在对开 200 万份以上。

当然，先进的管理手段和较高的管理水平也是不可缺少的。

对于是否组建报业集团、实行股份制，应主要依据相关法律和隶属关系，尤其是经济运行的客观规律。靠行政命令搞"拉郎配"的情况，应当避免。然而，我国报业集团的成长虽有内在的经济动机，但主要是依靠政府力量的推动形成。按成立的先后依次有 1996 年成立的广州日报报业集团，1998 年成立的南方日报报业集团、羊城晚报报业集团、经济日报报业集团、光明日报报业集团、文汇新民联合报报业集团，1999 年成立的深圳特区报报业集团，2000年成立的大众报报业集团、北京日报报业集团、解放日报报业集团、四川日报报业集团、浙江日报报业集团、辽宁日报报业集团、哈尔滨日报报业集团和沈阳日报报业集团。截至 2005 年，我国报业集团总数达 39 家。

2. 我国广播电视集团的创立

我国的广播电视业与报业一样，对媒介的认识也经历了"三级跳"式的质的飞跃，即从过去将广播电视仅仅当作单一的政治喉舌，升至必须兼顾社会参与和服务的大众媒介，再升至必须考虑投入和产出的信息产业。总体来看，电子媒介集团的创设至少在形式上要滞后于报业集团。

经过 30 年来的改革开放，已经形成了推动我国广播电视业走产业化道路的社会现实：一轮接一轮的思想解放，使得许多观念进一步突破以前的束缚；长期以来广播电视事业发展的资金结构，使得电子媒介生存和发展同时取决于政治和经济两条生命线；信息产业的快速成长，使得广播电视的发展迎来巨大的机遇；社会资本在更大、更广泛的领域以更自由地追逐利润的方式进行流动，使电子媒介获得足够资金进行超常规发展成为可能；大都市群的崛起，集中了更多的人才、技术、信息和资金，对外辐射也更加强烈，形成组建产业集团的天然良港；为建立广电产业集团，京沪粤等地媒介在深化改革中进行了积极的探索，多家报业集团的建立和运作，积累了值得借鉴的经验。

在产业改革的轨道上，广播电视业要实行公司制、走集团化，一改过去事业型、福利型、公关型、行政型的模式，借助产业结构的高级化、资源配置的合理化，赢得结构优化效益、规模经济效益和科技进步效益，进而带出并保证良好的宣传效果。

广播电视业体制改革的最终着眼点应落到建立以广播或电视为主业的多元化产业集团上来。广播或电视集团成立的目标期限既要取决于经营实体产业化的程度，也要取决于环境中政企分开的速度，但它势在必行。以电视业为例，我国现有电台 306 家，电视台 360 家，广播电视台 1 300 家。繁荣的背后存在着产业组织效率极其低下的危机，具体表现在三方面：①市场混乱，无序竞争。条块分割的管理体制使得一些基层的党政领导建立隶属于自己的小"喉舌"成为可能，电视台的运作不按照产业的原则而是用行政的方式来进行。②低水平重复。规模小，设备落后，制式混乱，人员素质低，节目质量差，经济效益和社会效益低下。③难以集中财力完成电视媒体革命性的飞跃。电视是一项重装备、高投入、技术含量大的产业，国内发达地区的电视媒介拿得出几个亿来建物业，但无法拿出几十亿甚至上百亿的资金来迎接电视媒介的高新技术革命。

在新的形势下，我国广播电视集团化的序幕业已拉开。1999 年，我国第一家广播电视集团——无锡广播电视集团成立。此后，上海文广新闻传媒集团、湖南广播影视集团、北京广播影视集团、浙江广播电视集团等纷纷成立。截至 2003 年底，组建了广电集团 18 家、电影集团 6 家。

三、我国媒介集团跨行业、跨区域、跨媒介的尝试

我国媒介的跨行业经营起步较早。1988 年 3 月，新闻出版署和国家工商行政管理局颁布了《关于报社、期刊社、出版社开展有偿服务和经营活动的暂行办法》，报社开始了"一业为主，多种经营"，兴办了一些同向经营实体，如读者服务、打字复印、印刷器材经营等。但是从成果来看，这一阶段的媒介多种经营失败的居多、成功的极少。很多媒介离开主业搞经营，盲目投资，教训是很深刻的。但是跨行业经营，尤其是相关多元化经营的传统，被后来的媒介集团继承了下来。

国内报业的跨区域尝试较为成功的是《成都商报》、《华商报》报系以及南方报业传媒集团、大众日报报业集团、辽宁日报报业集团等。

以 2003 年 11 月《新京报》的创刊为标志，我国报业的跨区域经营热潮进入了一个新阶段。虽说此前的许多全国性报纸早就在实施跨区域发行并承接外地广告业务，但是它们共同的特征是编辑中心和利润中心单一化，销售环节和印刷环节分散化，因而不是真正意义上的跨区域经营。《新京报》模式不仅实现了编辑中心和利润中心的多极化，而且启动了报业集团层次上的跨区域产业重组进程。

如果按市场要素划分的话，国内报业跨区域经营的探索可分为人力要素流动、产品流动和资本要素流动三个阶段。当然这三个阶段是交叉进行的，没有截然的时间界限。

2005 年 1 月，佛山传媒集团成立，成为国内第一个在地市一级实现对报

业、广电、文化、网络等跨媒介资源进行整合的媒介集团，拥有 6 张报纸、6 个电视频道、6 个广播频率、3 本杂志、2 个演出剧团、1 个音像出版社、1 个剧院以及 1 个实力雄厚的电视网络公司，总资产达 21 亿元。

我国媒介集团在跨行业经营中受到鼓励，但是国家对于国有媒介的业务范围和投资领域也有一定限制。至于跨区域经营和跨媒介经营，则由于"条块分割"等体制方面的现实原因，取得的突破并不大。

第四节　媒介集团的治理

媒介集团的治理包括外部治理和内部治理。外部治理处理的是公共利益和经济利益二元价值的博弈与均衡，即通过外部治理结构的设计进行政府交易和市场交易的替代，从而实现对媒介集团的共同治理；内部治理处理的是双重逻辑下的模式定位，即如何通过制衡机制实现控制权的最优配置。

媒介作为政治性、公共性和公益性很强的特殊行业，包括发达国家在内的各国政府都对各类媒介进行规制管理。例如，美国实施的是私营主导、政府规制的体制，英国实行的是双轨并行、合作发展的体制。政府规制和市场调节相互替代，又相互补充。

在外部治理方面，我国政府需要在文化体制改革的背景下，进一步理顺管理体制，为媒介业和媒介集团的发展创造条件。

在内部治理方面，我国的媒介业和媒介集团需要确立事业和产业两分开体制，在区分公益性媒介机构和经营性媒介机构两类不同主体的基础上，进一步将经营性媒介机构改企转制，推向市场。

在经营性主导模式下，媒介集团的内部治理结构要按照公司法进行构建，由董事会、监事会、经理层组成，辅助系统由党委会、编委会组成。在该模式下，控制权集中于集团的最高决策机构和权力机构——董事会；监事会对国有资产的保值增值和经营管理进行监督；总经理由董事会聘任，执行董事会的决议，负责国有资产的保值增值和经营管理。党委会由上级党委任命（可由董事长兼任党委书记），行使舆论导向权、重要人事权，宏观上监督董事会，但不直接参与经营决策。编委会是党委会领导下的专门委员会，对媒介集团的宣传负责。

为了实现经营性媒介机构内部治理的创新，需要解决以下问题：

1. 解决现代企业制度与"事业单位，企业化管理"方针的矛盾

我国的媒介机构长期以来是"事业单位"身份。"事业单位"特指受国家机关管制、不实行经济核算的部门或单位，所需经费由国库支出，如学校、医院、研究所等。

1978 年，财政部批准了《人民日报》等 8 家中央新闻单位试行企业化管理的报告。根据政府的有关政策，这些单位可以从经营收入中提取一定比例用于增加员工的收入和福利，并改善媒介自身的条件。事业单位企业化管理的实行是政府鼓励媒介走向市场化的重要举措。

但是，"事业单位，企业化管理"的提法不是十分严密，因为既然是"没有生产收入，由国家经费开支，不进行核算"，又怎么可能实行企业化管理？因此，把事业单位和企业化管理笼统地扯在一起，只能说是一种权宜之策，一种"双轨并行"的渐进式改革并没有使问题得到清晰、根本的解决。"事业单位，企业化管理"不仅是一种过渡，而且是一对矛盾。应分类指导、抓大放小，保留一部分政府直接控制的主流媒介，让大部分竞争性的、容易市场化的媒介朝着"自主经营，企业化管理"的方向发展，最终目标是走向公司制、走向现代企业制度。

2. 确立媒介集团的企业法人地位

由于历史和传统的原因，在改革开放之前的几十年里，我国基本上实行的是以事业单位的组织形式和相应的资源配置——补偿模式生产新闻这种特殊产品的。改革开放以来的 30 年里，媒介背着"事业单位"的壳子，进行了企业化经营的实践。

从消极的一面讲，我国媒介享受的财税政策比较优惠，对媒介经济的迅速发展起到了极大的促进作用，但国家有关经济部门对于"事业单位"式的媒介的资产状况和经济活动的监督和考核力度不够。媒介的经营工作还没有什么部门来考核其国有资产是否增值、资金利润率是多少，这种状况往往助长了媒介多种经营投资的随意性。

从积极的一面讲，媒介集团要想成为独立的法人，要想取得大至战略进退、小至工资奖金的自主自决权，割断同政府或主管机构的依赖之绳是必不可少的前提。经济上自立、业务上自主、方针上独立是市场经济条件下传媒体制改革得以实现的三部曲。极少的媒介可以承担公益性责任，不需进入市场，完全依靠财政过日子，但绝大部分要走向市场，成为完全的企业法人。

在市场经济条件下进行市场运作，首先要确定市场的主体。现代发达市场的主体是企业。媒介就是报业市场中的主体，只有当它完全经济独立时，它才

敢也才有权在市场上作出进退决策，才能适应复杂激烈的市场竞争并发展自己，否则，一方面媒介经营亏损的时候，对国家财政存有依赖性，另一方面经营起来又会束手束脚，只有上缴利润的义务而没有投资发展的权利。因此必须建立媒介和媒介集团的企业法人制度。要把党和政府的必要调控纳入法制轨道，依法进行规制。

1998 年 11 月，中共哈尔滨市委作出决定，哈尔滨日报社由事业法人转为企业法人。该报从此脱离了 54 年之久的机关事业编制，成为全国党报中第一家企业法人实体，在我国媒介企业化道路上作出了有益的探索。

2003 年 7 月，我国文化体制改革正式启动，中国证券报和重庆电脑报试点转制为企业，可望有大批经营性的媒介类事业单位最终成为企业法人，拥有资本经营的真正自主权。

3. 宣传业务与经营业务两分开

与内部治理结构相匹配，媒介集团需要在微观运行机制上进行创新。媒介产品本身的双重属性，使得宣传和经营密不可分。但是，按照媒介经济的运作规律，媒介集团要发展和壮大，离不开内容部门和经营部门的相对独立运行并实现制衡。

宣传和经营分开不一定会弱化宣传。只要经营得法，分离反而有助于保证坚持正确的舆论导向。

对于媒介集团来说，具体的分开实际就是把发行、广告等经营业务、机构和人员从内容生产部门剥离出去，统一组建若干经营性专业公司。

4. 建立与法人治理结构相适应的集权或分权管理模式

按照集权或分权的程度，可以把媒介集团治理模式进一步细分。不同的管理模式对集团的战略、投资、经营和人力资源等采取的控制程度不同。对以公益性事业为主的媒介集团而言，因更看重传媒产品的公共价值（社会效益），所以应采取较为集权的操作型管理模式。这种模式类似于企业集团母公司对子公司采取严格控制和统一管理，其特点是管理决策权高度集中于母公司，子公司的资本筹集、投资、资产重组、贷款、利润分配、费用开支、工资及奖金分配、财务人员任免等重大财务事项都由母公司统一管理。在某种程度上，子公司只相当于母公司的一个直属分厂或分公司，投资功能完全集中于母公司。对于经营性主导的媒介集团，因相对重视传媒产品获取经济效益的能力，应该根据市场交易规则采取相对集权的战略型管理模式或者相对分权的财务型管理模式。在财务型管理模式中，子公司拥有充分的财务管理决策权，而母公司对子公司的管理以间接管理为主。财务型管理模式有三个特点：母公司不采用指令性计划的方式来干预子公司的经营活动，而是以间接管理为主；在业务上，鼓励子公司积极参与竞争，抢占市场份额；在利益上，母公司往往把利益倾向于子公司，以增强其实力。①

讨论与操作

1. 行政和市场（资本）这两种手段在打造媒介集团的效率方面有何差异？行政性媒介集团的边界在哪里？

2. 在西方历史上，媒介集团的生命周期平均有多长？影响生命周期的因素是什么？

3. 请用波士顿矩阵分析某一媒介集团的战略经营单位。各战略经营单位之间的竞争与合作关系是如何体现的？如何衡量媒介集团的多元化水平？

4. 与媒介集团相比，小型媒介有没有生存的空间？它们靠什么来生存？

5. 请实地考察一家媒介集团，它是如何解决委托—代理问题的？尤其是它在哪些环节上造成了效率损失？

6. 政府在我国的媒介集团化过程中应扮演什么角色？请对此组织一次小型研讨会。

7. 如何看待我国的异地办报现象与省级电视台协作现象？

8. 请结合 20 世纪末以来通信网从语音载体向媒介转化的趋势，谈谈你对"三网合一"和数字电视产业的看法。

---

① 周旻. 广电集团治理结构与运营机制研究. 中国广播电视学刊，2008（4）

第十三章
媒介的品牌经营

内容提要

本章讨论媒介品牌经营的含义与操作手法。品牌建构是媒介实现差异化经营的有效途径，有助于提高媒介的认知度、美誉度和消费者忠诚度。形象塑造是媒介公共关系工作的重要环节。

当代世界已进入品牌竞争时代。1955 年，著名广告人大卫·奥格威在美国广告代理协会上的一次讲话中就提出，速卖、强卖的广告形式已成为过去，广告应该是为了构建品牌形象而进行的长期投资。这从侧面反映了品牌经营在现代企业发展战略中的重要地位。"二战"后，西方国家的产品占领国际市场，就是靠品牌的竞争力一步步渗透的。可以说，跨国公司的海外扩张已从产品输出、资本输出发展到了品牌输出这样一个新的历史阶段。

在我国，品牌经营已引起媒介业的普遍重视，并得到了初步运用。这是我国媒介提高产业化经营水平、增强自身竞争力、积极迎接国际传媒挑战的一大标志。

品牌竞争的背后是质量之争、技术之争、资本实力之争、产品和营销技巧之争，最终是市场份额之争。

第一节　媒介的品牌规划

在浩如烟海的电视节目中，有些播出之后很快就被人们遗忘了，有些却能长久地留在人们的脑海里。例如，《正大综艺》在 1990 年 4 月开播之后的最初几年间，几乎成为许多人必须等候的"约会"；国内很多阅历丰富的观众，对 1993 年 5 月中央电视台《东方时空》开播带来的感官冲击，至今令人记忆犹新；2001 年震惊全球的"9·11"事件发生时，凤凰卫视在同步播放着对准现场的镜头；2005 年，"超级女声"唱响大江南北……

在这里，人们看到了品牌的力量，也看到了品牌的成长。虽然通常的情况是"成功之后说品牌"，但是品牌也是可以规划和设计的。

一、品牌的含义

产品是带有功能性目的的物品。所有的品牌皆是产品。品牌，除此之外，还能提供别的东西。厂商制造的是有物理属性的产品，消费者购买的则是有情感寄托的品牌。品牌的价值同样在于它给消费者带来的收益与代价之比。

品牌通常指的是商标，这是品牌的法律含义。品牌也代表产品的市场含义，如质量、性能、满足效用程度及品牌的市场定位、文化内涵、消费者认知等。所以严格说来，品牌是指为顾客提供其认为值得购买的功能利益及附加值的产品。附加值是品牌定义中最为重要的部分，包括品牌个性、使用的主观感受（可用广告培育）、信赖、外观。

在现代企业的经营管理中，品牌已经成为总体战略赖以运作的核心。一个企业的发展战略往往涉及很多方面，如战略目标、战略重点、战略步骤等，这些常常要围绕一个战略核心来进行。有的企业以产品为核心，有的以技术为核心，有的以质量为核心，有的以资金为核心，虽然所有这些都是提高企业竞争力的手段，但是都没有抓住问题的本质。要从根本上提高企业的竞争力，必须努力提高企业品牌的知名度和竞争力。这是因为品牌具备以下几个方面的特征：

（1）品牌是企业进军市场的旗帜。商场如战场，厂商攻城略地，品牌就是旗帜。

（2）品牌是企业市场形象的代表。绝大多数消费者认识一个企业是从认识品牌开始的，而一个企业无论给消费者留下什么样的印象，消费者总是和它的品牌挂起钩来。

（3）品牌是企业经济实力的象征。在 1996 年度世界最有价值品牌的评估中，万宝路价值 446 亿美元，可口可乐价值 434 亿美元，IBM 价值 185 亿美元。这些世界名牌的无形资产价值，反映了它们的经济实力。

二、品牌在媒介整体运行中的意义

毋庸置疑，企业经营主要是靠名牌产品、靠品牌。媒介经营同样要靠名牌栏目、靠品牌。品牌经营是媒介整体经营的重要组成部分。名记者、名编辑、名主持人、名牌栏目、精品频道、优秀标识都属于媒介的品牌范畴。中央电视台现有 400 多个栏目，其中的品牌栏目不到 100 个。但正是这些品牌栏目为中央电视台创造了 80% 的利润。

美国著名营销专家菲利普·科特勒说："只有比竞争对手更能让顾客满意才能赢利。"媒介品牌要在激烈的市场竞争中获胜，除了满足受众的共同需求外，还得加上足以让受众付费购买的价值感，即差别利益或差异化特色。

1. 品牌是提高和扩大媒介传播效能的重要途径

媒介不仅要传播信息，而且要承担其他多种功能。我国的媒介是党和政府的喉舌，在宣传党的路线、方针、政策，正确引导社会舆论，丰富社会大众的精神生活，提高社会大众的文化水平方面，担负着重要的使命。因此，我国的媒介要坚持以宣传为中心，不断提高宣传质量和效能。高品质的宣传既能产生良好的社会效益，也能得到较高的市场回报。比如，中央电视台的《新闻联播》节目，2007年10月，中共十七大闭幕当天的收视率为83%，假设开机率为70%，则全国有6.9亿人在收看《新闻联播》，所以，《新闻联播》之后出现近乎天文数字的"标王"，这是一个很好的例子。为什么有些电视台新闻节目播出前后的广告备受冷落？可以说除了时段和节目品质基础性作用的原因之外，其中的差别在于品牌。

2. 品牌是媒介市场制胜的法宝

媒介之间为争夺受众的注意力和争夺广告商的广告预算而开展的竞争，其实也是媒介品牌的竞争。比如，同类型、同时段具有相同品质的两档电视栏目，观众会选择哪一档收看呢？取舍的标准是偏好和忠诚度，也就是品牌。因此可以说，只有高品质的品牌才能赢得更多的受众，才会占有较大的市场份额。

湖南卫视1997年之后异军突起，主要是靠《快乐大本营》、《超级女声》等品牌栏目在全国掀起了一股娱乐热，从而在各地的收视市场上逐渐取得了一席之地。

3. 品牌是媒介广告经营的基础和根本

在市场竞争条件下，媒介拥有叫得响的品牌，也就掌握了广告经营的主动权。品牌与广告的关系密不可分、相辅相成。因为广告商看重的正是媒介及其品牌版面、栏目所具备的社会影响力，或者说公信力。

品牌既是有形资产，更是无形资产。无形资产是企业价值中除去流动资产和土地、建筑、各种设备等固定资产外的那一部分企业价值。无形资产可分为两部分：①可确指的部分主要是知识产权，包括著作权、专利权、土地使用权、非专利技术以及商标、厂商名称、标记等；②不可确指的部分主要是企业信誉，即商誉。无形资产的意义在于能给企业带来超过同行业平均利润以上的超额利润。假如一个媒介被以6 000万元的价格收购，而它的有形资产是2 000万元，那么其商誉就等于4 000万元。在财务工作中，这个数字将要在一个固定的时间内（例如40年）以每年等额的数目分摊到损益账簿上。

随着媒介市场的成熟和传播科技的广泛运用，各个媒介在内容产品和其他营销手段方面越来越趋向同质化，媒介的竞争在相当大的程度上就要依靠品牌竞争，媒介的市场份额要靠忠诚受众来维护。再者，传统意义上的广告经营，靠大批业务员扫荡式推销产品的时代已经过去。媒介唯有创造和扩大自己的品牌价值，借助品牌来吸引广告，以吸纳更多的资金，把无形资产转为有形资产。

4. 品牌是媒介形象的代表

媒介形象是消费者对媒介的系统评判，包括队伍素质、信息传播的可信度、社会责任感及对公众的态度等。这些因素在受众心目中的固定化、标识化，就成为消费者品牌认知的重要基础。从这个意义上讲，品牌就是形象。媒介之间的立体式竞争在较高的层面上即体现为形象的竞争。①

品牌带给媒介的不仅仅是经济效益，它也能提高媒介的地位与影响力。例如，1994 年中央电视台《焦点访谈》开播之后，好评如潮，改变了电视节目肤浅平庸的形象。李鹏、朱镕基、温家宝三任总理都曾为该栏目题词。该栏目对央视的形象塑造起到了独特的作用。

三、媒介品牌经营的操作要求

媒介品牌经营与传统经营手法比较而言，更突出现代市场营销观念，见表 13－1。② 媒介实施品牌经营，首先要把握媒介发展趋势，审视并重组自己的品牌资源，制定整体经营的策略；其次要准确地认识和分析市场，在认识市场的前提下建构品牌；再次要把市场意识体现在从采编、营销、服务到市场反馈这一整体操作的每一个环节上，根据市场状况，以专业化的手法做出传媒品牌。

表 13－1　媒介品牌经营与传统经营手法的比较

	品牌经营	传统经营
经营方针	先研究市场再办	先办起来再说
主办者	有市场意识的媒介人士	媒介人士
内容	办目标消费者心目中的媒介	办媒介人士心目中的传媒
产品营销	市场化操作	粗放式
沟通	双向沟通	单向传送资讯
广告营销	有目的的专业推广	拉广告
成本与收益	按计划投资与赢利	无计划

媒介品牌经营的中心任务是树立品牌个性。品牌营销的成效要以消费者对

① 曾凡安．电视媒体的品牌经营．中国记者，1998（2）
② 孙冕．资讯时代的传媒品牌经营．中国记者，1998（2）

该品牌的认识、理解、熟悉、记忆和较高的评价为衡量的尺度。

个性是与众不同的外在表征。媒介的品牌个性代表着媒介产品或某一产品要素的具体形象，是媒介的节目、栏目品质与感性特点相联结所形成的一个或一组整体的、鲜明有力的识别标识。

媒介品牌的个性化排斥那些毫无特色的节目和栏目。越是知名的品牌，这种特性表现得越明显。人们常说，"品牌的背后是文化"。著名品牌标志着一种超越时空的品位和文化，它从简单的投入产出的使用价值上升到了一种文化品位的拥有价值。

媒介品牌个性的形成需要有长期的"品牌战略规划"。经过规划并付诸实施，媒介及其产品的名称就可以从最初的没有特色、没有生命的一块牌子，变成受众认同、员工认同的品牌，变成一种无限记忆的标志，一种类似成见的偏好。

四、媒介的品牌定位与品牌使命

著名品牌是一个全优的概念，它要求报/台/站、频道、栏目或节目在质量、形式、服务、信誉、市场占有率和市场回报率等方面都有优异的表现。这样的目标要通过合理的规划和建构来实现。

1. 品牌定位

所谓品牌定位，指的是寻找在市场中、在消费者心目中的最佳位置，确立品牌并牢牢占领。因为没有任何一种品牌能满足所有人的需要。一个试图广泛拓展市场的生产商，生产出的品牌属性大部分是二流或三流的，很难体现出几种一流属性。

例如，由广东省新闻出版局主办、三九广告传播公司协办、创刊于1996年的《新周刊》，它的定位是时事生活综合周刊，即综合时事、社会热点、时尚等尖端资讯。其目标读者群是不同层次的管理者，这一群体是精品杂志的稳定消费者。《新周刊》的竞争对手可以说没有。因为在时尚、人文、工商领域均不乏佼佼者，但没有完全重合的竞争者。从另一侧面来说，也可以认为有许多竞争者，因为精品杂志越来越多。

再如，由凤凰卫视有限公司于1996年开播的全球性华语台凤凰卫视中文台，是香港唯一一家用普通话一天24小时播出的电视台。据不完全统计，它在亚太地区的收视户达4 750万户，合1.76亿收视人口。一个开办只有短短几年的电视台，究竟凭什么策略取得如此辉煌的成绩呢？其实，凤凰卫视中文台的市场和品牌定位也有一个从不成熟到成熟的过程。

凤凰卫视开播之初，几乎完全依赖于香港的电视节目，例如，方太生活广场、电视连续剧等，缺乏自己的创新与制作，当地的观众不太感兴趣。为了扭转这种局面，凤凰卫视进行了一系列改革。作为一个媒介，它所提供的产品只有符合受众的需要，才能赢得市场。媒介市场的定位首先要从自身的特点出发，发挥自己的优势。凤凰卫视考虑到自己位于东西方文化的交汇之处——香港，香港不仅是世界了解中国的窗口，也是中国了解世界的窗口，居于特殊的地理和经济位置，因此，从这一点出发，它形成了自己的独特定位，就是把目光投向拥有十多亿人的中国内地这个庞大的市场，给世界华人一个了解中国内地的窗口，也给中国一个了解港台的窗口。据调查显示，中国内地收看凤凰台的观众群较为年轻，尤其是 20 岁至 40 岁受众收视最多，他们不仅拥有较高的消费能力，而且文化水平也相对较高。因此，凤凰卫视在制作节目时，即以这部分观众的口味为标准，强调节目的新鲜感和形式的活泼多样，同时充分发挥地缘优势，以港台风情为一个卖点，以吸引更多的观众。

品牌定位要避免一个误区，即"重视顾客"过了头，以至于让消费者来决定品牌。例如，有的报社邀请报摊主来决定头版头条，这是不可取的。建立品牌的受众认同感，不仅要迎合受众的想法，还必须反映出媒介品牌的精神、见识以及想要实现的目标。

2. 品牌使命

品牌使命是关于"品牌是什么"以及"品牌为什么"的描述。品牌使命是战略性的品牌规划不可或缺的部分。

品牌使命的内涵往往包括：①对品牌未来的观点；②对于品牌所处的运作空间中生态环境的展望；③品牌的竞争领域；④品牌将参与的业务及地理范围；⑤品牌优势的来源；⑥品牌为实现远景目标将重点开发、利用的技能。

就广义而言，品牌使命包括品牌愿景、品牌宗旨与品牌战略目标，它们构成影响品牌未来的基因。在此基因的作用下，品牌或者走向辉煌，或者走向衰亡。

对品牌愿景、品牌宗旨与品牌战略目标的详细阐释，见表 13 – 2。①

---

① 刘威. 品牌使命：基业常青的"定海神针". 当代经理人，2005（5）

表 13 - 2　品牌使命的构成

愿景	品牌战略管理者对前景和发展方向的高度概括的描述，其构成包括核心理念（核心价值观、信念和行为准则）以及对未来的展望（由未来5~10年的远大目标和对目标的生动描述构成）	领导者希望企业发展成什么样 ·指导战略和组织的发展 ·描述一个鼓舞人心的事实 ·可以在一个特定时期内实现 ·主要是为内部人员提供指导（有些口号也可提供给外部人员）
宗旨	对经营范围、市场目标等的概括、描述，它比品牌组合的愿景更具体地表明了企业的性质和发展方向	企业为什么存在？描述一个持久的事实，或提出一个没有时间限制的解答 ·为组织决策提供依据 ·为内部和外部人员提供指导
战略目标	这是品牌使命的具体化，是品牌使命实现的绩效量度	·明确各项目标的具体含义（如市场主导者应获取至少40%以上的份额） ·制定实现这些目标的原则和方法 ·规划具体运作中的关键里程碑，以保证目标实现

　　具体来就，品牌使命是关于品牌存在的目的或对社会发展的某一方面应作出的贡献的陈述。使命不仅要陈述企业未来的任务，而且要阐明为什么要完成这个任务以及完成任务的行为规范是什么。一个好的使命陈述应具有如下特征：

　　（1）应该明确生存的目的，或者说品牌形成和存在的基本目的。这一目的涵盖了品牌的价值观念及品牌的基本社会责任、期望在某方面对社会的贡献等内容。

　　（2）应该既宽泛以允许创造性的发展，又对一些冒险行为有所限制。

　　（3）使之区别于其他同类品牌。

　　（4）应该作为评价现在和未来活动的框架。

　　就目前的情况看，使命的内容可谓是五花八门，尚无确定说法。我们认为一个完整的使命阐述应包括四方面内容：我们是谁？我们如何看待自己？我们如何对待别人？何时我们应该变化？详见表 13 - 3 品牌使命工具箱。[①]

[①]　刘威. 品牌使命：基业常青的"定海神针". 当代经理人，2005（5）

表 13 - 3　品牌使命工具箱

1. 我们是谁	顾客	谁是品牌的主要顾客
	产品或服务	品牌的主要产品或服务是什么
	市场	品牌主要在哪一个地区或行业展开竞争
	技术	品牌的主导技术是什么
2. 我们如何看待自己	对目标的态度	对品牌生存、发展和赢利的关注
	哲学	品牌的基本信仰、价值观念和愿望
3. 我们如何对待别人	对客户的价值定位	·利益清楚、独特、显而易见 ·在竞争者的价值方案影响下仍然可行 ·是客户几个可能的价值方案中最好的 ·清晰、简单
	如何对待竞争者的优势	·顾客能感到我们与竞争者的产品在重要产品/传递特征上有明显的不同 ·这种不同直接来自于我们与竞争者的"能力差别" ·竞争者不能或不愿采取行动弥补这种差别
	利益协调的有效性	是否有效地反映了顾客、股东、公司职工、社区、供应和销售的厂商等各利益攸关者的利益
	激励程度	对激励企业员工的重视程度
4. 何时我们应该变化	改变的时机	·决定何时进入或退出一个市场 ·决定何时施行不会改变行业竞争基础，但会带给公司在现有行业竞争基础上暂时占优势的投资或运作选择 ·决定在什么情况下可以施行改变竞争基础或创造性举措

　　有一个简单的游戏适用于企业管理者，即试着说出别人对你和你对自己的三种看法：第一种，在别人眼里你是什么；第二种，你自己觉得你是什么；第三种，你实际上是什么。在别人眼里你是什么很重要，对于品牌使命也可以作类似的模拟。[①]

---

　　① 支庭荣，章于炎，肖斌. 电视与新媒体品牌经营. 中国人民大学出版社，2007. 47～48

第二节 媒介的品牌识别

对于品牌识别（Brand Identity），国内有的译为品牌特性，为了与品牌个性相区别，这里采用品牌识别的译法。品牌识别的概念是大卫·艾克教授在《创建强势品牌》一书中提出的。他认为："品牌识别是品牌战略制定者立志建立或保持的一系列特定的品牌联想。这些联想表达了品牌所代表的东西，还表达了组织成员对顾客的承诺。"①

美国品牌研究专家凯文·凯勒认为，品牌识别由品牌意识和品牌形象这两部分组成，品牌意识与记忆中的品牌节点的强度有关，反映了顾客在不同情况下识别该品牌的能力；品牌形象与记忆中的链环相关，是顾客关于品牌的感觉，反映了顾客记忆内关于该品牌的联想。

一、媒介品牌识别的视角

大卫·艾克于1996年提出，品牌识别由四个层面构成：①作为产品的品牌；②作为企业的品牌；③作为人的品牌；④作为象征的品牌。见图13-1。②

这些从不同角度展示的品牌，可以令品牌识别更明确、丰富，有助于对品牌差异化的理解。品牌管理者从这几个视角来打造品牌，可以让品牌明显区别于其竞争者。需要说明的是，在实际品牌运作中，并非每种品牌都需要采用四个角度，有的品牌可能仅适合采用其中一种角度。

---

① ［美］大卫·艾克. 创建强势品牌. 中国劳动社会保障出版社，2005. 53
② 卢泰宏，邝丹妮. 整体品牌设计. 广东人民出版社，1998. 85

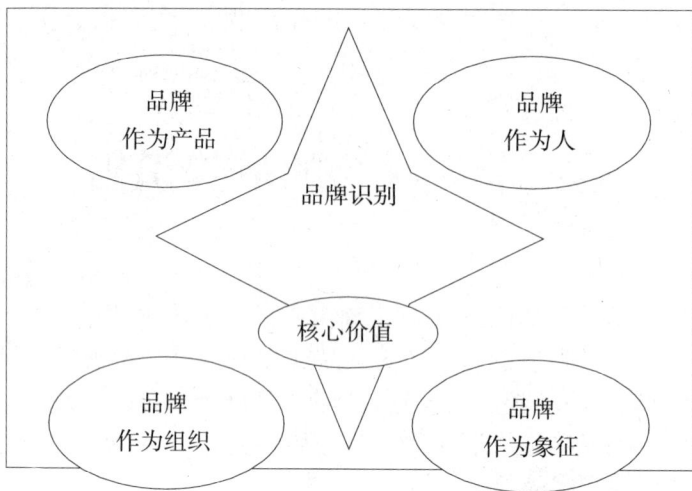

图 13 - 1　大卫·艾克提出的品牌识别角度

1. 作为产品的品牌

消费者对一个品牌的品质的看法，往往会影响他们对这个品牌其他方面的认知，并直接影响到产品的销售。所以，媒介的品牌建构必须始终建立在产品优良品质的基础之上。

作为精品杂志的《新周刊》，在杂志的功能、质量建设上突出了"更有价值、更独特、更好看"这一高标准。例如，在时效性方面，确定了"我们所有的努力，就是为了新一点"这一口号，发稿的速度向报纸看齐，内容则比报纸生动、深入得多；在内容方面，采取选题制，每期策划主打选题，如"弱智的中国电视"、"网络就是新生活"等，给读者留下特别的印象；在栏目设置方面，以读者喜欢不喜欢、整体格局是否与其他杂志有区别、阅读节奏是否安排得张弛有致为准绳。此外，还注意报道角度的生动化、平民化，从视角上贴近读者。

凤凰卫视创办时期在节目内容的安排上，应年轻观众获取政治、经济、社会信息和休闲资讯的需求，进行了精心的设计制作。凤凰台的节目分为时事板块、经济板块和休闲板块几大部分，各部分均以重点节目为先锋。时事板块包括《小莉看时事》、《鲁豫新观察》等名牌栏目，休闲板块则有《周末任你游》、《电脑新纪元》、《相聚凤凰台》等。这些栏目有着共同的特点：紧抓时代脉搏，风格轻松活泼。这就满足了那些文化水平较高的观众既想通过电视获取比较精确、时尚的信息，又不想在观看过程中背上过多包袱的要求。

凤凰卫视还经常制作特别节目。1997 年 6 月，凤凰台主办了"飞越黄河"——亚洲飞人柯受良驾车飞越壶口瀑布的活动。香港回归时,凤凰台以连续60小时全方位滚动报道的方式,直播了香港回归的全过程。临近2000年,它又举办了"千禧之旅"活动,走遍四大文明古国、三大宗教发源地及五大文明古迹,沿途连续报道,庆祝千禧年的来临。这些特别节目,扩大了凤凰台的影响,为其赢得了大量的观众。

2. 作为组织的品牌

组织联想和文化、人员等因素对品牌资产有着非常大的贡献,尤其是品牌联想部分(品牌资产包括忠诚度、知名度、品质认知、品牌联想、其他资产等,详见第五章)。通俗地说,当一个消费者看到或听到一个品牌的标识、名字的时候,会联想起它是什么公司生产或提供的,该公司好不好,该公司的人怎么样等。如果是特别的、正面的联想,就会有力地支撑该品牌在人们心中的地位,在一定程度上决定着一个人要不要买其产品或服务。

比如,提到中央电视台,大多数人就会觉得这是一个与中国政府有着千丝万缕联系的"单位",它在新中国50多年的电视历史中几乎就是最"权威"的机构。CCTV所有的频道一定是坚定不移地宣传中国共产党的思想,在它自身的组织文化中,"党性"是不可或缺的。多数中国观众总体评价CCTV时,会说成是"权威的"、政治色彩较浓的、官方的、庞大的、拥有精英人才的电视机构。这就是央视最显著的一个品牌层面。

再举一例,CNN是世界级的电视品牌,人们觉得CNN总能拿到全球范围内焦点事件的第一手材料,都佩服这个组织的能力和敬业精神。一位访客这样写道:"每天早晨,我坐着地铁来到亚特兰大的市中心,走进红色CNN标志旁的大门,都怀着一种全新的期待和求知的渴望。也许,真正震撼我的不是CNN的高科技,而是那里的新闻工作者,以及从他们身上所看到的专业精神。……在美国,新闻工作竞争激烈、压力大,却不是个很'赚钱'的行当,除非成为大牌主持人或记者,普通新闻工作者的收入只能算是中等水平。但是在CNN,永远感觉不到'捣糨糊'这个字眼,每个人对自己的工作都是这么认真,一丝不苟。许多CNN人告诉我,他们选择新闻业,主要还是出于喜爱,他们的执著源于一种社会责任感。"①

3. 作为个人的品牌

作为个人的品牌,其包含的因素有品牌个性、品牌与顾客关系等。

强势品牌都有不同的性格,有个性的品牌就像人一样有血有肉,令人印象深刻而难以忘怀,它可以成为受众表达自己个性的工具。从这个角度观察的电

---

① 卢咏. 走进CNN. 新闻记者,2002(4)

视或者新媒体品牌，是一种更丰富、更有趣的拟人化的识别。

品牌个性与品牌—顾客关系和作为组织的品牌维度一样，能够更长久而有力地支持一个品牌兴盛，就像李维斯牛仔一样，粗犷、时尚且富有创造力，历经百年而不改地为几代消费者或时尚、年轻的消费者所珍爱。

品牌个性可以理解为一个特定品牌拥有的一系列人性特色。因此，品牌个性包括特定性别、年龄和社会阶层的特点，以及热情、关心他人和多愁善感等具有普遍意义的人类个性。①

"快乐大本营，天天好心情"，就是湖南卫视《快乐大本营》这个品牌栏目的节目定位，它满足了人们紧张工作之余需要愉悦、需要放松的欲望，从而为这个节目赋与一定个性和特色。再比如，搜狐网 2005 年 11 月获得北京奥运会赞助商资格，2006 年 3 月获得向中国网民提供世界杯网络视频的资格，通过身份识别以及对体育频道更专业的建设，使搜狐在其品牌个性上加深了"权威"的烙印，使其不仅是"年轻的"、"有活力的"，同时还是"权威的"、"值得信赖的"。

4. 作为符号的品牌

鲜明的符号可以帮助品牌识别获得凝聚力和建立清晰的品牌结构，并使品牌更容易得到识别，并收到良好的再现效果。鲜明的符号可以作为品牌开发的关键因素，缺乏象征性的符号则会成为品牌发展的制约因素。任何代表品牌的事物都可以成为标识，典型的例子如麦当劳的金色拱门。

媒介品牌的符号包括三种类型的象征：标识设计、视觉形象、听觉识别。通常企业形象识别系统（CIS）由理念识别（MI）、行为识别（BI）、视觉识别（VI）三部分构成。视觉识别系统涵括报/台/站标、标准色、声音识别系统、标准字、话筒标志、片尾字幕定版、频道形象片花、频道形象宣传片、开始和结束曲等。标识设计——logo，是浓缩报纸、电视台、网站，以及频道、栏目的基本理念的表现符号，是符号品牌识别系统中的核心。

报纸杂志的视觉识别具体包括报头或专用标志（logo）、头版或封面、色彩、图文比例、版式编排、开本、纸张等。

前述的《新周刊》崇尚"唯一性"的表现形式，让人在零售点花花绿绿的杂志中一眼就能认出来。它的封面特征是准确的市场定位＋刊物品格要求＋当期主题诉求，以贴近我国国情。它的排版形式是图文结合，1 : 1 编排，把图片当作重要的报道手段。它的标题醒目，整体视觉风格统一，且一直沿用了下来。另外，它采用豪华包装，如铜版纸、胶印，给读者以高档的感受。

---

① ［美］戴维·阿克. 创建强势品牌. 中国劳动保障社会出版社，2005. 108

　　电台、电视台的频道、频率或节目形象包装包括台标设计、片头包装、主色调或开始曲、主题音乐选择、节目主持人包装，等等。对电视台来说，台标是它的标志，代表了电视台的风格，甚至是目标，它也是电视台面向大众的面孔。台标是每天出现在观众面前频率最高的图案，它设计得好坏与否，直接影响到观众对电视台的认知。

　　按照美国 FCC 的规定，每个电台、电视台都要在整点或半点播送自己的识别（也称为 ID），包括呼号、频道号（如果有的话）和所在城市。一个小时内只需播报一次。FCC 没有规定精确的时间，美国的许多电视台都在整点到来前 5 分钟之内确认自己的 ID。每次播出开始与结束时，各电视台都会播送它们的 ID。在电视台，这些识别既可以是视觉的，也可以是听觉的，由播音员播报。许多电视台巧妙地把本台必须传送的识别符号用作促销工具，同时提供节目信息。另一种传送法定识别的做法是在垂直回扫期发送可阅读的文本或者是特定的数据格式。很多 PBS 的电视台采用后一种方式。

　　在新的数字电视标准中也有对电视台的识别要求。欧洲采用的是图文电视识别方案，美国的电视台一般在荧屏的某个角落放置一个被称为"虫"或"狗"的数码图形或水印，显示频道的 logo。

　　美国主要电视联播网使用过的 logo 见图 13 - 2。

NBC	CBS	ABC

FOX	The CW	My Network TV

图 13 - 2　美国主要电视网使用过的 logo

国内最早的电视台形象标识，是中央电视台"原子的运动轨迹"图案，将"TV"巧妙地嵌在轨道上。今天，各个电视媒体都有了自己的形象标识。从这些标识当中，我们可以看出：标识的基本要求是形式简洁醒目，富有个性和代表性。浙江卫视的标识是将一枚古雅的图章刻在一幅幅水墨江南画卷上，白色笔画既是"浙江"汉语拼音的首字母，又是"TV"的形象，其蓝色底衬单纯而宁静，与浙江卫视的整体风格相一致。再如辽宁卫视的北斗星座，排列成"L"型，反映了鲜明的地域特色。一般来说，电视台、频道标识在电视屏幕的左上方，具体节目的标识在右下脚，相互区别，各司其职。

凤凰卫视的台标也别具一格。很多电视台的台标以红、蓝、黄三原色为主，虽然色彩鲜明，有一定的视觉冲击力，但是太多、太滥，观众易于遗忘。凤凰台的台标突破了这些色彩的限制，大胆地运用了橙色这种感觉效果极强烈的色彩，给人耳目一新的感觉。其台标整体呈圆形，是一个挥动双翼、旋转飞舞的凤凰。凤凰是中国古老的吉祥物，凤凰台选用它作为台标的主体，正寓意了其扎根中国、以传播中国文化为己任的目标，而凤凰旋转飞舞的美态，也喻示了其不断奋进的精神。可以说，这个台标一下子攫住了观众的目光，为凤凰卫视赢得了美好的第一印象。

电视台的频道和栏目也可以有自己独特的标识。例如，每逢中央电视台《经济半小时》栏目播出之时，在小提琴悠扬深情的倾诉声中，一束束流动的激光在黑暗中激情舞蹈，慢慢在空中塑成《经济半小时》栏目标识中那个别具一格的巨大"半"字，十颗星星在其周身环舞闪耀。该标识曾获2003年中国品牌金奖。

在某种意义上，主持人就是活台标。一个媒介产品的成功推广，离不开人的因素。电视作为图像媒介，它与观众的交流除了节目的内容之外，很大程度上依赖于主持人的形象、风格和谈吐。主持人是节目的窗口，关系到节目的存亡。

凤凰卫视十分注意利用其主持人方面的优势，它是第一家正式以主持人为重点推介内容的中文电视台。凤凰旗下曾拥有吴小莉、杨澜、陈鲁豫、窦文涛等出色的主持人，并围绕这些主持人制作了一系列精品节目，如《鲁豫有约》、《小莉看时事》、《有报天天读》等，以主持人本身的魅力来吸引观众，以拉近与观众的距离。在主持人知名度提升的同时，电视台的收视率也上升了，而且电视台的时代性和轻松性的风格定位也得到了强化。

二、媒介的整体形象塑造

形象一词在日常生活、文艺作品乃至心理学研究中有着多种多样的含义。在管理学中，形象主要指社会公众对产品或组织的整体看法或评价。

以市场需求为市场定位的前提，仔细地根据市场需要来对市场进行划分，以确定媒介产品的实施范围，这是媒介成功的第一步。而根据具体受众的需求来制作符合受众意愿的产品则是媒介必经的成功之路。充分实施品牌策略，在受众面前展示出自己鲜明的形象，以形感人是媒介成功的重要一环。

长期以来，媒介的整体形象一直受到公众的广泛关注。在市场经济条件下，媒介的形象已不再固守单一的"喉舌模式"，必须根据各自的市场特征进行塑造。

1. 媒介整体形象与媒介品牌识别

媒介整体形象与媒介品牌识别既有联系又有区别。由于一种媒介产品代表了一个有高级管理者以及采、编、播、销各部门员工的组织，因此，媒介及其资产、组织价值、员工受到关注，也就顺理成章。看到品牌而联想到媒介，这种组织联想就可以成为品牌个性的一部分。

另外，一家媒介可能有多个品牌。例如，南方日报报业集团即实施"多品牌"战略，它的旗下除了《南方日报》外，还有《南方周末》、《南方都市报》、《南方农村报》、《21 世纪经济报道》、《南方人物周刊》和《城市画报》。不同品牌的个性都和各自产品的优点功能、使用特色或主要消费群体有关，这些品牌的形象往往依赖于产品的具体特征，这与基于较抽象的媒介文化、员工、资产和技术特色所引起的对媒介整体的联想在本质上有很大不同。

简单地说，媒介整体形象与媒介品牌形象的差异主要体现在四个方面：①媒介形象更多地与组织有关，品牌形象往往直接与产品有关；②媒介形象更侧重于社会文化效应，品牌形象更侧重于市场效应；③媒介形象有助于建立与受众的关系，品牌形象有助于直接销售；④媒介形象与品牌形象不一定同步形成，受众有时是先接触品牌的形象，然后才了解媒介形象的。

2. 媒介整体形象的内涵

媒介整体形象的内涵是多维立体的，其中有的能以相当独特的方式与媒介相结合，有的则可以看作是品牌特征的一部分。

（1）产品形象或者品牌形象。对于产品或品牌来说，最重要的仍然是产品的功能特性，优质的媒介产品才是塑造媒介形象的根本。

（2）服务形象。这是指通过媒介服务行为展现的形象，它既包括营销部门提供的服务，也包括媒介产品内容上的服务。

（3）标识形象。媒介所属的不同品牌可能有不同的标识，媒介作为一个整体需要有能帮助公众识别和记忆组织形象的识别系统（CIS）。

（4）员工形象。员工形象包括全体员工的品行、素质、作风、能力、态度、仪表等方面。大至媒介管理者的领导作风，小至记者采访时的仪态、操守，都能体现出媒介的形象。

（5）环境形象。环境形象主要指媒介的生产办公环境和相关附属设施。例如，报业大楼、广播电视塔等，都是媒介向公众展示自我的重要窗口。

（6）文化形象。这是组织形象的软件部分。比如，媒介的价值观念、管理哲学、历史与传统、职业道德、行为规范，都属于媒介文化的内容。媒介文化不仅决定了员工的精神风貌，也决定了媒介的组织气氛和工作效率。

媒介形象的各种内涵，对于受众的内容选择、接触感受、反应方式都有微妙的甚至是重要的影响。

3. 媒介整体形象塑造的途径

媒介整体形象一旦形成，便具有相对的稳定性和整体性，在公众心目中就会形成某种思维定式，因而，媒介形象在传播过程中往往能起到决定性的作用。媒介在塑造自身形象时，应当合理规划，准确定位，慎之又慎，力求精当、独特、完美。《新民晚报》的形象定位"报春的燕子飞入寻常百姓家"，《哈尔滨日报》的定位"权威报道、实用时效"，它们都是口碑极佳的例子。

在把握好产品和品牌定位的基础上，媒介的整体形象塑造可以根据它的多重内涵，从多方面着手努力：

（1）在产品方面，积极创造品牌的版面或栏目。《焦点访谈》、《东方时空》之于中央电视台，《新闻纵横》之于中央人民广播电台，都起到了极大的提升形象的作用。

（2）在服务方面，应处处体现对受众的关爱之心。在采编和销售的每一个环节上，多落实受众至上的思想，了解受众的需求并满足他们的需求，自然而然地树立起媒介贴近公众的形象。

（3）在标识设计方面，用引人注目的符号来增强公众的印象，唤起目标受众的反应。

（4）在员工形象方面，着力于高素质人才的培养。媒介形象中最活跃的因素就是人的因素，他们的素质就是媒介形象的直接写照。媒介加强人力资源的建设和管理，无疑是塑造自身形象的最重要的努力。

（5）在环境设施方面，既要改善办报/台/站条件，以一流的硬件设施参与新闻竞争，又要避免贪大求全、基本建设投资过大、运转不灵，以致带来负面影响。

（6）在媒介文化方面，应结合实际情况，有计划、有步骤、有重点地倡导积极、健康、向上的媒介组织文化。[①] 例如，深圳商报所建设的"深圳商报文化"，以"忠诚、团结、开拓、求精"的"商报精神"为主要内容，还体现在一系列相应的员工守则、文明公约、职业纪律、反腐倡廉、生活管理、安全文明小区建设等规章制度的建设上，有力地推动了深圳商报文明风气的形成。

第三节　媒介的品牌营销

一、品牌营销的重点

品牌营销的重点在于强化消费者的行为。一句话，品牌营销不仅着眼于今天的销售，而且着眼于长期的销售。

1. 提高市场渗透度，赢得有价值的消费者

市场渗透度指的是某一市场区域内至少购买一件某品牌产品的家庭（或消费者）的百分比。通常，有着高于平均购买率的品牌，只是那些具有高水平的绝对渗透力的品牌。因为如果有大量新试用者的进入，则可以弥补重复购买不足或品牌忠诚度较低带来的损失。

提高市场渗透度适用于品牌生命周期的各个阶段，尤其是孕育期。因为品牌最先遇到的也是最困难的障碍，即建立早期的市场渗透度和消费者的重复购买。而一旦越过了这一障碍，就进入了品牌成长期。

2. 找出品牌忠诚者，避免惩罚忠诚者

品牌忠诚营销的核心是品牌忠诚和有价值的消费者。它包括四个要素：识别、吸引、维护和加强品牌忠诚。营销者必须依据这四个要素找出最有价值的消费者。

品牌忠诚营销是 20 世纪 90 年代中期在西方兴起的营销理论。在品牌忠诚营销之前，有过几次营销浪潮作为铺垫。它们分别是大量营销、目标营销和全

---

① 何春晖，钱永红. 论新闻媒体形象的确立与塑造. 现代传播，1999（1）

球营销。

大量营销指的是大量的产品和服务，通过众多媒体上的大量广告，向大面积的市场进行大量的推销和分配。

目标营销强调特定的产品通过特定的分销渠道流向目标市场，并且通过特定的媒介向目标受众传达特定的信息。

全球营销指的是为了达到大量营销的规模经济效益，营销者从世界范围内寻找共同的目标市场，成为全球性的品牌。

前三种营销在本质上都是一样的，都力图使自己的销售量最大化。但是，销售量的增长并不意味着利润的增长。营销者认识到这一点之后，纷纷开始把目光转向市场占有率的质量，而不是市场占有率的数量。新的营销目标是同时提高销售量和利润。这必须通过创立和巩固品牌忠诚来实现。

所谓品牌忠诚，是指消费者在购买决策中，重复表现出来的对某个品牌的有偏向性的行为反应或心理过程。可以根据行为忠诚度和情感忠诚度两个维度的高低来判别品牌忠诚。

美国的一份研究显示，相当大的一部分销售量是来自一小部分忠诚的多次用户。例如，在汽车行业，一个终生忠诚的消费者可以为其所忠诚的品牌带来14 000美元的收入；在应用制造业，一个终生忠诚的消费者的价值超过2 800美元；地方超级市场每年可以从忠诚的消费者那里获得4 000美元左右。

品牌忠诚是一个有用的概念，但也是一个有争议的概念。例如，实证研究表明，在六个月到一年的时间内，除了香烟之外，绝对没有只购买一种品牌的购买者，因此，没有绝对的品牌忠诚者。[①] 但是，人们仍然普遍接受以下这种看法：当一个品牌的销售额下降时，会达到并维持某个固定的低水平，因为一群忠诚消费者以高于平均水平的频率重复购买，成为支撑销售量的坚实核心。

品牌忠诚营销理论认为，真正的资产是品牌忠诚。如果没有终生的品牌消费者，品牌不过是一个几乎没有价值的商标或仅用于识别的符号。因此，销售并不是营销的最终目标，它是与消费者建立持久的有益的品牌关系的开始，也是建立品牌忠诚，把品牌购买者转化为品牌忠诚者的机会。品牌忠诚营销的目标是赢得并维护消费者对品牌的忠诚。

建立品牌忠诚是实现持续的利润增长的最有效方法。品牌忠诚的消费者是最好的消费者。某个品牌吸引一个新消费者的花费是保持一个已有的消费者的4~6倍。品牌忠诚度提高一点点，都会促使该品牌利润的大幅度增长。

提高顾客忠诚度的方法，就是设法加强他们和品牌之间的关系。其常可分

---

① ［美］约翰·菲利普·琼斯. 广告与品牌策划. 机械工业出版社，1999. 158

为三种：①经济性的联结，即提供实质的优惠；②社会性的联结，即制造情感认同；③结构性的联结，即提高消费者的退出壁垒。对媒介业来说，一些能直接建立品牌忠诚度的营销策略，已经扮演着越来越重要的角色。这些策略有如下方面：

（1）常客奖励计划。如报纸，对常年订阅的读者，可给予一定的优惠。常客奖励计划是留住忠诚顾客最直接而有效的方法。它不但能提高一个品牌的价值，还能让消费者觉得自己的忠诚获得了回报。

（2）会员俱乐部。和常客奖励计划一样，会员俱乐部也能让忠实的顾客感觉到自己被重视。相比之下，会员俱乐部更能让顾客有较高的参与感。这种社会性联结手段是强有力的，也是不容易被模仿的。

（3）资料库营销。通过常客奖励计划和会员俱乐部这两种策略，可以得到忠诚顾客的人口统计资料，包括他们的姓名、地址、职业、收入水平乃至个人偏好等，媒介可以利用这些资料，针对特定的顾客进行所谓的资料库营销。

（4）广告。广告是维护品牌忠诚的一个重要手段，它可以加强已经存在的消费者与品牌的联系，并使他们变得更加忠诚。广告对品牌忠诚的形成过程、作用模式如下：认知—试用—态度—强化—信任—强化—忠诚。这就是说，由广告认知产生试用期望，导致试用行为。试用经验形成决定性的态度，这种态度被企业的营销手段包括广告所强化。被强化的态度如果是肯定的，就会增加重复购买或重复使用的可能性。如果继续强化，重复购买或重复使用就会转化为对品牌的信任和形成品牌忠诚。从理论上讲，广告肯定并强化了消费者使用经验的感觉，增加了其对品牌的忠诚。因此，品牌的使用者是最容易被广告影响的一个群体。

3. 销售品质而不是价格

一个品牌品质方面的信息——与众不同的品质，用广告学的术语来说即USP（独特销售主题），这应当是该品牌产品的广告与促销活动的焦点。如果把太多的营销努力放在价格上，例如，送赠品或者降价出售，虽然会使销售增长，却可能给这个品牌的高品质形象带来负面影响，从而损害品牌忠诚。因此，要摆正广告与促销的关系，注意维护品牌形象，以保持持续利润，实现销售量和品牌价值的同时增长。

4. 把品牌忠诚当作资产

品牌的价值是可以被创造和利用的，它是一组与品牌的名称和符号有关的资产。强势品牌的资产包括品牌知名度、对品牌品质的肯定、品牌忠诚度和品牌的联想。所以，"品牌不是资产，品牌忠诚才是资产"这一说法，正好突出了品牌忠诚的价值所在。其实，从负债的角度来看，品牌也是一种资产。

二、媒介的品牌化营销手段

与媒介产品的质量相配套的营销手段包括合理的价格、针对目标群体的强大营销网络的建立、市场反馈机制的完善、广告促销以及刺激市场、加快品牌发展的其他方法。

以《新周刊》为例，它在营销方面的优势是独一无二的发行网络建设。1997 年 8 月，在全国已拥有根基深厚的销售网络的三九企业正式介入《新周刊》的运作，营销人员仅用两个月就在全国 22 个重要城市设立发行分部，然后有目标地发展零售点，用良好的服务吸引订阅。在目标对象上下班的途中，在他们办公环境的周围，或他们经常光顾的消费场所，如高档写字楼区、主要商业区、地铁站以及便利店等特定区域，都可见到《新周刊》，《新周刊》的零售量从几万份飞速上升到二十几万份，品牌知名度也在各大城市打开了。

案例
《超级女声》的品牌营销

2005 年，湖南卫视"蒙牛酸酸乳超级女声"节目的成功是电视界、广告界、营销界的一个重要事件。以李宇春为代表的"超女"的成功当然有很多方面的原因，但互动的传播模式和整合营销在其中扮演着重要的角色。"超女"引发广告商"蒙牛"深度介入，企业的行为已不仅仅是贴片广告，二者完全水乳交融地捆绑在一起，形成了利益共同体，是唇亡齿寒、相依为命的关系，"蒙牛"和"超女"的合作体现了整合营销的概念，这是之前的中国电视很少有的一种情况，这方面为"事件营销"、"活动营销"的策划提供了有益的模板。[①] 在这一事件中，可以说是多赢的局面，媒体本身通过赞助冠名、贴片广告、短信等多种方式取得了丰厚的收入；赞助企业通过这一活动，在短时间内其知名度、美誉度、产品销量迅速提升；而短信运营商则通过短信收入的提成也收入不菲。因此可以说，"超级女声"也是超级营销。[②]

"超女"现象给人们一个很深刻的启示，即参与性应成为电视节目的一个评价标准。过去我们评价电视节目有三个标准：思想性、艺术性、观赏性。我们一直奉其为金科玉律，但现在看起来，如果一个电视节目思想性很好、艺术

---

① 王甫，吴涛，胡智锋. 2005：中国电视备忘录. 现代传播，2006（1）
② 田涛. 05 中国媒体大事件. 广告大观（媒介版），2006（2）

性很高、观赏性很强，但参与性很弱，它就很难与现在的观众需求相匹配。因此，在策划节目的时候就要想办法使它的参与性变强，包括手机短信平台的开发。以前我们不会认为短信息是节目的一个成分，但现在它不仅成为一个成分，而且是一种重要的成分。

三、媒介的公共关系

公共关系是指一个组织为改善与社会公众的联系状况，增进公众对组织的认识、理解与支持，树立良好的组织形象而进行的一系列活动。因而，媒介公共关系既可以看作是销售促进的手段，也可以看作是媒介形象塑造这一系统工程的一部分。

过去，媒介与其他企业相比，虽然具备独一无二的媒介优势，却往往也因为这一点而对公关和促销活动不加重视，更没有设立过相应的部门。在当代竞争日益激烈的市场环境下，促销已变成一项十分重要的管理职能，媒介公共关系作为一种特殊促销形式，承担了更多的树立媒介形象和促进销售的责任。

1. 媒介公共关系的内容

媒介公共关系是指媒介与其相关的社会公众的相互关系。这些公众包括受众、竞争者、原料设备供应商、营销代理商、信贷机构、保险机构、社会团体和政府部门。所以，媒介公关就是要与这些公众建立良好的关系。

媒介形象是媒介公共关系的核心。媒介公共关系的一切措施都是围绕着建立美好的媒介形象来进行的。在激烈的市场竞争中，媒介如果建立了良好的形象，就增强了在受众心目中的可信度。反之，一旦媒介在社会公众中造成恶劣印象，则可能逐步被市场淘汰。

媒介公共关系的最终目的是促进媒介产品与广告销售，提高媒介的市场竞争力。

从表面上看，媒介公共关系仅仅是为了建立良好的形象，实质上，它是促销的一个重要方式。通过公共关系达成促销的目的，先要经历一个树立媒介形象的环节。经由良好的媒介形象，媒介先推销了自身，从而促进了自身产品的销售。

2. 媒介公共关系的原则

围绕树立良好的媒介形象开展公共关系活动必须遵循两条基本原则：

（1）以诚取信的真实性原则。每一个媒介都迫切企盼获得令人尊重的社会形象，然而良好的形象需要媒介本着诚实的态度向公众介绍自己的客观情况，以赢得公众的信任。如果凭一时的虚妄吹嘘，比如夸大自己的发行量或视听率来树立形象，最终必然陷于画虎不成反类犬的被动局面，从而失去公众的信任和支持，带来难以挽回的不良影响。

（2）利益协调的一致性原则。媒介的生存与发展依赖于社会，既为社会公众提供信息消费品，也依靠公众提供信息资源和其他资源。媒介与社会公众互相依存，两者在根本利益上具有一致性。因此，开展公关活动也应本着两者利益协调一致的原则，把社会利益和媒介利益结合起来，通过为社会作贡献来赢得公众，树立良好的媒介形象。

3. 媒介公共关系的实施步骤

公共关系的主要职能是信息采集、传播沟通、咨询建议、协调引导。作为一个完整的工作过程，媒介公共关系应包括四个相互衔接的步骤：

（1）调查研究。调查研究是做好公共关系工作的基础。媒介的公关工作要做到有的放矢，应先了解与媒介及其所施行的策略有关的公众的意见和反应。公共关系要把媒介领导者的意图告知公众，也要把公众的意见和要求反馈回来。公关部门或公关人员必须收集整理提供信息交流所必需的各种材料。

（2）确定目标。经过调查分析，可以明确问题的重要性和紧迫性，进而根据媒介总体目标的要求，确定具体的公共关系目标。一般来说，媒介公共关系的直接目标可以分解成促进媒介与公众的相互理解，影响和改变公众的态度和行为，建立良好的媒介形象。在不同时期，媒介公共关系的目标应根据公众的实际状况确定不同的重点。

（3）交流信息。公关工作是以有说服力的传播去影响公众，因而也是交流信息的过程。媒介可以通过自己或从其他媒体获取相关信息提供给公众，以期收到良好的公关效果。

（4）评价结果。应对公共关系活动是否实现了既定目标及时评价。有些公关活动的成效可以进行量化统计，如理解程度、抱怨者数量、其他媒介报道次数等。评价结果的目的在于为今后的公关工作积累资料和经验，也可以向媒介领导者提供参考。

4. 媒介公共关系的主要方法

媒介开展公共关系活动必须走进社会公众之中，开动各类传播机器，多方面提高自己的知名度和美誉度。

（1）参与社会活动。例如，参与或组织各种文化、体育、娱乐活动，参与或赞助办学、扶贫、救灾活动等。一方面展示媒介良好的精神风貌，另一方面以媒介对社会的关心换来社会对媒介的关注。

（2）组织宣传展览。媒介可组织编印宣传性的文字、图像资料，摄制宣传影带、影碟以及组织展览等方式开展公关活动，为自己造势。媒介宣传展示的内容，可以是媒介历史、媒介的优秀人才、媒介取得的优异成绩，还可以是媒介的技术实力、优秀品牌等。

（3）开展联谊活动。媒介可以组织与读者、听众、观众的见面会，进行现场交流，也可以邀请主管部门、供应商、代理商莅临指导、参观访问，还可以借各类庆典活动的机会与各界人士建立关系，播下友谊的种子。

第四节　媒介的品牌资产管理

大卫·艾克在综合前人研究的基础上，曾提炼出品牌资产的"五星"概念模型，即认为品牌资产是由品牌知名度、品牌形象、品牌的感知质量、品牌忠诚度以及其他品牌专有资产五部分组成，这一概念模型使得品牌资产的组成模块化，有利于品牌资产管理的操作。艾克还提出了这五个方面的十项具体评估指标。品牌忠诚度评估：①价格优惠；②满意度或忠诚度。感知的品质或领导品牌评估：①感觉中的品质；②领导品牌或普及度。品牌联想或差异化评估：①感觉中的价值；②品牌个性；③公司组织联想。认知评估主要是品牌认知。市场行为评估：①市场份额；②市场价格和分销区域。这一概念模型在目前是比较受欢迎的，同时也比较切合品牌建设的现实环境。

对于品牌资产，有基于财务因素、市场因素和消费者因素等的不同评估方法。

媒介品牌资产的管理主要涉及品牌的维护、品牌的延伸、品牌的组合、品牌衰退的管理等内容。

品牌情感是品牌资产的重要组成部分，无疑是品牌收益的主要来源之一。但是，利用长期培养起来的品牌情感谋求短期收益，甚至不惜伤害受众，就只能是"短视"行为，所谓的"短信陷阱"、"声讯电话陷阱"，就是这种行为的集中体现。这种做法不仅与伦理道德相悖，还可能造成受众的不信任和受众的流失，最终累及品牌，在一个竞争激烈的环境中更是如此。

《财富》杂志全球出版人迈克·弗德勒曾说，如果不能对假新闻、"软广告"说不，就不能赢得社会的尊重。这句话说明了品牌维护的重要性，同样适合广播电视和网络媒介。

品牌和其他普通产品和技术一样，有自身的生命周期。既有孕育期（导入期)、成长期,也有成熟期和衰退期。在品牌生命周期的不同阶段,品牌管理的重点不同。对于新品牌,重在品牌发展;对于成长品牌,重在品牌形象加强;对于领导品牌,重在品牌延伸;对于衰落品牌,重在品牌再活性化(如"改版")或品牌撤退并转移。

1. 品牌孕育期的管理

在新品牌诞生之初亦即品牌的孕育期有五个重要的因素。首先是产品的功能特性,这是最重要的因素,其他因素还有品牌定位、品牌名称、产品价格和产品分销。在品牌的孕育期,对这些因素要一直采取强化措施,使品牌有活力地发展。

在品牌的孕育阶段,新的品牌刚进入市场,属于创造需求的阶段。而品牌的经营企业对新品牌具有一定的垄断优势,品牌经营者所关心的问题主要是新的品牌是否受到消费者的欢迎和消费者初步需求的建立,而不是成本。消费者对新的品牌则比较重视其质量和内容,而不是价格。新品牌因其垄断优势,使消费者对其价格无法比较,市场对新品牌的价格需求弹性比较低,因此,新的品牌的定价比较灵活。但是,新的品牌在质量和内容上常常存在缺陷,未必能达到消费者所期望的水平。另外,其设计、内容、风格等方面也会不断调整,因而这一时期,品牌在各方面均处于不稳定的阶段。

针对以上情况,媒介经营者的主要任务是说服受众去尝试新的产品,以品牌差别为主要竞争手段,利用与众不同的市场定位来打开市场,改进产品外观以适应消费者的偏好。由于生产过程中的要素投入和生产技术及流程处于不稳定当中,所以,必须与生产要素的供应商保持密切联系,及时了解市场动态,节约成本。此外要做适当的宣传推广,使更多消费者了解新产品,形成初步需求。由于新品牌还没有完善的销售渠道,所以,在创造初步需求的同时,应该建立起初步的销售网络。

新品牌的失败率一般很高,淘汰率常达百分之八九十。所以,试销是孕育期的一种较为保险的策略。此时一般不宜大量生产,而重在试探消费者对产品的接受程度。

2. 品牌成长期的管理

一般的商品开始销售后,由于分销水平的提高,每个零售店的销量会上升并出现顾客重复购买,销售量达到一个高峰,之后会下跌到一个相对稳定的较低水平(约高峰的80%),并可能持续好几年。在这种情况下,不必惊慌失措。作为短期的手段,可以用促销;作为长期的策略,可以做广告。

在品牌的成长阶段,产品的设计、风格和质量已经定型,有效的分工已经形成,品牌的各方面都基本达到令消费者满意的程度,消费者对品牌有了较全面的认识和了解，需求价格弹性逐渐增大，而品牌的经营者也有能力对产品进行大量的生产，成本在不断下降，利润迅速增长。同时，由于品牌逐渐为消费者所接受，所以，国内的企业会对品牌争相模仿，在同一定位的产品开始增多，出现大量的替代品，竞争日益激烈。

在这个时期，品牌已经普遍为消费大众所接受，经营者的主要任务是扩大消费者群体，以及尽量满足不同层次的消费者。消费者对产品的价格因素更为看重，而媒介不可能像其他企业一样经常调节产品的价格，降低成本就变得十分重要，为此必须大量生产，形成规模效应。同时，经营者要扩充原有的销售渠道，甚至建立起大型的销售分配渠道，减少分销成本。在市场推广方面，经营者应投入更多的广告，但广告的重点应该由宣传产品为主转向宣传企业形象为主，并辅之以各种促销手段，增加品牌的市场份额。由于在市场内存在大量的竞争对手，与这些对手争夺市场占有率十分重要。对于主要市场范围之外的其他经济发展水平、消费结构、消费者偏好相似的地区，由于其对品牌的需求还不大，因此，可以把产品直接销售到这些地区，同时在这些地区大力宣传产品，以价廉质优的方式迅速打开新的市场。

3. 品牌成熟期的管理

在这个阶段，产品的差异已经很小，产品呈现出标准化的趋势，品牌也逐渐缺乏变化，利润增长率不断下降，趋向稳定发展，市场逐渐饱和，消费者对于同类品牌的选择只受习惯的影响，并没有特别的偏好行为。而在外地市场，外地消费者逐渐接受了该品牌，对于品牌的需求也越来越大，在这些地区的销售直线上升。然而在这一阶段，外地也会出现一些仿制者，替代品也逐渐增多，同时，外地为了保护当地的仿制市场，会设置各种障碍，造成品牌的销售成本增加及在外地的销售困难。

针对以上情况，经营者要把市场更加细分，努力延长品牌的生命周期，同时，要扩充产品的内容和质量，进行品牌延伸。在市场营销方面，广告和促销活动有所缓和，经营者就必须把更多的利润分配给销售商。此时价格成了消费者最为关注的因素，所以，经营者必须进一步降低成本。在外地市场，品牌经营者应该到这些地区去建立自己的分支机构或子公司，就地生产，就地销售。这样既可以绕开对方设置的壁垒，又可以维持和扩大外地市场，从外地获得更多的利益。

4. 品牌衰退期的管理

进入品牌的衰退阶段，品牌的设计已完全标准化，品牌的经营者已经没有任何优势可言，并且由于品牌的存在时间较长，消费者对固有品牌的形式产生厌倦，或者已有新的消费倾向，所以，购买原有品牌的都是那些忠诚者。此时市场已完全饱和，已经没有新的竞争者进入同一领域。外地市场情况和本地十分相似。

由于衰退阶段的品牌产品已经标准化，企业除了要努力维持原有的市场份额外，还要努力开发新的产品，并且将企业的资源投到最有利的细分市场中去。在营销方面，要以提高企业知名度和树立品牌形象为目的，扩大企业的影响力，为以后的新产品的推出打下基础。另外，经营者可以通过合并等方式消除竞争对手，或者实行协调以瓜分市场，或者对品牌进行改良及形象重构，实现产品的差异化来维持部分市场。虽然在衰退阶段广告和销售活动都有所减少，但是经营者还要加强销售以外的各种因素，如抽奖活动。当然，在品牌的衰退期，企业的利润率已经降低，甚至低于社会平均利润率，所以，维持原有的品牌只是一个短期的策略。最好的出路是实施品牌撤退，对企业和品牌重新塑造形象，重新选择并进入适当的细分市场。

讨论与操作

1. 从产品到品牌是怎样一步步形成的？对品牌的管理应落实到何处？试分别以报纸、电视与网站为例，分析打造品牌版面、栏目的要素。

2. 品牌资产概念对媒介管理者有何启示？对媒介品牌应如何维护？

3. 广告界的奥美集团提出了 360 度品牌管家的概念，把品牌营销推进到了品牌传播。这一思想具有颠覆性吗？如何将它应用于媒介管理？

4. 如何利用"概念营销"、"关系营销"、"活动营销"的手段树立品牌？试举例说明。

5. 媒介应当如何为自己做形象广告？请举例说明。

6. 请设计一个中国媒介业中最有价值品牌的年度排行榜，并设计一套该排行榜的推广方案。

第十四章
媒介的资本经营

内容提要

本章介绍媒介资本经营的优势与操作手法。媒介并购是西方业界通行的扩张手段，在我国得到了一定的运用。媒介上市是为大中型媒介公司提供融资通道并使之进一步公众化。媒介资本经营推动着相关的政策创新与经营创新。

媒介个体的发展从方式上说大致包括两种，即传统媒介经营和现代资本经营。传统媒介经营指的是与媒体直接相关的广告、印刷、发行等方面的经营，这属于生产经营。用通俗的话来说，生产经营是"用手挣钱"，资本经营是"用钱赚钱"。现代资本经营主要包括产业参与和行业介入的多样化、产权组合与经营形式多重化，以分散资本经营的风险，保证最大增值。可以这样说，传统媒介经营为现代资本经营积累资金，现代资本经营为传统媒介经营提供更广阔的发展前景并增进媒介的整体效益。

媒介产业不仅属于信息产业，而且是比较特殊的产业，具有相对垄断性、高增值性等特点。媒介产业进军资本市场，上市公司涉足媒介产业，在国外已有上百年的历史，在我国正方兴未艾。

第一节 资本经营的特点与方式

资本经营是近几年才在我国流行起来的经济学概念，这是我国经济改革发展的必然结果。在计划经济条件下，企业主要抓计划经营；在商品经济条件下，主要抓商品经营；在市场经济条件下，则要大力发展资本经营。当然，资本经营并没有否定商品经营存在的合理性，也没有取代商品经营。

1. 资本经营与生产经营

资本经营是与生产经营相对而言的。生产经营是指生产与买卖产品的经营行为，资本经营则是指买卖资产与企业的经营行为。[①] 由于企业是由资产组成的，是资产的集合物，因而，资本经营也可以说成是买卖资产的经营行为。

在我国，经济理论界对资本经营和资产经营并未进行严格区分。两者都强调通过产权经营，实现资本或资产的保值增值。媒介管理者不仅要对物质运行管理了如指掌，而且应该把握资本运行规律，不让媒介资产在闲置和凝固中流失。

资本经营相对于生产经营来说是一个创新理念。它的特点在于以下几方面：

（1）资本经营是以资本导向为中心的企业运作机制。与传统的生产经营

---

① 魏杰. 资本经营论纲. 上海远东出版社，1998.2

是以产品导向为中心的运作机制不同，资本经营要求企业在经济活动中始终以资本保值、增值为核心。

（2）资本经营是以价值形态为主的管理。资本经营要求将所有可以利用和支配的资源、生产要素都看成是可以经营的价值资本，用最少的资源、要素获得最大的收益。资本经营注重资本的流动性，重视资本的支配和使用而非占有，并通过资本组合来回避经营风险。

（3）资本经营是一种开放式经营。经营者不仅关注企业内部的资源，通过企业的内部资源来达到价值增值的目的，还利用一切融资手段、信用手段扩大利用资本的份额，重视通过兼并、收购、参股、控股等途径实现资本的扩张，使企业内部资源和外部资源结合起来进行优化配置，以获得更大的价值增值。

但是另一方面，生产经营是资本经营存在的直接的物质基础。因为一项资产或一个企业对买者来说，其有用之处在于能够帮助买者创造利润。而只有生产经营才能创造财富，才是利润的源泉，所以离开了生产经营的资本经营，只会产生泡沫。

反过来说，资本经营是生产经营扩张与发展的必要条件。这是因为离开了资本经营，生产经营所形成的无形资产就无法转化为有形资产；离开了资本经营，生产经营就不可能迅速扩张规模及重组资产。

资本经营要求打破地域概念、行业概念、部门概念和产品概念，让企业面对所有的行业、所有的产品，面对整个世界市场，以实现资本的最大增值。企业的资本经营活动可以投资回报率来评价。

企业的资本经营规模并非越大越好，而应保持适度规模。只有保持适度规模，才能既获得规模效益，又不会因管理层次的增加而导致信息成本、监督费用的增加和对市场变化反应迟钝。

2. 资本经营的方式

实行资本经营的方式和途径多种多样，一般有以下两种主要方式：

（1）兼并与收购。兼并与收购就是把企业当作一种商品来进行买卖。企业的兼并与收购可以通过购买被收购企业的股票或资产，以股票交换股票或资产以获得控股权等方式来进行。

（2）上市公司资产重组。上市经营是通过对资产进行分离和重组，向社会公开募集股份，在证券市场挂牌交易。上市经营既是一种筹资和增资手段，又是壮大企业实力、促进企业成长的利器。资产重组是通过资本存量的调整和产权的流动，实现资本与债务的转换，达到资源合理配置目的的一种资本经营形式。资产重组除了股份制改造、上市形式外，还有以下几种形式：联合重组、裂变重组和吸引外资等。

3. 媒介的资本经营

资本经营是企业快速成长的重要手段，许多传媒集团借此一体化或多元化发展，在规模上迅速膨胀。传媒业是世界上最赚钱的产业之一，但同时也是竞争最激烈的市场，产权转移现象层出不穷。

澳大利亚是世界上媒体产权最集中的发达国家。鲁珀特·默多克的新闻集团、凯利·派克的出版与广播公司和康拉德·布莱克控制的费尔法克斯等三大报刊出版公司以及三大电视网主宰了澳大利亚的传播业。办报纸不如"买"报纸，这是澳大利亚报业的重要特点。在过去的 20 年中，几乎没有新的日报诞生，而报纸收购是红红火火。目前，全澳只有默多克麾下的《澳大利亚人报》和费尔法克斯公司的《澳洲金融评论报》还是"原始股"，其余所有大报都是几度易手。

资本经营不一定都是"大鱼吃小鱼"，也有"小鱼吃大鱼"的情况。这就是"杠杆收购"（Leveraged Buyout），即主要通过借债来获得另一公司的产权，又从后者的现金流量中偿还负债的兼并方式。1985 年，一家名不见经传的传播公司——大都会传播公司以 35 亿美元买下了美国广播公司，被《纽约时报》称为最轰动的商场故事之一。

第二节　媒介企业的兼并与收购

在国际上，兼并与收购通常被称为"M & A"，即英文 merger & acquisition 的缩写。兼并的一般含义是指两个或两个以上的公司通过法定方式进行重组，重组后只有一个公司继续保留其合法地位。收购是指一家公司在证券市场上用债券或股票购买另一家公司的股票或资产，以获得对该公司的控制权，该公司的法人地位并不消失。与并购有关的概念还有联合。联合（consolidation）指的是两个或两个以上的公司通过法定方式重组，重组后原有的公司都不再保留其合法地位，而是组成一个新公司。

在现代世界，新建一个传媒企业未必比并购一个企业更可行。美国在 20 世纪 90 年代初，已有 9 000 多家商业电台、1 000 多家电视台、9 000 多家有线电视系统，从市场空间看，尚可允许建立 1 300 多家新的电台电视台。但是，收购一个现成的企业比新建一个企业在地理位置上的选择性要大得多。此外，收购的另一好处是能够检查该企业过去运作的记录，且收购的财务工作要比新建或刚开始营运的难度小得多。

1996 年，受《电信法》放松管制的鼓舞，美国广播电视业兼并交易额达253.6 亿美元，有线电视交易额达 230 亿美元。1997 年，兼并交易较上一年下降 31.9 亿美元，但是其繁忙程度是前所未有的，广播业主要市场的 80% 已被大公司兼并。①

媒介并购也有不利的一面，因为有吸引力的现成运作都要保留，这使得收购价格要大大高于企业有形资产的价值。20 世纪 70 年代，美国的一个现成的 FM 电台的平均价格是 32 万美元；80 年代，购买者得为洛杉矶的一家 FM 电台支付 7 000 万美元，为休斯敦的一家 FM 电台支付 8 000 万美元，即使小型市场也高得惊人，从 1 300 万到 3 000 万美元不等。

美国历史上发生了五次兼并浪潮。第一次发生在 19 世纪与 20 世纪之交，兼并运动遍及整个工业部门；第二次发生于 20 世纪 20 年代，产生了大量的寡头垄断；第三次发生于整个五六十年代，流行的兼并形式是混合兼并。第四、五次兼并浪潮从 70 年代中期起延续至今，这次兼并的资产规模达到了空前的程度。

1996 年，时代华纳兼并了大名鼎鼎的特纳传播公司，成为当时世界第一大媒介企业。它的成长过程是传媒兼并扩张的典型。1918 年，华纳兄弟公司最初的电影工作室在好莱坞成立；1966 年，它被另一家公司收购，重组为华纳—七艺术公司；1968 年，后者又为经营殡仪业、停车业、清洁业的奇尼国家服务公司所兼并，重组为华纳传播公司；1989 年，华纳传播公司与时代公司合并，组成时代华纳公司。直至今日，时代华纳扩张的脚步仍未停歇。

对媒介并购过程中的具体财务运作程序，这里以电子媒介为例进行介绍。

1. 寻找可购的媒介

哪一家在出售？位于哪里？发现一个台/站或有线系统有两种主要的方法：与台/站或系统的所有者直接接触；使用一个中介商，其常常是媒介经纪人（media broker）。

（1）直接接触。着手直接接触的途径之一是挑选感兴趣的市场，然后列出市场上的台/站。这样的数据可以向相关机构或出版物咨询，包括每一台/站的所有者的情况，可以是一个人、一组合伙人、一个公司或一个广播集团。所有者有时负责运作，但更经常的是投资者不参与运作。

---

① 胡正荣. 产业整合与跨世纪变革——美国广播电视业的发展走向. 国际新闻界，1999（4）

所有者和管理者对出售的流言和问询是非常敏感的，因为此类传播对台/站是具破坏性的。因此，向所有者问询必须谨慎和直接，不要通过秘书或其他员工。由于话题的敏感性，一个所有者来接洽一个不认识的人，可能不愿意肯定财产待售。他会这样回答，"不，不卖"或者"啊，只要价格合适，任何东西都是可出售的"。

由于这些理由，直接接触的方法可能是既花费时间，又不会有什么结果的。但如果成功的话，它可能要比其他方法耗费少。

（2）使用媒介经纪人。媒介经纪人的收入来源是寻找待售的台/站/系统，然后探明有能力的购买者。他们为媒介所有者所熟知，需要以可信度来取胜，相互间为获得待售名单而竞争。

待售名单分为排他的和非排他的两种。排他的即在台/站指定期间内只有一家经纪人有名单，非排他的意味着不止一个经纪人有同一名单。名单的种类对于预期购买者可能很重要。例如，一个想出资的买主花了不少时间和精力去调查后会惊讶地发现，所雇经纪人拥有的是非排他的名单，其他的经纪人已完成了交易。

经纪人的收费根据表现而定。在美国，标准的佣金率是第一个百万美元的5%，第二个的4%，第三个的3%，第四个的2%，尾数的1%。大宗交易的佣金额常常要谈判，经常低于这个费率。不管怎样，它总要加到台/站的价格上。虽然昂贵，但是使用经纪人不失为取得一个台/站/系统的最好方法。

2. 评估媒介的价值

一旦找到了候选的台/站，就必须进行分析。在分析价格之前应先分析市场和竞争情况。很少有好的价格能救得了坏的市场，分析市场是分析价格的关键要素。

（1）分析市场和竞争。一个台/站的现金流量（cash flow）和资本成长在很大程度上依靠市场条件和现成的或潜在的竞争者数目。市场数据可以从多种渠道获得。对人口和零售商业趋势的统计分析也是必要的。如果价格已经打了相当大的折扣，或者地区的一些主要经济开发项目已在计划中的话，尚不景气的市场是唯一要加以考虑的因素。

市场大小决定了全国性广告在该地区投放的数量。美国100个最大的市场比100强之外的市场吸引了更多的广告费。所以，是否要进入或退出，市场100强是一个重要的衡量指标。

零售趋势同样很重要。因为它是媒介在一个市场上可获得收入的可靠预测手段。一般来说，电子媒介的收入相当于零售业的1%～2%，电视在其中的份额要更大一些。要决定电台的收入，一个经验性方法是零售额乘以0.003 5。

另一个市场评估的标准模式是研究就业数据。谁是最大雇主？他从事哪一行？大雇主的离去可能会使一个市场衰落。政府、保险公司、大学、国有设施常常是稳定的。大工厂的建立或扩建之前，应当对市场的就业基础和稳定性加以考察。

未来的买主还要考察竞争情况。一些市场有太多的台/站，不仅有在该社区建立的台/站信号，而且有来自市场之外的竞争因素。有些竞争因素不一定很明显，政府对市场准入的调节可能立刻改变投资一个市场的吸引力。

对竞争情况的审视不应仅局限于台/站的数目。功率和天线高度也是台/站比较的一个方面。与竞争相比，选择一个传输能力不足的台/站可能是购买了一个持久性的二流台/站，这类收购错误难以甚至不可能改正。

（2）分析价格。台/站和有线系统经常是按一个销售价格而不是按"最好的出价"来成交的。价格可能固定，也可能仅是一个要价，还可谈判。

对价格的合理性必须加以评估。判断价格方面最常见的尺度是现金流量的倍数（multiple）。现金流量是一个台/站在折旧、权益、摊销、税收之前的营运收入。在有些台/站，它可能因为一些开支的某种提前安排而增加。所以，现金流量如何被定义是很重要的。一些投资银行使用"追踪现金流量"（trailing cash flow）的概念，亦即最近12个月的现金流量。它不同于日历年度或财政年度，能反映最新的现金流量，把可能产生影响的积极或消极的趋势都考虑进去。

当现金流量确定后，就可用倍数来计算价格。标准的倍数是电台8～10倍，电视台9～11倍。倍数的波动与经济大环境有关，20世纪90年代前半期，美国电台、电视台用以计算收购价格的倍数均有所下浮。有线系统的价格计算主要以用户数为基准，大约每个用户在2 200～2 500美元之间。当然，标准倍数也不是绝对的，具体数字还要根据市场大小和台/站位置来确定。小型市场、萧条的市场及销售和听观众下降的台/站如网属台、破产的台、AM电台等适用的倍数要小一些。

有时也有倍数不适用的情况。一个台/站可能没有收入，它的价格就取决于其执照在市场上的价值。

这里顺便说一下报纸并购的价格问题。在美国，曾有人提出，对于中小规模日报的购买，可参考四个方面的数据：① 上一年总收入的210%；② 25年来的税后净利润；③所在城市人口每人计110美元；④付费订阅每份计115美元。对于周报的购买可参考四个方面的数据：①没有印刷厂的，计上一年总收入的105%（有最新印刷厂的则为130%）；②所在城市人口每人计40美元；③付费订阅每份计45美元；④12年的净利润。

3. 资金融通

未来的买主在评估了市场和台/站之后，在出价之前，必须做好完成交易的融资工作。融资渠道有很多种，如通过银行等，这取决于买主所处的环境。

（1）银行。最为传统的资金渠道是商业银行。银行确立了放贷的各种标准。例如，它们要求申请者有一部分投资的钱是他们自己的，这个比例并不固定，但是，最少20%的标准是较为普遍的。银行会仔细审查要购买的财产的营运报告，并且会根据最近12个月的营运现金流量的某个倍数来放贷。倍数的确定因银行而不同，也因AM、FM、网属台、独立台和有线台而有差异。银行用于贷款的倍数要小于用于价格评估的倍数。许多银行对独立台和AM电台没有标准，因为它们不认为这是有利可图的放货机会。大银行对有线系统放贷的倍数在7～8倍之间。对于FM和网属台，则多为其现金流量的6倍。

银行对于没有大量个人资金或有钱的合伙人的第一次购买者，是难以融通的。银行既要求有自有财富又要求有商业经验。银行的另一个局限是，电子媒介的贷款是一个特殊的领域，它们可能不认为有用专门的技能来评估这种交易的必要。因而，会难以找到愿意提供贷款的银行。

（2）风险投资。不像银行，风险投资公司是高风险的放贷者。这类公司经常投资有潜力但运行记录没有足够说服力的台/站。

（3）投资银行家。许多机构在为电子媒介筹资上变得越来越活跃。比较典型的是投资银行乐意从公开或私人渠道进行筹资，投资银行为其偿付提供担保，并收取所筹资金的一定的百分比作为报酬。投资银行的服务对象多为大手笔的交易，故那些通过收购或合并方式寻求更大规模发展的小、中、大型公司常常借助投资银行家。

（4）卖主提供资金。卖主有时也会成为资金的来源，虽然这种情况不经常出现。为了推进一次销售或为了避免立即纳税，卖主可能成为买主的放债人。这种途径对于第一次购买者是一种很好的方式。

（5）政府或其他基金。美国联邦政府的小型企业管理局，以及政府鼓励下的促进少数民族收购事宜的基金，都有可能提供一些贷款。

4. 出价和交易达成

完成融资之后，就可以确定一个出价。出价要被卖主书面认可。这时雇佣一个律师是明智的，因为涉及与法律有关的文件。条款必须清楚明确以避免误解甚至诉讼。出价后常常要有一个考察期（通常为30天），为此买主要出一笔保证金，常见的金额为总购买价格的5%。如果买主不履行已达成的协议，保证金将无法收回。

出价被卖主接受之后，双方的律师即开始起草正式文件。买卖双方将签署意向书（letter of intent），或双方跳过这一环，直接进入正式的买卖合约。最后，交易还须征得政府管理部门如 FCC 的同意。

第三节　媒介上市与资产重组

上市公司资产重组是资本经营的方式之一。它是一个较为宽泛的概念，既包括为达到上市的目的而对现有资产的重组，即"企业上市重组"，也包括企业上市之后的资产重组。

1. 香港及内地媒介上市情况

媒介上市不仅能筹集到更多资金，扩充和增强媒介的力量，而且使报纸的读者、听众、观众也能成为股东，有益于他们参与媒介的发展，同时减小了媒介在激烈竞争中所承担的各种风险，对于媒介的企业化管理也有极其重要的作用。

香港报纸从 20 世纪 80 年代逐渐建立起现代企业制度，其最主要的表现就是一批有实力的报纸集股上市。《天天日报》、《新报》、《东方日报》先后上市，投交活跃，反映良好。1989 年《东方日报》上市时，股份超额认购 300 倍。目前，香港上市的"传媒股"，涉及报刊、电视、电影、音乐、因特网等多个领域。见表 14 – 1。

表 14 – 1　香港股市涉及媒介业上市公司

公司名称［代码］	所属行业	董事长	股份数（股）	收盘行情（港元）	市盈率（倍）
东方报业集团［00018］	出版	马澄发	2 397 917 898	0.710	5.84
壹传媒［00282］	出版	黎智英	2 411 828 881	1.250	5.40
文化传信［00343］	出版	张伟东	7 095 260 000	0.021	
世界华文媒体［00685］	出版	张晓卿	401 475 000	1.180	7.22
星岛［01105］	出版	何柱国	841 907 537	0.860	1.97
经济日报集团［00423］	出版	冯绍波	431 600 000	1.580	5.14

（续上表）

公司名称［代码］	所属行业	董事长	股份数（股）	收盘行情（港元）	市盈率（倍）
星美传媒［08010］	出版	覃宏	991 685 971	0.015	
新华文轩［00811］	出版	龚次敏	1 179 157 235	1.410	3.77
邵氏公司［00080］	娱乐	邵逸夫	398 390 400	8.170	10.44
嘉禾娱乐［01132］	娱乐	伍克波	169 637 627	3.560	43.41
国际娱乐［08118］	娱乐	郑家池	1 179 157 235	0.860	10.62
电视广播［00511］	电视媒体	邵逸夫	438 000 000	28.150	9.25
凤凰卫视［08002］	电视媒体	刘长乐	4 954 412 000	0.610	11.34
财讯传媒［00205］	广告	王波明	1 725 500 000	0.250	63.75
大贺传媒［08243］	广告	贺超兵	225 000 000	0.230	9.20
白马户外［00100］	广告	戎子江	524 368 500	2.800	9.06
TOM 集团［02383］	多媒体	陆法兰	3 893 270 558	0.260	
北青传媒［01000］	多媒体	张延平	190 800 000	2.240	44.80
中华网［08006］	多媒体	钱果丰	108 073 400	3.080	
慧聪网［08292］	多媒体	郭凡生	492 837 000	0.220	
阿里巴巴［01688］	互联网	马云	5 052 356 500	4.750	22.90
腾讯控股［00700］	互联网	马化腾	1 796 750 000	48.250	59.09

注：行情为 2008 年 11 月 8 日数据。

由于法律上和政府管理部门对企业上市有一定的利润要求，所以，企业要上市，常常要对原企业资产进行剥离和重组，把有效的、赢利能力强的资产拿出来上市。

我国长期以来不允许媒介完全、直接改制上市。因此，媒介上市前的资产重组主要采取迂回的形式：①下属子公司上市。例如，上海市广播电视局下属的"东方明珠"、湖南省广播电视厅下属的"电广传媒"已分别在沪、深两地上市。中央电视台下属的中视影视基地股份公司也于 1997 年挂牌上市。②借壳上市。例如，《成都商报》下属的博瑞投资公司，拥有四川电器 27.65% 的股权，成为第一大股东。③寻求在海外上市。例如，新浪、搜狐等互联网企业与我国媒介在内地及美国纳斯达克上市，其情况分别见表 14 - 2、表14 - 3。

表 14 - 2　沪深股市部分媒介业相关上市公司

公司名称〔代码〕	所属行业	董事长	有限制条件股份（股）	流通 A 股（股）	收盘行情（元）	市盈率（倍）
歌华有线〔600037〕	信息传播	张森	476 919 400	583 626 100	7.90	23.90
东方明珠〔600832〕	旅游业	薛沛建	0	3 186 334 900	5.52	39.49
中视传媒〔600088〕	广播电影电视	李建	135 330 000	101 400 000	7.17	38.86
博瑞传播〔600880〕	出版	孙旭军	134 095 400	233 192 100	10.81	20.20
强生控股〔600662〕	公共交通	张同恩	264 495 800	549 043 200	3.14	28.37
北巴传媒〔600386〕	公共交通	张国光	181 440 000	221 760 000	5.66	39.64
新华传媒〔600825〕	图书报刊零售	哈九如	324 675 400	255 817 800	10.04	22.77
赛迪传媒〔000504〕	出版	李颖	139 524 500	172 049 400	7.10	
电广传媒〔000917〕	广告	龙秋云	89 805 200	316 573 200	9.76	40.11
海虹控股〔000503〕	电子信息	曾塞外	180 367 400	568 615 900	3.98	555.42
华闻传媒〔000793〕	信息传播	温子建	190 731 100	1 169 401 500	2.69	20.36
粤传媒〔002181〕	印刷	乔平	287 820 100	62 341 800	3.89	

注：行情为 2008 年 12 月 8 日数据。

表 14 - 3　美国纳斯达克股市我国内地新媒介上市公司

公司名称〔代码〕	主营业务	董事长	总股本（股）	收盘行情（美元）	市盈率（倍）
新浪〔SINA〕	在线媒体服务	汪延	55 820 000	30.29	24.57
搜狐〔SOHU〕	在线媒体服务	张朝阳	38 390 000	51.44	17.34
百度〔BIDU〕	中文搜索	李彦宏	34 290 000	209.66	52.85
网易〔NTES〕	网游	丁磊	121 450 000	21.34	14.16
盛大〔SNDA〕	网游	陈天桥	72 650 000	24.20	11.30
第九城市〔NCTY〕	网游	朱骏	27 610 000	12.92	7.64
完美时空〔PWRD〕	网游	池宇峰	57 010 000	17.04	12.17

（续上表）

公司名称［代码］	主营业务	董事长	总股本（股）	收盘行情（美元）	市盈率（倍）
巨人网络［GA］	网游	史玉柱	241 900 000	6.52	
华友世纪［HRAY］	数字娱乐	王秦岱	28 170 000	1.91	
携程旅行网［CTRP］	在线旅行服务	梁建章	66 390 000	27.57	28.85
中华网投资［CHINA］	互联网	叶克勇	107 070 000	1.18	
航美传媒［AMCN］	机载电视	郭曼	66 710 000	6.02	
分众传媒［FMCN］	楼宇电视	江南春	129 500 000	16.30	14.15
华视传媒［VISN］	户外广告联播	李利民	71 710 000	5.68	11.15
新华财经传媒［XFML］	广告	Fredy Bush	72 000 000	1.20	18.10
金融界［JRJC］	金融财经信息	熊晓鸽	21 950 000	8.30	765.92
前程无忧［JOBS］	人力资源服务	Donald L. Lucas	28 320 000	6.21	17.33
空中网［KONG］	无线增值	周云帆	35 620 000	3.29	72.35
掌上灵通［LTON］	移动增值	Hary Tanoesoedibjo	42 060 000	0.92	

注：行情为 2008 年 11 月 6 日数据。

2. 媒介上市的准备及程序

媒介上市的目的是打开资本通道，提升自身的品牌影响力和市场占有率，改进和提升传媒集团的管理能力和水平。因此，媒介上市既不是"面子"工程，更不是出于短期发展的目的，而是为了实现企业的可持续发展，是基于做强、做大、做优的战略选择而作出的重大决策。

媒介的上市融资要选择合适的项目，通过合适的上市方式，快速实现上市。具体思路主要包括项目的选择、上市方式和上市地点的选择。

在进行项目选择时，既要规避政治风险，又要有实际的资本需求和良好的发展前景。其原因有三方面：一是传媒业目前整体上是个高政治风险的行业，避免经济问题政治化情况的发生；二是为了减少问题发生的几率，在项目的选择上，应选择具有很大资金需求量的项目上市，这样就能把融资直接用于该项目，降低上市的风险；三是为了实现企业、投资者和各利益相关者的多赢，应拿具有良好发展前景的项目上市，这不仅能够促进自身的可持续健康发展，而且能够使投资者获利，并能促进资本市场的发展。

上市方式主要有两种：一种是买壳上市；一种是 IPO 上市，即首次上市。两种方式各有各的优缺点。

所谓买壳上市，是指一些非上市公司通过收购一些业绩较差、筹资能力已弱化的上市公司，剥离被购公司资产，注入自己的资产，从而实现间接上市的目的。

要实现买壳上市，必须首先结合自身的经营情况、资产情况、融资能力及发展计划，选择壳公司。壳公司要具备一定的质量，不能具有太多的债务和不良债权，要具备一定的赢利能力和重组的可塑性。接下来，非上市公司通过并购，取得相对控股地位。其具体形式可有三种：一是通过现金收购，这样可以节省大量时间，很快进入角色，获得良好的市场反应；二是完全通过资产或股权置换，实现"壳"的清理和重组合并，使壳公司的资产、质量和业绩发生变化；三是两种方式结合使用，实际上大部分借"壳"或买"壳"上市都采取这种方法。买壳上市手续简单，上市条件灵活，缺点是上市在先，融资在后，而且空壳公司可能有许多债务，处理这些债务也需要很多的时间和精力。

IPO 的优点是可以在发行的同时进行融资，有助于企业形象的宣传和推广。缺点是要求严格，申请程序复杂，所需时间长，费用很高，容易受市场波动影响，不能保证发行成功。

上市地点可供选择的主要有美国纳斯达克市场、香港市场和内地市场。

上市融资的具体步骤分为以下几步：

（1）上市融资计划阶段。

在计划推行上市融资战略时，必须成立一个组织机构来统一领导和实施，同时健全和完善相关制度，以保证上市融资战略的顺利和成功实施。

（2）上市融资准备阶段。

该阶段具体包括以下几项工作：一是聘请顾问和中介机构。应选择具有深厚背景、能力和丰富经验以及做过传媒业上市工作的顾问和中介机构，一般选择知名的证券公司和投资咨询公司；二是重组；三是选择并入上市公司的资产；四是准备财务报表；五是尽职调查；六是决定资本结构；七是决定项目结构；八是估值定价。

（3）上市融资实施阶段。

该阶段具体包括以下几项工作：起草文件；文件提交证监会；证监会反馈意见；分发招股书初稿；上市前研究报告；前市促销；准备管理层问答；管理层路演；投资意愿建档；定价和分配。

（4）上市融资完成阶段。

该阶段具体包括以下几项工作：一是交割；二是股票交易开始；三是稳定后市；四是股票研究。①

3. 媒介上市公司的资产重组

当今世界传媒兼并的潮流是有线电视、娱乐、电脑硬件、软件、移动电话及零售业等几种产业的合并。世界上没有哪一家公司能单独完成这一切，因此，在科技汇流的同时，出现了轰轰烈烈的结盟、合并、投资风潮。媒介上市公司通过兼并、收购等方式进行结构性资产重组的案例屡见不鲜。传媒在并购完成之后，需要进行产业的整合，以实现真正的汇流。产业整合有两层含义，一是公司产业结构和组织机构的重组，二是企业技术、产品和服务的集成。

1985年，特纳传播公司以大约16亿美元收购了米高梅电影公司。特德·特纳接受米高梅总裁柯瑞安苛刻的交易条件，被迫买下了一些原本不想要的资产，例如，制片厂、行销公司和冲片厂等，其中唯一的胜利就是得到了1 450部影片，包括《乱世佳人》、《绿野仙踪》、《北非谍影》等名片。为了筹集资金，特纳又出售了米高梅的其他所有资产。

至于技术和服务集成的运作方式，以时代华纳公司的全方位服务网（full service network，FSN）为例。1994年底，该公司属下的有线娱乐部门在佛罗里达州的奥兰多展开了广泛而令人瞩目的实验。把硅谷图像公司制造的电脑系统，连上AT＆T的数字化多媒体交换机，交换送出信号，经由光纤线路和同轴电缆进入用户家中，接上亚特兰大科技公司生产的类似电脑的数控器，然后插入普通电视机。而整个系统由安德生电脑咨询部安装、管理。FSN网的用户一打开电视机，就可以看到一个三维空间的选单，标着"电影"、"购物"等字样，用户可选择看普通电视频道，也可看新的互动频道，还可随点随放节目。多付些费用，用户还可以和另一该网用户在各自家中对玩电子游戏、打可视电话等。这些服务以往是分开的，现在则全部合成一体了。

在世界范围内，媒介业上市公司往往面临更大的风险，其结构重组和资产重组不乏失败的例子。其中的经验教训值得总结和汲取。

---

① 郭全中. 传媒集团的上市策略. 青年记者，2008（2）

第四节　媒介资本经营的制度环境

应当说，我国媒介的资本规模是很小的，资本经营是相当滞后的。1998年，时代华纳公司总收入 268.38 亿美元，其中电视收入 184.62 亿美元，居世界电视 100 强之首，而 1994 年，它的电视收入不过 48 亿美元。1998 年，我国媒介产业的旗舰——中央电视台身价为 6 亿美元，为世界电视 100 强的第 51名，与之相比，差距是十分巨大的。要改变这种落后状况，一方面需要媒介大胆吸收国外的资本运作经验，另一方面需要国家为媒介的资本扩张创造良好的制度环境。

1. 体制基础：产权明晰

资本经营对企业这种特殊商品的买卖，实际上就是对企业产权的买卖，在产权的买卖中实现产权的流动。这便要求产权清晰，要求产权主体明确。在传统的国有产权制度下，产权主体缺位，企业产权边界模糊，企业产权的易主，致使企业的买卖难以操作，而且伴随着难以估量的高额交易成本。因此，产权制度改革是市场经济绕不过的门槛，也是媒介开展资本经营绕不过的门槛。

要实现国有媒介产权的明晰化，首先要树立对于市场和现代企业制度的信心。我国目前在新闻商品性、事业与企业之争、现代企业制度建设、媒介产业政策等方面存在的种种问题和争论，反映了人们对市场和现代企业制度的不信任感，尤其是对两者在媒介业中的作用持怀疑态度，总担心这两者会使媒介疏离党的领导，格调和品位低下。

从国内外的实践看，媒介引入现代企业制度，进入市场，并不必然会造成媒介的导向脱离社会主流价值目标。在西方，大多数主流报纸往往是社会主流价值和意识形态的积极捍卫者和传播者。即使我国所有的报社都按现代企业制度改造成了企业，党和政府也完全可以援引《公司法》中关于"国务院确定的生产特殊产品的公司或者属于特定行业的公司应当采取国有独资的形式"的条款，规定所有党报不得以非国有独资的形式从事经营，从而保障党和国家在政治和经济上的完全控制权，维持原有党报的性质不发生变化。对于现实中确实存在的一些小报格调、品位低下的问题，也完全可以通过制定较严格的市场准入、竞争规则以及合理划分的市场空间来予以防范和监控。

其次，要改革国有资产的产权监管机制。在我国的国有企业中，有劳动者、经营者，但所有者缺位。明晰产权，对企业而言就是要使所有者的代表进入企业，形成本企业的权力机构、决策机构和监督机构，从而改变所有者缺位的情况。对媒介而言，这也是一个不容回避的问题。例如，我国报界尤其是在组建报业集团的过程中，或者报社与报社下属的各类责任部门、经济实体之间的所有者权益与法人财产权的关系尚停留在完善规章制度、规范"责权利"的层面上而未进一步明确界定，或者只注意解决报社与报社下属的各类责任部门、经济实体的产权关系问题，而不注意解决报社与国家之间的产权关系问题。

当然，媒介与国家之间产权关系的界定这一问题难度较大。目前的基本状况是，我国报社等媒介资产的产权关系名实不符。虽然在法律上，我国报业除个别合资报纸（如电子工业部科技情报研究所与美国 IDG 于 1980 年联合创办的《计算机世界报》）外，资产性质基本上均为全民所有制，但这个定位并不符合报业经济运作的实际。大部分报社原由国家投资创办，由于长期按事业单位模式管理，国家对其没有资产增值要求，反而还有相当数量的补贴和较大程度的政策优惠。在市场经济条件下，一些经济环境和经营情况较好的报社资产增值很快，这增值部分资产的权属就有一定的模糊度。比照我国全民所有制企业的有关办法，其中至少有一部分是属于集体财产，实践中也有报社将这部分资产的大部分归为集体所有的情况，这种做法未必妥当，却也有其缘由。即使是于理于法均属于国家资产的情况，因国家没有明确地规定其作为资产所有者的权益，客观上助长了报社产权关系名实不符状况的发展，同时也使报业的投资和经营活动缺乏足够的约束。另外，在改革开放过程中，一批靠个人或集体贷款或集资创办的报社也成长起来了，这些报社的产权关系更需要理清。

2. 前提条件：完善资本市场

资本市场是金融市场的一部分，包括资金市场与资产市场，指的是社会经济各主体之间进行一年以上资本融通的各种形式及相伴而生的一切交易关系的总和，包括中长期资金市场及各种基金在内的所有资本融通场所和经济关系。相对而言，资金市场主要负责企业运行所需各项资金的融通和供应；资产市场则进而对企业的资产所有权进行交易，以实现资产的最佳配置。资本市场主要指证券市场，也包括中长期信贷市场和产权交易市场。完善的资本市场对媒介的发展有着极大的支持作用。

一般来说，虽然媒介具有信誉好、营业收入相对稳定、物业较多及易取得政府部门的扶持等优势，相对于其他企业，在银行信贷、商业信用、融资租赁、财政周转等资金来源中的选择余地比较大，但是，较之于集团化发展的巨额资金需要，多数媒介还是深感筹资困难、聚财维艰。而且近年来，我国媒介之间的竞争愈演愈烈，报纸、电视台、电台利用各自的优势争夺受众，相同媒介之间的竞争也日趋白热化。各家媒介为了适应竞争的需要和跟上现代化的步伐，都在不断加大基础建设的投入。许多报社相继斥资建设采编大楼，动辄数亿元之巨。进行设备更新和技术改造，也需要巨额投资。调查显示，超过82%的媒介存在资金紧缺问题。如何解决资金短缺？许多媒介自然把目光投向融资新渠道——资本市场。

我国的资本市场发育程度还很低，存在市场规模过小，市场主体缺位，交易工具品种单一，结构残缺，市场分割，流动性不足，行政控制严格，监管不力等缺陷。这些情况一方面反映了经济转轨时期我国资本市场发展的独特性，另一方面也反映出我国资本市场尚不发达和完善，亟须加以规范化。

有人提出按照国家产业政策的要求和媒介经济发展的需要，合作组建报业银行或非银行金融机构的设想。不过，媒介的筹资主渠道还应寄希望于银行、信托投资公司、保险公司、信用合作组织、各种基金组织、财务公司和邮政储蓄等社会金融机构。国有银行的金融资本也应向媒介公司和媒介集团投资。媒介集团也可考虑争取直接上市。

此外，作为制度创新的现实选择使媒介行业对社会资本，尤其对国有资本开放。民间资本进入媒介产业链的若干环节，也应予以扶持。唯有如此，面对加入 WTO 后跨国媒介的挑战，中国媒介业才能争得更大的主动权。

讨论与操作

1. 资本经营创造价值吗？在价值链中，资本经营扮演什么角色？

2. 如何评价中国媒介的上市，请基于事实与数据作出分析。

3. 作为媒介顾问公司的一员，请你估计在国内收购某一份杂志的操作要求，它与新创一份杂志有何差别？

4. 请详细总结 5 年来中国民间资本进入媒介业的成败得失。

5. 在媒介资本经营中，并购、整合与快速发展之间存在什么样的因果关系？

6. 在媒介经营领域，"双赢"的含义是什么？媒介巨子萨默·雷石东说，他最关心的是两个问题：一是我们要达到什么目标；二是我们能给对方带来什么。这对你有什么启示？

第十五章
媒介的跨国经营

内容提要

本章介绍媒介国际化的主要阶段及其特征，全球主要的跨国媒介及其市场策略。在全球化过程中，跨国媒介正成为我国媒介日益逼近的竞争对手，我国媒介的外向型扩张已进入我们的视野。跨国媒介为我国本土媒介的超常规发展提供了范本。

早在 19 世纪初，一些发达国家的通讯社就已经存在着打破国界限制的新闻传播行为。1870 年，法国哈瓦斯社、德国沃尔夫社和英国路透社订立"连环同盟"协定，旨在瓜分国际通讯市场，谋求超额垄断利润。这一通讯社联盟的组建，是媒介国际化发展的重要里程碑。

当代的媒介国际化是在世界信息化和经济一体化时代媒介经营的大趋势。交通和通讯事业的进步、信息和经济资源在各国间的自由流动、产业资本在国际范围内的扩张等都是媒介企业跨国经营的前提。"二战"后，尤其是 20 世纪 70 年代以来，媒介的跨国经营成为媒介集团抢占国际市场、增强自身竞争力和赢取高额利润的重要手段。

著名的跨国媒介公司有时代华纳、迪斯尼、贝塔斯曼、维亚康姆（Viacom）、新闻集团等。1996 年 11 月，英国电信公司宣布出资 230 亿美元收购美国电讯传播公司（MCI）。这是美国 1996 年《电信法》所允许的，此举成为外国人接管美国公司事件中最大的一宗。事实上，其他许多世界知名的媒介机构也都程度不等地涉足了国际化经营，如电玩服务公司、索尼、霍林格集团、《读者文摘》等。

第一节 媒介国际化的形式与特点

一、国际化企业的发展阶段

国际化企业是企业跨国经营的产物，它在组织形式、经营方式、管理体制、利用国际资源的广度、在国际经济活动中的角色等方面，均与非国际化企业有所不同。

企业从国内经营走向国际经营，是没有终止的进程。从众多国际化企业形成的历史来看，一般要经历以下三个阶段：

（1）对外贸易阶段。这一阶段先是产品出口，以后，再发展为在国外设立分销机构，及考虑改进自己的产品，以更好地适应国际市场需求。

（2）国外生产阶段。这时，企业开始在国外建立生产基地，把国内生产扩展到不同的国家。

（3）跨国公司阶段。当国际化企业本部以一个投资中心、战略决策中心和管理中心形式运作，对分布在世界各国的分支机构和企业组织进行统筹、规划、指挥、协调、控制时，就进入了企业国际化的高级阶段，即跨国公司阶段。

二、跨国公司的特征

跨国公司是指在一个总部的控制下，其投资、生产、经营遍及许多国家的国际化企业群体组织。

对于跨国公司所跨国家的最低数目，有不同的标准，但至少要在除母国外还有一个在国外的生产经营机构。那些大型、巨型国际化企业往往跨 4 个国家以上。对于国外生产经营部分所占的比重，有人认为国外销售额至少应占国际化企业销售总额的 10%，也有人主张至少 50%，多数人认为 25% 以上比较符合实际。

跨国公司有一些共同特征：以世界大市场为活动舞台；对外直接投资；实施全球化策略；管理一体化。

跨国公司大多数采取股份有限公司的形式。它具体由设在其国内的母公司和设在外国的子公司、分公司以及避税地公司组成。跨国公司总部行使集中决策、统一控制、分级管理、相互协调的职能。子公司必须接受总公司的统一管理和控制。

三、媒介国际化的三种形式

媒介国际化的三种形式相当于国际化企业的三个发展阶段，每个阶段均可以独立的形态出现，也可混合出现。

（1）媒介销售国际化。如报刊的国外发行、国际广播、卫星电视等。《人民日报·海外版》即是一例。另外，中央电视台 4 套电视节目在美国落地，也跨出了我国电视媒介在西方主流世界进行销售的重要一步。

（2）媒介生产国际化。如报刊在国外发行当地版，电影、电视在国外建立生产基地等。《新民晚报·美国版》、《新民晚报·澳洲专版》即为实例。

（3）媒介企业国际化，亦即跨国媒介集团。鲁珀特·默多克的新闻集团是跨国媒介集团的典型。在美国《福布斯》杂志于 1997 年公布的富豪榜中，总部设在澳大利亚新南威尔士省的新闻集团总裁鲁珀特·默多克（一译梅铎）以个人资产总值 39 亿美元跻身世界富豪榜第 24 位，居世界媒介富豪之首。他的家族控制着新闻集团约 30% 的股权。

默多克是从澳洲的一份地方晚报——他父亲阿德莱德留下的《新闻报》起家的，经过 40 余年的奋斗，发展到今天拥有约 240 亿美元资产，控制着 6 大洲 531 家分公司，建起了一个媒介帝国，成为战后西方媒业中咄咄逼人的后起之秀。

默多克于 1931 年出生在澳大利亚的墨尔本，1950 年赴牛津大学沃瑟斯特学院学习，1953 年开始接管《新闻报》，然后一路冲杀，从出晚报发展到出晨报、日报、期刊，继而闯入其他城市和其他行业，事业不断壮大。1963～1964 年，他的活动范围扩大到香港和新西兰，经营走向了国际化。1968 年，默多克打进英国舰队街，开始成为世界瞩目的人物。他于 1973 年进军美利坚，1985 年加入美国国籍。

在新闻集团的发展史上，默多克重大的并购和扩张行动有：1969 年收购英国《太阳报》，1980 年购买《泰晤士报》，1983 年创办英国空中广播公司，1985 年买下美国 20 世纪福克斯电影公司 50% 的股份，1986 年买下香港《南华早报》（1993 年转手），1987 年建立福克斯有线电视网，1989 年接管英国柯林斯出版公司，1993 年收购香港"卫星电视"，1996 年收购美国新世界通讯集团，合资创建日本空中广播公司等。2003 年，新闻集团收购了休斯电子 19.9% 的股权，进而拥有直播电视，建起了覆盖全球的卫星电视网。2007 年，新闻集团收购了《华尔街日报》。

四、当代跨国媒介经营的特点

当代媒介的跨国经营是在一个以日渐自成体系的世界信息市场为主体的广阔空间内发展起来的。随着信息传播技术的不断革新，融合正成为媒介领域的核心概念，传统媒介严格的行业分工理念逐渐让位，现在，无论何种形态的信息，一经数字化技术处理，就可以被整合成同质的数字化信息，这样就打破了过去不同媒介之间的壁垒，迫使利益各方强化彼此之间的合作，并推动着有实力的媒介集中资本、技术、人才力量，进行跨行业、跨地区乃至跨国的集团操作，追求规模效益，从而提高在信息市场中的生存能力和获利机会。

当代主要的跨国媒介集团见表 15 - 1。它们具有这样一些特点：

（1）强劲的资本优势。跨国媒介集团可以营运的资本规模一般都达数百亿美元，因而，可以大规模地对媒介进行兼并、收购、联合等运作。

（2）拥有丰富的媒介传输内容。在当今媒介大发展和迅速变化的时代，各种各样的媒介形式纷纷出现，因而，内容产品如影视节目就成为紧俏商品。

在媒介的竞争中，有关内容方面的竞争就日益显得重要。拥有丰富的内容实际上就等于拥有了一种重要的资源，近则可以控制媒介，远则可以成为收购媒介的手段。

（3）跨地区、跨国境、跨行业的经营策略。跨国媒介集团的经营策略是跨地区、跨国境的，其人员结构、实施策略、资本调动以及经营活动都是在一种国际背景的前提下进行的。同时，它们的经营活动往往涉足不同媒介领域及不同行业。

表 15 - 1　进入《财富》全球 500 强的跨国媒介集团

公司名称	总部所在地	主营业务	2003 年排名	2003 年度营业收入（百万美元）	2008 年排名	2008 年度营业收入（百万美元）
时代华纳	美国	娱乐	80	41 676.0	150	46 615.0
沃尔特·迪斯尼	美国	娱乐	165	25 329.0	207	35 882.0
维亚康姆	美国	娱乐	171	24 605.7	*	13 495.5
贝塔斯曼	德国	出版	273	17 312.8	316	25 675.0
新闻集团	美国	出版、娱乐	326	15 183.5	280	28 655.0

﹡：2008 年，维亚康姆跌出全球 500 强。

第二节　跨国媒介集团的全球化策略

所谓全球化策略，是指企业在跨国经营活动中，面对世界各国或地区的环境因素和市场竞争态势，对企业所拥有的有限资源在全球范围内进行最优配置，以获取最佳整体利益和实现战略目标的策略。

例如，在与美国在线合并之前，时代华纳公司已是世界上重要的媒介集团。它在全世界拥有 200 多家分支机构。1996 年，时代华纳 2/3 的收入来自美国，但是，这一数字在逐渐下降。时代华纳希望全球化经营策略能刺激它的发展。目前时代华纳已是全球每一种媒介类型的主要经营者，它拥有的机构如下：

＊64 种杂志，包括《时代》、《财富》、《金钱》、《娱乐周刊》、《人物》（*People*）、《体育画报》（*Sports Illustrator*）等；

＊世界上第二大出版业主，包括 Time Life Books（42% 的收入来自国外）和 Book of the Month Club；

＊华纳音乐公司，世界上最大的音乐公司之一，其美国境外的收入在 62% 以上；

＊华纳兄弟影业公司，同时也是全球主要的一家电视节目制作公司；

＊在德国的华纳兄弟影业公司；

＊新线影院公司；

＊WB，一家 1995 年建立的电视网，时代华纳是它的主要股东之一；

＊时代华纳有线电视公司，为美国的第二大有线系统，控制了该市场前 100 名中的 22 家有线电视台；

＊HBO，即家庭影院，世界上最大的付费有线电视频道；

＊10 多家美国或全球的有线电视频道，包括 CNN，CNN 财经台，CNN 体育台，CNN 国际台，Headline News，The Airport Channel，TBS，Turner Classic Network；

＊一座拥有 6 000 多部电影，25 000 多部电视节目、书籍、音乐以及成千上万部卡通片的资料库；

＊美国在线、网景等公司提供。

与新闻集团一样，时代华纳也集中活动于全球电视事业，把其当作最赚钱的事业来发展。然而，与新闻集团的不同之处在于：时代华纳致力于制作节目和开办电视频道，而不是发展整个卫星系统。通过日本大财团日立和东芝的参股，时代华纳在日本开办了一家有线电视公司——Titus 传播公司，由此在日本成为美国电讯公司联合实体和新闻集团 JskyB 的直接竞争者。

时代华纳还计划把旗下的 CNN、特纳全球网（TNT/cartoon）和 HBO 国际频道以及华纳频道联结建立一个全球市场的强势电视频道，这一频道将通过有线网络和数字卫星系统在全球范围内发展用户。

默多克也曾经坦言他的目标是"国际化"。目前，他的报纸、出版公司和电视台已遍及世界各地。

澳大利亚是默多克发家的地方。在那里，他早已被视为一位"纪念碑式"的人物。20 世纪 70 年代末，他为了买下一个电视频道，连这个频道的所有者澳大利亚安塞特航空公司也被买了下来。现在他的集团总部仍留在那里。

在英国，他牢牢控制着英国最著名的两家报纸《泰晤士报》和《太阳报》。他控制的英国空中广播公司是欧洲最大的卫星电视直播公司，几乎覆盖了整个西欧。他在英国的企业为他提供了丰厚的财源。

默多克知道，如果在美国没有强大的影响力，是不可能在英语世界建立自己的媒介帝国的。20世纪70年代，他在美国得克萨斯州买下了几份报纸，建起了一个真正的"桥头堡"。现在，他不仅是出版业的"老大"，他的福克斯电视网也已占据了美国40%的电视广播市场，成为美国最大的电视集团。

在亚洲，默多克的报纸和电视台遍及香港、印度、印度尼西亚和日本等地。他持有最大的卫星直播公司——星空传媒集团，而且是第一个敲开日本广播电视业大门的外国人。他认为亚洲的卫星直播电视市场应是今后的主攻方向，已经有相当经济基础的中国则是这一市场的核心。

默多克的触角还伸到了东欧、拉美。1989年东欧剧变之际，他是去过那里寻求投资机会的几个西方出版商之一。

甚至在一些不为人们注意的特殊地方如斐济群岛，他也拥有报纸。

默多克的全球化策略具体表现在以下几个方面：

（1）全球观念。

默多克用全球观念建立起他的传播业帝国。如在卫星电视领域，他计划建立全球范围内最能获利的卫星电视网络系统。1983年，他创办英国空中广播公司（参股40%）；1993年，收购香港卫星电视；1996年，开播中南美洲的空中娱乐电视，并成立日本空中广播公司（JskyB，拥有50%的股权）；1997年，宣布成立美国空中广播公司（拥有40%的股权）和印度空中广播公司，此外，在欧洲有与德国合作的项目DFI，在澳大利亚有合作项目Foxtel有线电视频道。由此形成了遍及五大洲的Sky集团，据说，其业务今后还要扩展到东欧和非洲。

默多克的经营管理有很多独到之处。他很善于在媒介和各国政治之间左右逢源。在政治上，他对撒切尔夫人的倾力支持获得了巨额回报。他在1986年通过牺牲英国工人利益实现了印刷设备更新和扭亏为盈的"沃坪之战"，使媒介界和金融界折服不已。他对庞大帝国的操纵更是一篇关于个人精力和才能的"神话"。

1995年，新闻集团的收入分别为电影26%、报纸24%、电视21%、杂志14%、图书12%、其他3%。其中70%来自美国市场，17%来自于欧洲市场，其次是澳大利亚和亚洲。2006年，新闻集团的收入为电影娱乐30%、报纸12%、电视20%、有线网络21%、杂志8%、图书2%、其他7%。

（2）产业重组。

媒介帝国的建立又使默多克得以用全局观念来判断他的每一个步骤、每一笔交易的价值。他常常是只要资产好就不在乎多花一些钱，再对收购进来的企业进行重组。

（3）保持规模。

默多克常常用收益丰厚的一部分来争取银行的贷款、贴补亏损的另外部分，以走在他的大多数竞争对手的前面。

在金融界，默多克信用等级很高。他对新闻集团有着绝对的控股优势，他一贯信守自己的诺言，与银行家的关系也一直很好。在 20 世纪 80 年代，有像花旗银行这样的世界性银行在为新闻集团的进军保驾护航，它们齐头并进。新闻集团的资产负债率是大多数上市的出版公司的两倍，平均每 100 美元的净资产，就有 80 美元的债务，但默多克想借多少钱就能借到多少，因而，他就可以忽略短期问题而考虑长远战略。他的竞争对手可没有像他这样"奢侈"。

然而，1990 年默多克的融资管理的一次失误差点使他彻底翻船。由于西方经济的周期性衰退，也由于默多克不顾后果的扩张，使他突然之间发现自己已无法按期偿付数十亿美元的短期银行债务。如果不是花旗银行出面挽救，他的新闻帝国差一点垮掉。

（4）利润转移。

默多克利用各国间的公司法规差别，"合理"避税，转移利润。

第三节　跨国媒介集团的市场开拓策略

国际市场的开拓战根据企业的市场开拓能力的大小及国际目标市场上垄断程度的强弱，采取相应的策略。这些策略有独占型市场开拓策略、领袖型市场开拓策略、挑战型市场开拓策略及追随型市场开拓策略等形式。

一、挑战型开拓

默多克最大的成就在于他能在别人认为不可能赚钱的地方立足并一步步发展起来。他惯用的方式是先猝然"攻击"一个城镇，然后买下一份相对较弱的报纸，以同那里相对较大的报纸进行对抗。在 20 世纪 80 年代中后期的 4 年时间内，他花了 15 亿美元吃下 228 家报社，美国报业主雷夫·英格素尔这样说："我也敬佩默多克在竞争激烈的市场——圣安东尼奥、纽约、芝加哥、波士顿、伦敦——买下报社的魄力以及他创造新读者的能力。"①

由于亚洲是公认的世界广播电视业的最后战场，所以，跨国传媒的目光都在盯着这块商家必争之地，而且一直试图进入我国的媒介市场。默多克于1986年第一次访华后，便通过他的20世纪福克斯公司连续10年免费向中央电视台提供节目。几年前，他还让自己的一家出版社出了《我的父亲邓小平》一书的英文版。1995年，他在香港的电视台开始转播中国的职业足球联赛。但是对于默多克声称的利用媒介传播西方意识形态的企图，亚洲人士始终保持着清醒的头脑。我国政府为了保护国家的根本利益，也设置了重重壁垒。尽管默多克的Star TV与中央电视台使用同一个卫星传输系统，但是Star TV的信号却不能被接收。为了突破这一僵局，1994年，默多克砍掉了他在Star TV的主要节目内容——BBC的节目，后来干脆撤掉了面向我国的主要频道，以凤凰卫视取而代之。1999年，凤凰卫视节目覆盖亚太30个国家和地区。2006年6月，新闻集团全资子公司星空传媒集团将持有的凤凰卫视控股有限公司19.9%的股权售予中国移动，淡出了凤凰卫视的经营。

二、瞄准高科技

默多克的扩张与纯粹的金融投机不同，他的大多数技术与产品是相关的，主要集中在"正在合成"中的5种最大的增长行业——新闻传播、娱乐电子产品、娱乐用品、通讯、电脑技术方面。为了让他的新闻帝国永不衰落，默多克紧跟高科技的步伐。他先从报业的平面媒体起家，慢慢地走向立体媒体——电视、电影。当一场世界性的革命——计算机革命发生的时候，他又立刻毫不犹豫地率领大军杀入电脑光盘世界。

事实上，过去几十年中全球范围内出现的信息革命，和默多克等媒介巨子是分不开的。他们所创建的庞大的世界性传媒公司就是这场革命的一部分。他们的奋斗历程与其说是聚敛财富的过程，还不如说是创造世界传媒历史的过程。

信息时代的支柱产业是多媒体产业。从技术角度看，所谓多媒体，是指借助宽频通讯网络（光纤、同轴电缆、卫星等），将有关文字、图形、语言和图像信息通过数字化压缩技术处理后，再进行发送和接收的过程。从市场角度出发的多媒体产业，指的是以数字化技术为背景，融合媒介、娱乐和通讯等多种传播形态，将其整合为一体而传递有关信息的综合性传播产业。多媒体产业实

---

① 尼古拉斯·柯瑞奇. 纸老虎. 广东教育出版社，1997. 98

际上包括三大领域：基础设施——光缆、转播站点、卫星网络等；平台——终端设备、工具软件等；内容——具体的节目、文字、图像等。媒介产业与这三大领域都有联系，因而，既处于整个产业调整和市场争夺的焦点，也便于采用各种传播科技以开拓新的市场。

反之，对高科技重视不够也会给跨国媒介集团的市场竞争带来巨大的压力。例如贝塔斯曼集团，它是全球媒介市场第一梯队中的一家欧洲（德国）公司，是一个建立在书籍和音乐俱乐部基础上的全球网络公司，创建于1835年，拥有全球最大的图书出版集团——兰登书屋。1994年，它的收入分布是德国36%，欧洲其他地方32%，美国24%，除此之外的世界其他地方8%。它的目标是从一个有着国际行为的媒介企业变成一个真正的全球性传播集团。2006年，它的收入分布是德国30.6%，欧洲其他地方44.1%，美国19.7%，除此之外的世界其他地方5.6%。但是，它在全球媒介竞争中有一个严重的缺点，那就是它没有一个重要的电影或电视制作室或电影资料馆，它极少参与全球电视，而这一领域由于技术的进步，目前发展得很快。1996年，贝塔斯曼意识到了这个问题，于是改组它的电视部，成立合资企业UFA-CLT，向成为全球媒介领域的主要玩家迈出了战略性的一步。2000年，UFA-CLT英国皮尔逊电视台合并成立了RTL集团，成为贝塔斯曼旗下第一个完全上市的业务部门，也是欧洲最大的广播电视集团。

三、大量使用资本输出手段

美国电讯公司（TCI）是美国第一流的有线电视系统提供者，在全球媒介产业中具有独特的地位。它的产业分为四部分：① TCI Proper，这是它的核心产业，掌握着美国有线电视系统；② Liberty Media，掌握着TCI媒介内容方面的投资；③ TCI International，实现TCI在有线领域的全球扩张；④ TCI Satellite Proper，掌握卫星电视业务。除了第一部分外，其他三部分都已扩展到了全球领域，寻求全球利益。

TCI利用它的有线资源，以让有线频道进入TCI系统作为交换条件，获得了许多有线频道的股份。例如，它拥有福克斯新闻频道20%的股份、发现频道（Discovery）49%的股份。它还通过全球媒介进行投资，和大量的非有线媒介系统建立合资经营项目，与全球无数的媒介正式或间接地存在合作经营关系，共担风险。它拥有时代华纳10%的股份，拥有拉美空中电视台10%的股份，和Sega Enterprise联合开通电脑游戏频道，和新闻集团合作经营一个全球体育电视网络，和道—琼斯合营亚洲商业新闻，和新频道电视台（Canal Plus）

合资制作法国电视节目，和日本五个主要的商业电视机构合作播出 Jet TV，等等。通过资本输出，TCI 拥有了左右众多媒介公司和世界媒介市场的巨大影响力。

第四节　跨国媒介集团的产品和促销策略

在市场经济中，产品是从消费者而不是从生产者角度来界定的。产品是指能满足消费者需要并为他们带来效用的具有某些功能和使用价值的实体。随着国际市场竞争的日趋白热化，企业还必须让用户及时充分地了解企业及其产品，促成购买行为的发生。

一、"硬件"和"软件"

对于媒介业来说，节目内容就是"软件"，是最重要的。默多克坚信这一点。对于他的帝国来说，娱乐和电子媒体比新闻和出版更重要，因为在当代的"地球村"里，新闻本身在商业上是无法生存的，它必须靠娱乐来支持。他在媒体界和娱乐界已经树立了一个相互为用的典范，那就是把发行系统诸如卫星电视、电视台、有线电视电影公司和出版公司，跟诸如电影、电视节目和新闻做全球连线。

默多克旗下的 20 世纪福克斯公司是一个拥有 2 000 余部电影的影片资料库。利用这一资料库的节目，1986 年联合六家电视台建成福克斯广播网，该传播网已快速成长为美国的第四大广播网。

迪斯尼也拥有几个较大的电影、录像和电视节目制作室，包括 Disney 和 Buena Vista。1996 年，该集团重组 Disney/ABC 国际电视公司，通过充分利用迪斯尼的现有资源，将原来仅局限于北美、英国和澳大利亚的迪斯尼频道扩张为一个巨大的全球性频道。

二、产品差异化

时代华纳集团和维亚康姆集团都凭借其极富个性的卡通网络，牢牢树立了其在全球儿童电视市场的霸主地位。默多克的新闻集团则另辟蹊径，从经营体育节目入手，进军全球电视媒介市场。维亚康姆的产品结构见图 15 – 1。

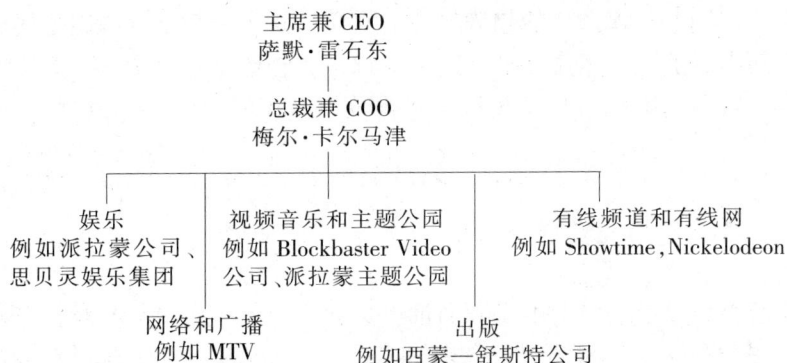

图 15 – 1　维亚康姆公司的产品结构

体育节目是一个巨大的市场。1996 年一项 41 个国家的联合调查数据显示，职业篮球比赛是继足球比赛之后最受全球青少年欢迎的电视体育节目。NBA 的体育节目在全球 175 个国家开播。一些跨国公司除了广告投入之外，在 1996 年花费了 135 亿美元投资于体育赛事。可口可乐、麦当劳、锐步等世界知名品牌都是体育节目的主要赞助商。新闻集团投入极大的精力开辟全球体育媒介市场，目的无非是建立一个领导性的体育节目服务网络，以与其他媒介巨头如迪斯尼的 ESPN 展开竞争。

新闻集团的体育经营相当成功。它先是购买了第一足球联赛和 NFL 的赛事转播权，使得其英国空中广播公司和福克斯广播网获得了巨额利润。此后，它购得许多体育赛事的转播权。默多克本人也被一些权威的体育杂志称为"体育赛事中最有权力的人"。1996 年，新闻集团组建了福克斯体育网，在美国的有线电视频道进行了一系列现场体育赛事的转播。同年，新闻集团和美国电讯公司联合投资，合作建立了一个全球性体育电视网络，目的在于为全球的有线电视系统提供体育节目，并且利用这一点来吸引全球的受众观看他们自己的卫星或有线电视系统。目前，新闻集团拥有欧洲足球职业联赛、世界杯足球赛、奥林匹克运动会、NFL 足球赛、NHL 曲棍球赛、美国主要垒球联赛等多种比赛多场赛事的电视转播权。

MTV 也是产品差异化的一个例子。它隶属于维亚康姆集团，是全球性的音乐电视频道，全世界大约有 2.5 亿家庭在收看该频道。每年 400 亿美元的全球音乐贸易使它几乎成为垄断者。MTV 使用新的数字技术使它可以廉价地向全世界不同宗教信仰的地区提供节目。维亚康姆在亚洲就有三个不同的 MTV 频道，与新闻集团和几家音乐公司共同经营的第五频道（Channel V）进行竞争。

在全球市场上，娱乐化的趋势越来越明显。其中一个重要原因是娱乐植根于人性的基本需求。默多克说过，连上帝都不会拒绝有趣的新闻。Fox 电视网在美国后来居上，风头盖过了传统三大电视网和 CNN，对娱乐元素的重视和开发功不可没。

三、整合与平衡

在跨国媒介集团的经营中，资产重组是常用的手法之一。有时，产业的这种并购、整合不仅仅是为了谋求超额利润，还可能是出于对内容平衡方面的考虑。

迪斯尼集团初期以经营主题公园和度假胜地为主。1997 年，它成功地把经营重点转向电影和电视业。1995 年，迪斯尼用 190 亿美元收购了大都会/ABC，从一个占优势的全球媒介节目制造商摇身一变，成为一个复合型的媒介巨人。现在，迪斯尼的收入 31% 来自广播电视，23% 来自迪斯尼乐园，其他来自"创造性的内容"，即电影、出版等。

在内容的平衡方面，一件经常被引述、强调的事实是，默多克买下一家报社后，这家报社就几乎被认定必然要往低格调方向走。尽管不是全部，但是对于他的大部分报纸来说，确实如此。这些报纸的特点是版面新颖、花哨，消息短小、精练，并以色情、暴力和流言飞语吸引读者，故为世人所诟病，甚至有人指责大西洋两岸的高级报纸如《泰晤士报》、《纽约时报》等在默多克的影响之下正在变得"黯淡无光"。

当然，低格调也有两种类型，一种是不自觉的低格调，因为那些业主们不知道有什么别的办法；另一种是策略性的、玩世不恭的低格调，因为业主认为这样做比较好。在 20 世纪 60 年代，当默多克的悉尼《镜报》面临着生存竞争的巨大压力时，他本人亲力亲为，卷起袖子重写大标题，怒斥那些谨小慎微、不知人间大势的编辑们。这时的一切都是策略性的低格调，头条标题大得几乎跟路标上的字一样；那些诱人的模特儿照片几乎每天都有；有吸引新读者的各种竞赛，且其抽奖奖额越来越高；最重要的是头条标题本身，腥、性之类的煽情字眼比比皆是。

有人称默多克"天生就具有混淆定义的功能"。不过，对他的争议之激烈是毋庸置疑的，尽管他的私生活几乎无懈可击，但他过于灵敏的政治嗅觉，旗下黄色小报对煽情主义的张扬，乃至作为一个资本家的自私本性，远不是所有的人都能谅解的。美国《华盛顿邮报》的业主凯瑟琳·格雷厄姆曾直言："我想我并不特别喜欢默多克的一些报纸。但我认为他是个优秀的管理者，而且是个非常有趣且聪明的人。"

在默多克的帝国里，一向都是拿那些通俗报纸的利润来养活那些格调高尚的报纸。如果当初他最先买到的是《泰晤士报》、《南华早报》，然后才收购通俗性报纸，也许全世界对他的看法就会大大不同。默多克的反应只能说源于市场力量的驱策，因而，导致他采取任何可以增大发行量的步骤，而且他并不觉得同时在市场的高低两端运作有什么困难。他宣称，他要给人们真正想要的东西，"我们对于麦迪逊大街和新闻教授们的出版判断，不感兴趣"。

默多克对于低格调也有他的界限，他曾批评过旗下一些东欧报纸的"出格"行为。考虑到国情和读者群的差异，他认为在美国就不可能经营伦敦的《太阳报》。

四、促销

ESPN 是隶属于迪斯尼的知名频道，是以经营娱乐和体育节目为主，有三个美国有线频道与拥有 420 名会员的广播网。它的网站是因特网上最繁忙的网站之一。ESPN 国际频道主宰着电视体育报道，每天 24 小时向全球 165 个国家用 21 种语言广播，获得了它想获得的受众——那些年轻的、单身的中产阶级男人，而且这一点是迪斯尼过去不易突破的区域。ESPN 国际频道的一位负责人说："我们的计划是全球性地构思，地区性地实施。"[1] 利用 ESPN 的影响力，迪斯尼还计划建立 ESPN 运动连锁酒吧、ESPN 产品销售店、ESPN 俱乐部、ESPN 娱乐连锁中心。1997 年，迪斯尼推出《ESPN 运动周刊》，该周刊现已成为时代华纳旗下名牌杂志《体育画报》的有力竞争者。

在促销方面，ESPN 甚至推出了它自己的年度体育大赛。这些引人注目的体育赛事节目在 ESPN 频道播出，创造性地吸引住了年轻的男性受众。正是由于 ESPN 提供了一个较为纯粹的受众群体，把体育运动与体育市场竞争结合起来，不仅树立了自身在全球体育媒介市场的强势地位，而且最终获得了一些国际知名广告商的长期稳定的合作关系。

促销也是报纸吸引读者的利器。在今天的伦敦《太阳报》、悉尼《镜报》上，促销和编辑花样层出不穷，如不负责任的大标题、性调查、电视广告，再

---

[1] 黄升民，丁俊杰. 国际化背景下的中国媒介产业化透视. 企业管理出版社，1999. 93

加上新花样，特别是从 1970 年 11 月开始出现惊世骇俗的固定在第三版的裸体女郎照片。它们的体育版更是独树一帜，报道都很详尽，各种球类竞赛、马经、狗经也属一流。也许更重要的是那些大胆、泼辣、嬉笑怒骂、讽刺又充满幽默的短评。这些手段为默多克带来了滚滚财源。《太阳报》发行量高达 360 万份，每年获利在 0.8 亿~1 亿英镑之间，简直是造钱的机器。

尽管作为跨国公司拥有凌驾于国家之上的资本权力，但是媒介的跨国经营必然遭遇各种政治控制、文化折扣乃至意识形态的抗拒等各种困难。一方面全球经营的战略眼光、灵活敏捷的渗透策略、坚持不懈的市场开拓和必不可少的风险控制是其中的要义；另一方面，也要顺应潮流，把握机遇，讲求柔性，诉诸文化适应。而后者是媒介运营的更高智慧。

讨论与操作

1. 试比较跨国媒介与本土媒介的管理。试比较美国、日本、法国、德国大型媒介集团的管理文化。

2. 请研究默多克对其旗下媒介产品的影响，如《泰晤士报》、Fox 电视网。《泰晤士报》、Fox 电视网在经营上分别与竞争对手有何不同？

3. 请研究一则或数则媒介全球经营失败的案例，从中可得到什么教训？

4. 请大胆推想中国媒介进入西方主流社会需要什么样的条件。

5. 跨国媒介是如何一步步进入中国的？中国对于它们来说，利益点何在？它们对中国媒介业的影响是什么？

6. 请选择某一家跨国媒介，对它在中国的经营进行战略分析、财务分析和人力资源分析。

参考文献

1. 蔡念中，张宏源，庄克仁. 传播媒介经营与管理. 台北：亚太图书出版社，1996

2. 常永新. 传媒集团公司治理. 北京：中国传媒大学出版社，2006

3. 巢乃鹏. 网络媒体经营与管理. 福州：福建人民出版社，2007

4. 陈彤，曾祥雪. 新浪之道：门户网站新闻频道的运营. 福州：福建人民出版社，2005

5. 陈万达. 媒介管理. 台北：扬智文化事业股份有限公司，2005

6. 崔保国. 走进日本大报. 广州：南方日报出版社，2007

7. 杜骏飞. 中国网络新闻事业管理. 北京：中国人民大学出版社，2004

8. 高福安，孙江华. 媒体管理概论. 北京：中国传媒大学出版社，2006

9. 黄升民. 中国数字新媒体发展战略研究. 北京：中国广播电视出版社，2008

10. 黄升民，丁俊杰. 媒介经营与产业化研究. 北京：北京广播学院出版社，1997

11. 黄升民，丁俊杰. 国际化背景下的中国媒介产业化透视. 北京：企业管理出版社，1999

12. 黄升民，周艳. 中国报刊媒体产业经营趋势. 北京：中国传媒大学出版社，2005

13. 黄升民，周艳，何晗冰. 中国电视媒体产业经营新动向. 北京：中国传媒大学出版社，2005

14. 胡正荣. 媒介管理研究：广播电视管理创新体系. 北京：中国传媒大学出版社，2000

15. 胡正荣. 21世纪初我国大众传媒发展战略研究. 北京：中国广播电视出版社，2007

16. 黎斌，蒋淑媛. 中国电视广告经营模式创新研究. 北京：中国传媒大学出版社，2005

17. 刘觉民. 报业管理概论. 上海：商务印书馆，1936

18. 刘立刚，卢颖，郑保章．广播电视经营管理．北京：中国广播电视出版社，2006

19. 刘年辉．报业核心竞争力：理论与案例．北京：中国广播电视出版社，2006

20. 刘社瑞，张丹．媒介人力资源管理．长沙：湖南大学出版社，2006

21. 陆地．中国电视产业启示录．上海：上海交通大学出版社，2007

22. 陆桂生，邹迎九．媒介管理通论．上海：复旦大学出版社，2008

23. 郭振玺，丁俊杰．影响力营销．北京：中国传媒大学出版社，2005

24. 李岚．中国电视产业评估体系与方法．北京：华夏出版社，2004

25. 钱晓文．当代传媒经营管理．广州：中山大学出版社，2008

26. 邵培仁．媒介管理学．北京：高等教育出版社，2002

27. 邵培仁，陈兵．媒介战略管理．上海：复旦大学出版社，2003

28. 邵培仁，章东轶．媒介管理学经典案例．北京：高等教育出版社，2003

29. 宋培义．媒体战略管理．北京：中国传媒大学出版社，2006

30. 宋建武．中国媒介经济与媒介运作．北京：新华出版社，2004

31. 谭云明．传媒经营管理新论．北京：北京大学出版社，2007

32. 唐绪军．报业经济与报业经营．北京：新华出版社，1999

33. 汤书昆．传媒知识管理．北京：科学出版社，2007

34. 屠忠俊．报业经营管理．北京：新华出版社，1999

35. 屠忠俊．现代传媒业经营管理．武汉：华中科技大学出版社，2007

36. 王强华，连福寅，王鸿．报纸经营管理教程．北京：红旗出版社，1994

37. 王宇．媒介集团经营与管理．呼和浩特：内蒙古大学出版社，2003

38. 吴健安．市场营销学（第三版）．北京：高等教育出版社，2007

39. 吴文虎．新闻事业经营管理．北京：高等教育出版社，1999

40. 向志强．人力资本与媒介人力资源管理开发研究．长沙：湖南大学出版社，2006

41. 谢耘耕．传媒资本运营．上海：复旦大学出版社，2006

42. 许知远．新闻业的怀乡病．北京：中国水利水电出版社，2005

43. 严三九，黄飞珏．媒介管理学概论．重庆：西南师范大学出版社，2007

44. 殷俊，代静．跨媒介经营．成都：四川大学出版社，2006

45. 喻国明．传媒的"语法革命"：解读 Web 2.0 时代传媒运营新规则．

广州：南方日报出版社，2007

46. 喻国明．传媒影响力：传媒产业本质与竞争优势．广州：南方日报出版社，2003

47. 喻国明．中国传媒发展指数报告．北京：社会科学文献出版社，2008

48. 喻国明．拐点中的传媒抉择．北京：经济日报出版社，2007

49. 喻国明．变革传媒：解析中国传媒转型问题．北京：华夏出版社，2005

50. 禹建强．媒介战略管理案例分析．北京：华夏出版社，2004

51. 袁舟．媒体 MBA 精要．深圳：深圳报业集团出版社，2005

52. 周鸿铎，胡传林，邢建毅．传媒经济．北京：北京广播学院出版社，1997

53. 詹成大．媒介经营管理．杭州：浙江大学出版社，2004

54. 张宏．媒介营销管理．北京：北京大学出版社，2006

55. 张伟．转型的逻辑——传媒企业研究．青岛：中国海洋大学出版社，2007

56. 张辉锋．传媒经济学．广州：南方日报出版社，2006

57. 张建星．传媒的运营时代——从媒体经营到经营媒体 30 讲．上海：文汇出版社，2005

58. 张金海，梅明丽．世界十大传媒集团产业发展报告．武汉：武汉大学出版社，2007

59. 张立伟．传媒竞争法则与工具．北京：清华大学出版社，2007

60. 张志安，柳剑能．媒介营销案例分析．北京：华夏出版社，2004

61. 章平．战略传媒：分析框架与经典案例．上海：复旦大学出版社，2004

62. 赵曙光，张志安．媒介资本市场案例分析．北京：华夏出版社，2004

63. 郑蔚．中国电视媒体的管理和经营．北京：中国广播电视出版社，2006

64. 支庭荣，章于炎，肖斌．电视与新媒体品牌经营．北京：中国人民大学出版社，2007

65. 周笑．中国电视媒介增值力通论：电视娱乐内容产品多元价值体系的增值管理．长沙：湖南大学出版社，2004

66. 朱春阳．传媒营销管理．广州：南方日报出版社，2004

67. 朱春阳．现代传媒产品创新理论与策略．济南：山东人民出版社，2005

68. 朱羽君，高传智．进退之间：中国电视新闻从业人员心态录．北京：中国传媒大学出版社，2005

69. ［美］艾伦·B. 阿尔巴朗．电子媒介经营管理．谢新洲等译．北京：北京大学出版社，2005

70. ［美］大卫·爱格．品牌经营法则．沈云，汤宗勋译．呼和浩特：内蒙古人民出版社，1998

71. ［美］约瑟夫·R. 多米尼克．大众传播动力学：数字时代的媒介（第7版）．蔡骐译．北京：中国人民大学出版社，2004

72. ［美］赫伯特·霍华德，迈克尔·基夫曼，巴巴拉·穆尔．广播电视节目编排与制作．戴增义译．北京：新华出版社，2000

73. ［美］尼古拉斯·柯瑞奇．纸老虎．汪仲译．广州：广东教育出版社，1997

74. ［美］哈罗德·孔茨等．管理学精要（原书第6版）．韦福祥等译．北京：机械工业出版社，2005

75. ［美］本杰明·M. 康配恩，道格拉斯·戈梅里．谁拥有媒体？大众传媒业的竞争与集中．詹正茂，张小梅，胡燕译．北京：中国人民大学出版社，2006

76. ［美］约瑟夫·奈．软力量：世界政坛成功之道．吴晓辉，钱程译．北京：东方出版社，2005

77. ［美］罗伯特·G. 皮卡德．媒介经济学：概念与问题．赵丽颖译．北京：中国人民大学出版社，2005

78. ［美］罗伯特·皮尔特．传媒管理学导论．韩骏伟译．北京：人民邮电出版社，2006

79. ［美］罗伯特·G. 皮卡德，杰弗里·H. 布罗迪．美国报纸产业．周黎明译．北京：中国人民大学出版社，2004

80. ［美］彼德·K. 普林格尔，迈克尔·F. 斯塔尔，威廉·E. 麦克加维特．电子媒介经营与管理．潘紫径等译．北京：北京广播学院出版社，2004

81. ［美］阿德斯·布罗德里克·索恩等．媒介管理案例研究法（第二版）．王海，冯悦主译．北京：中国人民大学出版社，2007

82. ［美］詹姆斯·G. 韦伯斯特，帕特西亚·F. 法伦，劳伦斯·W. 里奇．视听率分析：受众研究的理论与实践．王兰柱，苑京燕译．北京：华夏出版社，2004

83. ［英］露西·金—尚克尔曼．透视BBC与CNN：媒介组织管理．彭泰权译．北京：清华大学出版社，2004

84. ［英］马克·唐盖特. 国际传媒巨擘品牌成长实录. 许怡勤译. 北京：中国水利水电出版社，2007

85. ［德］安德列斯·毛特，彼得·托马斯. 数字媒体资产管理系统. 宋培义，严威译. 北京：中国传媒大学出版社，2008

86. Eastman, Susan Tyler, Syndey W. Head, and Lewis Klein. *Broadcast/ Cable Programming*. Belmont, C. A.：Wadsworth Publishing Company, 1985.

87. Fink, C. Conrad. *Strategic Newspaper Management.* New York：Random House, 1988.

88. Hunt, Todd & Brent D. Ruben. *Mass Communication：Producers and Consumers.* New York：Harper Collins College Publishers, 1993.

89. Marcus, Norman. *Broadcast and Cable Management.* Englewood Cliffs, N. J.：Prentice-Hill, Inc. , 1986.

90. Pringle, Peter K. , Michael F. Starr, and William E. McCavitt. *Electronic Media Management* (2nd ed.). Stoneham, M. A.：Focal Press, 1991.

91. Roberts, Ted E. F. . *Practical Radio Promotions.* Stoneham, M. A.：Focal Press, 1992.

92. Rucker, Frank W. , and Herbert Lee Williams. *Newspaper Organization and Management* (4th ed.). Ames, Iowa：The Iowa State University Press, 1974.

后　记

　　在 2000 年第一版、2004 年第二版的基础上，本书第三版在内容编排上作了以下改进：一是不再将互联网视为传统媒介的延伸和补充，而将它看作是与报刊、广播、电视同等重要的主流媒介；二是鉴于我国文化体制改革取得的进展，压缩了与媒介产业政策有关的内容；三是增补了"媒介的战略管理"一章，使通篇的内容更为全面一些。

　　有位研究者说得好：管理是活的知识，实践比理论更重要。策略或许相似，做法可以常新。事实上没有一个企业能够脱离环境、照搬书本而把自己的管理做得出类拔萃。它们都是在外界环境的压力下不断地改进管理。它们必须应对市场和受众的变化、竞争对手的变化、国家政策法规的变化，结合企业内部的人才、技术、财务、组织等要素，根据自身的资源、能力及企业文化，决定战略定位与竞争策略以及如何实施等具体问题。兵法云"运用之妙，存乎一心"，媒介管理亦当如此。

　　借此机会，谨向我的博士生导师中国人民大学喻国明教授、访学导师香港城市大学李金铨教授、博士后导师北京大学王余光教授致以衷心的谢意。

　　我还要向所有关心、支持、鞭策、宽容我的学界、业界、学术期刊界的尊长、朋友、同行，我的领导与同事，我的学生以及我的家人表达深深的感谢之情。其中特别要提到的是复旦大学童兵教授、李良荣教授、黄旦教授，中国人民大学郑保卫教授、陈力丹教授、高钢教授，清华大学熊澄宇教授、郭庆光教授、崔保国教授，中国传媒大学黄升民教授、胡正荣教授、胡智锋教授，上海交通大学张国良教授，北京大学王子舟教授、周庆山教授，浙江大学邵培仁教授，南京大学方延明教授、丁和根教授，华中科技大学张昆教授、陈先红教授，陕西师范大学李震教授、李文教授，四川大学欧阳宏生教授，暨南大学吴文虎教授、林如鹏教授、蔡铭泽教授、董天策教授，华南理工大学李幸教授、黄匡宇副教授，深圳大学吴予敏教授，铭传大学杨志弘教授等师长，对拙作曾给予热情的鼓励；著名报人范以锦先生，南方报业传媒集团杨兴锋社长、钟广明总经理、南方都市报曹轲总编辑，广州日报报业集团金雁研究员，上海新民晚报裘正义副总编辑等业界专家，给了我有益的指点和启迪；我的大学同窗、移居美国的王亚冰小姐与张颖小姐，通过 Internet、DHL 等，提供诸多帮助，大大拓宽了我的研究视野。

暨南大学出版社对本书的初版、再版以及入选"十一五规划国家级教材"后的修订工作都给予了高度重视，责任编辑亦付出了艰辛的劳动。本书如果能对读者多少有一点助益的话，与出版方的大力支持与配合是分不开的。

作　者

2009 年 4 月